乌什年鉴

2021

乌什县史志编纂委员会 编

图书在版编目（CIP）数据

乌什年鉴. 2021 / 乌什县史志编纂委员会编.– 北京：方志出版社, 2022.12

ISBN 978-7-5144-5311-9

Ⅰ. ①乌… Ⅱ. ①乌… Ⅲ. ①乌什县–2021–年鉴 Ⅳ. ①Z524.54

中国版本图书馆 CIP 数据核字(2022)第 256533 号

责任编辑：李晓晓

责任校对：刘玉霞

责任印制：梅中英

出 版 者：方志出版社

地　　址：北京市朝阳区潘家园东里 9 号(国家方志馆 4 层)

邮　　编：100021

网　　址：http://www.zgfzcb.cn

发　　行：方志出版社图书营销中心(010–67110500)

印　　刷：阿克苏飞达印务有限责任公司

开　　本：889 毫米 × 1194 毫米 1/16

印　　张：21

字　　数：431 千字

版　　次：2022 年 12 月第 1 版

印　　次：2022 年 12 月第 1 次印刷

定　　价：380.00 元

《乌什年鉴(2021)》编纂委员会

《乌什年鉴(2021)》编辑人员

《乌什年鉴(2021)》供稿人员名单

(按资料入编先后顺序排列)

康　华　陈奇芳　黄劲高　夏灵飞　肖亦雄　杨金香　孙春明　张　燕

张亚迪　董　韦　王建梅　石美玲　万　倩　阿比旦木·阿布都如苏力

贺鹏举　马慧英　李冀川　刘永敦　刘皓如　牛旭林　邵　霞　阿丽艳

艾力夏提　阿比旦木·艾克木　玛迪娜·白力克　茹克艳木·阿吾提　谭富文

侯亚洲　何　晶　谭学兰　龚雅君　王　强　陆亚东　梁豪　杜旭珍

郭少乐　蔡紫阳　王碧霞　赵玉帛　黄　刚　王　婷　李宏强　何　俊

王伟华　薛燕玲　罗春燕　王靖君　孙向娟　陈保华　巩红玉　马志强

程　红　贾红建　郭志华　马春菊　张雪健　甄　妮　王　媛　李永红

黄杨丽　谢金娥　李　蕊　赵娟娟　赵鹏飞　周文杰　杨　杨　何晓玲

艾尔肯·玉力瓦斯　艾克拜尔·吐鲁洪　吐尔逊阿依·提力瓦力地　徐巍卫

吴海珍　刘子安　毕高尚　李瑞东　袁志刚　王秀娟　李　江　秦海霞

杜　伟　龙小华　邱　杰　郭克诚　王　军　付　佐　祖丽胡玛尔·图尔逊

裴烨辉　郭晓俊　周阿敏

1月17日，乌什县开展“民族团结一家亲——迎新春·走亲戚”系列活动

3月18日，自治区政协副主席、地委书记窦万贵（右二）在乌什县阿恰塔格乡调研

3月25日,乌什县委副书记、县长吐尔洪·阿不拉(前一)和县委、县政府干部参加春季义务植树活动

4月8日,乌什县亚科瑞克乡"自治区文明家庭"颁奖仪式在亚科瑞克村举行

4月8日，乌什县推行“党建+产业链”精准扶贫模式，鼓励支持乡（镇）发展壮大特色产业。图为乌什县国合鸽业有限公司养殖场就业贫困户正在查看鸽子生长情况

4月25日，乌什县在亚科瑞克乡中心小学开展“爱之心相连，携手共育花满园”活动

5月1日，乌什县在燕泉山景区举办迎五一消费扶贫展销活动

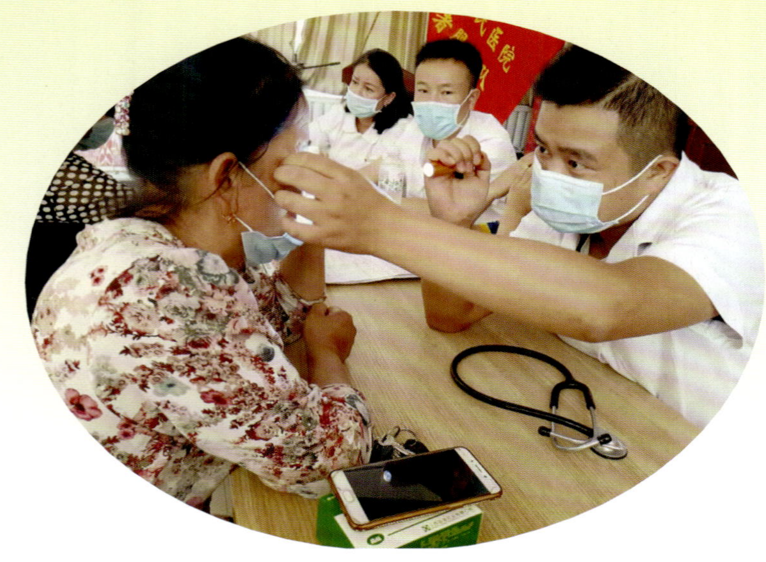

5月3日,乌什县人民医院医生为阿恰塔格乡托万克和田村村民义诊

5月7日,乌什县结对帮扶干部入户为群众宣讲惠民政策

4月16日,乌什县16辆纯电动公交车投入运营,为"丝路泉城·养生乌什"增添绿色发展新动力

5 月 27 日，乌什县委副书记、县长吐尔洪·阿不拉（中）线上带货直播，为乌什县农特产品代言

5 月 28 日，乌什县依麻木镇学生练习二胡演奏

5月29日,乌什·衢州小学在师生中推广行作揖礼,传承弘扬传统文化

6月12日,乌什县村民在阿合雅镇产业园乌什华盛纺织有限公司务工,增加劳务收入

6月16日，乌什县亚科瑞克乡“义乌之花”卫星工厂工人正在工作

6月17日，乌什县委书记刘国强为中青年干部培训班、公务员培训班、党员发展对象培训班220名学员讲题为《牢记初心使命 主动担当作为 肩负起决战脱贫攻坚全面小康的政治责任》专题党课

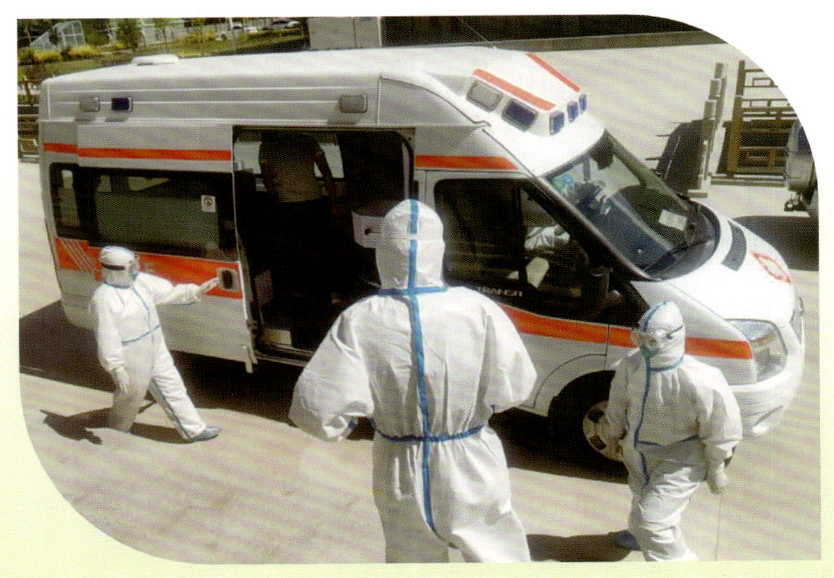

6月19日，乌什县开展新冠肺炎疫情防控应急演练

8月8日，乌什县委书记刘国强(前中)在建筑工地调研项目建设情况

9月13日，乌什县融媒体中心在多功能演播厅开展“做好广播电视农村公共服务 巩固广播电视脱贫攻坚成果”主题培训

9月30日，乌什县税务局干部欢度国庆

10 月 1 日，乌什县各族学生与国旗同框，表白对伟大祖国的热爱

10 月 1 日，乌什县泉域星空国际滑雪场·四季旅游度假区举行开业庆典

10 月 4 日，乌什县在欣禧源葡萄基地举办 2020 年“最美葡萄姑娘”采摘节活动

10 月 18 日，乌什县委常委、组织部部长、党校校长张君（右一）慰问退休干部

10月21日，自治区人大代表视察乌什县沙棘苗圃研究培育中心

10月22日，乌什县委书记刘国强(右二)，县委常委、常务副县长张林辉（右一）深入社区指导第七次全国人口普查工作

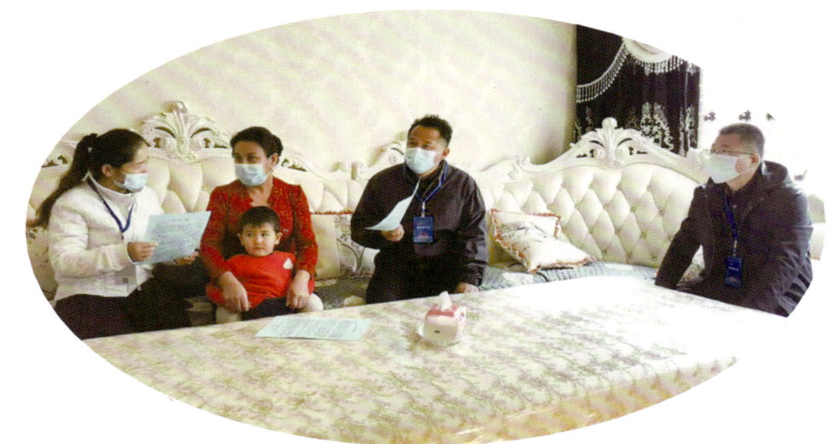

10月26日，乌什县推行专业技术人员下沉农民专业合作社创新创业模式，引领带动农民专业合作社升级发展，助力脱贫攻坚

11 月 23 日,《乌什县志(2002—2020)》启动暨年鉴编纂动员会在县委党校召开

11 月 28 日,乌什县组织人大代表对 2020 年重点项目及县十五届人大五次会议代表建议意见办理情况开展视察

数字乌什 2020

面积:8693.17 平方千米(不含一师四团)
镇:3 个
乡:6 个
社区:18 个
人口:231775 人(含一师四团)
其中少数民族人口:219154 人(含一师四团)
民族:28 个
地区生产总值:51.48 亿元
第一产业增加值:11 亿元
第二产业增加值:9.61 亿元
第三产业增加值:30.87 亿元
全口径地方财政收入:43744 万元
一般公共预算收入:23001 万元
农作物种植面积:4.75 万公顷
粮食播种面积:3.74 万公顷
油料播种面积:373.33 公顷
甜菜播种面积:400 公顷
蔬菜播种面积(含工业番茄):2480 公顷
粮食产量:32.76 万吨
油料产量:947.3 吨
甜菜产量:2.57 万吨
蔬菜产量(含工业番茄):10.7 万吨
林果总面积:2.46 万公顷
林果产量:14.03 万吨
年末牲畜存栏:80.23 万头(只)
年末牲畜出栏:70.27 万头(只)
肉类总产量:35899 吨
禽蛋总产量:1510 吨
牛奶总产量:6230 吨
规模以上工业增加值:1.83 亿元
规模以上工业企业利润:5305.2 万元
社会消费品零售总额:4.28 亿元
货物进出口总额:1980 万美元
境内公路里程数:2521.296 公里
固定电话用户:7468 户
移动电话用户:12.8 万户(含移动、电信、联通)
互联网用户:1.94 万户
旅游人数:85.8 万人次
中等职业教育学校:1 所
中等职业教育学校在校生:3271 人
普通中小学:70 所
普通中小学在校生:43119 人
幼儿园:119 所
在园幼儿:16646 人
卫生机构(含村卫生室):134 个
医疗病床:650 张
城镇居民人均可支配收入:30713 元
农村居民人均可支配收入:10387 元
城镇新增就业人数:1493 人
农村富余劳动力转移就业人数:31566 人
失业保险参保人数:9946 人
工伤保险参保人数:10027 人
企业职工基本养老保险参保人数:5784 人
城乡居民基本养老保险参保人数:110749 人
机关事业单位养老保险参保人数:9583 人
艺术表演团体:1 个
文化馆:1 个
科技馆:1 个
公共图书馆:1 个
融媒体中心:1 个

编 辑 说 明

一、《乌什年鉴(2021)》坚持以马克思列宁主义、毛泽东思想、邓小平理论、“三个代表”重要思想、科学发展观、习近平新时代中国特色社会主义思想为指导,坚持辩证唯物主义和历史唯物主义的立场、观点和方法,坚持存真求实,力求全面、客观、系统地记载乌什县2020年度政治、经济、文化、社会生活、生态文明建设等方面的基本情况和重要活动,反映乌什县2020年各行各业取得的新情况和新成就,为各级领导决策提供参考依据,为社会各界人士了解、研究乌什提供翔实资料,也为编纂各类志书积累基本史料。

二、《乌什年鉴(2021)》记载2020年1—12月乌什县全貌,采用分类编辑法,设类目、分目、条目,部分内容增设子分目,基本表现形式为条目,条目标题均为黑体字加【】。

三、《乌什年鉴(2021)》行文使用规范语体文、记述体。数字用法、标点符号、计量单位分别执行国家标准《出版物上数字用法》(GB/T 15835—2011)、《标点符号用法》(GB/T 15834—2011)、《国际单位制及其应用》(GB 3100—1993)和《有关量、单位和符号的一般原则》(GB 3101—1993)。

四、《乌什年鉴(2021)》所使用数据,除国民经济和社会发展统计数据以县统计部门正式公布数据为准之外,其余数据均由供稿单位提供并审核。由于来源、统计方法或口径不同,不同部门提供的同项数据或有不一致的,以县统计部门公布的数据为准。由于单位取舍不同而产生的计算误差,本书均未做机械调整。

五、《乌什年鉴(2021)》采用稿件由县域各单位提供,所有资料、数据均经供稿单位审核后上报编入。

目　录

特　载

大事记

县情概览

建置区划

地理环境

自然资源

人口　民族　宗教

国民经济和社会发展

中国共产党乌什县委员会

综　述

重要会议

县委办公室

纪委监委

组织工作

宣传工作

统一战线工作

机关党建

机构编制管理

网信管理

党史编研和地方志工作

档案工作

党校教育

衢州对口援乌工作

乌什县人民代表大会

综　述

重要活动

乌什县人民政府

综 述

办公室工作

政务服务

退役军人事务

大数据发展服务

应急管理

综 述

消 防

政协乌什县委员会

综 述

重要活动

群众团体

乌什县总工会

共青团乌什县委员会

乌什县妇女联合会

乌什县科学技术协会

乌什县工商业联合会

乌什县残疾人联合会

乌什县红十字会

法 治

政法委及综治

公　安

检　察

法　院

司法行政

农业农村工作

农牧业生产

林　业

水　利

工贸·招商引资

经贸管理

工业园区

供销合作

银行·保险

中国人民银行乌什县支行

中国农业银行股份有限公司乌什县支行

中国农业发展银行乌什县支行

新疆乌什农村商业银行股份有限公司

中国邮储银行乌什县支行

中国人寿保险股份有限公司乌什县支公司

中华联合财产保险股份有限公司乌什县支公司

经济管理和监督

发展和改革

物价工作

粮食和物资储备

统　计

审　计

市场监督与管理

城乡建设·自然环境

城乡建设

环境保护

自然资源管理

矿产资源管理

邮政·通信·交通

邮 政

通 信

电 信

卫生健康

卫生管理

卫生监督

妇幼保健

疾病防控

人口和计划生育

医疗保障

乌什县人民医院

乌什县中医医院

社会生活

民　政

人力资源和社会保障

社会保险

脱贫攻坚

乡(镇)建设

阿合雅镇

阿恰塔格乡

依麻木镇

英阿瓦提乡

亚科瑞克乡

阿克托海乡

特　载

踏上新征程　绘就新蓝图　谱写新篇章
奋力开创新时代团结和谐富裕美丽的幸福乌什新局面

——在中共乌什县第十四届委员会第二十二次全委（扩大）会议上的报告（摘录）

乌什县委书记　刘国强

（2020 年 12 月 29 日）

一、回顾第二次中央新疆工作座谈会以来的成就，真情感恩以习近平同志为核心的党中央亲切关怀

第二次中央新疆工作座谈会以来，在自治区党委、地委的坚强领导下，县委团结带领全县各级党组织和广大党员干部群众，坚定坚决贯彻落实以习近平同志为核心的党中央治疆方略，贯彻落实自治区党委、地委系列决策部署，紧紧围绕新疆工作总目标，全力以赴保稳定、战疫情、谋发展、促改革、惠民生，经过奋力拼搏和不懈努力，“十三五”规划和脱贫攻坚战即将圆满收官，全面建成小康社会胜利在望，全县经济社会发展取得较好成绩，向党和全县各族群众交出了一份合格答卷。

六年来，我们高举旗帜筑长城，意识形态守正创新。习近平新时代中国特色社会主义思想和中共十九大精神深入人心，精神文明和公民道德建设成果丰硕，新时代文明实践中心（站）作用有效发挥，创建自治区、地区级文明单位 62 个，评选各类“最美人物”50 余人，全国道德模范、劳动模范、改革先锋、“最美奋斗者”库尔班・尼亚孜受到习近平总书记亲切接见。散文集《品读乌什》、本土影片《奔腾的托什干河》等一批精品力作推向全国，县级融媒体中心建成投用，乌什的知名度和影响力明显提升。“三馆一站”[①]“东风工程”等文化惠民工程深入实施，广播电视“村村通”“户户通”实现全覆盖，县乡村三级公共文化体系不断完善。“一月一主题”“双百”活动有声有色，各族群众精神文化生活更加丰富多彩。

六年来，我们用情守护生命线，团结

之花常开常盛。始终把民族团结作为各族人民的生命线,“三个离不开”“五个认同”思想和中华民族共同体意识牢牢扎根各族干部群众心中。“民族团结一家亲”和民族团结联谊活动常态开展,为民办实事好事35.58万件,以“微行动”汇聚民族团结强大正能量。民族团结进步创建成效明显,表彰各级先进模范单位272个、模范个人308人,成功创建地区级“民族团结进步示范县”,依麻木镇托万克麦盖提村“访惠聚”驻村工作队被评为“全国民族团结进步模范集体”,库尔班·尼亚孜荣获“全国民族团结进步模范个人”称号。打造民族团结“五个嵌入”②示范点52个、教育基地10个,各民族共居共学共事共乐、交往交流交融的生动局面全面形成。

六年来,我们坚持实施精准方略,脱贫攻坚圆满收官。始终坚持精准扶贫精准脱贫基本方略,党政一把手负总责,三级书记合力抓,专项扶贫、行业扶贫、社会扶贫、援疆扶贫、东西部协作扶贫“五位一体”大扶贫格局全面形成,“12468”脱贫攻坚作战图③精准实施,“七个一批”④“三个加大力度”⑤“十大专项行动”⑥强力推进,“两不愁三保障”⑦稳定实现,所有行政村“五通七有”⑧全部达标,贫困群众生产生活条件极大改善。累计投入各类扶贫资金24.73亿元,实施扶贫项目568个,15555户63155名建档立卡贫困人口全部脱贫,74个贫困村全部退出,贫困发生率从2014年的31.9%降至零,贫困县如期摘帽,绝对贫困问题得到历史性解决,接续推进全面脱贫与乡村振兴有效衔接取得积极进展。

六年来,我们集中精力谋发展,经济实力逐步增强。深入贯彻新发展理念,产业结构不断优化,“六大产业”齐头并进,县域经济呈现稳健向好的发展态势。2020年,预计实现地方生产总值45.2亿元,较2014年增长93.2%,年均增长11.6%;完成固定资产投资36.18亿元,增长85.6%,年均增长10.86%;规模以上工业增加值1.77亿元,增长123.3%,年均增长14.32%;社会消费品零售总额4.49亿元,增长180.6%,年均增长18.76%;公共财政预算收入2.27亿元,增长166%,年均增长17.72%。一产迈上新水平。乡村振兴战略稳步推进,农田水利基础设施大幅改善,粮食综合生产能力明显提升,以核桃为主的特色林果业实现量质“双增”;以3000万只鸭鹅、20万头生猪、20万只湖羊等为主的畜牧业健康发展;以“中央厨房”“山东寿光”温室蔬菜大棚为主的设施农业生产效益大幅提升;林果业、畜牧业收入较2014年分别增长81.4%、113.9%。金勺果业、域上金棘等一批农副产品精深加工企业落户乌什,“浙里美”“7村黑木耳”等品牌走向全国。二产实现新突破。累计实施各类固投项目611个,完成投资181.01亿元,托什干河低位调蓄水池、华能亚曼苏水电站、国道219线、南疆天然气利民工程乌什支线等一批重大项目建成投用,大石峡水利枢纽工程有序推进。园区建设步伐加快,“一园多区”格局全面形成,工业企业从32家增至77家。招商引资成果丰硕,累计签约项目114个,到位资金75.37亿元,总装机15万千瓦的光伏发电和华盛纺织、天和针织等14个纺织服装项目落地投产。三产迎来新发展。旅游产业蓬勃发展,创成国家AAAA级旅游景区2个、AAA级旅游景区2个,燕泉山景区、沙棘林景区、泉域星空国际滑雪场·四季旅游度假区等景区(点)驰名疆内外,2020年接待游客89.04万人次,旅游总消费3.24亿元,较2014年增长20倍,成功创建“自治区全域旅游示范区”,跻身“国家全域旅游示范区”创建行列。房地产开发持续升温,商业布局日趋完善,营商环境不断优化。电商产业从无到有,荣获“全国电子商务进农村示范县”称号。

六年来,我们千方百计惠民生,百姓福祉大幅提升。深入实施各项惠民工程,2020年预计实现城镇居民人均可支配收入32498元,增长60.6%,年均增长6.53%;农牧民人均纯收入12806.9元,增长95.5%,年均增长11.82%。新增城镇就业8678人,农村富余劳动力转移就业10.15万人次,高校毕业生就业率达93.09%。投入7.46亿元新建(改扩建)中小学(幼儿园)222所,15年免费教育全面落实,到位各阶段教育惠民资金6.23亿元,发放各类助学金3.3亿元。全民健康体检深入实施,新建县人民医院急救综合楼、中医医院、妇幼保健院,县乡村三级医疗保障和卫生健康服务水平极大提升,荣获“国家健康扶贫工程示范县”称号。城乡居民基本养老保险参保率稳定在99%以上,发放救助金8.2亿元,实现特殊困难群体应保尽保。建成农村安居房23847套、城镇保障性住房6792套,棚户区改造3497户,解决农村安全饮水2.12万户,升级改造农村电网1305.7公里,修建农村公路1563.8公里,各族群众生产生活条件明显改善。“1+X”风险排查机制⑨全面落实,应急保障能力不断提升,安全生产形势持续向好。

六年来,我们全面发力促开放,改革红利持续释放。始终坚持深化改革、扩大开放,承接落实自治区、地区重点改革任务1156项,实施专项改革试点21项,“三农”、医疗卫生、“放管服”等重点领域和关键环节改革取得重大突破,殡葬改革入选“全国殡葬综合改革试点优秀案例”,全域旅游、脱贫攻坚等被列为全地区改革亮点。党政机构改革全面完成,事业单位改革稳妥推进,国资国企改革成效初显。投入援疆资金13.18亿元,实施援疆项目158个,“衢州有礼·乌什有情”援疆品牌全面打响。“兵地一盘棋”的思想不断深化,与一师四团在脱贫攻坚、经济发展各领域实现合作共赢最大化。“双拥”共建扎实开展,军政军民关系更加融洽。

六年来,我们战天斗地治环境,生态建设成效明显。始终坚持“生态立县”不动摇,蓝天碧水净土“三大保卫战”成效明显,污水处理厂和无害化生活垃圾处理厂建成投用,燃煤小锅炉全部淘汰,优良以上天气比例保持在50%以上。托什干河生态治理、三北五期防护林建设、国土绿化行动等生态工程建设成效明显,累计实施植树造林、退耕还林、沙化土地封禁管护等生态治理61万亩,森林覆盖率达8.66%,乌什县被纳入"国家重点生态功能区"。公园城市建设积极推进,燕泉河景观带、体育公园、街头绿地等生态项目惠及群众,新增城市绿地16万平方米,建成区绿化覆盖率达42.62%,城镇化率从2015年16.45%提高到35.26%。爱国卫生运动广泛开展,美丽乡村建设"十村示范""百村整治"效果明显,院内院外"六件事"有效落实,城乡面貌和人居环境持续改善。

六年来,我们从严治党固根基,党的建设全面加强。坚持党要管党、全面从严治党,党的群众路线教育、"三严三实"、"两学一做"、"不忘初心、牢记使命"等学习教育扎实开展,全县各级党组织和广大党员干部的信仰之基更加牢固、精神之钙更加充足、理想信念更加坚定。软弱涣散基层党组织整顿扎实有力,村干部"三大工程"⑩稳步推进,"访惠聚"驻村工作成效明显,基层党组织的凝聚力、战斗力、创造力不断增强。从严治党"两个责任"⑪全面落实,监督执纪"四种形态"⑫精准运用,中央八项规定及其实施细则严格落实,作风建设持续加强,"四风""四气"⑬等作风顽疾有效纠治,基层减负效果明显,政治巡察不断深化,反腐败斗争压倒性胜利持续巩固,政治生态风清气正。民主法治建设全面加强,县委统揽全局、协调各方的核心领导作用充分发挥,人大依法监督水平明显提升,"六型"政府⑭建设扎实推进,政协参政议政职能有效履行,工青妇等群团组织桥梁纽带作用更加凸显,爱国统一战线持续巩固壮大。

过去的六年,极不平凡、极不容易,既充满挑战、历经千辛万苦,又满载收获、见证百年梦圆。六年来,面对维护社会稳定和决胜脱贫攻坚两大历史任务,我们深入贯彻习近平新时代中国特色社会主义思想,在自治区党委、地委坚强领导下,县委团结带领全县各级党组织和广大党员干部群众,众志成城保稳定、同舟共济战疫情,攻克贫困壁垒,决胜全面小康,经受住了一次次严峻的考验,解决了许多长期想解决而没有解决的难题,办成了许多过去想办而没有办成的大事,全县呈现出社会和谐稳定、人民安居乐业的良好局面。实践证明,这六年,是我县经济社会发展最快、城乡面貌变化最大、民生建设成效最好、各族群众得实惠最多的六年。这些成绩的取得来之不易,这是以习近平同志为核心的党中央英明决策、亲切关怀的结果,是自治区党委和地委正确引领、大力支持的结果,同时也离不开浙江衢州和各级对口帮扶单位、社会各界的无私援助、热心帮扶,离不开兵地融合之力、军民鱼水之情,更离不开全县各族党员干部群众团结奋斗、顽强拼搏。

沧海横流，方显英雄本色。即将过去的2020年，是不简单、不寻常的一年。这一年，既是“十三五”规划收官之年，也是打赢脱贫攻坚战、全面建成小康社会、实现第一个百年奋斗目标的决胜之年。收官决胜之年，又突遇疫情影响，面对战疫情、保稳定、促脱贫、谋发展等艰巨繁重任务，我们坚定不移听从以习近平同志为核心的党中央号令，坚定坚决贯彻落实自治区党委、地委决策部署，始终把人民群众生命安全和身体健康放在第一位，全面落实坚定信心、同舟共济、科学防治、精准施策总要求，坚持“外防输入、内防反弹”总体策略，聚焦“1+3”重点工作，统筹推进疫情防控和经济社会发展取得了来之不易的阶段性“双胜利”。在这场严峻的疫情斗争中，广大医务工作者白衣为甲、逆行出征，舍身忘死、义无反顾冲在疫情防控第一线；广大基层干部、公安干警、驻村干部、志愿者舍小家、顾大家，日夜奋战在疫情防控最前沿；社会各界风雨同舟、竭尽所能，用点滴爱心汇聚成无疆大爱支援“抗疫”；无数个普通劳动者默默坚守、辛勤付出，在平凡岗位上作出了重要贡献；各族群众听党话、感党恩、跟党走，用不同方式为“抗疫”助力加油，全县上下一条心，为打赢疫情防控的人民战争、总体战、阻击战付出了巨大牺牲、作出了重大贡献。实践证明，全县各级党组织是坚强可靠的战斗堡垒，广大党员是听党指挥、能打胜仗、值得信任的主心骨，各族干部群众是听党话、感党恩、跟党走的英雄人民。

回顾第二次中央新疆工作座谈会以来的奋斗历程，我们深刻体会到，贯彻落实新时代党的治疆方略，实现社会稳定和长治久安总目标，必须坚定不移做到六个坚持。

——必须坚持党的绝对领导，始终保持战略定力。必须增强“四个意识”、坚定“四个自信”、做到“两个维护”，在思想上政治上行动上同以习近平同志为核心的党中央保持高度一致，对党忠诚，敢于斗争、善于斗争，坚决把党的各级组织建设成为服务群众、促进团结、维护稳定、引领发展的坚强战斗堡垒。

——必须坚持总目标统领，依法推进社会治理现代化。必须高举中国特色社会主义法治旗帜，大力弘扬法治精神，牢牢扭住社会稳定和长治久安总目标，把依法治县贯穿乌什工作各方面、全过程，善于运用法治思维和法治方式解决问题，依法推进深化改革、推动发展、化解矛盾等各项工作，确保社会大局持续稳定长期稳定。

——必须坚持改革创新，不断增强发展动力。必须坚定不移深化改革、推动创新，着力破除思想观念、机制体制各方面阻碍发展的壁垒，深入贯彻新发展理念，深化供给侧结构性改革，全面实施创新驱动战略，不断蓄积推动高质量发展的强劲动能。

——必须坚持人民至上，全力办好民生实事。必须坚持以人民为中心的发展思想不动摇，始终把保障和改善民生作为各项工作的出发点和落脚点,不忘为人民谋幸福的初心,牢记全心全意为人民服务宗旨,不断满足人民群众日益增长的美好生活需要。

——必须坚持生态立县,坚决守好绿水青山。必须坚定不移走生产发展、生活富裕、生态良好的文明发展道路,坚持生态、绿色、低碳、循环发展理念,持续推进生态文明建设,让乌什的天更蓝、地更绿、山更美、水更清的生态底色更足。

——必须坚持系统治理,统筹推进各项工作。必须牢固树立大局意识和全局观念,增强"十指弹钢琴"的本领,注重统筹兼顾、综合平衡、突出重点、带动全局,加强前瞻性思考、战略性布局、整体性推进,统筹发展与安全,推动乌什县稳定发展改革各项事业沿着习近平总书记指引的正确方向前进。

这些经验弥足珍贵,凝聚了全县各级党组织和广大党员干部的实践智慧,必须牢牢把握、始终坚持。

二、明确"十四五"时期的发展思路和目标任务,奋力开创新时代团结和谐富裕美丽幸福乌什新局面

"十四五"时期是我国全面建成小康社会、实现第一个百年奋斗目标之后,趁势而上开启全面建设社会主义现代化国家新征程、奋力向第二个百年奋斗目标进军的第一个五年。做好当前和今后一个时期的工作,我们必须认清大势,把握机遇,应对挑战。

充分认清形势:这一时期,发展形势和外部环境将会发生更多新的重大变化,各类不确定、不稳定因素必然增多,维护稳定、发展经济、改善民生、深化改革都将面临更多困难和挑战。从国际环境看,世界正经历百年未有之大变局,经济全球化遭遇逆流,新冠肺炎疫情全球大流行使世界形势加速演变,我国发展的外部环境日趋复杂。从国内环境看,我国正处于转变发展方式、优化经济结构、转换增长动力的攻关阶段,发展不平衡不充分问题仍然突出,重点领域和关键环节改革任务仍然艰巨,不确定因素和挑战增多。从疆内和我县环境看,在疫情形势下推动经济社会发展任务艰巨,经济下行压力依然较大,基础设施建设不够完善,产业链条短,实体经济水平有待提高,教育、医疗等民生领域还有不少短板。

牢牢把握机遇:一是党中央关怀机遇。以习近平同志为核心的党中央始终情系新疆、心系新疆各族人民,多次召开重要会议,从战略全局高度谋划新疆工作,特别是第三次中央新疆工作座谈会的召开,为我们做好各项工作指明了方向、提供了根本遵循、注入了强大动力。二是政策叠加机遇。中央对新疆特别是南疆稳定发展改革出台一系列重大政策和倾斜支持措施,这些政策的叠加必将有力推动南疆高质量发展,为加快我县发展创造重要条件。三是稳定红利机遇。近年来,稳定的红利持续释放,为我县改革发展营造了和谐稳定的社会环境。四是改革开放机遇。随着丝绸之路经济带核心区建设、新时代西部大开发战略、乡村振兴战略的深入实施，必将对我县巩固脱贫攻坚成果、补齐农村发展短板、激发发展活力起到重要的促进作用，也必将迎来广阔发展前景。五是融合发展机遇。衢州对口援疆、各级单位对口帮扶、兵地军地共建将在干部人才、产业发展、民生改善、民族团结上进一步聚焦发力，必将为我县实现高质量发展提供更加强劲的助力。我们同时还要看到，当前社会稳定持续向好的基本面没有改变，县域经济稳定增长的基本面没有改变，基层基础不断夯实、民族团结不断巩固的大好趋势没有改变；另外，我们还具有丰富的资源禀赋、牢固的群众根基等诸多优势，特别是历届县委团结带领全县各族党员干部群众艰苦奋斗打下的坚实基础，厚积了助推"十四五"时期经济社会发展的强劲动力。总体来看，机遇与挑战并存，但机遇大于挑战，我们仍处于大有可为的重大战略机遇期。

面对复杂多变的国际形势、艰巨繁重的稳定发展改革任务，我们必须提高政治站位，坚定必胜信心，保持战略定力，切实把思想和行动统一到习近平总书记关于新疆工作的重要讲话和重要指示批示精神上来，深刻认识和把握发展规律，准确识变、科学应变、主动求变，善于在危机中育先机、于变局中开新局。同时，既要有防范风险的先手，也要有应对和化解风险挑战的高招；既要打好防范和抵御风险的有准备之战，也要打好化险为夷、转危为机的战略主动战，应势而谋、乘势而上，在奋力决战第二个百年奋斗目标的新征程上乘风破浪、继续前行。

我县"十四五"时期的指导思想是：高举中国特色社会主义伟大旗帜，坚持以习近平新时代中国特色社会主义思想为指导，坚决贯彻落实党中央、自治区党委、地委决策部署，完整准确贯彻新时代党的治疆方略，牢牢扭住社会稳定和长治久安总目标，坚持依法治疆、团结稳疆、文化润疆、富民兴疆、长期建疆，坚持新发展理念，以推进高质量发展为主题，以深化供给侧结构性改革为主线，以满足人民日益增长的美好生活需要为目的，以推进治理体系和治理能力现代化为保障，统筹发展和安全，加快建设现代化经济体系，加快构建新发展格局，实现经济行稳致远、社会安定和谐，为实现第二个百年奋斗目标奠定坚实基础。

我县"十四五"时期的发展思路是：面对新形势新任务新要求，深入实施"66661"发展战略，即深入推进依法治县、团结稳县、生态立县、产业强县、文化润县、开放活县"六大工程"，做大做强优质粮食、特色林果、现代畜牧、设施农业、农副产品精深加工、全域旅游"六大产业"，全面打响爱国感恩之城、热情开放之城、激情奋进之城、生态文明之城、宜游康养之城、幸福和谐之城"六张名片"，着力打造现代农业优势区、全域旅游示范区、生态治理示范区、文化润疆先行区、兴边富民样板区、民族团结引领区"六大功能区"，把乌什建成享誉疆内外的"丝路泉城·养生乌什”旅游康养目的地。

我县“十四五”时期的奋斗目标是:到2025年,法治乌什建设达到新水平,持续稳定长期稳定的社会局面全面实现,民族团结更加巩固,宗教事务更加规范,经济发展取得新成效,改革开放迈出新步伐,社会文明程度得到新提高,生态文明建设实现新进步,民生福祉达到新水平,融合发展取得新进展,全面小康水平得到新提升。力争实现地方生产总值年均增长8%以上,固定资产投资年均增长10%以上,规模以上工业增加值年均增长10%以上,社会消费品零售总额年均增长9%以上,外贸进出口总额年均增长10%以上,公共财政预算收入年均增长8%以上,森林覆盖率达到10%,建成区绿化率达到50%,户籍人口城镇化率达到45%以上,常住人口城镇化率达到50%以上,城乡居民人均可支配收入增幅高于经济增长速度。

展望至2035年,社会大局持续稳定长期稳定,法治乌什迈上新台阶,社会治理能力现代化水平大幅提升;县域经济综合实力、创新水平、区域竞争力明显提升,县域经济体系更加完善;教育、医疗、文化、健康等公共服务保障体系和服务水平大幅度提升,生活幸福感大幅度增强。创新驱动发展能力与水平明显提高,基本实现新型工业化、信息化、城镇化、农牧业现代化。

2021年,是中国共产党建党100周年和“十四五”规划开局之年,也是接续推进全面脱贫与乡村振兴有效衔接、持续巩固脱贫攻坚成果、夯实全面小康基础、着力构建新发展格局的关键之年,更是全面开启“第二个百年奋斗目标”新征程的起步之年,做好全年各项工作意义重大、使命光荣。我们要坚定扛起新时代、新征程赋予的新使命,担当实干、奋力拼搏,为开启“十四五”新征程开好局、起好步。

2021年预期目标是:力争实现地方生产总值增长8%以上,全社会固定资产投资增长12%以上,规模以上工业增加值增长10%以上,社会消费品零售总额增长10%以上,公共财政预算收入增长8%以上,城乡居民人均可支配收入增幅高于经济增长速度。社会大局持续稳定,经济发展持续向好,民族团结持续巩固,宗教健康发展,民生事业全面进步,生态环境更加优美,党的建设不断加强。

三、完整准确贯彻新时代党的治疆方略,全面打好“十四五”新征程的开局之战

(一)高举法治旗帜,坚定不移维护社会大局持续稳定长期稳定。牢牢扭住社会稳定和长治久安总目标,坚决把维护国家安全、维护社会稳定作为重于泰山的政治责任,深入推进依法治县工程,努力建设更高水平的平安乌什。

1. 坚持系统治理,全面提升社会治理现代化水平。坚持平安乌什、法治乌什一体建设,不断提升市域社会治理现代化水平,做到政治引领、法治保障、德治教化、自治强基、智治支撑“五治融合”,着力打造共建共治共享的社会治理格局。

2. 坚持凝心聚力，精心做好群众工作。始终把发动群众、凝聚人心作为治本之策，深入践行党的群众路线，积极回应人民群众对美好生活的新需要，精准把握服务难点、办事堵点，做实做细服务群众各项工作，进一步延伸为民便民服务触角，真正做到让数据多跑路、让群众少跑腿。坚持和发展新时代“枫桥经验”[15]，完善“三调联动”[16]工作体系，推动“事心双解”，持续巩固全国信访“三无”县创建成果。办好利民惠民实事好事，最大限度凝聚人心。

3. 坚持铸牢中华民族共同体意识，持续巩固发展民族团结。全面贯彻党的民族政策和团结稳疆方略，将中华民族共同体意识教育纳入干部教育、青少年教育、社会教育，大力开展“中华民族一家亲，同心共筑中国梦”主题宣传，教育引导各族干部群众增强“五个认同”，让中华民族共同体意识根植于各民族心灵深处。充分发挥民族团结促进会作用，扎实开展民族团结进步创建“十进”活动，着力打造民族团结引领区。深入开展“民族团结一家亲”和民族团结联谊活动，持续开展多领域“结对子”“心连心”等民族团结微行动，不断加深各民族广泛交往、全面交流、深度交融。持续推动建立“五个互嵌”[17]社会结构和社区环境，为各族群众共居共学共事共乐创造良好条件。

（二）坚持新发展理念，坚定不移推动高质量发展。坚持稳中求进工作总基调，持续深化供给侧结构性改革，深入实施“产业强县”工程，做好“六稳”[18]工作，落实“六保”[19]任务，推动县域经济高质量发展。

1. 坚持一产上水平，接续推进全面脱贫与乡村振兴有效衔接。坚持农业农村优先发展，持续调优农业产业结构，推进粮、果、畜、设施农业“四大基地”建设，推动农业由增产向提质转变，实现农村经济总收入 37.42 亿元。做大做强做优“六大产业”，大力发展以小麦良种繁育和高产栽培为主的种植业，推进 2 万亩小麦良繁基地建设，小麦白地种植面积稳定在 25 万亩，保障粮食安全和重要农产品供给。大力发展以核桃为主的特色林果业，持续推进林果提质增效，加大林果示范基地建设力度，继续推行“农户 + 合作社 + 企业”的运营模式，果品产量达到 14.5 万吨以上。大力发展以牛羊猪鸭等为主的现代畜禽产业，深入实施畜牧业高质量发展“十十百千”工程[20]，加快推进 20 万头生猪、20 万只湖羊、3000 万只鸭鹅等畜禽产业，实现全县牲畜存栏 93 万头（只），出栏 82 万头（只）。大力发展以蔬菜、食用菌种植为主的现代设施农业，着力扩大设施蔬菜种植规模，种植面积稳定在 2 万亩以上；积极推广附加值高的香菇、猴头菇、灵芝等食用菌产业向多元、高效发展。大力发展以沙棘、鹰嘴豆为主的农副产品精深加工全链条特色产业，借力沙棘产业产学研一体研发中心，深入实施沙棘生态富民工程，推进沙棘研发、育种、加工、销售发展,力争年内新植沙棘2万亩;加快推进1万亩鹰嘴豆全国绿色食品原料标准化生产基地建设;全面启动阿合雅镇自治区级农业科技园区申报创建工作,着力构建“初级加工在乡村,精深加工在园区”的农副产品加工布局。大力发展以生态观光、度假康养为主的旅游业,健全完善文化旅游业态,打造“吃住行游购娱”产业链,力争年内接待游客112万人次,实现旅游总消费4亿元以上。持续完善“六大产业”基础设施,增强产业的扩张基础,完成高标准农田建设4.5万亩,农业产业机械化率达95%以上。持续巩固脱贫成果,保持现有帮扶政策总体稳定,切实做到“四个不摘”㉑“八个不变”㉒,加快推进脱贫攻坚巩固提升与乡村振兴战略全方位、高效、无缝衔接,落实落细“1+5”方案,突出抓好产业提升、稳岗就业、项目建设、劳动力培训、返贫监测等措施落实,真正实现农业农村工作在提档升级中接续发展、高标准发展。

2. 坚持二产抓重点,统筹发展城市经济。坚持“一园多区”发展思路,持续提升园区承载能力。完善城南园区供水、供热、供气等基础设施建设,做好城北园区仓储、物流等生产性配套设施,力争升格为自治区级工业园区。积极培育现代商贸物流、纺织服装、农产品精深加工、电子商务、清洁能源、新型建材等工贸产业。支持投资3亿元的华盛纺织10万锭智能纺、投资1亿元的天和针织600万件服装加工、投资2亿元的“货畅天下”物流配送基地、投资2亿元的沙棘深加工及研发中心建设、投资3500万元的卓优食品中央厨房等项目加快建设,尽快形成产能。力争年内完成3家企业升规、5家企业上限。继续实施投资拉动战略,围绕83个固投项目,年内完成投资40.52亿元,重点抓好大石峡水利枢纽工程、托什干河生态治理高位水库、城乡一体化建设等大项目,启动红山调蓄水池、乌依布拉克水库项目。树牢“大招商”“招大商”理念,围绕“六大主导产业”精准招商、补链招商,持续优化营商环境,力争招商引资到位资金25.3亿元以上。

3. 坚持三产大发展,加快繁荣现代服务业。坚持以城聚商、以商兴城的发展理念,系统规划城区商业布局,以亿嘉时代购物广场为中心,整合周边商业资源,建成高品质商业综合体;加快“东山头”片区全面改造,打造集观景、餐饮、健身、娱乐为一体的活力街区;加快推进新疆美食、名品服装、数码科技、文体用品、汽车城、家电城等多个特色商业街区建设,全面振兴商贸服务业。深入推进“旅游+”“+旅游”战略,按照“城景共享、城乡共建、山水共美、文旅共生”的旅游产业发展思路,积极创建国家全域旅游示范区和国家康养旅游示范基地,着力构建“一带串联、多点支撑”的全域旅游空间格局。年内计划投入4亿元,改造提升燕泉山、沙棘林两大景区和泉域星空国际滑雪场·四季旅游度假区服务设施,开发建设“水帘洞”景区,打造国道219线风景廊道,建设文旅商业消费聚集区和生态旅游康养区。在提升旅游接待能力和服务水平上下功夫,加快景区创建步伐,力争创建国家AAAA级旅游景区2个,新建星级以上宾馆3家,新增星级农家乐4家以上、精品民宿1处。

4. 坚持城乡一体化,加快推进新型城镇化步伐。发挥规划在城市一体化建设中的引领作用,严格执行国土空间规划,将迎宾大道两侧、乌什镇喀赞村居民区、北工业园区纳入城市开发边界线,新增城市开发边界红线28.28平方公里;优化行政服务中心北侧、第五幼儿园东侧、乌什镇九眼泉村街道布局,构建"三横四纵"主街道。坚持"泉在城中流、城在泉中映、人在泉城游"的园林城市发展理念,加快城乡基础设施建设,新建一批幸福公园、体育公园、健身广场等开放式绿色公园,提升改造奥特贝希乡三角地等6个街头绿地,促进城乡协调发展。加强市政基础设施建设,亮化升级城区内新城路、热斯太街、团结路等老旧路灯,规范管理沿街商铺牌匾,完成迎宾大道两侧附属设施建设。加大老旧小区内外基础设施改造提升力度,鼓励房地产企业拆旧建新,提升城市品位,支持投入2亿元实施城乡一体化建设项目,引入社会资本5.6亿元实施公园壹号、源森名苑、燕山小区二期等房地产开发项目。加快阿合雅镇、依麻木镇、阿恰塔格乡特色小城镇建设,配套发展特色产业;积极推进英阿瓦提乡、奥特贝希乡、阿克托海乡撤乡设镇,进一步加快新型城镇化建设步伐,继续推进美丽乡村、新农村示范点等项目,力促城乡面貌全面升级。

5. 坚持绿色发展理念,持续推进美丽乌什建设。坚决树牢"绿水青山就是金山银山"的绿色发展理念,深入推进"生态立县"工程建设,让美丽乌什天更蓝、山更美、水更清。打好蓝天保卫战。持续抓好扬尘、燃煤、老旧机动车超标排放、农村生活垃圾及秸秆焚烧等主要污染源综合治理,推广使用清洁能源,加快"煤改电""煤改气"进程,确保全年二级以上优良天数达到57%以上。打好碧水保卫战。严格落实水资源管理"三条红线"[23],加快工业、农业、生活污染源和水生态系统治理,深入实施山水林田湖草一体化保护和修复,持续推进托什干河流域生态治理,落实河长制,加大水源地保护力度,确保各族群众饮水安全。打好净土保卫战。健全土壤环境质量监测网络,依法严厉打击非法开荒、非法采砂等行为,着力改善土壤环境质量。严格落实产业准入负面清单制度,严把项目环评审批关,严禁"三高"[24]项目进乌什。扎实推进生态建设。大力弘扬"柯柯牙精神""护边员精神",深入开展国土绿化行动,推行林长制,继续推进生态防护林建设,力争年内人工造林5万亩以上,新增城市绿地9万平方米,促进人与自然和谐共生。持续做好院内院外"六件事"[25],进一步改善农村人居环境。

(三)坚持以人民为中心,坚定不移

保障改善民生。紧贴民生推动高质量发展,深入实施“十项惠民工程”[26],着力办好“十件民生实事”[27],让各族群众共享稳定发展改革成果。

1. 坚持就业第一,拓宽渠道促进就业。坚持把就业作为最大的民生,以稳定和扩大就业为目标,持续抓好技能培训、信息服务、岗位开发、稳岗管理等工作,深入实施发展纺织服装产业促进就业战略,加快发展劳动密集型产业;紧盯新落地的重大项目、新投产的工业企业,深度挖掘就业岗位、拓宽就业渠道。建立农业实体稳定就业机制,推动农村富余劳动力就近就地就业,突出抓好高校毕业生、退役军人、就业困难人员和失业人员等群体稳定就业,力争年内开展各类职业技能培训3000人,农村富余劳动力转移就业1.85万人次以上,新增城镇就业1200人以上,零就业家庭动态清零。

2. 坚持优先发展教育,努力办好人民满意教育。全面贯彻党的教育方针,坚持社会主义办学方向,把立德树人作为教育的根本任务,深化学校思想政治理论课改革创新。按照“学前教育普惠发展、义务教育均衡发展、普高教育优质发展、职业教育创新发展”的办学思路,加强各类学校内涵发展,提升“组团式”教育援疆联盟办学效益,在弘乐幼儿园实施3岁以下儿童托育,确保各族青少年儿童享受更优质教育。支持依麻木镇国家通用语言小学发展,着力打造中华优秀传统文化教育教学高地。实施教学质量提升攻坚计划,深化教师管理体制改革,通过“十百千”名师培养工程[28],全面提升教师教书育人能力素质,着力打造高素质专业化创新型教师队伍。启动县高级中学、依麻木镇中心小学寄宿制学校改造和东山头城乡一体化小区配套幼儿园建设项目,完成阿合雅镇中学综合教学楼建设。持续推进教育信息化2.0建设,发挥好VR人工智能实验室作用,构建“互联网+教育”体系,促进信息技术与教育教学深度融合。

3. 坚持大健康理念,大力推进健康乌什行动。始终把维护人民健康放在更加突出的位置,深入实施医疗惠民工程,持续开展全民健康体检。加快实施推进疾控中心能力提升项目,提高应对突发公共卫生事件和做好生物安全防范的能力。持续深化“医共体”“医联体”建设,全面落实家庭医生签约服务,提高医疗卫生服务能力。推动妇幼保健和中医民族医专科联盟建设,优化整合妇幼保健和计划生育技术服务机构资源,提高妇幼健康保障水平。大力弘扬中医药文化,推进乡(镇)卫生院中医馆全覆盖。鼓励支持社会资本兴建各类专科医院和体检中心等机构,为各族群众提供优质医疗服务。强化重大传染病、地方病防控,加快推进阿合雅传染病医院、河仁慈善基金会结核病病房楼建设项目,有效降低结核病、艾滋病发病率。积极推进医疗卫生和旅游、养老服务结合,促进医养、康养融合发展。实施爱国卫生运动三年行动计划,大力倡导全民健身运动,增强全民体质。坚持和改进计划生育工作,保持适度生育水平。

4. 坚持应保尽保,着力提升社会保障水平。全面落实全民参保计划,持续推进五项保险参保扩面,城乡居民基本养老保险参保率稳定在95%以上。落实城乡居民基本医疗体检、大病保险、医疗救助三重保障框架等惠民政策,提升低保、医保、养老、特困群体救助供养、民政救助等综合社会保障水平。持续做好社会救助工作,全面做好"双集中"[29]、特殊困境儿童、精神障碍患者等特殊群体救助保护工作,实施"一人一档"精准救助。进一步提升农村幸福大院、托幼机构管理服务水平,切实解决好"一老一小"问题。全力维护残疾人合法权益,着力保障残疾人稳定就业和生活质量。

5. 坚持暖心惠民,切实办好利民实事好事。持续抓好水、电、暖、路、气、讯等民生工程建设,深入实施新城区排水管网改造和供水(二期)改扩建项目,新建安居富民房814套,棚户区改造1500户,对振兴小区等公租房小区公共服务设施进行全方位完善,建设村级道路98公里,进一步改善群众生产生活条件。深入开展安全生产专项三年行动,全面落实"1+X"风险隐患排查机制,坚决遏制重特大安全生产事故。健全完善综合应急管理机制,不断提升防灾减灾救灾能力水平。加强农产品和食药品安全监管,全力保障人民群众"舌尖上的安全"。

(四)加强文化引领,坚定不移维护意识形态领域安全。坚持党管宣传、党管意识形态,坚定不移举旗帜、聚民心、育新人、兴文化、展形象,深入实施文化润疆工程,努力建设文化润疆先行区。

1. 大力培育和弘扬社会主义核心价值观。广泛开展爱国主义教育活动,建好用好爱国主义教育基地,引导各族干部群众牢固树立国家意识、公民意识和中华民族共同体意识。全面推进新时代文明实践中心建设,大力开展各类志愿服务活动,打通宣传服务群众的"最后一公里"。持续推进移风易俗和文明乡风建设,加强"讲文明、树新风"等系列公益宣传,开展"道德模范""最美人物"等系列评选活动。深化拓展精神文明"五大创建"[30]活动、"四大"文明行动和诚信建设,积极推进文明城市创建。大力弘扬中华优秀传统美德,深入实施公民道德建设工程,为建设"幸福乌什"汇聚强大正能量。

2. 深入实施文化润疆工程。大力传承弘扬中华优秀传统文化,深入挖掘"烽燧古道·远迈汉唐"历史文化底蕴,加大历史文化挖掘、阐释和文物古迹保护力度,力争在深挖别迭里烽燧等历史遗迹和张骞、班超、李白等历史名人资源上取得新突破,让历史发声,让文物说话。积极推进文化润疆产业建设,依托青少年文化活动中心,加大"南孔文化"和"库尔班中华文化大院"的融合力度,年内计划拍摄以库尔班·尼亚孜为原型的电视连续剧《大爱无疆》,向建党100周年献礼。加强与衢州融媒体中心、新疆电视台合作力度,加快推进县级融媒体中心健康发展,提升我县知名度和舆论宣传力。坚持以文润城、文城相依,将中华文化元素融入城市规划建设中,不断丰富城市文化内涵。加强文艺人才培养,深入推进铸魂、固本、惠民等文化润疆十项工程,力推一批精品力作。

3. 全面抓好新闻宣传工作。着力在“请进来、走出去、主动发声”上下功夫,理直气壮地宣传我县社会稳定的大好局势和人民安居乐业的幸福生活,进一步坚定各族群众听党话、感党恩、跟党走的信心决心。持续加大农村广播电视投入力度,探索建立“新闻+政务服务”商务运营模式,进一步拓展“乌什好地方”客户端宣传服务功能。充分用好抖音、微信公众号、微博等新媒体平台,积极创作一批优质作品,打造一批精品节目,网上网下一体推进。围绕庆祝中国共产党成立100周年,全方位、多角度、立体式开展主题宣传、成就宣传、典型宣传,大力营造全民爱党、全心向党的浓厚舆论氛围。

(五)坚持改革创新,坚定不移深化改革扩大开放。围绕“开放活县”战略,全面深化改革,继续扩大开放,努力开创融合发展新局面。

1. 持续深化改革开放。以推进社会治理体系和治理能力现代化为保障,大力培育创新精神和工匠精神,以供给侧结构性改革为主线,力争在重点领域和关键环节取得新突破。不断深化行政管理体制改革,持续深化“放管服”改革,积极推行“互联网+政务服务”,积极落实“跨省通办”“地区通办”,持续推进政务服务向村级延伸。深入实施国企改革三年行动,建立有效制衡的公司治理机制,进一步完善以管资本为主的国有资产监管机制,有效发挥国有资本投资、运营公司功能作用,增强市场主体活力。全力支持民营企业改革,鼓励民营企业转型升级,促进规范健康发展。抓好经济体制改革,着力转方式、调结构、稳增长,切实增强县域经济发展的活力和动力。全面深化农业农村改革,规范提升362家农民专业合作社,完成土地流转5万亩,进一步完善农产品质量安全追溯体系。抢抓丝绸之路经济核心区建设和新时代西部大开发战略机遇,加大外贸进出口企业引进培育力度,积极做好政策扶持、补贴争取等服务工作,年内力争培育外贸进出口企业2家。

2. 深入实施创新驱动战略。大力推进“科技兴县”行动,充分发挥科技特派员、科技明白人作用,为推动经济高质量发展提供科技和人才支撑。加快推进智慧旅游、智慧农业、智慧交通、智慧边防等建设进程,着力打造“智慧乌什”。深度运用“大数据”,力争在“互联网+”、移动XG、人工智能等技术与信息化融合发展领域取得新突破。加大科技投入力度,主动加强与高校合作,注重科技成果转化运用。统筹整合农业数据资源,加快农业大数据平台建设,实现信息技术在农业生产领域的推广和应用。整合物流及电商行业,新建电商物流园1个,引进创业创新团队,促进大众创业、万众创新。

3. 持续深化对口支援。主动加强沟通联系,统筹推进产业、教育、医疗、人才等“组团式”援疆,着力打造对口援疆升级版。坚持“输血”与“造血”结合、“硬件”与“软件”并重,加强援疆项目科学规划与管理,重点在乡村振兴和民生领域加大援疆投入,深入实施“十城百店”[31]“百村千厂”[32]“万亩亿元”[33]工程,年内计划安排援疆资金 2.82 亿元,实施各类援疆项目 20 个以上,进一步提升对口援疆综合效益。深化区内协作,进一步加强与哈密市伊州区以及各友好县(市)的沟通联络,努力争取更大支持。

4. 深化兵地融合和军地共建。牢固树立“一家亲”“一盘棋”思想,积极探索兵地协同合作新机制,加强双方经济、文化、社会、干部人才、疫情防控等方面的交流合作。定期组织开展兵地技术员和村组干部交流、观摩活动,共同提高农业生产水平。推进社会融合发展,着力打造兵地融合居住社会环境,推进兵地医疗和公共资源共享。推动兵地交通、水利、能源、通讯等重大基础设施和公共服务设施互联互通,着力构建经验互学、互惠互利和资源共享、经济共荣、维稳共担的深度融合发展新格局。持续深化“双拥”共建工作,常态开展护边员、警务站民(协)警慰问活动,全面落实拥军优属政策,切实解决好驻军部队和广大官兵的实际困难,不断巩固和发展同呼吸、共命运、心连心的军政军民关系。

四、全面加强党的领导,为实现社会稳定和长治久安总目标提供坚强政治保证

全面贯彻新时代党的建设总要求,以加强政治建设为统领,全面推进党的政治、思想、组织、作风、纪律建设,把制度建设贯穿始终,纵深推进党风廉政建设和反腐败斗争,不断夯实党的执政根基。

(一)加强党的思想政治建设。始终把党的政治建设摆在首位,树牢“四个意识”、坚定“四个自信”、做到“两个维护”,教育引导各族党员干部在思想上政治上行动上同以习近平同志为核心的党中央保持高度一致,做政治上的“清醒人”、思想上的“明白人”、行动上的“落实人”。以推进“两学一做”学习教育常态化制度化、巩固拓展“不忘初心、牢记使命”主题教育成果为契机,深入学习贯彻落实中共十九届五中全会和第三次中央新疆工作座谈会精神,特别是习近平总书记的重要讲话精神,强化党员干部理想信念教育,把党的基本理论、基本路线、基本纲领、基本经验贯穿始终,筑牢思想之基、补足精神之钙、把稳思想之舵,坚定不移用习近平新时代中国特色社会主义思想武装头脑、指导实践、推动工作。

(二)加强党的干部队伍建设。认真贯彻落实新时代好干部“五条标准”[34]和民族地区“三个特别”政治标准[35],抓好干部队伍教育培养、选拔任用、监督管理,着力锻造忠诚干净担当的高素质专业化干部队伍。健全完善关爱机制,对各族干部政治上激励、工作上支持、待遇上保障、生活上关心、心理上关怀,激励广大干部扎根边疆、奉献乌什、建功新时代。注重在脱贫攻坚、疫情防控等基层一线培养锻炼干部,大力提拔重用奋战在一线的优秀干部,树立重实干、重实绩的鲜明选人用人导向。统筹做好女干部、少数民族干部和党外干部培养选拔工作。落实公务员职务与职级并行和事业单位管理岗等级晋升政策,激发各级干部履职尽责、担当作为。坚持党管人才,统筹行业领域人才队伍发展,着力打造人才发展高地。一如既往地做好老干部服务管理和关心下一代工作,让老同志老有所为、老有所乐,为推动全县经济社会发展再立新功。

(三)加强党的基层组织建设。以提升组织力为重点,突出政治功能,健全责任体系,落实党建“七个一”[36]工作机制,形成上下联动、齐抓共管的党建工作格局。牢固树立“大抓基层”的鲜明导向,铁腕整顿软弱涣散基层党组织,深化村级组织“星级化”创建工作,促进整乡推进、整县提升,统筹抓好农村、城市、机关、新兴组织、学校、公立医院等各领域党建工作,坚持党建带群团组织建设,推动基层组织全面进步。精心组织实施换届,选优配强村党组织书记,持续选派其他省市招录大学生、留疆战士到村任职,扎实推进村干部国家通用语言培训、素质提升、后备干部选拔培养“三大工程”,增强村党组织的凝聚力、战斗力。逐步提高村干部待遇,在2020年增长的基础上,村“两委”正副职月工资报酬再分别增加600元、500元,年内分别达到4000元和3200元,切实激发村干部干事创业积极性。持续改扩建乡(镇)周转宿舍、村级阵地,完善社区综合服务设施,着力发展壮大村级集体经济,确保基层组织有址议事、有钱办事。全面落实“1+2+5”八项任务[37],常态化长效化制度化推进新时代“访惠聚”驻村工作,着力打造一支“永不走”的工作队,进一步筑牢长治久安的基层基础和群众基础。

(四)持之以恒正风肃纪。严格落实中央八项规定及其实施细则精神,深挖细查“四风”“四气”问题及隐形变异的种种表现,坚决破除形式主义、官僚主义,切实巩固基层减负成效,坚决防止反弹回潮。持续加强干部作风建设,大力弘扬担当实干之风,以作风建设新成效凝聚党心民心。坚持规范问责、精准问责,用好监督执纪“四种形态”,抓早抓小、防微杜渐。紧盯“小微权力”运行,持续推动监督向基层延伸,深入开展扶贫、民生等重点领域专项整治,坚决纠治损害群众利益突出问题,进一步密切党群干群关系。

(五)纵深推进党风廉政建设和反腐败斗争。认真落实全面从严治党“两个责任”,坚持无禁区、全覆盖、零容忍,始终保持高压态势,重点查处中共十八大以后仍不收敛不收手、问题线索反映集中、群众反映强烈的案件。充分发挥巡察利剑作用,强化成果运用。深化以案促改、标本兼治,扎实做好“后半篇”文章,加强常态化党风廉政教育，引导党员干部知敬畏、存戒惧、守底线，一体推进不敢腐、不能腐、不想腐，持续巩固发展反腐败斗争压倒性胜利。

（六）坚持不懈加强社会主义民主法治建设。坚定不移走中国特色社会主义政治发展道路，坚持党的领导、人民当家做主、依法治国有机统一，努力开创法治乌什建设新局面。支持人大及其常委会依法行使职能，加强对“一府一委两院”的监督，更好发挥人大代表作用。加快政府职能转变，全力打造“六型政府”。支持人民政协紧扣团结和民主两大主题，切实履行好政治协商、民主监督、参政议政职能，努力在社会稳定、经济建设等方面做出积极贡献。加强与民主党派、工商联和无党派人士的团结合作，巩固发展最广泛的爱国统一战线。充分发挥工会、共青团、妇联、残联等群团组织桥梁纽带作用，积极参与社会管理和公共服务，更广泛地把群众组织起来、动员起来、团结起来。加强基层民主政治建设，发挥村民自治功能，着力推进基层民主制度化、规范化。

在抓好各项工作的同时，要大力弘扬伟大抗疫精神，坚决贯彻“坚定信心、同舟共济、科学防治、精准施策”总要求，坚持“外防输入、内防反弹”总体防控策略，落实“四早”要求[38]，压实“四方”责任[39]，守好“三道门”[40]，抓好“三件事”[41]，管好“四类人”[42]，常态落实“八项监测预警机制”[43]，统筹常态化疫情防控和经济社会发展，坚决守护好全县各族人民生命安全和身体健康。

名词解释：

①三馆一站：图书馆、文化馆、博物馆、文化站。

②五个嵌入：居住嵌入、文化嵌入、源头嵌入、生产嵌入、经济嵌入。

③“12468”脱贫攻坚作战图：紧盯贫困村出列、贫困户脱贫一个标准，抓住“两不愁、三保障”两个关键，构建专项扶贫、行业扶贫、社会扶贫、援疆扶贫“四大格局”，围绕“特色产业、农村电商、生态旅游、庭院经济、转移就业、金融贷款”六项重点工作，抓好贫困入口关、动态管理关、脱贫退出关、一对一帮扶、技能培训、入股分红、建强基层组织、激发内生动力八项举措。

④七个一批：转移就业扶持一批、发展产业扶持一批、土地清理再分配扶持一批、转为护边员扶持一批、易地扶贫搬迁扶持一批、实施生态补偿扶持一批、综合社会保障措施兜底一批。

⑤三个加大力度：加大基础设施建设力度、加大教育扶贫力度、加大健康扶贫力度。

⑥十大专项行动：基础设施建设扶贫行动、产业和就业扶贫行动、扶贫生态移民行动、教育扶贫行动、医疗健康扶贫行动、财政金融扶贫行动、社会保障兜底扶贫行动、社会力量包干扶贫行动、特困地区特困群体扶贫行动、党建扶贫行动。

⑦两不愁三保障：不愁吃、不愁穿，义

务教育、基本医疗、住房安全有保障。

⑧五通七有:通水、通电、通路、通广播电视、通宽带或通讯,有村“两委”班子且发挥作用、有支撑稳定增收的产业、有村集体经济收入、有村级党组织阵地(办公场所)、有幼儿园(中心幼儿园)、有便民服务中心(文化体育活动场所)、有卫生室。

⑨“1 + X”风险排查机制:在县安委会的框架内,设立若干个专委会,共同抓好安全生产类、非安全生产类风险隐患排查,有效防范各类事故发生。

⑩村干部“三大工程”:村“两委”班子成员国家通用语言强化工程、村党组织书记(村委会主任)素质提升工程、村党组织书记后备人选选拔培养工程。

⑪从严治党“两个责任”:党委主体责任和纪委监督责任。

⑫监督执纪“四种形态”:一是党内关系要正常化,批评和自我批评要经常开展,让咬耳扯袖、红脸出汗成为常态;二是党纪轻处理和组织处理要成为大多数;三是对严重违纪的重处分、作出重大职务调整应当是少数;四是严重违纪涉嫌违法立案审查的只能是极少数。

⑬“四风”“四气”:形式主义、官僚主义、享乐主义、奢靡之风;官油子之气、不作为之气、漂浮之气、“两面人”之气。

⑭“六型”政府:建设忠诚型政府、法治型政府、服务型政府、担当型政府、创新型政府、廉洁型政府。

⑮枫桥经验:20 世纪 60 年代初,浙江省诸暨市枫桥镇创造了“发动和依靠群众,坚持矛盾不上交,就地解决,实现捕人少、治安好”的“枫桥经验”。1963 年毛泽东亲笔批示“要各地仿效,经过试 3 点,推广去做”。习近平总书记指示要坚持和发展好“枫桥经验”,突出坚持以人民为中心,推动形成共建共享的社会治理新格局;坚持以善治为目标,推动创新城乡基层社会治理模式;坚持以预防为重点,构建社会矛盾风险综合防控新体系;坚持以党的建设为引领,筑牢社会和谐稳定新防线。

⑯三调联动:将人民调解、行政调解、司法调解有机结合,综合运用法律、政策、行政等方法开展教育疏导。

⑰五个互嵌:空间互嵌、经济互嵌、社会互嵌、文化互嵌、心理互嵌。

⑱“六稳”工作:稳就业、稳金融、稳外贸、稳外资、稳投资、稳预期。

⑲“六保”任务:保居民就业、保基本民生、保市场主体、保粮食能源安全、保产业链供应链稳定、保基层运转稳定。

⑳“十十百千”工程:力争 2022 年全县畜牧业养殖规模达到十万头生猪、十万头牛、百万只羊、千万只家禽。

㉑四个不摘:摘帽不摘责任、摘帽不摘政策、摘帽不摘帮扶、摘帽不摘监管。

㉒八个不变:各级扶贫开发领导小组不变、各级扶贫开发领导小组办公室机构不变、五级书记一起抓不变、“双组长”责任制不变、党委主体责任和纪委监委监督责任不变、有脱贫攻坚任务的地县乡班子

稳定不变、村第一书记和驻村工作队帮扶机制不变、各级帮扶力量和帮扶关系不变。

㉓水资源管理“三条红线”：水资源开发利用控制、用水效率控制、水功能区限制纳污。

㉔三高：高污染、高耗能、高排放。

㉕院内院外“六件事”：改厕、庭院环境整治、居住环境整治、生活污水治理、生活垃圾治理、村庄绿化。

㉖十项惠民工程：自治区党委九届十一次全会提出，实施扩大就业、增收致富、教育提升、全民健康、社保扩面、安居保障、煤改电、兴边富民、公共安全保障、稳定惠民等十项惠民工程。

㉗办好“十件民生实事”：新建安居富民房814套，实现农村居民安全住房全面覆盖；完成棚户区改造1500户，进一步改善广大居民的住房条件；投入8000万元对振兴小区等公租房小区水电路暖、养老、托幼等公共服务设施进行全方位完善，进一步提升服务功能；投入5800万元对老旧小区进行全面改造，进一步改善居住环境；投入3000万元实施旧城区改造项目，改善通行条件，扩大绿化面积，新建休闲广场等配套设施，让广大居民住的更舒心；投入9400万元实施新城区排水管网改造和供水（二期）改扩建项目，彻底解决排水不畅、供水压力不足等问题；投入7199.38万元建设村级道路98公里，进一步改善广大群众出行条件；投入3360万元对设施老旧的基层组织阵地进行改扩建，进一步改善基层干部办公、学习、食宿等条件；投入3500万元在17个贫困村新建商铺、夜市，鼓励更多群众创业致富；投入4700万元新建传染病医院并配齐各类专业设备，着力提升重大传染病防控能力，确保各族群众生命安全和身体健康。

㉘“十百千”名师培养工程：即青年教师培养工程，“十”是三年以内培养数十名自治区级的教学能手，“百”是三年以内培养数百名地区级学科带头人、教学能手、骨干教师、教学新秀，“千”是三年以内培养数千名县级学科带头人、教学能手、骨干教师、教学新秀。

㉙双集中：孤儿集中收养、五保老人集中供养。

㉚五大创建：创建文明城市、文明单位、文明村镇、文明家庭和文明校园。

㉛十城百店：在浙江省10个地级市建设阿克苏特色农产品公共仓，统一平台运作、统一仓储服务、统一地域品牌、统一质量追溯、组建上百个阿克苏特色农产品销售终端，利用大型农产品批发市场及物流配送网络，不断提高阿克苏特色农产品销量。

㉜百村千厂：浙江省推进产业援疆的重点工程，针对各族群众居住分散、喜好就近就业的实际，坚持“政府前期引导、企业持续发力、劳动者积极参与、市场化良性运作”，在百村建千厂，方便群众就近就业、脱贫致富。

㉝万亩亿元：浙江省指挥部与阿克苏地区共同实施的产业援疆项目，利用3至

5年时间,推广林下套种黑木耳1万亩,实现增收1亿元。

㉞新时代好干部五条标准:信念坚定、为民服务、勤政务实、敢于担当、清正廉洁。

㉟民族地区“三个特别”政治标准:明辨大是大非立场特别清醒、维护民族团结行动特别坚定、热爱各族群众感情特别真挚。

㊱七个一:选出一个好书记、建设一个好阵地、建立一套好制度、建设一支好的党员队伍、形成一个改革发展的好路子、取得一个群众满意的好成果、打造一批好的示范典型。

㊲“1+2+5”八项任务:一个总目标是维护社会稳定;两项任务是做好群众工作和建强基层组织;五件好事是推进脱贫攻坚、落实惠民政策、拓宽致富门路、办好实事好事、壮大党员队伍。

㊳落实“四早”要求:早发现、早报告、早隔离、早治疗。

㊴四方责任:属地责任、行业部门主体责任、各单位主体责任、家庭个人自我防护责任。

㊵三道门:边境国门、入乌大门、小区(单位)院门。

㊶疫情防控三件事:测体温、戴口罩、扫双码。

㊷四类人员:28天内有境外旅居史人员、有发热和呼吸道症状人员、推送的密接人员、健康码不符合规范的人员。

㊸八项监测预警机制:发热门诊预警机制、环境监测预警机制、环境消杀预警机制、冷链食品邮件物流监测预警机制、交通运输人和物的监测预警机制、重点人员的核酸检测预警机制、人员不聚集的监督管理预警机制、健康码和行程码动用预警机制。

乌什县人民政府工作报告

——在乌什县第十五届人民代表大会第六次会议上(摘录)

乌什县人民政府县长 吐尔洪·阿不拉

(2021 年 1 月 8 日)

一、"十三五"时期工作回顾

"十三五"时期是"两个一百年"交汇期,也是我县实现脱贫"摘帽"的决战期,我们共同见证了改革开放 40 周年和新中国成立 70 周年的伟大历史时刻。五年来,在地委、行署和县委的坚强领导下,在县人大、政协的监督支持下,我们坚持以习近平新时代中国特色社会主义思想为指导,深入贯彻落实中共十九大和十九届二中、三中、四中、五中全会及第二次、第三次中央新疆工作座谈会精神,坚定坚决贯彻落实以习近平同志为核心的党中央治疆方略,全面贯彻落实党中央、自治区党委、地委决策部署和县委具体要求,紧紧围绕社会稳定和长治久安总目标,凝心聚力、攻坚克难,即将完成"十三五"时期各项目标任务,为决战决胜脱贫攻坚、夺取全面建成小康社会伟大胜利作出了积极贡献。

"十三五"末,预计实现地方生产总值 45.2 亿元,较"十二五"末增长 74.45%、年均增长 11.77%,一、二、三产业比重从 33.95∶13.02∶53.03 优化到 26.07∶13.89∶60.04。完成固定资产投资 36.18 亿元,增长 53.3%,年均增长 8.92%;规模以上工业增加值 1.77 亿元,增长 111.49%,年均增长 16.16%;公共财政预算收入 2.27 亿元,增长 107.78%,年均增长 15.75%;社会消费品零售总额 4.49 亿元,增长 137.57%,年均增长 18.89%;城镇居民人均可支配收入 32498 元,增长 46.19%,年均增长 7.89%;农牧民人均纯收入 12806.9 元,增长 93.8%,年均增长 15.6%。

五年来,真情筑牢民族团结,各族人民亲如一家。坚持把民族团结作为各族人民的生命线,"民族团结一家亲""民族团结联谊""结亲周"等活动常态开展,为群众办实事好事 35.58 万余件。深入开展民族团结教育和民族团结进步创建活动,"五个互嵌"① 深入推进,累计创建示范单位 272 个、模范个人 308 人、"嵌入式"示范点 52 个、教育基地 10 个,各民族交往交流交融不断加深。成功创建地区"民族团结进步示范县",依麻木镇托万克麦盖提村"访惠聚"驻村工作队被评为"全国民族团结进步模范集体",库尔班·尼亚孜荣获"全国民族团结进步模范个人"称号,开创了民族团结新局面。

五年来,精准帮扶成效明显,脱贫"摘帽"如期实现。对照"六个精准"② 工作要求,紧扣"两不愁三保障"③ 脱贫标准,74 个贫困村全部退出,15555 户 63155 名贫困人口如期脱贫,贫困发生率降至 0%,成功摘掉了贫困县帽子。全面构建专项扶贫、行业扶贫、社会扶贫、援疆扶贫、东西部协作扶贫“五位一体”大扶贫格局,“12468”脱贫攻坚作战图④深入实施,“七个一批”⑤“三个加大力度”⑥“十大专项行动”⑦增效深化,凝聚起脱贫攻坚的磅礴力量。严格落实“四个不摘”⑧“八个不变”⑨要求,脱贫成果持续巩固。累计投入各类扶贫资金24.02亿元,实施扶贫项目505个,行政村“五通七有”⑩全部达标,为统筹推进脱贫攻坚与乡村振兴有效衔接打下坚实基础。

五年来,加快构建产业体系,经济发展稳中有进。农业稳步发展,第二轮承包土地确权登记颁证、农业水价综合改革全面完成,“中央厨房”“山东寿光”温室蔬菜大棚等设施农业项目相继实施,以番茄、鹰嘴豆、蔬菜、黑木耳等为主的特色订单种植产业基本形成,以核桃为主的特色林果业增效明显,以牛羊猪鸭为主的畜禽业发展壮大,6项专利填补了国内沙棘育苗史上的空白,“西域小羔羊”“7村黑木耳”等农副产品品牌知名度明显提升,预计完成农村经济总收入34.02亿元、较“十二五”末增长91.1%。工业经济快速发展,“一园多区”格局初具规模,工业企业数量增至77家。华能亚曼苏水电站、大石峡水利枢纽工程、湖悦山色等561个固投项目顺利实施,金勺果业、华盛纺织、3000万只鸭鹅等109个招商项目相继落户,创新大厦等128个援疆项目交付使用。服务业蓬勃发展,旅游营销活动、景区提升改造有序推进,燕泉山、沙棘林景区成功创建国家AAAA级旅游景区,星光夜市美食城建成运营,泉域星空国际滑雪场·四季旅游度假区等一批景点开业运营,成功创建“自治区全域旅游示范区”并跻身国家全域旅游示范区创建行列,“十三五”末旅游接待达89.04万人次、总消费达3.24亿元。电商和商贸物流产业加速发展,108个行政村实现电商全覆盖,成功创建“国家电子商务进农村综合示范县”,累计销售额达1.22亿元。强化财税金融支撑作用,积极推进国资国企改革,规范政府举债融资行为,稳妥化解隐性存量债务5.44亿元。

五年来,基础设施日趋完善,城乡面貌焕然一新。统筹推进住房、水、电、气、暖、路等基础设施建设,完成棚户区改造2950户,新建供排水管网39公里、供热管网17公里,燕泉河景观带、体育公园、中心客运站、迎宾大道等工程如期完工,城市服务功能明显提升。南疆天然气利民工程乌什支线、城镇天然气汽化工程投产供气,结束了用气靠车拉的历史。新增城市绿地16万平方米,建成区绿化率达42.62%,顺利通过自治区卫生县城复审。农村水、电、广播电视、光纤宽带实现全覆盖,修建安居富民房18747套、农村厕所42428座、防渗渠159.97公里、防洪坝94公里、农村公路1465.9公里,电网改造1305.7公里,解决农村安全饮水2.12万户,国道219线贯通全县,人居环境整治、爱国卫生运动、美丽乡村建设协调推进,各族群众生产生活条件明显改善。

五年来,树牢绿色发展理念,生态环境持续向好。大力弘扬“柯柯牙”精神和“乌什护边员”精神,三北五期防护林建设深入推进,退耕还林、退耕还草等生态修复工程稳步实施,新增造林20万亩,森林覆盖率达8.66%。认真落实河(湖)长制,托什干河生态治理初见成效。城区扬尘污染有效控制,燃煤小锅炉全部淘汰,优良以上天气比例保持在50%以上。完成"千吨万人"集中式饮用水源地环境整治,污水处理厂建成投用,实现城镇污水集中处理,群众安全饮水得到保障。严格执行耕地保护和节约用地制度,全面遏制非法开荒、非法采砂行为,推广城乡生活垃圾和废弃物无害化处理,国家重点生态功能区建设成果不断巩固。

五年来,社会事业全面进步,民生福祉有效保障。社会保障体系持续完善,新增城镇就业7850人,农村富余劳动力转移就业9.4万人次,"零就业家庭"动态清零。新建保障性住房3507套、福利机构6所、幸福大院9所,低保和特困人员补助标准不断提高,累计发放救助金8.2亿元,医疗救助、退役军人服务、防灾救灾、安全生产等公共服务保障能力逐步增强。教科事业优质发展,"教共体""校共体"稳步推进,15年免费教育等教育惠民政策全面落实,累计投入6.9亿元新建(改扩建)学校202所,发放各类助学金3.23亿元、惠及学生6.2万人次,顺利通过自治区义务教育均衡发展验收。科普工作扎实开展,各族群众科学文化素质明显提升。卫生健康事业协调推进,医疗卫生体制改革深入推进,中医医院、妇幼保健院、人民医院急救综合楼竣工投用,乡(镇)卫生院和村卫生室标准化、全民健康体检达到全覆盖,结核病治愈率达90%,荣获"国家健康扶贫工程示范县"称号。抓实疫情防控"四项重点"⑪工作,投入9442万元建成发热门诊2家、PCR实验室3个、负压病房8间、留观病房38间、集中医学观察点1000间,突发重大公共卫生事件处置能力明显提升,集中医学观察点乌什经验在地区推广。文化惠民工程稳步实施,"三馆一站"⑫免费开放,文体活动广泛开展,先进典型不断涌现,库尔班·尼亚孜荣获"改革先锋、全国道德模范、最美奋斗者、全国劳动模范"称号,《奔腾的托什干河》成功上映。兵地融合发展呈现良好局面,双拥优抚、外事侨务等工作不断深化,统计、档案、工青妇、残联、红十字等工作取得新成绩。

五年来,作风建设常抓不懈,政府效能稳步提升。坚持把党对一切工作的领导贯穿于政府工作的各个领域、各个方面,"六型"政府⑬建设加速推进,政府服务水平不断提升。"放管服"改革持续深化,"减证便民"专项活动深入开展,"5+X"事项办理时限压缩88%,个别压缩91%,提供材料减少70%,网上可办率达90%,营商环境持续优化。依法行政有序推进,法律顾问全程参与政府决策,行政执法"三项制度"⑭全面推行,"七五"普法扎实开展,"一村一法律顾问"全覆盖。自觉接受人大法律监督、政协民主监督,人大代表议案、建议和政协委员提案办理质量不断提高。审计监督作用有效发挥,廉政建设成果不断巩固。

各位代表,刚刚过去的2020年,是稳定和发展面临复杂严峻形势、充满挑战的一年。面对突如其来的新冠肺炎疫情,我们坚持人民至上、生命至上,按照"1+3"部署⑮要求和"外防输入、内防反弹"的总体防控策略,统筹推进疫情防控和经济社会发展,不折不扣落实"八项监测预警机制"⑯,守好"三道门"⑰,建强"九支队伍”[18],牢牢守住了“零疫情”的底线,夺取了抗疫斗争阶段性胜利。

二、“十四五”时期主要目标任务

“十四五”时期是我国全面建成小康社会、实现第一个百年奋斗目标之后,乘势而上开启全面建设社会主义现代化国家新征程、奋力向第二个百年奋斗目标进军的第一个五年,也是全面巩固脱贫攻坚成果、向基本实现社会主义现代化迈进的重要时期。做好当前和今后一个时期的工作,我们必须认清大势,把握机遇,应对挑战。

充分认清形势:这一时期,发展形势和外部环境将会发生更多新的重大变化,各类不确定、不稳定因素必然增多,发展经济、改善民生、深化改革都将面临更多困难和挑战。从国际环境看,世界正经历百年未有之大变局,经济全球化遭遇逆流,新冠肺炎疫情全球大流行使世界形势加速演变,我国发展的外部环境日趋复杂。从国内环境看,我国正处于转变发展方式、优化经济结构、转换增长动力的攻关阶段,发展不平衡不充分问题仍然突出,重点领域和关键环节改革任务仍然艰巨,不确定因素和挑战增多。从疆内和我县环境看,在疫情形势下推动经济社会发展任务艰巨,经济下行压力依然较大,基础设施建设不够完善,产业链条短,实体经济水平有待提高,教育、医疗等民生领域还有不少短板。

牢牢把握机遇:一是党中央关怀机遇。以习近平同志为核心的党中央始终情系新疆、心系新疆各族人民,多次召开重要会议,从战略全局高度谋划新疆工作,特别是第三次中央新疆工作座谈会的召开,为我们做好各项工作指明了方向、提供了根本遵循、注入了强大动力。二是政策叠加机遇。中央对新疆特别是南疆稳定发展改革出台一系列重大政策和倾斜支持措施,这些政策的叠加必将有力推动南疆高质量发展,为加快我县发展创造重要条件。三是稳定红利机遇。近年来,社会局势实现由“乱”到“治”的根本性转折,社会持续稳定长期稳定的局面初步形成,稳定的红利持续释放,为我县改革发展营造了和谐稳定的社会环境。四是改革开放机遇。随着丝绸之路经济带核心区建设、新时代西部大开发战略、乡村振兴战略的深入实施,必将对我县巩固脱贫攻坚成果、补齐农村发展短板、激发发展活力起到重要的促进作用,也必将迎来广阔发展前景。五是融合发展机遇。衢州对口援疆、各级单位对口帮扶、兵地军地共建将在干部人才、产业发展、民生改善、民族团结上进一步聚焦发力,必将为我县实现高质量发展提供更加强劲的助力。我们同时还要看到,当前社会稳定持续向好的基本面没有改变,县域经济稳定增长的基本面没有改变,基层基础不断夯实、民族团结不断巩固的大好趋势没有改变;另外,我们还具有丰富的资源禀赋、牢固的群众根基等诸多优势,特别是历届县委、政府带领全县各族党员干部群众艰苦奋斗打下的坚实基础,厚积了助推“十四五”时期经济社会发展的强劲动力。

总体来看,机遇与挑战并存,但机遇大于挑战,我们仍处于大有可为的重大战略机遇期。中共十九届五中全会和第三次中央新疆工作座谈会为我们提供了根本遵循,擘画了美好蓝图。将美好蓝图变为生动现实，需要全县上下增强“四个意识”，坚定“四个自信”，做到“两个维护”，深刻认识社会主要矛盾变化带来的新特征新要求，深刻认识国际国内环境变化带来的新矛盾新挑战，深刻认识乌什发展历史性战略机遇期的新趋势新任务，把握发展规律、找准发展定位、提升发展质效，不断开辟乌什经济社会高质量发展新境界。

“十四五”时期的指导思想是：高举中国特色社会主义伟大旗帜，坚持以习近平新时代中国特色社会主义思想为指导，坚决贯彻落实党中央、自治区党委、地委和县委决策部署，完整准确贯彻新时代党的治疆方略，牢牢扭住社会稳定和长治久安总目标，坚持依法治疆、团结稳疆、文化润疆、富民兴疆、长期建疆，坚持新发展理念，以推进高质量发展为主题，以深化供给侧结构性改革为主线，以满足人民日益增长的美好生活需要为目的，以推进治理体系和治理能力现代化为保障，统筹发展和安全，加快建设现代化经济体系，加快构建新发展格局，实现经济行稳致远、社会安定和谐，为实现第二个百年奋斗目标奠定坚实基础。

“十四五”时期的发展思路是：面对新形势新任务新要求，深入实施“66661”发展战略，即深入推进依法治县、团结稳县、生态立县、产业强县、文化润县、开放活县“六大工程”，做大做强优质粮食、特色林果、现代畜牧、设施农业、农副产品精深加工、全域旅游“六大产业”，全面打响爱国感恩之城、热情开放之城、激情奋进之城、生态文明之城、宜游康养之城、幸福和谐之城“六张名片”，着力打造现代农业优势区、全域旅游示范区、生态治理示范区、文化润疆先行区、兴边富民样板区、民族团结引领区“六大功能区”，把乌什建成享誉疆内外的“丝路泉城·养生乌什”旅游康养目的地。

“十四五”时期的奋斗目标是：到2025年，法治乌什建设达到新水平，持续稳定长期稳定的社会局面全面实现，民族团结更加巩固，宗教事务更加规范，经济发展取得新成效，改革开放迈出新步伐，社会文明程度得到新提高，生态文明建设实现新进步，民生福祉达到新水平，融合发展取得新进展，全面小康水平得到新提升。力争实现地方生产总值年均增长8%以上，固定资产投资年均增长10%以上，规模以上工业增加值年均增长10%以上，社会消费品零售总额年均增长9%以上，外贸进出口总额年均增长10%以上，公共财政预算收入年均增长8%以上，森林覆盖率达到10%，建成区绿化率达到50%，户籍人口城镇化率达到45%以上，常住人口城镇化率达到50%以上，城乡居民人均可支配收入增幅高于经济增长速度。

展望至2035年，社会大局持续稳定长期稳定，法治乌什迈上新台阶，社会治理能力现代化水平大幅提升；县域经济综合实力、创新水平、区域竞争力明显提升，县域经济体系更加完善；教育、医疗、文化、健康等公共服务保障体系和服务水平大幅度提升，生活幸福感大幅度增强。创新驱动发展能力与水平明显提高，基本实现新型工业化、信息化、城镇化、农牧业现代化。

实现上述目标，我们必须做到“六个坚持”。

——坚持党的全面领导。坚持以习近平新时代中国特色社会主义思想为指导，坚决贯彻落实党中央、自治区党委、地委和县委决策部署，增强“四个意识”、坚定“四个自信”、做到“两个维护”，在思想上政治上行动上始终与以习近平同志为核心的党中央保持高度一致，把党的全面领导落实到政府工作各领域、各环节，有效转化为制度优势和治理效能，朝着党确定的奋斗目标奋勇前进，为新时代高质量发展保驾护航。

——坚持总目标统领。牢牢扭住社会稳定和长治久安总目标，将实现总目标作为首要政治任务，树牢总目标意识，贯穿总目标要求，推进治理体系和治理能力现代化建设，实现社会大局持续稳定长期稳定。

——坚持推动改革创新。贯彻创新、协调、绿色、开放、共享的发展理念，把改革创新作为推动发展的第一动力，立足新发展阶段，大力推进供给侧结构性改革和需求侧改革，不断加快转型升级和提质增效，扎实做好“六稳”[19]工作，全面落实“六保”[20]任务，解放思想、创新求变，实现更高质量、更加公平、更可持续的发展。

——坚持以人民为中心。始终把保障和改善民生作为一切工作的出发点和落脚点，以共同富裕为奋斗目标，做到发展为了人民、发展依靠人民、发展成果由人民共享，顺应人民对美好生活的向往，实施民心工程，办好民生实事，持续释放政策红利，让各族群众共享改革发展成果，不断增进民生福祉。

——坚持绿色发展理念。始终把良好的生态环境作为最宝贵的财富，贯彻“绿水青山就是金山银山”的绿色发展理念，把节约资源和保护环境作为经济高质量发展的着力点，全力推进“生态立县”工程建设，推动经济社会发展与自然环境相协调，坚定不移走生产发展、生活富裕、生态良好的文明发展道路。

——坚持系统治理原则。必须牢固树立大局意识和全局观念，增强“十指弹钢琴”的本领，注重统筹兼顾、综合平衡、突出重点、带动全局，加强前瞻性思考、战略性布局、整体性推进，统筹发展与安全，推动乌什县稳定发展改革各项事业沿着习近平总书记指引的正确方向前进。

各位代表，《乌什县国民经济和社会发展第十四个五年规划纲要(草案)》是指导未来五年发展的行动纲领，请予以审议，并提出宝贵意见。我们坚信，有党中央的正确引领，有自治区党委、地委和县委的坚强领导，有全县各族人民的奋力拼搏，“十四五”宏伟蓝图一定能够如期实现！

三、2021 年工作安排

2021 年，是“两个一百年”奋斗目标的历史交汇点，是建党 100 周年，是“十四五”开局之年，是接续推进脱贫攻坚与乡村振兴有效衔接、夯实全面建成小康社会基础的关键之年，也是开启全面建设社会主义现代化国家新征程、向第二个百年奋斗目标进军的第一年。做好 2021 年各项工作意义重大，使命光荣。

2021 年预期目标：力争实现地方生产总值增长 8% 以上，全社会固定资产投资增长 12% 以上，规模以上工业增加值增长 10% 以上，社会消费品零售总额增长 10% 以上，公共财政预算收入增长 8%

以上，城乡居民人均可支配收入增幅高于经济增长速度。社会大局持续稳定，经济发展持续向好，民族团结持续巩固，宗教健康发展，民生事业全面进步，生态环境更加优美，政府自身建设不断加强。

完成上述目标，我们必须统筹兼顾、主动作为、务求实效，重点抓好以下几个方面的工作：

（一）贯彻新发展理念，全力推动经济高质量发展

坚持稳中求进工作总基调，以深化供给侧结构性改革为主线，以推动高质量发展为主题，围绕“六大产业”深入实施“产业强县”工程，推进经济高质量发展。

——推动一产上水平。坚持农业农村优先发展，加快粮、果、畜、设施农业“四大基地”建设，推动农业现代化发展，促进农业生产全面升级，为接续推进全面脱贫与乡村振兴有效衔接提供可持续的发展动力。2021 年，力争实现农村经济总收入 37.42 亿元、增长 8.5%。大力发展以小麦良种繁育和高产栽培为主的种植业，坚持藏粮于地、藏粮于技，全面实施粮食安全战略，提高粮食综合生产能力。完成土地流转 5 万亩，突出抓好 4.5 万亩高产示范田和 2 万亩小麦良繁基地建设，小麦白地种植面积稳定在 25 万亩，粮食种植面积稳定在 55.5 万亩。大力发展以核桃为主的特色林果业，科学运用物化投入、密植园改造等管护措施，着力打造“百十一”林果基地 7 万亩，林果种植面积稳定在 36.82 万亩。鼓励支持企业和林果专业合作社积极参与果园流转，全面提升特色林果综合效益。大力发展以牛羊猪鸭等为主的现代畜禽产业，深入实施畜牧业“十十百千”工程[21]，推广“四良一规范”[22]“分散繁殖、集中育肥”科学养殖模式，完成 20 万头生猪养殖续建、3000 万只鸭鹅养殖及深加工二期扩建项目，力促“千头牛”养殖合作社达到 10 家、“万只羊”养殖合作社达到 3 家，力争年内牲畜存栏 93 万头（只）、出栏 82 万头（只）。大力发展以蔬菜、食用菌种植为主的现代设施农业，依托依麻木镇托万克麦盖提村和“新农通”两大食用菌产业基地，推广种植香菇、猴头菇、灵芝等高营养高价值产品，年内新建日光温室大棚 250 座、智能温室大棚 20 座，种植蔬菜 1 万亩、菌棒 305 万棒。大力发展以沙棘、鹰嘴豆为主的农副产品精深加工全链条特色产业，加快推进 1 万亩鹰嘴豆全国绿色食品原料标准化生产基地建设，深入实施沙棘生态富民工程，加快沙棘深加工及研发中心建设，打造全疆首个工厂化育苗基地，推进“产、学、研”科技实训成果转化，提升“中国沙棘之乡”品牌知名度。大力发展以生态观光、度假康养为主的旅游业，力争年内接待游客 112 万人次、实现旅游总消费 4 亿元以上，让群众吃上“旅游饭”、挣上“旅游钱”。加快推进农业产业化步伐，持续完善“六大产业”基础设施，增强产业的扩张基础，完成高标准农田建设 4.5 万亩，农业产业机械化率达 95% 以上。不断巩固脱贫成效，严格落实“四个不摘”“八个不变”要求，深入推进“1 + 5”脱贫举措，积极推动消费扶贫专区专柜和线上线下销售，消费扶贫总额达到 3700 万元。精心谋划 2021 年项目，健全完善稳定脱贫、动态监测和返贫监测预警机制，助力群众增产增收，全面巩固脱贫成色。

——推动二产增效益。深入贯彻新发展理念,优化发展路径,创新发展举措,拓展发展空间,着力提升发展质量和发展效益。加快推进园区建设,优化“一园多区”布局,完善水、电、气、暖、仓储、物流等配套设施,进一步提升园区产业承载能力,加速推进自治区级工业园区创建。突出抓好项目建设,持续深化“点线面”工作机制,抓好项目建设各环节规范化管理,实施各类固投项目83个,力争完成投资40.52亿元,重点抓好大石峡水利枢纽工程、城乡一体化建设等重点项目,启动红山调蓄水池和乌依布拉克水库项目。继续扩大招商引资,围绕“六大主导产业”精准招商、补链招商,不断延伸产业链,力争年内完成签约资金35亿元以上,落实到位资金25.3亿元以上。持续优化营商环境,全面落实减税降费、财政补贴等纾困惠企政策,加大对中小微企业的政策扶持和信贷支持力度,积极营造公平公正的市场环境和亲清新型政商环境,不断激发各类市场主体活力,培育发展实体经济,支持投资3亿元的华盛纺织10万锭智能纺、投资1亿元的天和针织600万件服装加工、投资3500万元的中央厨房项目加快建设,尽快形成产能。加大中小微企业“升规上限”培育力度,加强政策引导和规范指导,力争年内完成3家企业“升规”、5家企业“上限”。继续深化国资国企改革,坚持以市场为导向,以企业为主体,实施国企改革三年行动,健全完善现代企业制度,做大做强国有投资公司,推进国有资本与其他社会资本有机融合,不断增强国有企业市场竞争力和国有经济整体功能。

——推动三产大发展。坚持以旅游业为主导,深入实施“旅游+”“+旅游”战略,借助旅游产业强劲势头,带动三产大发展。做大旅游产业。按照“景城共享、城乡共建、山水共美、文旅共生”思路,持续加大旅游基础设施建设力度,优化提升泉域星空国际滑雪场·四季旅游度假区、燕泉山、沙棘林景区服务功能,开发建设“水帘洞”景区,加快国道219线风景廊道特色旅游项目建设,构建“一带串联、多点支撑”的全域旅游发展新格局。进一步完善全域旅游要素,加快发展餐饮、住宿、商贸物流等传统服务业,积极发展康养、健身、娱乐、信息服务等新兴服务业,全面提升旅游接待和服务能力,力争年内创建国家AAAA级旅游景区2个,新建星级宾馆3家,新增星级农家乐4家、精品民宿1处,积极创建国家全域旅游示范区和国家康养旅游示范基地,不断提升“丝路泉城·养生乌什”旅游品牌知名度。深入挖掘商业潜力。坚持以城聚商、以商兴城的发展理念,科学规划城市商业布局,分区域打造新疆美食、名品服装、数码科技、文体用品、汽车城、家电城以及集观景、餐饮、健身、娱乐为一体的多个特色商业街区,加快推进全面振兴商贸服务业。以亿嘉时代购物广场为中心,整合周边商业资源,建成高品质商业综合体。依托星光夜市美食城等商业主体推动夜间经济健康发展,持续拉动消费增长。加速发展商贸物流。发挥“国家电子商务进农村综合示范县”优势,探索数字商务新发展模式,推进传统商业与电子商务融合发展,加快推进“货畅天下”商贸物流中心建设,新建电商物流园1个,形成辐射城乡的电商经营网络，力争实现电子商务消费达到4400万元、增长10%。积极做好外贸企业政策扶持、补贴争取等服务工作，力争引进培育外贸进出口企业2家，外贸出口实现新突破。

——加快推进新型城镇化步伐。立足资源环境承载能力，科学编制国土空间规划，统筹划定生态保护、永久基本农田、城镇开发边界三条控制线，扩展城市开发边界28.28平方公里。改善城市基础设施，加强房地产市场调控，完善住房保障体系，稳妥做好拆迁补偿及群众安置等工作，加快推进公园壹号、源森名苑、燕山小区（二期）等房产开发项目，实施棚户区改造1500套；开展老旧小区、旧城区改造和美化、亮化、绿化工程，完善水、电、路、暖、养老、托幼等公共服务设施，打造一批开放式绿色公园和街头绿地，新建供排水管网8公里、供热管网10公里；完成迎宾大道附属工程建设，优化行政服务中心北侧、第五幼儿园东侧、乌什镇九眼泉村街道布局，构建"三横四纵"主街道，切实提升城市承载能力。推动基础设施向农村延伸，促进城乡融合发展，积极做好英阿瓦提乡、奥特贝希乡、阿克托海乡撤乡设镇工作，加快城镇化进程。持续开展美丽乡村、新农村示范点建设，不断加强农村人居环境整治，新建安居富民房814套、商铺和夜市16个、村级道路98公里、防渗渠4公里、桥梁17座、防洪堤坝8公里，建设更安全、更干净、更有序的美丽家园。

——深化合作交流促发展。全面推进基层维稳、民生保障、产业就业、教育保障、干部人才、交流交往"六大领域"对口支援，巩固提升"十城百店"㉓"百村千厂"㉔"万亩亿元"㉕等项目成果，力争落实援疆资金2.82亿元，实施援疆项目20个以上。持续深化区内协作，主动加强与哈密伊州区、拜城县、沙雅县等兄弟县（市）的沟通交流。牢固树立"一家亲""一盘棋"思想，积极探索兵地协同合作新机制和融合发展新模式，加强经济、文化、社会各方面交流合作，促进兵地深度融合发展，着力构建经验互学、互惠互利和资源共享、经济共荣、维稳共担的深度融合发展新格局。加强"双拥"共建工作，不断巩固和发展同呼吸、共命运、心连心的军政军民关系。

（二）贯彻绿色发展理念，竭尽全力改善生态环境

坚持走生态优先，绿色发展之路，深入推进"生态立县"工程，推动形成人与自然和谐发展现代化建设新格局。抓好源头污染防治，严守生态保护红线、资源利用上线、环境质量底线，严格执行环保准入负面清单，严把建设项目主要污染物排放总量指标审核关，推行环境标准化建设和信用等级评定，支持企业加快节能减排技术改造。抓好大气污染防治，加快"煤改电""煤改气"进程，提升扬尘、燃煤、垃圾及秸秆焚烧、老旧机动车超标排放等污染源整治效率，实现全年空气质量二级以上优良天数达57%以上。抓好水源污染防治，实施最严格的水资源保护管理制度，认真执行河（湖）长制，改善托什干河及其支流水环境质量，加强农业用水效率控制红线管理，完善城镇污水收集管网体系建设，力争年内完成城镇污水处理厂一级A提标改造，保持地表水水质好

于Ⅲ类标准、饮用水源地水质100%达标。抓好土壤污染防治,严厉查处非法开荒、非法采砂等违法行为,严格执行耕地保护和节约用地制度,加强农业用地土壤生态环境分类管理,严把项目环评审批关,严禁“三高”[26]项目进乌什,确保资源开发、项目建设控制在生态环境可承载范围内。抓好生态环境治理,大力弘扬“柯柯牙精神”“乌什护边员精神”,全面落实林长制,扎实推进水土保持、退牧还草、退耕还林等生态修复补偿项目,深入实施“三北”五期防护林、托什干河流域生态治理项目,年内完成新一轮退耕还林1.5万亩、植树造林5万亩以上,森林覆盖率达9.2%,新增城市绿地9万平方米,城市绿化覆盖率达43.01%,全力打造天蓝地绿水清的养生乌什。

(三)坚持以人民为中心的发展思想,惠泽于民提升幸福指数

始终把人民对美好生活的向往作为奋斗目标,深入实施“十项惠民工程”[27],着力解决与群众密切相关的就业、教育、医疗等问题,持续保障和改善民生,不断满足群众日益增长的美好生活需求。

——千方百计稳定就业。通过“政策支持、创业扶持、平台支撑”等措施,以高校应届毕业生、就业困难群体、农村富余劳动力为重点,加强就业信息监测,强化就业服务管理,确保困难家庭至少一人实现就业,保持“零就业家庭”动态清零。深入推进“大众创业、万众创新”,采取引进劳动密集型企业、农业内部转移等方式开发就业岗位,拓宽就业渠道。大力开展就业创业培训,加大企业稳岗支持力度,力争开展各类培训3000人次,新增城镇就业1200人以上,农村富余劳动力转移就业1.85万人次。

——坚持优先发展教育。持续推进学前教育普惠发展、义务教育均衡发展、普高教育优质发展、职业教育创新发展,加强各类学校内涵发展,努力打造区域性教育高地,办好人民满意教育。不断加大教育基础设施投入力度,实施高级中学、东山头城乡一体化小区配套幼儿园、依麻木镇中心小学寄宿制学校改造等项目,完成阿合雅镇中学综合教学楼建设,加速教育信息化2.0进程,推广使用VR人工智能实验室成果,构建“互联网+教育”体系,促进信息技术与教育教学深度融合。实施教育质量提升攻坚计划,深入推进“组团式”援疆教育,打造“十百千”[28]骨干教师队伍,多渠道补充教师1250名,探索弘乐幼儿园3岁以下儿童托育新模式。坚持创新驱动,实施科技项目20个,加快推进阿合雅镇自治区级农业科技园区创建。扎实开展“科技活动周”“科技之冬”等活动,做好“科技特派员”、科技工作者及农牧民群众的培训工作,不断提升各族群众科学文化素养。

——提升健康服务水平。深化医药卫生体制改革和“医共体”“医联体”建设,积极打造区域性医疗康养高地。持续抓好重大疾病防控,健全完善公共卫生应急机制,完成阿合雅传染病医院、河仁慈善基金会结核病病房楼建设项目,加快实施疾控中心能力提升项目,切实提高突发公共卫生事件应急处置能力。推动妇幼保健和中医民族医专科联盟建设,促进中医药传承创新发展,力促乡(镇)卫生院中医馆建设全覆盖。扎实推进“互联网+

医疗”、乡(镇)卫生院手术室建设,不断巩固乡(镇)卫生院和村卫生室标准化建设成果,提升家庭医生签约服务水平,推进基本公共卫生服务均等化。深入开展爱国卫生运动,认真做好卫生监督、免疫规划、结核病防治、艾滋病防控、全民健康体检等工作,鼓励社会资本兴建专科医院和体检中心等机构,全面提升公共卫生服务能力。严格执行计划生育目标管理责任制,运用第七次全国人口普查成果,扎实开展“两个彻查”[29]。

——增强社会保障能力。健全养老、医疗、生育、工伤、失业、流乞人员和流浪未成年人救助等社会保障机制,完善以城乡低保为基础,医疗、住房、教育、法律等专项救助为辅的“8+1”社会救助体系,加强各类福利机构配套设施建设,重点做好“双集中”[30]、特殊困境儿童、精神障碍患者等特殊群体救助保护,落实残疾人“两项补贴”[31]制度,实施“一人一档”精准救助。认真落实全民参保计划,健全基本医疗保险、大病保险、医疗救助、商业保险衔接配合机制,扩大城乡居民医保待遇享受覆盖面,提升医疗保障能力。推进退役军人服务规范化、制度化,落实退役军人就业创业和现役军人家属随迁、安置、就业、教育等政策,加快“双拥模范县”创建。

——夯实安全惠民基础。按照“党政同责、一岗双责、齐抓共管”和“三必管”[32]要求,不断完善“1+X”安全生产监管体系[33],紧盯道路交通、消防安全、危险化学品、非煤矿山、建筑施工、旅游景区等重点领域,持续开展安全生产专项整治三年行动,坚决遏制较大以上生产安全事故发生。提升防灾减灾救灾能力,大力开展宣传教育“七进”[34]活动,完善应急预案,强化应急演练,提高全民防灾意识。加强食品药品监管,严格落实主体责任,保障各族群众“舌尖上的安全”。

(四)深入推进文化润疆工程,构建各民族共有精神家园

坚持以凝聚人心为根本,巩固壮大主流思想舆论,坚定主心骨、汇集正能量、振奋精气神,着力建设文化润疆先行区,不断提升乌什文化软实力。坚决维护意识形态领域安全。深入开展中共十九届五中全会和第三次中央新疆工作座谈会精神主题宣讲,继续深化社会主义核心价值观、民族团结、爱国主义等专题教育。探索建立“新闻+政务服务”商务运营模式,用好抖音、微信公众号、微博等新媒体平台,围绕建党100周年,大力开展系列主题宣传,营造全民爱党、全心向党的浓郁社会氛围。大力培育和弘扬社会主义核心价值观。广泛开展爱国主义教育活动,建好用好爱国主义教育基地,广泛开展爱国主义教育、“讲文明树新风”、“志愿服务”活动,深化拓展精神文明“五大创建”[35]、“四大文明”行动和诚信建设。强化文化市场监督管理,严厉打击有害出版物和非法宣传品传播渗透,坚决查处“三非”制品,加大“扫黄打非”整治力度,努力营造健康向上的文化氛围。深入实施文化润疆工程。大力传承弘扬中华优秀传统文化,加大历史文化挖掘、阐释和文物古迹保护力度,继续做好“三馆一站”免费开放,扩大“南孔文化”“库尔班中华文化大院”影响力,拍摄以库尔班·尼亚孜为原型的电视连续剧《大爱无

疆》,大力弘扬社会正能量。精心组织建党100周年系列活动,开展“一月一主题”、全民健身运动等文体活动不少于70场次,不断丰富群众精神文化生活。坚持以文润城、文城相依,加强文物保护利用,深入挖掘“烽燧古道·远迈汉唐”历史文化底蕴,大力弘扬社会主义先进文化和红色革命文化,将中华文化元素融入城市规划建设中,不断丰富城市文化内涵。

(五)铸牢中华民族共同体意识,不断巩固各民族大团结

坚定不移贯彻党的民族政策和团结稳疆方略,巩固和发展平等团结互助和谐的社会主义民族关系,推动各民族和睦相处、和衷共济、和谐发展。扎实开展“民族团结一家亲”、“民族团结联谊”活动和“结对子”、“心连心”微行动,通过结对认亲、走访互动、真心帮扶,加深了解、增进感情。深入推进民族团结进步创建“十进活动”㊱,将中华民族共同体意识和“五个认同”纳入干部教育、青少年教育、社会教育,广泛开展“中华民族一家亲,同心共筑中国梦”主题宣传,积极选树、表彰和弘扬民族团结先进典型,动员各族干部群众争当民族团结模范。继续推进相互嵌入式的社会结构和社区环境,多层次、多方位、多形式深化“五个互嵌”,着力打造民族团结引领区,让各族群众像石榴籽那样紧紧抱在一起。

(六)持续转变作风,着力打造人民满意的政府

坚持以党的政治建设为统领,以民生服务为导向,紧紧围绕“六型”政府建设,加快构建系统完备、科学规范、运行高效的政府职能体系,创新工作方法、提高办事效率、改善服务质量。

——着力打造忠诚型政府。始终把党的政治建设放在首位,坚持把学习贯彻习近平新时代中国特色社会主义思想和中共十九大、十九届五中全会及第三次中央新疆工作座谈会精神作为重要的政治任务来抓,不断强化政府系统思想政治建设,树牢“四个意识”、坚定“四个自信”、做到“两个维护”,教育引导各族党员干部群众在思想上政治上行动上同以习近平同志为核心的党中央保持高度一致。健全完善党组学习制度和议事规则,落实“三会一课”㊲要求,履行党组抓党建工作主体责任,以实际行动确保党的各项决策部署落地见效。

——着力打造法治型政府。始终把依法用权、依法办事贯穿于政府工作全过程,坚持“职权法定、权责一致”原则,健全法律顾问、公职律师制度,完善行政复议工作流程,严格落实规范性文件合法性审查,常态化开展法制专题讲座,深入推进“八五”普法,不断提高执法队伍的综合素质,提升干部群众遵法、学法、守法、用法意识。

——着力打造服务型政府。始终把政务服务水平作为衡量作风转变的标准,全面深化“放管服”改革,落实“一窗受理、集成服务”“最多跑一次”举措,精简办事流程,优化服务质量。依托“互联网+政务服务”一体化平台,打破信息孤岛,实现数据共享,加大县长信箱、12345热线平台意见建议办理力度。完善“线上+线下”标准化模式清单,推动“跨省通办”“跨地区通办”。落实领导干部联系服务企业机制,持续优化营商环境,让

群众办事更便捷、更顺心。

——着力打造担当型政府。始终把担当实干作为政府的鲜明风格，健全完善“两套班子”机制，大力弘扬长征精神、兵团精神、胡杨精神和“柯柯牙精神”，落实“一岗多责”“异岗同责”，推广运用“一线工作法”，提升干部发现问题和破解难题能力，做到工作谋一件、干一件、成一件。强化政府和部门之间无缝对接，落实容错纠错机制，着力解决职能不顺、职责不清、政出多门等问题，努力打通政策落实“最后一公里”。

——着力打造创新型政府。始终把改革创新作为推动发展的第一动力，以创新驱动为引擎，积极开展创新建议、思想解放大讨论等活动，树立创新发展理念。以供给侧结构性改革为主线，持续巩固“三去一降一补”㊳成果，深化重点领域和关键环节改革，全面贯彻落实各项改革举措，主动探索新方法、总结新经验，破解政府管理服务中的难点、痛点、堵点，推动经济高质量发展。

——着力打造廉洁型政府。始终把纪律和规矩作为干事创业的红线底线，认真执行中央八项规定，严格落实“一岗双责”，坚决整治“四风”问题㊴，从严控制“三公”经费㊵，加强政府采购、工程招投标等公共资源交易领域的财政监管和审计监督，从源头上防止腐败滋生。强化党内监督和行政监督，灵活运用“四种形态”㊶，及时发现和纠正不正之风，保持干部队伍风清气正。

在抓好各项工作的同时，要大力弘扬伟大抗疫精神，坚决贯彻“坚定信心、同舟共济、科学防治、精准施策”总要求，坚持“外防输入、内防反弹”总体防控策略，落实“四早”要求㊷，压实“四方”责任㊸，守好“三道门”，抓好“三件事”㊹，管好“四类人”㊺，常态落实“八项监测预警机制”，常态化开展疫情防控应急演练，加大物资保障力度，分层次、分类别逐步推进疫苗接种工作，统筹常态化疫情防控和经济社会发展，坚决守护好全县各族人民生命安全和身体健康。

名词解释

①五个互嵌：空间互嵌、经济互嵌、社会互嵌、文化互嵌、心理互嵌。

②六个精准：扶贫对象精准、措施到户精准、项目安排精准、资金使用精准、因村派人（第一书记）精准、脱贫成效精准。

③两不愁三保障：不愁吃、不愁穿，义务教育、基本医疗、住房安全有保障。

④“12468”脱贫攻坚作战图：紧盯贫困村出列、贫困户脱贫一个标准，抓住“两不愁、三保障”两个关键，构建专项扶贫、行业扶贫、社会扶贫、援疆扶贫“四大格局”，围绕“特色产业、农村电商、生态旅游、庭院经济、转移就业、金融贷款”六项重点工作，抓好贫困入口关、动态管理关、脱贫退出关、一对一帮扶、技能培训、入股分红、建强基层组织、激发内生动力八项举措。

⑤七个一批：转移就业扶持一批、发展产业扶持一批、土地清理再分配扶持一批、转为护边员扶持一批、易地扶贫搬迁扶持一批、实施生态补偿扶持一批、综合社会保障措施兜底一批。

⑥三个加大力度：加大基础设施建设力度、加大教育扶贫力度、加大健康扶贫

力度。

⑦十大专项行动:基础设施建设扶贫行动、产业和就业扶贫行动、扶贫生态移民行动、教育扶贫行动、医疗健康扶贫行动、财政金融扶贫行动、社会保障兜底扶贫行动、社会力量包干扶贫行动、特困地区特困群体扶贫行动、党建扶贫行动。

⑧四个不摘:摘帽不摘责任、摘帽不摘政策、摘帽不摘帮扶、摘帽不摘监管。

⑨八个不变:各级扶贫开发领导小组不变、各级扶贫开发领导小组办公室机构不变、五级书记一起抓不变、“双组长”责任制不变、党委主体责任和纪委监委监督责任不变、有脱贫攻坚任务的地县乡班子稳定不变、村第一书记和驻村工作队帮扶机制不变、各级帮扶力量和帮扶关系不变。

⑩五通七有:通水、通电、通路、通广播电视、通宽带或通讯,有村“两委”班子且发挥作用、有支撑稳定增收的产业、有村集体经济收入、有村级党组织阵地(办公场所)、有幼儿园(中心幼儿园)、有便民服务中心(文化体育活动场所)、有卫生室。

⑪疫情防控“四项重点”工作:规范设置发热门诊、加快集中隔离点建设、提升核酸检测能力、加快负压病房建设。

⑫三馆一站:图书馆、文化馆、博物馆、文化站。

⑬“六型”政府:建设忠诚型政府、法治型政府、服务型政府、担当型政府、创新型政府、廉洁型政府。

⑭行政执法“三项制度”:行政执法公示制度、行政执法全过程记录制度、重大执法决定法制审核制度。

⑮“1+3”部署:统筹推进常态化疫情防控和经济高质量发展、脱贫攻坚、维护稳定。

⑯八项监测预警机制:发热门诊预警机制、环境监测预警机制、环境消杀预警机制、冷链食品邮件物流监测预警机制、交通运输人和物的监测预警机制、重点人员的核酸检测预警机制、人员不聚集的监督管理预警机制、健康码和行程码动用预警机制。

⑰三道门:边境国门、入乌大门、小区(单位)院门。

⑱九支队伍:健康教育、封控检查、集中隔离、核酸检测、流调排查、医疗救治、消杀清洁、环境监测、物资保障队伍。

⑲“六稳”工作:稳就业、稳金融、稳外贸、稳外资、稳投资、稳预期。

⑳“六保”任务:保居民就业、保基本民生、保市场主体、保粮食能源安全、保产业链供应链稳定、保基层运转稳定。

㉑“十十百千”工程:力争2022年全县畜牧业养殖规模达到十万头生猪、十万头牛、百万只羊、千万只家禽。

㉒四良一规范:良种、良料、良舍、良法和规范化防疫。

㉓十城百店:在浙江省10个地级市建设阿克苏特色农产品公共仓,统一平台运作、统一仓储服务、统一地域品牌、统一质量追溯、组建上百个阿克苏特色农产品销售终端,利用大型农产品批发市场及物流配送网络,不断提高阿克苏特色农产品销量。

㉔百村千厂:浙江省推进产业援疆的重点工程,针对各族群众居住分散、喜好就近就业的实际,坚持“政府前期引导、企业持续发力、劳动者积极参与、市场化良

性运作”，在百村建千厂，方便群众就近就业、脱贫致富。

㉕万亩亿元：浙江省指挥部与阿克苏地区共同实施的产业援疆项目，利用3至5年时间，推广林下套种黑木耳1万亩，实现增收1亿元。

㉖三高：高污染、高耗能、高排放。

㉗十项惠民工程：自治区党委九届十一次全会提出，实施扩大就业、增收致富、教育提升、全民健康、社保扩面、安居保障、煤改电、兴边富民、公共安全保障、稳定惠民等十项惠民工程。

㉘十百千：即青年教师培养工程，“十”是三年以内培养数十名自治区级的教学能手，“百”是三年以内培养数百名地区级学科带头人、教学能手、骨干教师、教学新秀，“千”是三年以内培养数千名县级学科带头人、教学能手、骨干教师、教学新秀。

㉙两个彻查：彻查人口变动情况及房屋情况。

㉚双集中：孤儿集中收养、五保老人集中供养。

㉛残疾人“两项补贴”：困难残疾人生活补贴、重度残疾人护理补贴。

㉜安全生产“三必管”：管行业必须管安全、管业务必须管安全、管生产经营必须管安全。

㉝“1 + X”安全生产监管体系：在县安委会的框架内，设立若干个专委会，共同抓好安全生产类、非安全生产类风险隐患排查，有效防范各类事故发生。

㉞安全生产宣传教育“七进”：进企业、进学校、进机关、进社区、进农村、进家庭、进公共场所。

㉟五大创建：创建文明城市、文明单位、文明村镇、文明家庭和文明校园。

㊱民族团结进步创建“十进活动”：进机关、进学校、进企业、进宗教活动场所、进乡镇（街道）、进村（社区）、进军（警）营、进家庭、进景区、进窗口单位。

㊲三会一课：支部党员大会、支部委员会、党小组会、党课。

㊳三去一降一补：去产能、去杠杆、去库存、降成本、补短板。

㊴“四风”问题：形式主义、官僚主义、享乐主义、奢靡之风。

㊵“三公”经费：因公出国经费、公务车购置及运行费、公务接待费。

㊶监督执纪“四种形态”：一是党内关系要正常化，批评和自我批评要经常开展，让咬耳扯袖、红脸出汗成为常态；二是党纪轻处理和组织处理要成为大多数；三是对严重违纪的重处分、作出重大职务调整应当是少数；四是严重违纪涉嫌违法立案审查的只能是极少数。

㊷四早要求：早发现、早报告、早隔离、早治疗。

㊸四方责任：属地责任、行业部门主体责任、各单位主体责任、家庭个人自我防护责任。

㊹疫情防控“三件事”：测体温、戴口罩、扫双码。

㊺四类人员：28天内有境外旅居史人员、有发热和呼吸道症状人员、推送的密接人员、健康码不符合规范的人员。

大事记

1 月

1 日 乌什县举行 2020 年元旦升国旗仪式,县委书记刘国强出席仪式并致新年贺词。县四套班子在家领导,检察院、法院,县直及驻县各单位干部职工代表及各族干部群众参加升旗仪式。

2 日 乌什县召开第九批衢州市援乌干部人才工作总结表彰暨第十批援乌干部骨干欢迎大会。县委授予第九批衢州市援乌指挥部集体三等功,表彰第九批援乌干部人才,3 名优秀援乌干部人才代表发言。

是日 招商引资企业乌什县天玉种业有限公司入驻乌什县城北工业园区。

4 日 乌什县在泉域星空·国际滑雪场举办“相约冬季·牵手未来”青年交友活动。参加活动的 230 名单身男女职工以自我介绍、集体合影、齐跳兔子舞、选择心仪对象、赠花等互动方式展现自我。

4—8 日 乌什县举办学习贯彻中共十九届四中全会精神暨系列白皮书专题培训班,县委书记刘国强围绕“深入学习贯彻党的十九届四中全会精神 强化政治责任 确保如期打赢脱贫攻坚战”主题讲专题党课,地委党校冉毅东等 7 名高级讲师围绕中国特色社会主义制度及治理体系、治理能力现代化等方面进行授课。

6 日 乌什县在自治区旅游协会、新疆生产建设兵团旅游协会、自治区导游协会、新疆自驾旅游协会共同主办的 2019 新疆旅游协会年度盛典中获三项大奖,乌什县杏花村获 2019 新疆乡村旅游目的地年度大奖,乌什县燕泉山景区房车营地获 2019 新疆旅游房车与露营服务年度大奖,乌什县桥头堡乡村旅游合作社获 2019 新疆旅游扶贫年度大奖。

13 日 中共乌什县第十四届委员会第十七次全委(扩大)会议召开,县委书记刘国强作“聚焦聚力总目标 打好打赢脱贫攻坚战 为决胜全面建成小康社会而努力奋斗”主题报告,县委副书记、政府县长吐尔洪·阿不拉作总结讲话。

是日 乌什县召开“不忘初心、牢记使命”主题教育总结大会、2019 年度“民族团结一家亲”、民族团结联谊活动、民族团结进步模范单位和个人表彰大会。地区第五督导组组长卡合曼·司迪克出席会议并讲话,县委副书记、政府县长吐尔洪·阿不拉主持会议。

16 日 乌什县召开 2019 年度“重商亲商安商、推进产业发展、坚定坚决打好打赢脱贫攻坚战”总结表彰会议。会议表彰 2019 年度县级“文明诚信企业”10 家、“文明诚信卫星工厂”5 家、“文明诚信合作社”10 家、“文明诚信个体工商户”10 户,通报乌什县支持工贸龙头企业奖励情况。

17—18 日 乌什县上色阿拉尔防洪堤延伸及加固工程、乌什县加恩巴依洪沟防洪工程、乌什县牙满牙防洪工程竣工验收。

18 日 乌什县人力资源和社会保障局举办乌什县 2020 年就业援助月专项活动启动仪式暨现场招聘会。参加招聘的 14 家企业提供纺织工、服务员、教师、计算机操作员等岗位 1187 个,应聘者 720 人,初步达成就业意向 458 人。

19 日 乌什县委书记刘国强,县委副书记、县长吐尔洪·阿不拉,县委副书记、政协党组书记高云波代表县四套班子看望慰问在脱贫攻坚工作中因公牺牲人员家属,将慰问金送到他们手中。

23 日 乌什县新型冠状肺炎疫情防控工作指挥部正式成立。

24 日 自治区扶贫开发领导小组办公室正式公示,宣布乌什县退出深度贫困县名单。

25 日 根据新疆维吾尔族自治区重大突发公共卫生事件Ⅰ级响应要求,乌什县公安局公安检查站、环城卡点启动Ⅰ级查控模式,配合县卫生行政部门实施交通检疫,做好新冠肺炎疫情防控工作,防止县域发生输入性疫情。

是月 乌什县融媒体中心完成大数据模块搭建投入使用,完成融媒体指挥中心安保设备招标工作。

2 月

3 日 乌什县公安局干警通过“武汉市慈善总会”等捐款账户自发捐款 13 万余元,用实际行动助力武汉人民抗击新冠肺炎疫情。

6 日 乌什县税务局推行“非接触式”办税服务,“三个在线”引导纳税人多走“网路”、少走“马路”。

19 日 乌什县开展疫情防控应急演练,县委书记刘国强担任演练总指挥。

3 月

7 日 乌什县新冠肺炎疫情防控工作取得阶段性胜利,各单位恢复正常工作秩序。

9 日 乌什县招商项目线上对接座谈会在新时代创新大厦举行。会议由上海东方龙商务深圳分公司推进部总经理俞欢主持,乌什县委常委牟新页,县商信局、发改委、财政局等部门负责人,上海东方龙商务集团运营部及项目方负责人参加会议。

12 日 乌什县人力资源和社会保障局发布公告,根据自治区人民政府办公厅《印发〈关于应对新冠肺炎疫情支持中小微企业复工复产健康发展的十六条措施〉的通知》(新政办发〔2020〕7 号),受疫情影响生产经营出现严重困难的企业(含参加企业基本养老保险的事业单位)可申请缓缴社会保险,缓缴执行期为 2020 年内,缓缴期限原则上不超过 6 个月,缓缴期间免收滞纳金。公告同时公布办理流程。

15 日 乌什县举办“3·15”系列活动,20 家单位利用网站、微信、微博等媒体和 LED 滚动屏向个体工商户、中小微企业开展宣传教育 6000 条次,线下制作宣传横幅6条,销毁假冒伪劣商品9类1.7万件,价值31万元。

18—19日　自治区政协副主席、阿克苏地委书记窦万贵专题督战督导乌什县脱贫攻坚工作,到阿恰塔格乡布干斯马甫其村卫星工厂(阿克苏金勺果业有限公司)、奥依吐尔村蔬菜大棚、依麻木镇玉斯屯克和田村国鸽厂(乌什县国合鸽业有限公司)、亚贝希村卫星工厂、托万克麦盖提村生态园、幸福大院、阿克托海乡库木奇吾斯塘村黑木耳生产基地、生兔养殖厂、沙棘组培中心进行调研。

19日　乌什县组织开展2020年度"访惠聚"新选派驻村干部脱贫攻坚业务培训。

23日　乌什县中小学和中职学校全面开学复课,43640名学生由社区工作人员和老师引导,在学校门口测体温后有序进入教室。

25日　乌什县举行2020年固定资产投资项目集中开工仪式。县委书记刘国强出席仪式并讲话,县委副书记、政府县长吐尔洪·阿不拉主持仪式。此次集中开工53个项目,总投资141.57亿元,涉及产业发展、扶贫、住房、交通、水利、教育、医疗等领域。

是日　乌什县召开2020年春季植树造林动员大会。县四套班子领导和全县各单位1000余人在乌什县英阿瓦提乡义务植树造林点开展植树活动。

是日　乌什县举办推广使用健康码培训班,要求自3月28日起,进入村(社区)、学校、车站、市场、超市、宾馆、工厂、旅游景点、娱乐场所等人员密集场所和乘坐公共交通工具时,必须出示健康码,绿码测体温正常后可以通行,红码和黄码人员不得通行,并立即联系本人所在乡(镇),严格落实疫情防控要求。

26日　乌什县奥特贝希乡通过自治区平安建设工作考核验收,命名为"自治区优秀平安乡(镇)"。

27日　自治区脱贫攻坚巩固提升包联督导指导工作组到乌什县开展帮助指导工作。

29日　乌什县召开纪检监察工作会议,县委书记刘国强出席会议并讲话,县委副书记、县长吐尔洪·阿不拉主持会议,县委常委、纪委书记、监委主任汪连江作纪检监察工作报告。

30日　新疆乌什农村商业银行股份有限公司(以下简称乌什农商银行)创立大会暨第一次股东大会召开,乌什农商银行股东183人参加会议。新疆北京盈科(乌鲁木齐)律师事务所2名律师出席见证。

31日　乌什县开始发放个体工商户疫情补贴,减轻疫情对区域内中小微企业及个体工商户生产经营产生的影响。

4月

5日　乌什县师生在以"创新·体验·成长——中国梦·科学梦·青春梦"为主题的自治区第三十三届青少年科技创新大赛中,获自治区级奖9名、地区级奖25名。

9日　衢州市为乌什县捐赠价值16.3万元疫苗运输冷链车1辆。

是日　乌什县举行十四届县委第十二轮巡察工作动员部署会。县委派出5

个巡察组,分别对县委爱国统一战线工作部、机构编制委员会办公室等 14 个单位开展常规巡察。

10 日　乌什县残联举行贫困残疾人辅助器具发放仪式,为 695 名残疾人免费发放轮椅、助行器、坐便椅、盲杖等辅助器具。

16 日　乌什县举办首场招投标“开放日”活动,县政府领导、人大代表、政协委员、纪委监委代表等群体零距离接触公共资源交易招投标工作。

是日　衢州市援乌指挥部以视频连线方式召开招商洽谈会,与浙江冒个泡电子商务有限公司洽谈黑木耳产业合作事宜。双方就乌什黑木耳产业的市场定位、物流组织、销售渠道等方面开展讨论交流,明确达成组建混合所有制公司,共推乌什黑木耳产业健康发展的合作意向。

17 日　乌什县设置在依麻木镇托万克麦盖提村生态园停车场内的首批 16 台新能源汽车充电桩完成安装、调试和配套设施电缆铺设、200 千伏安变压器安装等工作,正式投入运行。

18 日　乌什县 2020 年第二次固定资产投资项目集中开工暨 3000 万只鸭鹅养殖项目奠基仪式在阿合雅镇(国道 219 线 1834—1833 公里处)举行。县委书记刘国强出席仪式并讲话,县委副书记、县长吐尔洪·阿不拉主持仪式。此次集中开工项目 17 个,涉及总投资 13.47 亿元。

22—24 日　乌什县检察院与人民法院在乌什镇、阿合雅镇、亚曼苏乡、奥特贝希乡、阿克托海乡公开开庭,邀请人大代表、政协委员、社区居民、乡(镇)及村民 200 人参加。

24 日　乌什县召开第七次全国人口普查动员会。县委书记刘国强出席会议并讲话,县委副书记、县长吐尔洪·阿不拉代表县人民政府与成员单位代表签订责任书。

26 日　乌什县举行 2020 年衢州市对口援乌项目集中开工仪式。县委副书记、县长吐尔洪·阿不拉出席仪式并致辞,县委常委、副县长、衢州市对口援乌指挥部党委委员、副指挥长黄建霖主持仪式。

是月　乌什县新建农村幸福大院 9 所,建筑面积 1.83 公顷,总投资 7300 万元,新增床位 600 个。

是月　乌什县投资 950 万元新建殡仪馆,建筑面积 0.3 公顷,预计 2021 年投入使用。

是月　乌什县陆续实施扶贫水利项目 17 项防洪工程,建设完成高标准防洪堤长 33.802 公里,总投资 1.29 亿元。

是月　乌什县水利局根据《乌什县农业水价综合改革实施方案》,委托新疆佳益价格评估有限公司完成农业水价供水成本监审工作。

5 月

1 日　乌什县在燕泉山景区举办“五一”消费扶贫展销活动。

4 日　希望工程助力脱贫攻坚行动 2019 年 3 月“10 万 +”学业资助项目由自治区团委、自治区青基会发布,由乌什县团委组织实施,乌什县 5 所中学 53 名贫困学生受益,每人受赠 1000 元资助金,共计5.3万元。

8日 自治区接续推进全面脱贫与乡村振兴有序衔接试点工作现场推进会在乌什县召开。

10日 乌什县县长吐尔洪·阿不拉走进直播间直播带货,介绍乌什县悠久的文化历史、浓厚的人文风情、丰富的旅游资源,分享独特而优质的农产品。

是日 政协乌什县第十四届委员会第六次会议在县政府会议室召开。会议听取和审议政协乌什县第十四届委员会常务委员会工作报告,听取和审议政协乌什县第十四届委员会常务委员会关于十四届四次会议以来提案工作情况的报告,选举政协乌什县第十四届委员会主席1名、副主席1名、秘书长1名、常务委员3名,审议通过有关决议。

11—13日 乌什县第十五届人民代表大会第五次会议在县委党校召开。会议听取和审议乌什县人民政府工作报告,审查和批准2019年乌什县国民经济和社会发展计划执行情况及2020年国民经济和社会发展计划草案的报告,批准2020年国民经济和社会发展计划,审查和批准2019年乌什县财政预算执行情况与2020年财政预算草案的报告,批准2020年乌什县本级财政预算,听取和审议有关报告。

12日 乌什县开展"5·12"防灾减灾日暨第31个国际减灾日大型应急救援综合实战演练。全县各乡(镇)、单位和学校、医院等部门1200人参与活动。

15日 乌什县召开2020年文化旅游工作暨国家全域旅游示范区创建工作会议。会上公布《国家全域旅游示范区验收、认定和管理实施办法》,宣读《关于开展首批国家全域旅游示范验收认定工作的通知》,安排部署乌什县争创国家全域旅游示范区工作。

是日 阿克苏地区文联"脱贫攻坚"主题采风活动在乌什县启动。由地区文联组织的10名摄影、诗词、音乐方面的专家到乌什县采风创作,涉及依麻木镇托万克麦盖提村、依麻木镇国家通用语言小学、沙棘林景区等13个点,涵盖产业扶贫、旅游扶贫、教育扶贫等多个领域。

15—20日 乌什县委宣传部、县社科联、文旅局、教科局联合举办以"决胜全面小康 决战脱贫攻坚"为主题的"社会科学普及周"活动。通过"线上+"模式,举办经典诵读会、社科图书推介、"家乡历史我知道"有奖知识竞答及"春暖花开会有时"——中小学校"抗疫情"手抄报主题展等活动,激发各族各界和广大群众热爱新疆、建设新疆的豪迈之情。

17日 乌什县迎来疫情后首个房车旅行团队。来自各地的8辆房车旅游爱好者先后到燕泉山景区、沙棘林湿地公园、城区大巴扎及依麻木镇托万克麦盖提村生态园观光,感受乌什县良好的生态环境。

18日 乌什县4所学校(乌什县第二中学、乌什县阿合雅镇中学、乌什县第二小学、依麻木镇中心小学)建成人工智能实验室,正式投入使用。实验室内设置多台AR智能课桌、AI智慧黑板和轻沉浸VR一体机,通过以人工智能、增强现实、虚拟现实为核心的多功能智慧教育应用,将多功能性实验室整合到一台课桌里,让课本电子化、让课堂智能化。

21日 自治区政协副主席、地委书记窦万贵调研并挂牌督战乌什县脱贫攻坚工作,先后到奥特贝希乡库木布隆村、阿合雅镇华盛纺织厂、阿合雅镇小城镇、阿合雅镇托万克库曲麦村开展调研。

26日 乌什县举行2020年第一期中青年干部和公务员培训班,各乡(镇)、县直各单位63名中青年干部和公务员参加为期1个月的集中培训。

27日 乌什县委书记、总河长、托什干河河长刘国强对托什干河奥特贝希乡至阿恰塔格乡河段开展巡河工作,推动相关问题的整改落实。

28日 乌什县人民检察院开展以"同舟共济、检护明天"为主题的检察开放日活动。

29日 乌什县第十五届人民政府召开第60次党组会议,研究《乌什县乌什镇南关村等7个村民委员会"撤村设居"事宜》,同意撤销乌什镇南关村等7个村民委员会,设立社区居民委员会。

是日 乌什·衢州小学援乌教师在校园内推广行作揖礼,帮助师生保持安全社交距离,切断疫情传播途径,推进文化润疆工作。

31日 乌什县2020年扶贫跟踪审计进点见面会在县委会议室召开。阿瓦提县审计组主持会议,乌什县委常委、常务副县长张林辉牵头迎接审计工作。

是月 "乌什县好地方"App客户端内部测试并在6大应用市场上架。

6月

2日 乌什县16所农村幼儿园试点开园复课,1895名幼儿告别假期回到课堂。

6日 衢州市第十批援乌首个"交钥匙"工程人才公寓及附属设施建设项目(四期)破土动工,项目投入3100万元,建设1栋4个单元11层132套的公寓住房。

是日 乌什县举办第七次全国人口普查区域划分和绘图工作培训班。

7—8日 新疆医科大学二附院第九批援乌专家到乌什县依麻木镇库尔干村、铁提尔村及阿合雅镇托万克库曲麦村开展"援疆医疗健康行"义诊活动,免费为群众义诊500余人,赠送常用药品300盒。

8日 乌什县公安局启动全警实战大练兵"打基础、抓深化"阶段性比武。活动为期15天,以基本训练为基础,开展警体比武、警务实战教官比武、便民警务站现场处置比武、各警种业务比武等科目,在比武中检验"打基础"阶段练兵成效。

9日 乌什县年产5万头安格斯黑牛养殖及屠宰深加工、5万亩元宝枫种植与托什干河流域生态治理项目开工。项目总投资23亿元,其中,投资5亿元,种植5万亩元宝枫;投资13.5亿元,年养殖5万头安格斯黑牛;投资4.5亿元,建设年屠宰深加工5万头安格斯黑牛项目。

是日 乌什县档案馆联合县文旅局开展"纪念'6·9'国际档案日 档案记录新中国的记忆"档案馆、博物馆进校园宣传活动,为乌什县衢州中学学生讲解个人档案及馆藏历史档案,引导青少年不忘初心、牢记使命,热爱伟大的祖国。

是日 衢州市委、乌什县委推动成立乌什·衢州“新乡贤”援乌干部人才联络处,召开助力乌什经济高质量发展恳谈会,聘任20名“乌什县经济高质量发展特别顾问”。征集9名援乌干部人才及部分企业家代表助力乌什县经济高质量发展的意见建议21条。

10日 阿克苏地区残联辅具中心专家到乌什县,为13名贫困残疾人免费假肢和矫形器适配。

15日 乌什县启用12345政务服务热线,将全县各部门热线服务纳入同一个政务服务热线平台运行,为群众办事提供更便捷的服务。

16—23日 乌什县组织8名退休干部赴9个乡(镇)35个行政村开展“感恩共产党 决战决胜脱贫攻坚”教育宣讲活动。宣讲内容含脱贫攻坚政策、感恩教育、农林畜牧知识、健康知识、法律法规知识等。

18日 乌什县教育人才组团式援乌“1+N”赋能行动暨教学能手培养工作室启动。以乌什县16个“校共体”为核心,以16个县级名校长、教学能手工作室为载体,实施教育人才组团援乌“1+N”赋能行动。

20日 自治区中医院检验科主任徐菲莉一行对乌什县中医医院PCR实验室进行验收。

23日 亚曼苏水电站220千伏送出工程竣工并投入运行。该工程投资5773万元,新建别白线接入亚曼苏水电站220千伏架空线路,路径全长约22.2千米,成为贯通乌什县220千伏别迭里水变电站至阿克苏220千伏白水变电站的枢纽线路。

26日 乌什县举办2020年书香乌什·有礼人生诗歌朗诵及评选“乌什有礼少年”活动。

29日 浙江团省委、省出版联合集团、省青联赴乌什县开展2020年“青力扶贫 联创梦想”青联委员走基层服务月活动。向阿克苏团地委、乌什县团委及相关县(市)捐助“希望小学”“青少年助医助学资金”“红领巾号角”“希望书库”等爱心物资价值216万余元。与阿克托海乡中心小学20名成绩优异的贫困学生进行结对帮扶。

30日 乌什县十五届人民政府第32次常务会研究通过《关于调整乌什县农业供水价格的报告》,乌什县完成农业水价改革。

是日 阿克苏地区第一人民医院给乌什县人民医院捐赠价值54万元的病理数字切片扫描仪1套。

是月 乌什县举办以“消除事故隐患、筑牢安全防线”为主题的安全生产宣传咨询活动,其间,悬挂安全生产宣传横幅19幅,展出安全生产宣传及警示教育板面24块,设立安全生产咨询服务台23个,发放安全宣传材料6000余份,接受群众现场咨询260人次。

是月 乌什县在全疆县级融媒体率先取得“互联网新闻信息许可证”。

7月

1日 乌什县开展“党旗映天山”活动升旗仪式,重温入党誓词,组织23名新吸收预备党员参观林基路警示教育基地。

是日 乌什县党员教育中心拍摄制作的“七一”展播片《托乎提·肉孜的肉孜节》在自治区展播并获优秀作品奖。

是日 乌什县召开2020年人大代表建议意见、政协委员提案交办会，向县人民政府转交人大代表建议21件，转交政协委员提案23件、建议2条，涉及民生改善、医疗教育、脱贫攻坚、农业农村发展、生态文明、环境保护建设等内容。

4日 乌什县党风廉政警示教育大会在县委党校召开，县委书记刘国强出席会议并讲话。会议传达学习《中共中央八项规定及其实施细则》《新疆维吾尔自治区党政机关国内公务接待管理办法》等，县委常委、纪委书记、监委主任唐好全汇报《乌什县扶贫领域腐败和作风问题专项治理分析报告》，通报县纪委监委查处的违纪典型案件。

10日 新疆乌什农村商业银行股份有限公司正式揭牌开业，标志着乌什县农村信用社股份制改革迈向崭新的发展阶段。

11日 乌什县人民政府与新疆塔里木农业综合开发股份有限公司举行战略合作框架协议签约仪式，县委常委、常务副县长张林辉主持仪式并讲话。

7月12日至9月1日 库车市派驻乌什县脱贫攻坚普查工作组一行213人进驻乌什县，开展脱贫攻坚普查工作。

14日 乌什县人民政府与永康市麦伦工贸有限公司签订乌什县智慧交通项目投资合同书。项目选址在乌什县城北工业园区，总投资1.2亿元，主要开展智慧交通设施生产，是2020年衢州援乌招引落地的第一个企业投资项目。

19日 乌什县人民医院PCR实验室建成投入使用，正式开展核酸检测。

22日 8时30分，乌什县依麻木镇库如克玉吉买村村委会周边突降暴雨、冰雹。

是月 “纪检监察机关检举举报平台处置子平台”正式上线运行。

是月 乌什县中医医院标准PCR实验室建设完成并投入使用。该实验室投资近200万元，购进全自动发光分析仪、全自动血气分析仪、全自动血培养分析仪、全自动洗板机等设备。

8月

15日 国家电影局门户网站对2020年度电影精品(第二批)专项资金资助项目进行公示，以乌什县依麻木镇国家通用语言小学校长库尔班·尼亚孜为原型创作的电影《奔腾的托什干河》获国家年度精品电影专项资金资助。

19日 乌什县县委书记刘国强及相关县领导慰问各级医疗机构医护人员。

26日 乌什县行政服务中心(公共资源交易中心)更名为乌什县政务服务和公共资源交易中心，公益一类，为县人民政府管理的正科级事业单位。

29日 乌什县县委常委、组织部部长、党校校长张君采取电话联系慰问关怀方式，对健在的抗日战争时期参加革命工作的2名老同志逐一进行慰问，并将每人1000元慰问金打卡给本人。

是月 乌什县疫情防控指挥部给乌

什县中医医院赠送96孔提取仪2台、扩增仪3台、高压灭菌器2台、生物实验柜2台、CO2培养箱1台、冷藏柜3台。

是月 乌什县开展新冠肺炎疫情防控全员核酸检测工作。

是月 乌什县中医医院启动发热门诊建设项目。项目建设面积0.09公顷,购置生物安全柜1台、全自动大便分析仪1台、全自动尿沉查1台。

9月

1—7日 乌什县在政府网站公告《乌什县关于"万人千吨"饮用水水源地环境问题整改销号公示》,公示期间未收到群众信访、电话举报及投诉,社会各界无异议。

4日 乌什县妇联在依麻木镇汗代克吉然村举行"巾帼脱贫行动——美丽庭院"试点户家具发放仪式,为38户"美丽庭院"试点户发放化妆台。

5—6日 乌什县2013—2019年县直单位精准扶贫档案整理现场会、乌什县"访惠聚"驻村工作队精准扶贫档案整理现场会分别在县水利局、亚科瑞克乡托库扎克村召开。

7日 乌什县召开第七次全国人口普查"两员"培训动员会,县长吐尔洪·阿不拉、各乡(镇)人口普查领导小组负责人、县普查办全体干部参加。

11日 乌什县行政服务中心邀请邮储银行礼仪老师到为民服务大厅开展政务服务礼仪专题培训。县行政服务中心全体干部、大厅窗口工作人员57人参加培训。

12日 乌什县总工会召开迎接国家第三方城市困难职工解困脱困评估工作部署会议,明确工作任务,强化责任担当,做好迎接国家第三方评估工作,确保实现2020年城市困难职工解困脱困目标。

13日 30名大学生服务西部计划志愿者到乌什县开展志愿服务活动,于15—18日参加岗前培训。

16日 衢州市龙游县县委书记张晓峰率龙游党政代表团到乌什县考察交流,看望慰问第十批援乌干部,就龙游县与乌什县进一步加深帮扶开展交流,签订帮扶结对、园区合作等战略协议。

16日 衢州援乌资金资助疆外普通高校乌什籍贫困大学生发放仪式在乌什县教科局会议室举行。首批160名就读疆外高校的贫困家庭子女,每人领取6000元助学金,共发放资助金96万元。

18日 乌什县召开城区商业布局与发展座谈会,县委书记刘国强主持会议。参会人员就乌什县城区商业分区、重点专业市场规划布局等问题进行深入研讨。

20日 自治区土地开发整理建设管理局项目管理处副处长刘珩一行到乌什县,进行2018年、2019年城乡建设用地增减挂钩项目验收。

23日 乌什县第三届中国农民丰收节暨金秋消费扶贫庆祝活动在阿克托海乡托万克墩其格村核桃园开幕。县委书记刘国强致开幕词,县委副书记、县长吐尔洪·阿不拉主持开幕式。

25日 龙游县委和乌什县委在衢州龙游共同举办龙游·乌什"燕山飞龙"孵化行动启动仪式,衢州市援乌指挥部谋划推动的衢乌两地经济型干部联动培养新机制正式落地，首批选派11名有潜力的乌什年轻干部到衢州经济发展一线挂职锻炼。

26日　阿克苏地区扶贫办党组副书记、主任方勤带队到乌什县开展2019年贫困退出核查工作。

27日　中粮集团援建的6家数字化预防接种门诊成立运行，在乌什县妇幼保健院举行数字化预防接种门诊揭牌仪式。中粮集团副总裁栾日成、县委书记刘国强为乌什县妇幼保健院数字化预防接种门诊揭牌。

28日　乌什县团委、少工委联合举办2020年少先队辅导员培训班暨少先队辅导员专业技能大赛，各中小学少工委主任（副主任）、大队辅导员及少先队工作者48人参赛。

9月29日至10月2日　阿克苏地区水利局副局长李鹤带领专家组，会同乌什县人民政府，主持乌什县依麻木镇托普浪吉然段应急防洪工程竣工验收、乌什县秋格尔拦河闸下游防洪工程和乌什县卡拉玉尔滚渡槽上下游防洪工程阶段验收工作。

30日　乌什县2020年烈士纪念日公祭活动在县委广场举行。

是月　乌什县纪委监委协助阿克苏地区纪委监委举办2020年纪检监察系统西五县（市）片区竞赛练兵活动。

10月

1日　乌什县举行国庆升国旗仪式。

1—7日　乌什县在燕泉山景区、沙棘林景区、泉域星空国际滑雪场·四季旅游度假区、阿合雅镇欣禧源葡萄基地举办“迎中秋·庆国庆”系列主题活动。

6日　国务院扶贫办开发指导开发司人力资源处干部到乌什县调研扶贫公益事业岗位开发管理工作。

10日　“世界旅游联盟旅游减贫案例100”新闻发布会在北京举办。“新疆乌什:全域旅游助力农牧民脱贫增收”位列世界旅游联盟发布旅游减贫案例名单第57号。

是日　民政部财务规划司副司长刘健调研乌什县敬老院建设运行、基层政权建设、兜底脱贫、社区建设情况。

11日　库尔班中华文化大院正式“开门迎客”。

13日　第103届全国糖酒商品交易会在山东国际会展中心开幕，乌什县委书记刘国强、县委常委牟新页、副县长何嘉参加开幕式。在为期3天的交易会上，乌什核桃、鹰嘴豆、葡萄、黑木耳特色深加工产品收获意向订单150个，意向订单金额超过500万元。

16日　新疆农业大学经济与贸易学院院长、教授余国新带队到乌什县开展2020年南疆四地州脱贫攻坚评估工作。

是日　“情系乌什、书香援疆”图书捐赠活动在乌什县图书馆举行，衢州市援乌指挥部向乌什县图书馆捐赠图书7000册，价值25万余元。

17日　乌什县举行“全国扶贫日”活动启动仪式，县委副书记、县长吐尔洪·阿不拉主持仪式。启动仪式结束后，各单位组织干部职工深入扶贫帮扶点开展“扶贫日”活动。

是日 第七届新疆特色果品阿克苏交易会开幕。交易会为期2天,乌什县3个展区、19家企业和合作社,展出林果产品、食品加工、旅游产品、酒类、服装类等76类产品,重点推出沙棘油、沙棘原浆、沙棘果汁、沙棘茶、沙棘果粉等沙棘全系列产品。

19日 阿克苏地区老干部调研团一行26人到乌什县开展“我看脱贫攻坚新成就”专题调研活动,实地查看脱贫攻坚、生态治理、乡村旅游等相关项目培育发展情况,亲身感受乌什县经济社会发展和脱贫攻坚的新成就、新变化、新面貌。

是日 乌什县出台《党委联系服务专家工作实施办法》,落实党政领导直接联系服务优秀人才制度,19名县级领导联系服务27名专家人才。

20日 乌什县人社局150名有意愿从事馕制作加工的从业人员,在乌什县技工学校集中开展“新疆馕师”技能人才培训。

21日 阿克苏地区人大工委组织部分自治区人大代表到乌什县开展集中视察和专题调研活动。

是日 乌什县2020年秋季义务植树造林动员大会在英阿瓦提乡贡格拉提村举行,县委书记刘国强出席会议并讲话,县委副书记、县长吐尔洪·阿不拉主持会议。

22日 华能新疆托什干河亚曼苏水电站末台机组顺利通过72小时试运行,标志着华能对口援乌第二座电源建设项目正式投产发电。工程总投资19.92亿元,是阿克苏地区的重点工程,也是乌什县实现优势资源转化战略的重要项目。

是日 衢州团市委、青年企业家协会到乌什县开展“爱心助学”活动,为乌什·衢州小学贫困学子赠送学习课桌椅、暖冬衣物、学习用品等。

23日 乌什县印发《关于命名乌什县第一个管理期燕山英才的决定》,命名库尔班·尼亚孜等27人为乌什县第一个管理期燕山英才。

27日 乌什县人民政府与成都微服农业发展有限公司签订战略合作框架协议。项目预计总投资22亿元,以用材林定向培育、木材加工贸易、高新科技产品研发生产为主要内容,建设“林业综合体”项目。

30日 乌什县召开第七次全国人口普查正式登记动员大会。

是日 阿克苏地区文旅局发布公告,乌什县燕泉河景区创建为国家AAA级旅游景区、银泉大酒店创建为三星级酒店。

31日 乌什荒地变电站35千伏输变电工程建成并正式投入运行。工程位于阿合雅镇尤喀克荒地村,总投资2100万元,新装10兆伏安变压器1台,35千伏出线1回,全长21千米,10千伏出线6回,架设光缆21千米,占地面积0.2491公顷。该工程的建成,彻底解决了尤喀克荒地村电源供电线路半径过长、电压低、电能质量差等问题,被列为地区2020年脱贫攻坚重点工程。

11月

1日 起乌什县委落实村干部关心

关爱机制，将村“两委”正（副）职月报酬分别提高699元和913元，村“两委”正（副）职月报酬分别达到3400元和2700元。

2日　阿克苏地区学习贯彻第三次中央新疆工作座谈会精神宣讲团在乌什县作专场报告。地区宣讲团成员熊道喜围绕第三次中央新疆工作座谈会召开的重大意义、新时代新疆取得的前所未有的历史性成就、完整准确贯彻新时代党的治疆方略、实现新疆长治久安的战略安排等方面进行深入解读。

6—7日　县委书记刘国强、县委副书记、县长吐尔洪·阿不拉分别带队深入各乡（镇）、企业、学校、医院调研常态化疫情防控等工作。

10日　伊犁州人社就业服务管理局副局长董凌带队开展自治区2020年贫困县脱贫攻坚成效实地考核工作。

11日　乌什·衢州小学和衢州市实验学校教育集团悦溪校区隔空连线，开启2020学年“互联网+”同步课堂教学活动。

12日　乌什县为阿克托海乡21名重度贫困残疾人免费发放轮椅、坐便椅、拐杖、盲杖等辅助器具。

13日　阿克苏金勺果业有限公司被命名为“自治区首批工业旅游示范基地”。

17日　乌什县举行国电阿克苏河流域水电开发有限公司新能源项目签约仪式，在英阿瓦提乡境内开发建设40万千瓦光伏发电项目，总投资16.4亿元，分两期建设完成。

22日　乌什县依麻木镇国家通用语言小学获评第二届“全国文明校园”，成为阿克苏地区唯一一所获评“全国文明校园”的学校。

23日　《乌什县志（2002—2020）》启动暨《乌什年鉴》编纂动员培训会在县委党校召开，标志着《乌什县志》续修编纂工作正式启动。自治区地方志编委会党组成员、副主任马文华、地委史志办主任粟新、副主任鲁福贵出席会议，自治区地方志编委会地县志处副处长杨志虎、地委史志办年鉴科科长潘蔚分别就县志撰写要求、注意事项及年鉴编纂工作进行现场培训。

23—27日　乌什·衢州小学开展“援疆教师教学开放周”活动，11名衢州援乌教师逐一登台授课，乌什县教师600余人次分批听课。

24日　2020年全国劳动模范和先进工作者表彰大会在北京举行，乌什县依麻木镇国家通用语言小学校长库尔班·尼亚孜获评“全国劳动模范”。

26日　乌什县融媒体中心、阿克苏中视广告传媒有限公司与阿克苏金勺果业有限公司就新媒体果品销售、直播带货达成合作协议，标志着乌什县融媒体中心在融合发展“新闻+政务+服务”道路上探索出新路子。

27日　依麻木镇汗都村被自治区司法厅和自治区民政厅评为新疆维吾尔自治区民主法治示范村。

28—30日　自治区农业农村厅、自治区市场监督管理局派出专家组对乌什县农业检验检测中心检验检测机构资质认定和农产品质量安全检测机构考核（简称“双认证”）工作进行现场评审。

29日　乌什县在亚曼苏乡召开“防贫保”(试点)启动仪式。乌什县与太平洋财产保险股份有限公司阿克苏中心支公司、浙江省援乌指挥部签订《精准防贫“防贫保”试点合作三方协议》,标志着新疆首个“防贫保”试点项目在乌什县正式落地。

12月

1日　乌什县召开国家扶贫资金绩效评价见面会,县委书记刘国强主持会议,国家扶贫资金绩效评价组组长、北京瑞华会计事务所专家王璐瑶,国家扶贫资金绩效评价组组员、北京瑞华会计事务所专家沈霜及自治区、地区扶贫办有关人员出席会议。乌什县脱贫攻坚工作16个专项组牵头单位、相关单位主要领导参加会议。

2日　乌什县开展以“知危险会避险,安全文明出行”为主题的第九个“全国交通安全日”系列宣传活动。

3日　乌什县组织收听收看2020年自治区脱贫攻坚先进事迹巡回报告会,来自全疆各地的脱贫攻坚各类荣誉获得者代表讲述各自奋战在脱贫一线的亲身经历。

是日　乌什县残联围绕“改善贫困残疾人生存和生活状况是全社会的共同责任”主题开展第29个“国际残疾人日”助残活动,联合阿克苏地区长安社会工作服务中心为50名残疾人发放轮椅、助听器、拐杖、坐便器、衣物等物品。

5日　国家第三方评估组组长、教授、兰州大学乡村振兴战略研究院副院长、兰州大学旅游规划设计研究院院长、兰州大学国土与区域规划研究院院长陈兴鹏带队到乌什县开展2020年国家扶贫开发工作成效第三方评估工作。

是日　中央专项彩票公益金“励耕计划、润雨计划”资助金发放仪式在乌什县举行,乌什县16名困难教师领取资助金16万元。

8日　“春蕾计划”助学资金发放仪式在乌什县阿合雅镇举行,19名贫困家庭女童、先天性心脏病女童、贫困女童家庭获得资助金1.47万元。

11日　乌什县在依麻木镇国家通用语言小学举行“孔子研究院——乌什研究基地”奠基仪式,阿克苏地委领导和尼山世界儒学中心副主任、中国孔子研究院院长及山东曲阜领导一行到中华优秀文化大院、燕泉山公园、滑雪场调研,在县委会议室签订合作协议。

13日　乌什县召开智慧旅游大数据平台及应急指挥系统项目建设座谈会,陕西佳信众诚信息技术有限公司专家就乌什县智慧旅游大数据平台及应急指挥系统项目建设情况进行专题汇报,县委书记刘国强对乌什县智慧旅游大数据平台及应急指挥系统项目建设情况给予肯定。

是日　乌什县中共十九届五中全会和第三次中央新疆工作座谈会精神轮训班开班,县委书记刘国强作动员讲话和题为《坚定不移贯彻落实新时代党的治疆方略 为建设新时代中国特色社会主义新疆不懈奋斗》的专题辅导,县委副书记、县长吐尔洪·阿不拉主持开班仪式。

15日　新疆废旧物资回收再生行业

商会先后在乌什县依麻木镇马场村和托万克喀尕吐尔村，为 64 名学生每人发放 1000 元爱心助学金。

16 日 新疆医科大学 2020 年度巡回医疗服务队到乌什县开展巡回医疗服务工作。

是日 乌什县召开民族团结进步促进会第一届会员代表大会。会议审议通过《乌什县民族团结进步促进会章程(草案)》，选举产生乌什县民族团结进步促进会第一届理事会理事及会长、副会长、秘书长、副秘书长，乌什县民族团结促进会第一届会长阿布都沙拉木·麦木提明作表态发言。

20 日 乌什县召开“十四五”期间教育文化卫生事业发展思路及规划编制座谈会，县委书记刘国强主持会议，听取与会人员对乌什县“十四五”时期教育文化卫生事业发展的意见和建议。

21 日 由地委宣传部、地区文联主办，地区扶贫办、乌什县委宣传部协办的《幸福花开塔里木》新书发布会在乌什县举行。地区及县相关单位领导参加新书发布会，向《幸福花开塔里木》主创人员颁发奖牌，向乌什县委宣传部赠书 50 册。

23 日 乌什县召开国土空间规划三条控制线划定情况座谈会，县委书记刘国强主持会议，与会人员就规划方案进行讨论并提出相关意见建议。

是日 乌什县召开文化旅游产业发展工作座谈会，分析文旅产业发展现状，围绕文化润疆、旅游兴疆战略研究“十四五”文化旅游发展规划。县委书记刘国强出席会议并讲话，县委常委、宣传部部长唐好全主持会议。

是日 龙游 8090 新时代理论宣讲团乌什宣讲报告会暨乌什县 8090 新时代理论宣讲月活动启动仪式在县委党校召开。龙游县委常委、宣传部部长叶琴仙与乌什县委常委、宣传部部长唐好全签订龙游、乌什思想文化宣传合作框架协议，共同启动乌什县 8090 新时代理论宣讲月活动，启动仪式后开展集中宣讲活动。

28 日 乌什县对 24 个重点部门主要领导进行 2021 年元旦、春节前夕廉政教育集体谈话，学习《中共中央八项规定精神清单》及《十条禁令》，宣读《关于 2021 元旦、春节期间纠治“四风”工作的通知》。县委副书记、纪委书记巴哈尔古丽·艾麦提在会上讲话。

是日 乌什县召开“十四五”规划编制工作离退休老干部座谈会，县委书记刘国强主持会议，征求老干部对乌什县“十四五”规划编制工作的意见建议。

29—30 日 2021 年中共乌什县第十四届委员会第二十二次全委(扩大)会议召开。县委书记刘国强作题为《踏上新征程 绘就新蓝图 谱写新篇章 奋力开创新时代团结和谐富裕美丽的幸福乌什新局面》的主题报告。受县委常委会委托，刘国强就《中共乌什县委关于制定国民经济和社会发展第十四个五年规划和二〇三五年远景目标的建议》向大会作说明。

31 日 乌什县四套班子领导分 10 个慰问组，走访慰问劳动模范、见义勇为个人、烈士家属、最美人物、生活困难职工、特困群众、低保户、离退休干部、“四老人员”、便民警务站、“访惠聚”驻村工作队等,送上新年祝福。

是月 乌什县10所中小学、幼儿园与浙江衢州的10所学校、幼儿园开展“浙阿两地百校十万学生手拉手”活动。

1—6月 乌什县落实大型企业和社会团体养老、失业、工伤保险单位缴费部分减半征收政策。

是年 乌什县修建农村公路169公里、桥梁17座,总投资10289.3万元。

是年 乌什县落实贫困人员基本养老保险政府代缴政策,按照建档立卡、低保对象、重度残疾(一级、二级)、特困人员等贫困人员保留100元/人·年最低缴费档次,统一由县人民政府全额代缴要求,为符合代缴条件的15989人完成城乡居民养老保险政府代缴。

是年 乌什县落实中小微企业养老、失业和工伤保险单位缴费部分免于征收政策。

是年 乌什县城镇污水处理厂建设完成,并通过验收投入运行。

是年 依麻木镇托万克麦盖提村、奥特贝希乡巴什阿克玛村列入首批自治区乡村旅游重点村名录。

县情概览

建置区划

【历史沿革】 汉代以前，乌什为西域三十六国的温宿国、龟兹国属地。西汉神爵二年（公元前60年），西汉中央政府统一西域，设西域都护府作为管理西域广大地区的最高军政机构，龟兹国归属于西域都护府管辖，包括乌什县在内的新疆广大地区正式纳入祖国版图，成为中国神圣不可分割的一部分。隋唐时，唐中央政府设立的龟兹都督府管辖温肃州，乌什为温肃州辖地。元明时期，包括乌什在内的新疆广大地区为东察合台汗国属地。清乾隆年间，清政府设乌什办事大臣，并定其名为乌什。清光绪九年（1883年），置乌什直隶厅，隶属阿克苏道。民国2年（1913年），北洋中央政府改乌什直隶厅为乌什县，仍隶属于阿克苏道。1949年9月25日，新疆和平解放，1950年5月1日，成立乌什县人民政府，隶属阿克苏区行政督察专员公署（后易名为阿克苏专员公署）。1978年11月，乌什县隶属阿克苏地区行政公署。至2020年12月，乌什县隶属关系不变。

【行政区划】 2020年，乌什县辖3镇、6乡，18个社区居民委员会、101个行政村、537个村民小组。

地理环境

【地理位置】 乌什县位于新疆天山南麓、塔里木盆地西北边缘。地理坐标为北纬40°43′08″～41°51′12″、东经78°23′41″～80°01′09″。东西长139.5千米，南北宽124.5千米，全县山地占59.9%，戈壁占27.6%，谷地平原仅占12.5%，俗称六山、三滩、一分地。乌什县平均海拔1396米，县城所在地海拔1400米。县境内扎特克列峰海拔5153米，为全县最高点。总面积8693.17平方千米（不含兵团第一师四团），折合面积869317公顷。县境东邻阿克苏市和温宿县，西部与阿合奇县毗连，南以卡拉铁克山为界与柯坪县隔山相望，北以天山山脉与吉尔吉斯斯坦共和国接壤。县城距乌鲁木齐市1111千米，距阿克苏市111千米。境内国境边界线长117千米。

【地质构造】 乌什县在大地构造位置上跨及南天山地槽和塔里木盆地及其之间的过渡地带，可划分成四个构造单元。北部为处于南天山地槽褶皱带中的阔克萨勒复向斜构造，中部为库车边拗陷上的托什干山前拗陷，南部为柯坪断隆上的阿克苏隆起和木垒杜克沉降带构造。

阔克萨勒复向斜构造区位于北部

山区,包括阿依里向斜、别迭里—英阿瓦提背斜、阿合奇河向斜等褶皱构造。出露地层主要为泥盆系、石炭系,在英阿瓦提有小片寒武系分布。托什干山前坳陷位于乌什县中部,沿托什干河谷呈东西向展布,西起阿合奇,经乌什向东过库马力克河,与库车边缘坳陷构造相连。由西向东逐渐展开,最宽处50千米,最窄处只有10千米,为中、新生代坳陷构造,沉降深度可达几千米,堆积有大量第三系、第四系沉积物,地表只有第四系大量分布。阿克苏隆起和木垒杜克沉降带为柯坪断隆上两个完全不同的构造单元,阿克苏隆起位于乌什县东南与阿克苏市交界区域,是长期隆起的构造;木垒杜克沉降带为柯坪县交界处,分布有震旦系、寒武系、奥陶系、志留系、泥盆系、石炭系等。

【地形地貌】 乌什县北靠天山山脉,南邻卡拉铁克山,托什干河流经县境中部,形成两山夹谷之势,其地形地貌可分为山地带、山前戈壁带和托什干河谷带3个单元。山地带为北部天山属古生长的地槽褶皱带,海拔3000~4000米,最高峰扎特克列峰海拔5153米。县境内西接别迭里山口,东至温宿县吐木秀克镇,东西长140千米,全部在英阿瓦提乡、亚曼苏柯尔克孜民族乡境内,总面积28.4万公顷,海拔4000米以上,有终年积雪和高山谷冰川,是托什干河及北部10多条河系主要补给水来源。北部山地因雨水较多,又多山溪、泉流,植被生长较好,是全县主要夏冬牧场。南部山地在县境内西起阿克塔克山,东至阿合雅镇东端,长120千米。最高山峰3628米。该区只有季节性积雪,夏季气候干燥炎热、少雨,山岭风化剥蚀严重。由于降水较少,只有少数泉眼有水可供人畜饮用。山区植被稀少,是主要夏牧场;山前戈壁带主要分布在南山山前阿恰塔格山到阿合雅荒地农场公路沿线以南,直抵沙井子矿区,面积8.58万公顷,海拔1200~1700米,由西南向东北呈冲积扇倾斜;北部天山山前戈壁主要分布在亚曼苏、英阿瓦提山前一带,面积161136公顷,海拔由北向南在2000~1400米,坡降大。由于山前戈壁坡降大,每年山洪常使戈壁边缘农区受威胁;托什干河谷带是在大地构造运动中形成的陷落地带,海拔1143~1700米,为县内农业区。在南北山前是洪积—冲积坡地,地下水位低,土层深厚,耕作历史悠久,大都是灌淤土,是县境农业高产和中产区。在冲积扇缘阶地以下为古河道冲积平原。托什干河先由上游卡日塔克山冲向下游,后又北迁从东切割分成数股直流向下游冲去,形成上游古河床戈壁裸露,到中下部以冲积堆积物覆盖戈壁砾石,高处岗地保留冲积,堆积黄土母质,低凹处成草甸或沼泽草甸土,稍高处为灰潮土或灌淤潮土。大部分下潮地因土层薄,耕作粗放,地下水位高,是低产区,有耕地963.2公顷,占全县耕地面积的37%。

【气候特征】 乌什县地处欧亚大陆腹地,属大陆性干旱气候区,干燥、少雨、蒸发大,光照充足,温差大。山区热量随高度递减,降水随高度增加。南北大山相峙,山中又多小谷,呈狭长的喇叭口形。全县分4个主要气候区。高山寒冷区,海拔高度约2500米以上,冷季长,暖季短,山顶终年积雪。山地最大降水带的上界在此区,较低处有夏牧场分布。中山冷凉区,海拔高度在2000~2500米,冷暖季分明,为山地最大降水带的分布区。向阳处有零星树林,荒漠旱生灌木、草类分布较广,为夏冬牧场所在。近山温凉区,海拔高度在1550~2000米,降水相对平原地区多,热量条件尚好。河谷平原温和区与温暖区,海拔高度在1200~1550米,热量较丰富,生长季较长,降水较山地最大降水带明显偏少,但较相邻的南疆盆地内的平原区为多,春季漫长多浮尘,夏季短促少炎热,秋高气爽降温快,冬季寒冷少积雪。

日照　2020年,乌什县全年日照2038.9小时,全年平均日照率46%。

气温　2020年,乌什县平均气温9.5℃,比历年平均气温偏高0.3℃,年极端最高气温34.6℃(8月8日),年极端最低气温-15.6℃(12月25日),年总降水量136.8毫米,比历年降水偏少5.3毫米。开春期略偏早,春季气温略偏高,夏季气温偏高,5—9月降水量明显偏多,一日最大降水量19.1毫米(9月19日)。秋季气温偏低,降水偏多,其中10—11月以晴好天气为主,气温接近常年。

湿度　2020年,乌什县气候较湿润,降水量适中,蒸发量大。相对湿度年平均58%,年极大风速20.8米/秒(6月27日,西南风)。

冻土　2020年,乌什县最大冻土深度54厘米(12月31日),累计130天。

自然资源

【水资源】　乌什县地势西高东低,托什干河是乌什县境内主要河流,年径流量26.009亿立方米,托什干河发源于天山山脉、吉尔吉斯斯坦境内的科克沙勒山,主峰海拔6000米,全长444千米,落差1075米,平均坡降5‰,乌什县境内240千米。天山南坡有别迭里、科克鲁木、喀依奇、英阿瓦提、臻丹、特日木6条支流,年总径流量约3亿立方米。阿图孜、沙拉木、排孜艾格孜、比得力克、三道沟、乌依布拉克6条支流,年总径流量约1.79亿立方米。

【土地资源】　乌什县县域总面积869317.11公顷(不含兵团第一师四团),耕地面积46999.85公顷,园地面积9648.34公顷,林地面积38991.99公顷,牧草地面积613407.49公顷,居民及工矿用地10028.16公顷,交通用地2611.79公顷,水域面积35374.54公顷,其他土地112254.95公顷。

土壤　乌什县生物气候条件属于温暖带半荒漠区类型。自成型荒地土壤主要是棕漠土,是塔里木地带性土壤类型。县内的棕漠土分布在南北山前坡地上。经人为耕种而为灌溉棕漠土,灌淤熟化演变为灌淤土,又由于实行水旱轮作,使土体理化性状有所改变,成为独特的水旱轮作类型的灌淤土。水成型土壤为县境地形、水文地质影响下形成的隐域性土壤,分布在托什干河冲积发育成的阶地、河滩以及高阶地与低阶地、山前坡地与冲积平原交接处的泉水溢出带,这里的生物过程不同,土壤发育与分布规律又往往与高程和生物演化规律一致,经人为耕种而成灌溉沼泽地、灌溉草甸土、水稻土、灰潮土、灌淤灰潮土和潮土型灌淤灰土等。

土壤类型的形成受成土因素综合影响和人类从事农业生产的时间、能力的影响,土壤也在不断演变,演变的主要过程是熟化和荒漠化,前者占据主导地位。县境农业历史悠久,水资源丰富,土壤次生盐渍化不易发生,极少见随水而耕,存在种种歇歇的现象。乌什县内土壤有 7 个土类、17 个亚类、3 个土属、20 个土种。

植被　乌什县依植被类型和生长情况,分天山区、喀拉提克山区、谷地平原区。天山区植被呈垂直分布规律,海拔3600 米以上,主要是地衣、苔藓类低等植物,开始有土壤发育,为高山冰沼土。海拔 2000 ~ 3600 米,由于多雨和热量条件的改善,生长有蒿草、苔草、狐茅、羽衣草、党参、雪莲等植物群落,阴坡还有少量云杉等生长,发育着山地草甸草原土和较低部位上的栗钙土。2000 米以下的低山、戈壁带主要是琵琶柴、假木贼、麻黄、黑刺、野蔷薇、柽柳等荒漠带植物群落,形成棕钙土、棕漠土等土壤。人工栽种的杨、柳等生长良好。

喀拉提克山区植被特别稀疏,组成十分单一,主要生长琵琶柴、麻黄、盐爪爪、合头草、假木贼等。山地土壤发育微弱,主要为山地棕漠土以及东部戈壁上发育的石膏棕漠土等。

谷地平原区的南北倾斜地黄土带属于托什干河南山两翼,是乌什古老绿洲耕作区。棕色荒漠土上,主要生长有琵琶柴、盐爪爪、骆驼刺、假木贼、柽柳及少量胡杨;灌区主要生长芨芨草、苦豆子、甘草、大蓟、三叶草、田旋花、马莲等。作物为小麦、棉花、西红柿(酱用)、玉米、水稻、蔬菜、胡麻、瓜类、甜菜、鹰嘴豆、大豆、黄豆等;果树有核桃、杏、葡萄、香梨、苹果、红枣、桃、桑等;林木有新疆杨、银白杨、大叶杨、沙枣、柳树等。这一黄土带土壤已发育为灌淤土。

河滩、低阶地冲积平原带地下水高,在地下水溢出地段以生长牛毛毡、芦苇为主,还有水葱、蒲草、三棱草等植物群落,发育着厚度不等的腐殖质层,厚 40 厘米,间断分布有腐殖质沼泽土和草甸沼泽土,并带有盐化现象。在一般下潮地上生长有滨草、芦苇、芨芨草、甘草、苍耳、马莲、灰条、蓟草等,并常伴生牛毛毡、三棱草等沼泽植物和黑刺、白刺、野蔷薇、沙枣等灌木植物,形成草甸类。

【野生动物资源】　乌什县境内野生动物种类繁多。有狼、雪豹、野猪、鹅喉羚、大头羊、北山羊、野兔、狐狸、水獭、野骆驼、野驴、山猫、刺猬、跳鼠、仓鼠、小家鼠、蝙蝠 17 种哺乳类动物;有大天鹅、雪鸡、石鸡、乌鸦、喜鹊、麻雀、黄雀、山雀、云雀、黑雀、苏雀、野百灵、画眉、野鸽、布谷鸟、啄木鸟、水鸟、斑鸠、鹤、鹭鸶、猫头鹰、山鹰、秃鹫、鸿雁、绿头鸭、赤膀鸭、黑水鸡、苍鹭、灰鹤、绿翅鸭、白鹭、蓝点颏 32 种鸟类动物;有蝗虫、螳螂、蜻蜓、蚊子、苍蝇、蟋蟀、野蜂、萤火虫、潮虫、蚜虫、瓢虫、羊虱子、纺织娘、蚂蚁、蝼姑 15 种昆虫类动物;

有蛇、蜥蜴、沙蜥等爬行类动物；有青蛙、牛蛙、蟾蜍等两栖类动物；有蜘蛛、蝎子等蛛形类动物；有蜈蚣等多足类动物；有大头鱼、尖嘴鱼、小狗鱼、新疆鱼等鱼类动物。

【野生植物资源】 乌什县境内野生植物资源丰富、种类繁多。有木本植物23科、44属、68种、86个品种，其中野生乡土树种18科、28属、38种，有雪岭云杉、欧亚圆柏、昆仑方枝柏、蓝枝麻黄、膜果麻黄、胡杨、托木尔峰密叶杨、白柳、线叶柳、黄皮柳、蓝叶柳、白榆、白桑、圆叶盐爪爪、合头草、驼绒藜、木本猪毛菜、裸果木、准噶尔铁线莲、刺山柑（老鼠瓜）、樱桃李、欧洲李、野杏、新疆野苹果、乌什锦鸡儿、多刺锦鸡儿、铃铛刺、喀什霸王、多枝柽柳、准噶尔琵琶柴、水柏枝、沙棘、晚熟沙棘、大果沙枣、尖果沙枣、黑果枸杞、新疆小叶白蜡、准噶尔沙蒿。草本植物主要有珠芽蓼、沼委陵菜、猪毛菜、沙生针茅、戈壁针茅、狐茅、鹅观草、芦苇、茂草、蒿草、银穗草、沿沟草、香蒲、水葫芦、黄花苜蓿（野苜蓿）、多叶葱、野韭菜、牛毛毡、苔草等。中草药主要有大叶白麻、马蔺、火绒草、雪莲、蒲公英、菟丝子、车前、柴胡、锁阳、远志、甘草、党参、紫草等。

【矿藏资源】 金属矿物铅锌铜矿分布在县城南偏东坎岭地区，形态呈脉状、似层状、板状、透镜状和楔形脉状。结构为块状、条带状、斑状、细脉状、星点状和角砾状。金属矿物以方铅矿为主，闪锌矿次之，其他尚有黄铜矿、黄铁矿以及铅、锌、铜的次生矿物。

汞（锶）矿分3个矿带。矿石品位汞最低0.003%，最高0.36%，平均0.01%～0.015%，大部分不够工业品位，矿床普遍伴生有锶元素，汞C2级储量5.55吨，锶地质储量1.083吨。

铝土矿含矿岩系厚48.7～365.6米，矿层以多层状形式产于层间侵蚀面上。以滚滚铁列克和阿依里两个矿区为主，矿体出露多、质量好、褶皱断裂发育，矿层顶底板均为较纯的石灰岩，底板在成矿前喀斯特溶洞发育，部分矿体充填在溶洞中，矿体单个长30～255米，厚0.1～10米，一般在0.5～1.5米。矿石品位氧化铝一般为50%～70%，氧化硅8%～12%，氧化铁13%～18%，氧化钛1.6%～2.2%。储量C1级0.79万吨，C2级57.65万吨。

锑矿含量平均品位40%，且矿体深部有金，含量在3.08～5.54克/吨。黄铁矿分布在阿依里山区土铝矿北矿区8千米外，距中吉边境3千米，交通不便，品位1.1%～3.38%，品位低，规模小。

非金属矿物石膏矿产于中下石炭统地层中，主要有4层矿。第一层不太稳定，厚0.005～0.045千米，平均厚0.017千米，矿体长0.9～1千米。第二层较稳定，厚0.025～0.027千米，断续延长5千米以上。第三层矿层厚0.011～0.017千米，矿体长0.2～0.25千米。第四层矿体厚0.01千米，长1千米，质量佳，品位好。

石灰岩矿分布在奥特贝希乡、亚曼苏柯尔克孜民族乡等地。

白云岩矿分布在苏盖提布拉克、阿克赛、沙依里克西部、喀拉塔格、土斯甘布拉克、阿恰塔格乡西南等地，均有较大规模。苏盖提布拉克白云岩矿体位于县城西南

46 千米。

黏土矿分布在英阿瓦提乡一带,产于侏罗系地层的顶部,未进行过地质勘探。据吉木萨尔陶瓷厂试验,黏土矿质量高于宁夏石嘴山陶瓷厂所用当地原料。

磷矿主要有阿克赛磷矿、土斯甘布拉克磷矿、苏盖提布拉克磷矿、平顶山磷矿、拜雷尔布拉克磷矿。

重晶石分布在苏盖提布拉克磷矿层,底部一层蓝色重晶石矿,厚 0.15 ~ 0.25 千米。

2020 年,乌什县设置采矿权 21 个(县发证 13 个、厅发证 8 个),其中磷矿 5 个、金矿 1 个、铝土矿 1 个、铅锌矿 1 个、建筑用砂矿 8 个、黏土矿 3 家,砖瓦用砂矿 1 个、建筑用片石 1 家。

人口　民族　宗教

【人口】 2020 年,乌什县辖 3 镇 6 乡,境内驻有新疆生产建设兵团第一师四团。年末总人口 231775 人(含兵团第一师四团人口),其中农业人口 150033 人,非农业人口 81742 人。人口出生率 8.47‰,自然增长率 2.34‰。

【民族】 乌什县境内有汉族、维吾尔族、回族、柯尔克孜族等 28 个民族。

【宗教】 历史上,乌什的古代居民曾信仰过多种原始宗教和萨满教,后来相继信仰过祆教、佛教、摩尼教、景教、伊斯兰教等。唐宋时期,民众普遍信仰佛教。元明时期,伊斯兰教传入新疆,维吾尔族等民族改信伊斯兰教。至 2020 年,乌什县民众主要信仰佛教、伊斯兰教。维吾尔族、回族、柯尔克孜族等少数民族的部分群众信仰伊斯兰教,部分汉族群众信仰佛教。

国民经济和社会发展

【概况】 2020 年,乌什县完成生产总值 51.48 亿元,比上年增长 8.9%。其中:第一产业增加值 11 亿元,同比增长 5.7%;第二产业增加值 9.61 亿元,同比增长 44.9%;第三产业增加值 30.87 亿元,同比增长 4.2%。三次产业结构比为 21:19:60。全社会固定资产投资 36.18 亿元,同比增长 25.39%。全年城镇居民家庭人均可支配收入 30713 元,农村居民人均可支配收入 10387 元。

【农业经济】 2020 年,乌什县农林牧渔及其服务业总产值 321496 万元,比上年增长 17.78%。其中农业产值 200474 万元,同比增长 21.3 %;林业产值 880 万元,同比增长 7.7%;牧业产值 83482 万元,同比增长 14.05%。

【工业经济】 2020 年,乌什县规模以上工业企业 12 家,实现工业总产值 4 亿元;工业增加值 1.83 亿元,利润总额 5305.2 万元。全社会固定资产投资 36.18 亿元,比上年增长 25.39%。进出口贸易总额 1980 万美元,比上年增长 12.24%,其中,出口 1980 万美元。

【第三产业】 2020 年,乌什县第三产业实现增加值 30.87 亿元，比上年增长 4.2%。全县有旅游星级饭店 2 个，A 级景区 4 个，星级农家乐 11 个。年内接待旅游者 85.8 万人次，旅游收入 2.8292 亿元。

【财政金融】 2020 年，乌什县地方财政收入 36136 万元（一般公共预算收入 23001 万元），地方财政支出 395940 万元（一般公共预算支出 361360 万元）。年末城乡居民储蓄存款余额 299879.18 万元。

中国共产党乌什县委员会

综　述

【县委班子建设】　2020年,中共乌什县第十四届委员会(以下简称乌什县委)紧扣全面建成小康社会目标任务,聚焦"1+3"(统筹推进常态化疫情防控和经济高质量发展、脱贫攻坚、维护稳定)重点工作,团结带领全县各族干部群众战疫情、保稳定、促脱贫、谋发展、惠民生,统筹疫情防控和经济社会发展取得重大战略成果。县委班子以推进"两学一做"(学党章党规、学系列讲话,做合格党员)学习教育常态化制度化和巩固拓展"不忘初心、牢记使命"主题教育成果为契机,开展"思想解放大讨论"活动2轮,封闭式集体学习4次,深入学习习近平总书记系列讲话精神、特别是关于新疆工作重要讲话和重要指示批示精神,以及党中央、自治区党委、地委决策部署,深刻领会丰富内涵、精髓要义,确保学深悟透、融汇贯通。全面落实党组织和领导干部重大事项报告制度,严格执行民主集中制,所有"三重一大"(重大事项决策、重要干部任免、重大项目投资决策、大额资金使用)事项均由集体研究决定,班子科学决策、引领发展、促进团结的水平明显提高。坚持党的领导,加强民主法治建设,县委在不断加强班子自身建设的同时,充分发挥党委总揽全局、协调各方的领导核心作用,积极支持人大依法监督、政府依法行政、政协参政议政,妥善处理好与兵团第一师四团的关系,形成上下一心、齐抓共管、整体推进的工作局面。坚持按章办事、遵章理事,狠抓民主集中制和资金使用管理、公务接待、人事调配等规章制度的规范执行,推动各级领导班子依法合规办事。加强领导班子能力建设,推动各级班子在维护稳定、发展经济和改善民生等方面干事创业、执政为民,有力推进经济社会发展。

【思想政治建设】　2020年,乌什县委把党的政治建设摆在首位,把学习宣传贯彻中共十九届五中全会、第三次中央新疆工作座谈会和自治区党委九届十次、十一次全会精神作为当前和今后一个时期的重大政治任务,纳入各级党委(党组)理论学习中心组重要内容,采取"六学"模式开展学习研讨,先后举行县委理论学习中心组33次,实现450个党组织学习教育全覆盖,重点对中央、自治区、地区重要文件进行深入学习,并围绕学习内容,组织四套班子领导逐人进行研讨发言,谈体会、谈想法,切实把文件精神转化为抓好工作落实的行动指南,全县各级领导班子理想信念更加坚定,领导干部引领发展、维护稳定、促进和谐的能力明显提高。通过聆听中央、自治区、地区宣讲团专题报告会，县级领导干部带头宣讲、各级党员领导干部和“访惠聚”驻村工作队与群众面对面宣讲，宣传部门多渠道、全方位、立体式广泛宣传中共十九届五中全会和第三次中央新疆工作座谈会精神，在全县上下迅速掀起学习宣传热潮，做到家喻户晓、入脑入心。

【组织纪律建设】 2020 年，乌什县委全面贯彻新时代党的建设总要求，坚持以党的政治建设为统领，聚力抓党建促疫情防控、促社会稳定、促脱贫攻坚、促乡村振兴，纵深推进党风廉政建设和反腐败斗争，党的执政根基不断夯实。深入贯彻落实《中国共产党党组工作条例》《中共中央关于加强党的政治建设的意见》等党内法规，严肃党内政治生活，召开中央脱贫攻坚专项巡视“回头看”反馈问题整改暨扶贫领域以案促改专题民主生活会，筑牢推动稳定发展改革各项事业发展的思想基础。持续深化党建带群建工作，新发展党员 769 名。按照“一村一策”“一社区一品牌”思路，投入 2706 万元新（改）建村级阵地 17 个，整顿软弱涣散党支部 1 个，倒排后进党支部 3 个，打造党建示范点 8 个。坚持抓班子带队伍，实施村干部“三大工程”［村“两委”班子成员国家通用语言强化工程、村党组织书记（村委会主任）素质提升工程、村党组织书记后备人选选拔培养工程］，开展村干部 4 个月国家通用语言培训班 3 期，培训 428 人，选派 55 名国家公职人员到村担任党组织书记，推进 86 名其他省市招录大学生、98 名留疆战士到村任职，培养村级储备年轻干部 629 名，村“两委”班子结构不断优化。完善“1 + 6”人才工作体系，建立人才信息库 18421 人，启动衢州 · 乌什“燕山飞龙”孵化行动，有效激励各类人才担当作为。关心关爱老干部，组建“夕阳红”先锋队、宣讲团。严明政治纪律和政治规矩，以推进“作风整顿年”活动为契机，深入开展“聚焦‘1 + 3’目标任务、持续深化作风整顿”活动，严格落实中央八项规定及其实施细则精神，大力整治不作为、慢作为、乱作为等问题，有力防止“四风”（形式主义、官僚主义、享乐主义、奢靡之风）问题反弹回潮。力戒形式主义、官僚主义，持续深入整治文山会海，切实减轻基层负担。坚定不移贯彻党的群众工作路线，不忘初心、牢记使命，在疫情防控、维护稳定、脱贫攻坚、推动经济高质量发展中体现为民情怀、报国之志，党群干群关系更加密切。全面落实从严治党“两个责任”（党委主体责任和纪委监督责任），用好监督执纪“四种形态”（一是党内关系要正常化，批评和自我批评要经常开展，让咬耳扯袖、红脸出汗成为常态；二是党纪轻处理和组织处理要成为大多数；三是对严重违纪的重处分、作出重大职务调整应当是少数；四是严重违纪涉嫌违法立案审查的只能是极少数），强化警示教育、深化以案促改，加强党员干部教育监督管理，深入推进“5 + 3”专项整治，严肃查处损害群众利益突出问题，反腐败斗争压倒性态势进一步巩固拓展。

【全面深化改革】 2020 年，乌什县委办公室以问题为导向，推进全面深化改革工作，把握改革方向，持续将全面深化改革重大会议精神和重要文件纳入县委中心组必学内容,开展改革相关集中学习27次,不断提升各级领导干部对改革工作的认识。健全改革制度,研究制定《中共乌什县委全面深化改革委员会2020年工作要点》《中共乌什县委全面深化改革委员会2020年任务清单》《县委领导领衔重大改革任务清单》,统筹推进7个方面130条改革任务,将改革任务分包到县领导、分解到各部门。落实改革任务,将改革工作纳入县委常委会议审议内容,定期研究部署全面深化改革工作,将中央、自治区、地区提出的改革任务进行细化实化,确保每项重点改革任务有翔实安排,各项改革部署到位、任务衔接落实。召开改革工作相关常委会议12次,研究审议相关议题25个,县委主要领导主持召开推进改革任务相关会议23场次。

【巩固脱贫攻坚成果】 2020年,乌什县坚持党政"一把手"负总责,严格落实"三专一访"(专题学习、专题会议、工作专班,地、县、乡、村四级领导遍访贫困对象)、"四责三实"(党委政府的主体责任、行业部门的监管责任、帮扶干部的帮扶责任、纪检部门的监督责任,脱贫工作务实、脱贫过程扎实、脱贫结果真实)要求,所有村(社区)派驻第一书记、"访惠聚"工作队和扶贫专干实现全覆盖,地区15名县处级领导、乌什县61名县级领导干部包联督导74个贫困村、34个有扶贫任务的非贫困村,坚定扛起脱贫攻坚政治责任。实施以核桃为主的特色林果业,2.09万公顷核桃带动1.2万户贫困户户均增收6000元。发展以牛羊猪鸭鹅养殖为主的畜禽产业,重点抓好3000万只鸭鹅、20万头生猪、20万只湖羊等产业项目,直接带动1100人就业。发展以蔬菜、食用菌棒种植为主的设施农业,投资1.5亿元的310座"山东寿光"温室蔬菜大棚和投资3500万元的"中央厨房"项目,带动就业600人;贫困户种植蔬菜129.47公顷、温室大棚385座,带动1162户稳定增收;1525户贫困户种植黑木耳305万棒,户均增收6000元以上。发展良种繁育和高产栽培为主的种植业,加强与天玉种业合作,推进小麦、玉米良种繁育基地及加工基地建设项目。发展以沙棘、鹰嘴豆为主的全链条特色产业,推进沙棘研发中心、育苗基地建设,新植沙棘2000公顷,沙棘全产业链发展格局初步形成,推进666.67公顷鹰嘴豆全国绿色食品原料标准化生产基地建设。发展以生态观光、度假康养为主的旅游业,带动360户贫困户入股分红,直接从业1100人,间接从业3000人。坚持"四员一岗"只增不减,实现有劳动能力、有就业意愿的建档立卡贫困户33458人全部就业,稳岗率98.93%。对完全丧失和部分丧失劳动能力的4031名贫困人口全部实现应保尽保、应兜尽兜。全年培训贫困群众21期6.31万人次,宣讲3242场次17.31万人次。认定扶贫产品11种126个、带贫益贫企业9家,商品价值3.65亿元,直购和助销农特产品7274.64万元。强化829户3539名脱贫监测户、1681户8107名边缘户的监测,县财政投入1000万元为边缘户实施项目16个。坚持把培训作为巩固提升脱贫成果的根本点、着力点和动力点,累计完成"五类干部"培训520期7600人次,开展贫困群众技能技术培训837期1.76

万人次，贫困群众政策宣讲1398场次3.75万人次。制定《关于脱贫攻坚巩固提升与推进乡村振兴有机衔接的实施方案》和林果、畜牧业、设施农业高质量发展、文化旅游及转移就业五个配套方案，推动思想认识、目标任务、工作举措、政策支持、工作机制有效衔接。

【加强经济建设】 2020年，乌什县委坚持稳中求进总基调，以供给侧结构性改革为主线，全面抓好产业发展、项目建设、招商引资等工作，推动县域经济保持稳健发展的良好态势。发展以小麦、玉米良种繁育和高产栽培为主的种植业，建设优质良种基地1333.33公顷，粮食总产32.76万吨。发展以核桃为主的特色林果业，推进特色林果业提质增效，巩固提升县乡村三级核桃示范园160个1880公顷，果品总产14.03万吨。发展以牛羊猪鸡鸭鹅养殖为主的现代畜牧业，培育“千头牛”合作社11个、“万只羊”合作社3个，引进20万头生猪、20万只湖羊、3000万只鸭鹅养殖项目，年内牲畜出栏70.27万头(只)，家禽出栏319.79万羽。发展以蔬菜、食用菌为主的设施农业，新建温室大棚490座，种植黑木耳305万棒，配套引进总投资3500万元的“中央厨房”项目，带动农牧民增收效果明显。统筹抓好城市经济，实施各类固定资产投资项目98个，开复工率100%，华能新疆托什干河亚曼苏水电开发项目顺利实现并网发电，大石峡水利枢纽工程快速推进。新签约招商引资项目33个，落实到位资金22.36亿元，乌什华盛纺织有限公司二期、新疆天和针织有限公司等13家劳动密集型企业落地投产，培育升规企业5家、上限企业7家，新成立国有控股实体企业5家，经济实力明显增强。发展旅游产业，推进国家全域旅游示范区创建，泉域星空国际滑雪场·四季旅游度假区盛大开业，燕泉山公园、沙棘林湿地公园2个国家AAAA级旅游景区升级改造有序推进，“大旅游”格局初步形成，累计接待游客85.8万人次，实现旅游总收入2.8292亿元。推进全面深化改革，圆满完成124项重点改革任务。年内完成地方生产总值51.48亿元，同比增长8.9%；全社会固定资产投资36.14亿元，同比增长25.39%；规模以上工业增加值1.83亿元；公共财政预算收入2.3亿元，同比增长26.81%；社会消费品零售总额4.28亿元，同比增长3.29%；外贸进出口总额1980万美元，同比增长12.24%；城镇居民人均可支配收入30713元，农牧民人均纯收入10387元。加快推进城乡建设，坚持“城乡一体、景城一体”的建设思路，持续加大基础设施建设力度，引进社会投资16.77亿元，实施乌什县湖悦山色小区、乌什县全域·公园里小区等6个房地产项目和体育公园、亿嘉时代购物广场等项目，推进阿合雅特色小城镇建设，深入推进“百村示范”村容村貌整治，全县城乡面貌焕然一新。推进生态文明建设，牢固树立“绿水青山就是金山银山”的绿色发展理念，打好蓝天、碧水、净土“三大保卫战”。实施国土绿化工程，年内植树造林5800公顷，实施退耕还林1000公顷、退牧还草5733.33公顷，森林覆盖率8.66%；新增城市绿地2.3万公顷，建成区绿化率42.62%。

【抓好疫情防控】 2020年,乌什县委坚持把疫情防控作为首要政治任务,深入学习贯彻习近平总书记关于疫情防控重要讲话,特别是在全国抗击新冠肺炎疫情表彰大会上的重要讲话精神,按照党中央决策部署及自治区党委、地委工作要求,成立疫情防控工作领导小组和工作指挥部,组建党团员突击队、志愿服务队740支,抽调1300名党员干部参与疫情防控工作,充分发挥450个党组织战斗堡垒作用和9800余名党员先锋模范作用,提拔重用在疫情防控一线表现突出的干部11名、职级晋升57名,优先入党12名。抓实"四项重点"(规范设置发热门诊、加快集中隔离点建设、提升核酸检测能力、加快负压病房建设)工作,建成发热门诊2个、负压病房8间、留观病房38间,由公租房改造的1000间集中隔离点划分ABC三个区建成投用,组建核酸采样小分队417个834人,2个核酸检测实验室日检测能力达1.2万管,组建各级各部门消杀小组324支649人,常态做好外环境消杀工作。完善指挥部联防联控机制,坚持工作例会制度,先后召开领导小组会议55次、工作例会180次,构建县委统一领导、指挥部具体负责、部门通力协作的组织体系,职责清晰、分工明确、高效运转的责任体系,上下贯通、左右协调、内外联动的工作体系。

重要会议

【县委全委(扩大)会议】 2020年1月13日,中共乌什县委第十四届委员会第十七次全委(扩大)会议召开,会期半天,大会主题是"聚焦聚力总目标、打好打赢脱贫攻坚战,为决胜全面建成小康社会而努力奋斗"。大会的主要任务是坚持以习近平新时代中国特色社会主义思想为指导,深入贯彻落实中共十九大和十九届二中、三中、四中全会精神,以及自治区党委九届七次、八次全会和地委(扩大)会议精神,回顾总结2019年工作,分析当前形势,安排部署2020年任务,动员全县各级党组织和广大党员干部群众,聚焦聚力社会稳定和长治久安总目标,万众一心加油干,越是艰险越向前,坚定坚决打好打赢脱贫攻坚战,为决胜全面建成小康社会而努力奋斗。

2020年12月29日,中共乌什县委第十四届委员会第二十二次全委(扩大)会议召开,会期两天,大会主题是《踏上新征程、绘就新蓝图、谱写新篇章,奋力开创新时代团结和谐富裕美丽的幸福乌什新局面》。大会的主要任务是坚持以习近平新时代中国特色社会主义思想为指导,深入贯彻落实中共十九大、十九届二中、三中、四中、五中全会、第三次中央新疆工作座谈会和自治区党委九届十次、十一次全会及2021年地委(扩大)会议精神,回顾第二次中央新疆工作座谈会以来全县稳定发展改革工作,分析当前形势,明确"十四五"工作思路和目标任务,安排部署2021年工作任务,动员全县各级党组织和广大党员干部群众,完整准确贯彻新时代党的治疆方略,牢牢扭住社会稳定和长治久安总目标,不忘初心、牢记使命,同心同德、再接再厉,奋力开创新时代团结和谐富裕美丽的幸福乌什新局面。会议提出"十四五”时期的目标任务是:深入实施“66661”发展战略,即深入推进依法治县、团结稳县、生态立县、产业强县、文化润县、开放活县“六大工程”,做大做强优质粮食、特色林果、现代畜牧、设施农业、农副产品精深加工、全域旅游“六大产业”,全面打响爱国感恩之城、热情开放之城、激情奋进之城、生态文明之城、宜游康养之城、幸福和谐之城“六张名片”,着力打造现代农业优势区、全域旅游示范区、生态治理示范区、文化润疆先行区、兴边富民样板区、民族团结引领区“六大功能区”,把乌什建成享誉疆内外的“丝路泉城·养生乌什”旅游康养目的地。2021年预期目标是:力争实现地方生产总值增长8%以上,全社会固定资产投资增长12%以上,规模以上工业增加值增长10%以上,社会消费品零售总额增长10%以上,公共财政预算收入增长8%以上,城乡居民人均可支配收入增幅高于经济增长速度;社会大局持续稳定,经济发展持续向好,民族团结持续巩固,宗教健康发展,民生事业全面进步,生态环境更加优美,党的建设不断加强。

【县委常委会会议】 2020年,中共乌什县第十四届委员会召开常委会议68次。

1月3日,中共乌什县第十四届委员会2020年第一次常委会议召开,研究审议《关于提请审议公务员和企事业单位工作人员专项表彰奖励工作建议人选的请示》等相关议题。

1月11日,中共乌什县第十四届委员会2020年第二次常委(扩大)会议召开,审议研究《关于上报乌什县2020年援疆项目建设计划的报告》《关于乌什县2019年度绩效综合考评结果及奖惩情况的通报》等相关议题及干部违纪议题,听取县人民政府第25次常务会议研究《托什干河流域生态治理项目种植土地承包合同》等12个相关议题情况通报。

1月17日,中共乌什县第十四届委员会2020年第三次常委会议(纪检监察工作专题)召开。会议传达学习《中国共产党第十九届中央纪律检查委员会第四次全体会议公报》《习近平总书记在中国共产党第十九届中央纪律检查委员会第四次全体会议上的讲话(新闻通稿)》等相关文件,研究审议《乌什县2019年纪检监察工作汇报》等相关议题。

1月17日,中共乌什县第十四届委员会2020年第四次常委(扩大)会议(脱贫攻坚专题)召开,研究审议《乌什县2019年地区脱贫攻坚奖候选对象名单》《关于做好2019年乌什县脱贫攻坚奖评选表彰推荐工作的通知》等相关议题。

1月17日,中共乌什县第十四届委员会2020年第五次常委会议召开,研究审议《乌什县全域·公园里小区拆迁安置房购买框架协议》《干部调配方案》等相关议题。

1月28日,中共乌什县第十四届委员会2020年第六次常委会议(疫情防控工作专题)召开,传达学习上级会议精神,分析疫情防控工作形势。

1月28日,中共乌什县第十四届委员会2020年第七次常委会议(疫情防控工作专题)召开,传达学习自治区和地区关于新型冠状病毒感染的肺炎疫情防控相关工作会议及文件精神,听取《乌什县新型冠状病毒感染的肺炎疫情防控工作开展情况汇报》,通报《乌什县疫情防控工作近期督导情况》。

1月29日,中共乌什县第十四届委员会2020年第八次常委会议(疫情防控工作专题)召开,听取《乌什县疫情防控工作情况汇报》,研究审议《乌什县新型冠状病毒感染的肺炎疫情防控工作方案》等议题,传达学习有关会议和文件精神。

1月30日,中共乌什县第十四届委员会2020年第九次常委会议(疫情防控工作专题)召开,传达学习习近平总书记关于疫情防控工作的重要讲话和重要指示批示精神及《中共中央印发关于加强党的领导、为打赢疫情防控阻击战提供坚强政治保证的通知》(新闻通稿)等相关精神,听取《乌什县新型冠状病毒感染的肺炎疫情防控工作开展情况汇报》,通报《乌什县新型冠状病毒感染的肺炎疫情防控工作督导情况》。

1月31日,中共乌什县第十四届委员会2020年第十次常委会议(干部议题)召开,研究审议干部违纪议题和《干部调整配备方案》。

2月1日,中共乌什县第十四届委员会2020年第十一次常委会议召开,研究审议相关议题。

2月7日,中共乌什县第十四届委员会2020年第十二次常委(扩大)会议(疫情防控工作专题)召开,传达学习习近平总书记关于做好新型冠状病毒感染的肺炎疫情防控工作的重要讲话和重要指示批示精神及自治区、地区相关会议精神。

2月7日,中共乌什县第十四届委员会2020年第十三次常委会议(疫情防控工作专题)召开,研究审议《乌什县疫情防控应急物资管理办法(试行)》《干部调配方案》。

2月9日,中共乌什县第十四届委员会2020年第十四次常委会议(疫情防控工作专题)召开,传达学习习近平总书记关于疫情防控工作的重要讲话和重要指示批示精神,听取乌什县疫情防控工作情况汇报,研究审议《乌什县第一批事业单位调整改革方案》和干部议题。

2月13日,中共乌什县第十四届委员会2020年第十五次常委(扩大)会议(疫情防控工作专题)召开,传达学习习近平总书记在2月12日中央政治局常务委员会会议上的重要讲话精神及2月13日自治区新型冠状病毒肺炎疫情防控工作视频会议精神,听取《乌什县新型冠状病毒肺炎疫情防控工作情况汇报》,研究审议《乌什县落实自治区党委第三巡视组脱贫攻坚专项巡视"回头看"反馈意见整改情况报告及关于第三巡视组移交线索的办理情况报告》和干部议题。

2月18日,中共乌什县第十四届委员会2020年第十六次常委扩大会议(脱贫攻坚专题)召开,传达学习习近平总书记关于做好新型冠状病毒感染的肺炎疫情防控工作的重要讲话和重要指示批示精神,研究审议《2019年乌什县脱贫攻坚奖候选组织和候选人推荐表彰名单》等相关议题。

2月23日,中共乌什县第十四届委员会2020年第十七次常委(扩大)会议召开,传达学习习近平总书记在统筹推进新冠肺炎疫情防控和经济社会发展工作部署会议上的重要讲话精神,安排部署相关工作。

2月24日，中共乌什县第十四届委员会2020年第十八次常委（扩大）会议召开，传达学习习近平总书记在统筹推进新冠肺炎疫情防控和经济社会发展工作部署会议上的重要讲话，听取《乌什县新冠肺炎疫情防控工作情况汇报》。

2月29日，中共乌什县第十四届委员会2020年第十九次常委（扩大）会议（脱贫攻坚工作专题）召开，传达学习相关文件精神，听取《2020年扶贫项目建设进展情况汇报》，研究审议《2020年乌什县脱贫攻坚工作要点》，安排部署相关工作。

3月7日，中共乌什县第十四届委员会2020年第二十次常委（扩大）会议召开，研究审议《乌什县加快发展产业促就业助力脱贫攻坚实施方案》《乌什县推动特色林果提质增效助力脱贫攻坚实施方案》等相关议题。

3月14日，中共乌什县第十四届委员会2020年第二十一次常委会议召开，研究审议《关于优化全县中小学、幼儿园后勤人员建议的请示》和违纪干部处理等相关议题，听取相关汇报。

3月21日，中共乌什县第十四届委员会2020年第二十二次常委（扩大）会议召开，传达学习自治区、地区视频会议精神。

3月23日，中共乌什县第十四届委员会2020年第二十三次常委（扩大）会议召开，听取《乌什县贫困劳动力就业情况汇报》《乌什县劳务输出情况汇报》，研究审议《乌什县土地清理开发公益性岗位管理办法》《关于调整乌什县扶贫开发领导小组组成人员的通知》等相关议题。

3月29日，中共乌什县第十四届委员会2020年第二十四次常委会议（纪检监察工作专题）召开，传达学习《习近平、赵乐际同志在第十九届中央纪律检查委员会第四次全体会议上的讲话和报告》《中国共产党第十九届中央纪律检查委员会第四次全体会议公报》等相关文件，听取《乌什县2020年第一季度纪检监察工作情况汇报》等相关汇报，研究审议《乌什县2020年纪检监察工作要点》等相关议题。

4月2日，中共乌什县第十四届委员会2020年第二十五次常委会议召开，研究审议相关议题和干部议题。

4月3日，中共乌什县第十四届委员会2020年第二十六次常委（扩大）会议召开，传达习近平总书记在浙江考察时的讲话和习近平总书记、李克强总理对四川宜昌市经久乡森林火灾作出重要指示批示及相关文件精神，听取《疫情防控各专项组近期工作汇报》，研究审议《学习宣传贯彻〈新时代公民道德建设实施纲要〉的实施方案》等相关议题，安排部署相关工作。

4月5日，中共乌什县第十四届委员会2020年第二十七次常委会议召开，研究审议《干部职级晋升方案》《干部配备方案》等有关议题。

4月6日，中共乌什县第十四届委员会2020年第二十八次常委（扩大）会议召开，听取《自治区转移就业和产业发展促进脱贫攻坚巩固提升工作现场会准备情况汇报》，研究审议《乌什县2020年区内协作扶贫工作方案》等相关议题。

4月6日,中共乌什县第十四届委员会2020年第二十九次常委会议(脱贫攻坚反馈问题整改专题)召开,研究审议《乌什县落实自治区2019年脱贫攻坚成效考核等方面反馈意见整改方案》等相关议题。

4月6日,中共乌什县第十四届委员会2020年第三十次常委会议召开。会议听取相关工作汇报,研究审议《干部调配方案》等相关议题。

4月9日,中共乌什县第十四届委员会2020年第三十一次常委(扩大)会议(脱贫攻坚专题)召开。会议研究审议《乌什县关于中央第六巡视组开展脱贫攻坚专项巡视“回头看”及国家脱贫攻坚成效考核等方面反馈意见整改方案》等相关议题,安排部署相关工作。

4月10日,中共乌什县第十四届委员会2020年第三十二次常委会议召开。会议听取相关工作汇报和县人民政府第29次常务会审议通过的相关议题汇报,研究审议相关议题,安排部署相关工作。

4月13日,中共乌什县第十四届委员会2020年第三十三次常委(扩大)会议(疫情防控专题)召开。会议传达学习4月9日自治区党委常委(扩大)会议精神,听取各专项组《疫情防控工作情况汇报》。

4月28日,中共乌什县第十四届委员会2020年第三十四次常委会议召开。会议传达学习习近平总书记在陕西考察和深化改革委员会第十三次会议上的重要讲话精神,研究审议《关于召开乌什县第十五届人民代表大会第五次全体会议的请示》《关于召开政协乌什县第十四届委员会第六次全委会议的请示》等相关议题。

5月14日,中共乌什县第十四届委员会2020年第三十五次常委(扩大)会议(脱贫攻坚专题)召开。会议听取《乌什县脱贫攻坚普查工作开展情况汇报》《乌什县脱贫攻坚项目建设和资金拨付情况汇报》等相关汇报,研究审议《乌什县开展2020年扶贫项目竣工验收工作实施方案》《乌什县2020年扶贫项目库新增入库表》等相关议题。

5月28日,中共乌什县第十四届委员会2020年第三十六次常委(扩大)会议(脱贫攻坚专题)召开。会议研究审议《乌什县2020年项目库新增入库项目有关事宜》《乌什县2020年财政专项扶贫奖励资金项目计划有关事宜》等相关议题。

5月29日,中共乌什县第十四届委员会2020年第三十七次常委会议召开。会议听取《关于扶贫领域腐败和作风问题专项治理工作情况等工作汇报》,研究审议相关议题。

6月6日,中共乌什县第十四届委员会2020年第三十八次常委会议召开。会议研究审议《关于聚焦“1+3”目标任务持续深化作风整顿活动的实施方案》等议题及干部议题。

6月14日,中共乌什县第十四届委员会2020年第三十九次常委会议召开。会议传达学习相关文件精神,听取相关汇报。

6月16日,中共乌什县第十四届委员会2020年第四十次常委会议(重点项目专题)召开。会议听取《2020年项目建设进展情况汇报》。

6月26日,中共乌什县第十四届委

员会2020年第四十一次常委(扩大)会议(脱贫攻坚专题)召开。会议听取《乌什县落实督查巡查反馈问题整改情况汇报》等相关工作汇报,研究审议《关于2020年部分扶贫项目调整的情况报告》等脱贫攻坚相关议题。

6月28日,中共乌什县第十四届委员会2020年第四十二次常委会议召开。会议研究审议《关于进一步规范学校领导班子建设的意见(试行)的报告》等相关议题和干部议题。

7月8日,中共乌什县第十四届委员会2020年第四十三次常委(扩大)会议(脱贫攻坚普查专题)召开。会议听取《乌什县脱贫攻坚近期工作开展情况》等相关汇报。

7月8日,中共乌什县第十四届委员会2020年第四十四次常委(扩大)会议(脱贫攻坚专题)召开。会议研究审议《2020年度第四批(涉农整合、结余资金)项目计划表》。

7月10日,中共乌什县第十四届委员会2020年第四十五次常委会议(纪检监察专题)召开。会议听取相关工作报告。

7月10日,中共乌什县第十四届委员会2020年第四十六次常委会议召开。会议听取《乌什县第十五届人民政府第32次常务会议、第62次党组会议相关议题研究情况的报告》等相关汇报,研究审议《村党支部书记调配方案》。

8月8日,中共乌什县第十四届委员会2020年第四十七次常委会议召开。会议研究审议《中共乌什县委员会关于贯彻〈中国共产党政法工作条例〉实施细则(试行)》等相关议题。

8月17日,中共乌什县第十四届委员会2020年第四十八次常委(扩大)会议(疫情防控专题)召开。会议讨论《乌什县加强疫情防控推动县域内循环工作方案》,研究审议相关议题。

8月19日,中共乌什县第十四届委员会2020年第四十九次常委会议召开。会议研究审议干部议题。

8月20日,中共乌什县第十四届委员会2020年第五十次常委会议召开。会议研究审议干部议题。

8月22日,中共乌什县第十四届委员会2020年第五十一次常委会议召开。会议研究审议《关于加强疫情防控推动乌什县域内循环的请示》《乌什县加强疫情防控推动县域内循环工作方案(试行)》。

9月3日,中共乌什县第十四届委员会2020年第五十二次常委(扩大)会议召开。会议研究审议《乌什县关于深化乡(镇)行政体制改革推进基层整合审批服务执法力量的具体落实方案》等议题及干部议题,安排部署相关工作。

9月15日,中共乌什县第十四届委员会2020年第五十三次常委(扩大)会议(脱贫攻坚专题)召开。会议传达学习相关文件精神,听取《乌什县扶贫资产管理情况汇报》《乌什县精准扶贫档案整理工作进展情况汇报》,研究审议《乌什县消费扶贫助力打赢脱贫攻坚实施方案》《乌什县2021年脱贫攻坚项目库备案表》等相关议题。

9月16日,中共乌什县第十四届委员会2020年第五十四次常委会议召开。会议听取《乌什县“十四五”规划编制情况汇报》,研究审议《中共乌什县委员会〈关于加强和改进新时代人大工作的意见〉》等议题及干部议题。

9月25日,中共乌什县第十四届委员会2020年第五十五次常委(扩大)会议(扫黑除恶专题)召开。会议传达学习《郭声琨在全国扫黑除恶专项斗争领导小组会上的讲话精神》等相关文件,听取相关工作开展情况汇报,研究审议相关议题。

9月29日,中共乌什县第十四届委员会2020年第五十六次常委(扩大)会议(脱贫攻坚专题)召开。会议传达学习相关文件,研究审议《关于申请食品加工厂项目变更为2021年扶贫项目的报告》等相关议题。

9月30日,中共乌什县第十四届委员会2020年第五十七次常委会议(纪检监察工作专题)召开。会议传达相关文件精神,听取《乌什县2020年第三季度纪检监察工作情况汇报及下一步工作计划》等相关汇报。

10月6日,中共乌什县第十四届委员会2020年第五十八次常委会议召开。会议听取《关于乌什县十五届人民政府第35次常务会议相关议题研究情况的报告》,研究审议《关于解决县职业技术学校崇德楼修缮费用的请示》等议题及干部议题。

10月30日,中共乌什县第十四届委员会2020年第五十九次常委(扩大)会议(脱贫攻坚专题)召开。会议传达学习《自治区2020年贫困县扶贫开发成效实地考核评分细则》《阿克苏地区2020年脱贫攻坚重点工作提醒清单》,听取脱贫攻坚相关工作汇报,研究审议《乌什县2020年第六批(涉农整合、结余)资金项目计划表》等相关议题。

11月9日,中共乌什县第十四届委员会2020年第六十次常委会议召开。会议听取相关汇报,研究审议《乌什县护边员考核奖励工作实施方案》。

11月9日,中共乌什县第十四届委员会2020年第六十一次常委会议(党建工作专题)召开。会议传达学习《党政领导干部选拔任用工作条例》《中国共产党党组工作条例》,听取《乌什县委组织部2020年1—10月份党建工作汇报》《乌什县、乡(镇)换届前期工作开展情况汇报》等相关汇报,研究审议《关于拟调整充实乌什县党的建设工作领导小组组成人员的请示》《乌什县关于加强国有企业党的建设的实施意见》等相关议题。

11月9日,中共乌什县第十四届委员会2020年第六十二次常委会议(意识形态工作专题)召开。会议听取相关汇报,审议相关议题。

11月9日,中共乌什县第十四届委员会2020年第六十三次常委会议召开。会议听取《乌什县2020年全面深化改革工作汇报》等相关汇报,研究审议《关于命名乌什县第二批民族团结进步示范单位、示范基地和嵌入式示范点的请示》等相关议题。

11月26日,中共乌什县第十四届委员会2020年第六十四次常委(扩大)会议(脱贫攻坚专题)召开。会议传达学习自治区精准扶贫档案工作推进会精神,听取《乌什县精准扶贫档案整理进展情况》《乌什县2021年扶贫资金项目前期工作推进情况》，通报《精准扶贫 App 注册及帮扶干部走访情况》。

11 月 27 日，中共乌什县第十四届委员会 2020 年第六十五次常委会议召开。会议听取相关汇报，研究审议相关议题和干部议题。

12 月 4 日，中共乌什县第十四届委员会 2020 年第六十六次常委会议召开。会议传达学习《中共中央政治局常务委员会召开会议听取脱贫攻坚总结评估汇报》(新闻通稿)，研究审议《2020 年度乌什县级领导班子及干部考核定等建议》等相关议题。

12 月 13 日，中共乌什县第十四届委员会 2020 年第六十七次常委(扩大)会议(脱贫攻坚专题)召开。会议传达学习相关文件精神，研究审议《乌什县 2021 年中央提前下达财政专项扶贫资金项目计划》等相关议题。

12 月 21 日，中共乌什县第十四届委员会 2020 年第六十八次常委会议召开。会议研究审议《乌什县 2020 年度“访惠聚”驻村工作考核情况报告》等议题及干部议题。

县委办公室

【概况】 2020 年，中共乌什县委办公室(以下简称乌什县委办公室)实有行政人员 22 人(含跟班学习人员)，事业人员 13 人，工勤人员 7 人。根据县委党政机构改革决策部署，乌什县委办公室代管中共乌什县委机要局(县委信息中心)、专用通信服务中心、档案局，档案馆归属于县委办公室管理的二级独立部门。2020 年 7 月，被地委授予“地区先进基层党组织”称号;2020 年 9 月，被自治区文明委授予“自治区文明单位”称号。

【党建工作】 2020 年，乌什县委办公室联合党支部有党员 47 名，其中:在职党员 40 名，退休党员 7 名。坚持集中学习和自学相结合，严格执行每周五集体学习制度和随时随地网络学习措施，依托学习强国、法宣在线等网络平台，制定每月学习计划，营造“人人学习、处处学习、时时学习”的浓厚氛围，年内累计组织开展集中学习 56 次。巩固拓展“不忘初心、牢记使命”主题教育成果，持续开展专题党课、知识测试、红色教育、教育专栏、警示教育等活动，坚持原原本本学、联系实际学、深入思考学。组织全体干部学习党章党规，强化党员意识，争做合格党员。坚持推进“不忘初心、牢记使命”主题教育常态化制度化，开展思想解放大讨论等活动，采取专题辅导、讨论交流等模式，及时召开党员大会、支部委员会读原著学原文，开展全体党员研讨活动 6 次，撰写心得体会 4 次 120 篇。严格落实党员违反党风廉政建设责任追究有关规定，有针对性的开展榜样示范、案例警示、岗位廉政和主题教育，提高教育实效。健全监督机制，建立完善党员管理、党员活动和党员考评等制度 15 项，组织党员干部观看各类警示教育片 3 场次，组织参观廉政教育基地 3 次，牢固树立“不敢腐”的意识，坚定“不想腐”的自觉。

【文秘工作】 2020 年，乌什县委办公室通过优化整合,明晰各科室职能职责,简化工作流程,避免多头请示、甚至推诿扯皮的问题,提高工作效率。高标准做好会议服务保障工作,严格会议签到、文件发放、卫生清洁、音响调试等工作,严格按照会议所属议事口做好会议记录和会议纪要。统筹好领导之间的协调,坚持原则性与灵活性相结合,及时向领导汇报情况、听取指示,统筹安排领导活动,各项工作机制有效运转。制定服务来访人员规范,推行一声问候、一杯热茶、一个座位、一次询问、一次耐心聆听、做好一件事“六个一”服务,大兴“马上就办、办就办好”之风,工作作风更加严谨细致、精益求精,有力推进模范机关建设。牵头撰写县委各类重大文件,发挥参谋助手作用,年内累计撰写大型材料40篇,发文97份,流转上级公文362份,围绕贯彻新时代党的治疆方略等12个方面确定7个调研课题,组织人员深入乡(镇)开展实地调研18次,深入农户走访20次,形成高质量调研报告7篇。

【信息工作】 2020年,乌什县委办公室加强信息队伍建设,在乡(镇)和县直部门落实兼职信息工作人员,通过会议培训、跟班学习等方式,构建统一协调、覆盖面广、反应快捷的信息网络。健全信息工作机制,办公室内部实行文秘人员全员信息制,使文秘人员人人有担子、人人有压力,建立奖惩激励机制,加大信息工作投入和奖励力度,激发信息人员工作热情。提高信息服务水平,增强信息工作的针对性,把热点、难点问题作为采编信息的首选题材,有重点地通过《阿克苏信息》《信息快报》等途径,及时向地委上报乌什县工作中的亮点,加大宣传力度。

【督查及基层减负】 2020年,乌什县委办公室对县委重点工作进行跟踪督办,梳理下发督办事项36批465项,跟踪办结434项,办结率93.3%,将其作为年终绩效综合考评重要依据和重要抓手。落实基层减负工作,按照地区精文减会目标要求,拟定全县文件、会议计划限额管控指标,加大审核把关力度,严格精简文件会议,规范督查检查考核,“基层减负年”工作成效持续巩固。

【绩效考评】 2020年,乌什县绩效考评工作实行“千分制”考评制度,制定《乌什县2020年度绩效综合考评办法》,纳入县绩效考评的责任单位63个,其中,乡(镇)9个、县直单位54个。根据地区下达的目标任务,结合各单位工作实际、职能特点和各乡(镇)发展方向、产业特色及全县战略布局总体要求设置考评指标。乡(镇)、县直各目标责任单位考评体系均由指标考评、满意度测评、领导评价、绩优绩误加(扣)分“3+1”综合考评模式组成,考评权重分值为800分,满意度测评权重分值为100分,领导评价权重分值为100分,绩优绩误加(扣)分实行千分制外加(扣)分,最高加(扣)分不超过25分。年底根据绩效综合考评办法制定考评方案,采取座谈汇报、现场核实、反馈确认等形式,重点突出各乡(镇)和县直单位巩固提升脱贫攻坚成果、农业产业化等方面工作考评。根据牵头单位评价结果、日常督查结果、民主评议结果和单位全年受表彰情况进行综合汇总，按照评优比例初步确定考评等次，提交县绩效考评委员会和县委常委会研究确定。

2020 年，乌什县各乡（镇）、县直单位考核结果公布。

优秀乡（镇）4 个：阿恰塔格乡、亚科瑞克乡、奥特贝希乡、亚曼苏乡。

优良乡（镇）5 个：乌什镇、阿合雅镇、英阿瓦提乡、阿克托海乡、依麻木镇。

优秀单位（21 个）：县纪委监委机关（县委巡察办），县委办公室（机要保密局、档案馆）、县人大办公室、政府办公室（信访局、外事办、大数据中心）、政协办公室，县委组织部（公务员局、老干局）、宣传部（新闻出版局、社科联）、政法委，县人民法院、人民检察院、公安局（特巡警大队），县委编办，县扶贫办、人影办、审计局、交通运输局、发改委、行政服务中心、财政局（国资办、金融办）、退役军人事务局、教科局（民族语言文字工作委员会）。

优良单位（24 个）：县委党校，县直机关工委、团县委、史志办、人社局、妇联，县委统战部（工商联、民宗局、侨务办）、网信办（互联网信息办），县司法局、水利局、供销社、农业农村局（畜牧兽医局）、市场监督管理局（知识产权局）、统计局、生态环境局、自然资源局、住建局、融媒体中心、医疗保障局、科协、红十字会、文旅局（文物局）、残联、民政局。

合格单位（5 个）：县总工会、林草局、应急管理局、商信局（园区办）、卫健委。

二级单位考评定等情况。

优秀单位（7 个）：县边防事务协调保障中心、阿合雅镇派出所、交通管理大队、乌什镇派出所、依麻木镇派出所、检验检测中心、机关事务管理办公室。

优良单位（34 个）：县伊斯兰教协会、法学会、网格化服务管理中心、看守所、阿克托海乡派出所、阿恰塔格乡派出所、国内安全保卫大队、奥特贝希乡派出所、农广校、种子管理站、农业技术推广站、农业检验检测中心、农经局、农业产业化服务办公室、畜牧兽医站、畜禽品种改良站、动物卫生监督所、农机安全监理站、林业工作管理站、河谷林管理站、草原工作站、林业技术推广站、资源林政办公室、托什干河国家湿地公园管理站、环境监察大队、环境监测站、安全生产监察大队、自然灾害综合监测预警中心、宣传文化活动中心、城乡电影放映管理中心、文物管理所、图书馆、城乡居民最低生活保障办公室、综合社会福利中心。

合格单位（24 个）：亚科瑞克乡派出所、拘留所、森林派出所、农村能源环境监测站、动物检查消毒站、防虫防害中心、文化馆、人民医院、中医医院（维吾尔医医院）、疾控中心、卫生健康综合监督执法局、妇幼保健院、计划生育服务站、计划生育协会、依麻木镇卫生院、亚科瑞克乡卫生院、阿恰塔格乡卫生院、奥特贝希乡卫生院、阿合雅镇卫生院、乌什镇卫生院、阿克托海乡卫生院、英阿瓦提乡卫生院、亚曼苏乡卫生院、社会主义学院。

社区考评定等情况。

优秀社区（3 个）：新城社区、虹桥社区、友谊社区。

优良社区（6 个）：喀什博依社区、振兴社区、九眼泉社区、南关社区、团结社区、东山头社区。

合格社区（2 个）：英买力社区、燕山

社区。

驻县单位考评定等情况。

优良单位(4 个):气象局、消防救援大队、国家统计局乌什调查队、国家税务总局乌什县税务局。

【疫情防控】 2020 年,乌什县委办公室认真做好疫情防控工作,主动承担县党政综合办公区疫情防控相关任务,对进出机关大院的车辆进行全面消杀,对进出人员进行体温检测、查验“双码”,安排专人对机关大楼每日进行 2 次全面消杀,每周开展 1 次卫生环境大评比,全力做好疫情期间服务保障工作。选派 8 名干部常住县疫情防控指挥部,全力做好疫情防控电报的办理、传输工作,确保疫情防控相关文件安全流转、高效办理,协助县疫情防控指挥部做好全县各机关单位每日环境监测及消杀情况统计,为领导科学决策提供参考依据。牵头成立疫情防控督导检查组,对县直及驻县各单位疫情防控措施落实情况进行常态化督查检查,疫情防控“八项监测预警机制”在机关单位有效落实。

【后勤管理】 2020 年,乌什县委办公室抓好县委机关美化绿化工程,对县委、政府机关大门进行整合改造,对办公区绿地草坪进行提档升级,为办公区协调种植各类树木 1000 余棵,组织后勤人员每天分时段做好卫生清洁及垃圾分类处理相关事宜,有效改善办公环境。强化机关食堂的规范化管理,提高食堂服务能力和服务质量,严格把控食材质量,明确工作人员职责分工,加强各环节的监督管理,建立严格的卫生清洁、消杀机制,在饭菜质量、服务水平、就餐环境等方面取得明显成效,受到机关干部一致好评。健全完善县委机关值班备勤制度,配齐安保人员,实行 24 小时值班,为县委机关的安全运转提供有力保障。

【脱贫攻坚和“访惠聚”驻村工作】 2020 年,乌什县委办公室持续深化“访惠聚”驻村工作、“民族团结一家亲”和结对帮扶活动。健全《县委办公室联合党支部“结对帮扶”制度》,选派 1 名领导干部和 4 名业务骨干到阿克托海乡希玛勒麦盖提村开展“访惠聚”驻村工作,采取定期回访方式,及时研究解决群众生产生活困难。发挥派出单位后盾作用,协调相关单位为希玛勒麦盖提村新修道路 7.7 公里,排碱渠 2.5 公里,新装路灯 21 盏,赠送健身器材 1 套。协调办公经费 3 万元用于促进脱贫攻坚与乡村振兴,协调水泥 40 吨用于人居环境整治。结合“民族团结一家亲”活动,与基层群众结对子,每月开展走访、宣教等活动,定期开展民族团结联谊活动,真心实意帮助群众解决生产生活困难,促进各民族交往交流交融。全年开展走访慰问 11 轮,开展宣教活动 4 次,为群众解决困难 170 件,捐款 1.8 万元,赠送菜苗、米面油、小鸡、鸽子等物资价值 3.2 万元,联系解决就业 45 人次。

(供稿人:陈奇芳)

纪委监委

【概况】 2020 年,乌什县纪委监委内设办公室、组宣室、党风政风监督室、信访室、案件监督管理室、第一纪检监察室、第二纪检监察室、第三纪检监察室、第四纪检监察室、第五纪检监察室、案件审理室、纪检监察干部监督室共12个科室;机关核定编制33名,其中行政编制22名、参照公务员法管理事业编制9名、工勤事业编制2名;班子成员8名,其中纪委书记、监委主任1名,由县委常委兼任,纪委副书记、监委副主任3名,纪委常委、监委委员2名,专职纪委常委1名,专职监委委员1名。乌什县委巡察工作领导小组办公室专项编制5名,设主任1名,副主任2名,科员2名,设立5个县委巡察组,在纪委监委设置巡察员6名(其中科级3名),县委组织部设置巡察员4名。乌什县纪委监委派驻(派出)纪检监察组核定行政编制67名,其中6个纪检监察组共核定行政编制60名,编制纳入乌什县纪委监委,县直属机关纪检监察工委核定行政编制7名,编制列入乌什县直属机关工委。

【落实“两个责任”】 2020年,乌什县纪委监委突出从严管党治党主体责任,坚持重大事项、重要工作及时向县委请示报告。及时提请县委在常委会上学习传达上级纪委相关会议精神,听取县纪委监委工作情况汇报,分析研究党风廉政建设工作;提请县委召开专题会议4次、听取专项工作汇报35次,研究重要问题线索41件;提请县委研究制定《乌什县纪委监委派驻(派出)纪检监察机构改革方案》等文件,划转编制67个,到位人员52名。贯通融合监督力量,准确运用“四种形态”(一是党内关系要正常化,批评和自我批评要经常开展,让咬耳扯袖、红脸出汗成为常态;二是党纪轻处理和组织处理要成为大多数;三是对严重违纪的重处分、作出重大职务调整应当是少数;四是严重违纪涉嫌违法立案审查的只能是极少数),用好用实纪检监察建议,精准发现处置问题,督促推动整改落实。运用“四种形态”批评、教育、帮助和处理957人次,分别占比62.3%、28.1%、5%、4.6%,制发纪律检查建议书、监察建议书12份。对监督检查和审查调查中发现的深层次问题,及时督促案发单位抓好整改、完善制度、堵塞漏洞。严格落实“三个区分开来”要求,核实惩处诬告行为,先后为2名党员干部澄清正名,做好受处分人员跟踪回访和思想政治教育。

【扶贫领域腐败和作风问题专项治理】 2020年,乌什县纪委监委紧盯脱贫攻坚监督检查,制定《乌什县脱贫攻坚监督清单》,列出监督事项49条,持续深化扶贫领域腐败和作风问题专项治理,查处49件53人,追缴、退赔各类扶贫违纪资金60万余元。强化生态环境专项监督,督促有关单位做好清查处置冒名顶替上大学、农村乱占耕地建房问题。

【政治监督】 2020年,乌什县纪委监委全面推进政治监督常态化具体化,抽调66名干部组成26个督导组开展监督检查900余次,21名干部驻守集中医学观察点跟进监督,49名干部核查处理疫情期间问题线索,共处理失职失责人员93人,以强力执纪问责促进各项防控措施落实。注重发挥日常监督作用,对稳定、脱贫攻坚等14项重点工作进行多批次、多层次监督检查,确保县委各项工作要求落实落细。始终将严肃政治纪律和政治规矩放在首位,精准发现违反政治纪律行为,坚决以零容忍的态度予以查处,查处违反政治纪律案件13件13人。

【巡视巡察整改和县委巡察工作】 2020年,乌什县纪委监委稳步提升巡察质效,加大巡察发现问题的深度,在立足政治站位、精准发现问题、落实整改任务上实现新提升,注重从政治上发现问题、查找根源,增强监督实效。完成十四届县委任期内150个党组织巡察任务、占总任务的91%,发现问题线索1941条,实现村(社区)党组织巡察全覆盖;其中,2020年度完成34个党组织巡察任务,发现问题线索261条,立行立改问题71条,形成专题报告9期。认真做好巡察整改,定期召开专题会议、领导小组会议,听取纪检监察机关、组织部门履行巡察整改日常监督责任情况汇报,传导工作压力、压实整改责任,精准运用问责利器,督促被巡察党组织主动扛起主责、抓好问题全面整改,巡察反馈问题整改率100%,建立健全制度机制26项。

【党员干部作风建设】 2020年,乌什县纪委监委紧盯对党中央重大决策部署只表态不落实、维护群众利益不担当不作为,困扰基层的形式主义、官僚主义等突出问题,开展“聚焦‘1+3’目标任务、持续深化作风整顿”活动,查处形式主义、官僚主义问题42件46人。紧盯重要节点、关键领域、重点场所,严查违规吃喝、发放津补贴或福利、收送名贵特产和礼品礼金、违规配备使用公车、操办婚丧喜庆等问题,深挖细查“四风”(形式主义、官僚主义、享乐主义、奢靡之风)问题隐形变异的种种表现,开展节日期间常态化监督检查6次,组织节前集体廉政谈话3场次,发送廉政短信2000余条,查处违反中央八项规定精神问题44件48人。对32个乡(镇)、职能单位负责人进行集体谈话,签订《厉行勤俭节约反对铺张浪费承诺书》,向11个职能单位制发督办通知,通报餐饮浪费问题1起,组织处理3人。

【群众工作】 2020年,乌什县纪委监委深入开展扫黑除恶专项行动,对查处的涉黑涉恶案件办理情况进行质量评查,对中央扫黑除恶办移交的2条和自治区纪委监委督办的1条问题线索办理情况进行深挖彻查,查处党员干部充当“保护伞”1件1人,涉黑涉恶案件实现清仓见底。将县派各驻村工作队设为政策落实监测点和廉政风险防控监测点,选优配齐村纪检委员、监察信息员、村务监督委员会成员467人,设立纪检监察协作区4个,提级监督村(社区)党支部书记12个。出台《关于进一步加强村级“小微权力”监督的实施意见》,梳理村级“小微权力”监督清单3类88项,绘制小微权力运行流程图,召开现场推进会18场,将《乌什县推进监督向基层延伸工作手册》、村务监督委员会工作日志发放至各村(社区),要求村组干部“看图做事”“照单操作”,时刻接受群众监督,推动小微权力全面公开,激活监督末梢。严格落实信访件闭环管理要求,严厉整治信访举报处理工作中的形式主义、官僚主义问题,电话接访210次,接待来访群众65次80人,受理信访举报49件,推进信访举报问题及时有效解决。

【队伍建设】 2020年,乌什县纪委监委坚持高素质专业化标准,通过专题培训、学习研讨、跟踪调训、跟组巡察等方式开展纪检监察干部培训,参加自治区、地区以干带训14人,以干带训乡(镇)纪委、派驻派出机构干部29人,组织开展"一周一考"11次、乡(镇)考试2次,"一月一练"知识竞赛3次,"一季一讲"8次,不断培养和提升纪检监察干部的能力。坚持把"严"字体现到日常管理监督全过程,对纪检监察干部严格教育、严格管理,运用第一种形态处理纪检监察干部8人,起到"正人先正己"的良好效果。

【办案安全】 2020年,乌什县纪委监委紧盯重大工程、重点领域、关键岗位及权力集中、资金密集、资源富集的部门和行业,严肃查处医疗卫生和教育系统违纪违法案件。共处置问题线索1089条,组织处理596人次,立案495件495人,结案360件360人。严把审查调查安全关,定期开展安全教育、安全检查、风险排查,健全完善"走读式"谈话措施,实现审查调查"双安全""零事故"。

【党风廉政教育月活动】 2020年,乌什县纪委监委把解决思想认识问题作为预防腐败的有效途径,督促各级党委(党组)形式多样地开展理想信念教育、党性教育、爱国主义教育、党纪法规教育。扎实开展第22个党风廉政教育月活动,常态落实任前廉政谈话、廉政法规考试制度,开展集体廉政谈话和法规考试6场次467人次,打好"预防针"、敲响"警示钟",筑牢党员干部特别是领导干部拒腐防变思想防线。强化警示教育,组织党员干部、公职人员参观警示教育基地54场2300人次。持续抓好家庭、家教、家风建设,开展家庭助廉活动2次。充分发挥查办案件的治本功能,制作警示教育片1部,召开警示教育会议67场,督促有关单位以案为鉴、以案促改,督促党员干部知敬畏、存戒惧、守底线。

(供稿人:黄劲高)

组织工作

【概况】 2020年,中共乌什县委组织部(以下简称乌什县委组织部)核定编制42名,在岗36人。内设办公室、调查研究室(政策法规室)、组织室(一室二室)、干部室(公务员室)、干部信息中心(干教室)、人才工作室(干部监督室)、老干部室、党员教育中心(干部教育室)、"访惠聚"办。

【干部队伍建设】 2020年,乌什县委组织部始终坚持"二十字"(信念坚定、为民服务、勤政务实、敢于担当、清正廉洁)好干部标准,将基层一线作为干部培养成长的"摇篮",建议优先提拔使用疫情防控、脱贫攻坚、"访惠聚"驻村等基层一线干部108人,为6家国有企业选优配强班子成员26名,不断提高各级领导班子和干部抓改革、促发展、保稳定水平和专业化能力。坚持以数量充足、质量优良为目标,全面落实年轻干部日常发现、持续培养机制。加大县乡干部交流任职力度,全年建议提拔重用35岁以下优秀年轻干部73名。充分利用援乌资源,选派11名年轻干部赴浙江衢州挂职,7名干部赴哈密伊州区挂职,全方位提升履职能力。坚持干部考核与绩效考评、党风廉政建设考核、党建人才考核等同安排、同部署、同启动,提高工作效率。强化考核结果运用,对2019年度考核优秀的444名公务员分别记三等功、给予嘉奖,对670名考核优秀事业单位人员实施表彰奖励;诫勉谈话考核不称职人员4名,职务调整1名;对年度考核评为一般班子的3家单位主要领导,责令限期撰写书面检查并制定整改方案。坚持激励与约束并重,全年建议提拔重用乡科级干部141名,具有基层一线工作经历的占92%以上,旗帜鲜明地为敢想敢干、真抓实干的干部撑腰鼓劲。强化干部关心关爱机制,落实关心关爱制度,加强干部职工健康体检,及时掌握干部健康情况。落实双民族干部家庭关心关爱9条激励保障措施,动态掌握状况,及时解决困难。深入贯彻《中华人民共和国公务员法》、《公务员职务与职级并行规定》及其配套法规,稳步推进公务员职务与职级并行,截至2020年底,县直单位部门一至四级调研员职数使用率32.43%、一至四级主任科员职数使用率70.79%;累计晋升四级调研员32名、一级主任科员80名、二级主任科员29名、三级主任科员95名、四级主任科员186名。完成49名新招录公务员考察工作,做好50名新招录其他省市高校毕业生、26名留疆战士的报到、初任培训、分配等工作。

【干部教育】 2020年,乌什县委组织部坚持用习近平新时代中国特色社会主义思想武装头脑,采取理论中心组学习、“三会一课”(支部党员大会、支部委员会、党小组会、党课)研讨学、专题讲座集中学等形式,持续推动各级党组织和广大党员读原著、学原文、悟原理。举办中共十九大、十九届四中、五中全会精神、第三次中央新疆工作座谈会精神专题培训班4期,其他类专题培训班37期,开办公务员、中青年干部等主体培训班6期,培训干部5408人,逐渐提高领导干部理论水平和实践能力。

【党员队伍建设】 2020年,乌什县委组织部持续强化党员教育管理监督和激励关怀工作,加强对党忠诚教育,学习宣传先进典型,引导党员干部见贤思齐。坚持在抗疫一线发现、考验入党积极分子,优先发展党员12名。召开庆祝中国共产党成立99周年座谈会,表彰先进基层党组织20个、优秀共产党员80名。向自治区推荐上报抗击新冠肺炎疫情先进基层党组织1个、先进集体1个、先进个人2名,推动形成学习先进、崇尚先进、砥砺奋进的浓厚氛围。

【人才管理】 2020年,乌什县委组织部成立乌什“新乡贤”援乌干部人才联络处,启动经济型干部培养计划,实施“燕山飞龙”孵化行动,选派干部人才赴衢州市挂职锻炼。组织申报、实施人才项目,打造人才发展高地,强化高端引领,提升带才育才水平。盘活用好人才资源,集中命名第一个管理期"燕山英才",实施优秀人才服务基层活动,提升人才使用效能。落实引进人才优惠政策,新建人才公寓四期住房132套,解决引进人才住房问题,打造基层乡(镇)干部人才"关爱居",服务人才家属到乌什探亲。定期开展人才重大节日走访慰问,协调解决基层人才困难诉求,持续优化人才服务环境。落实"两为主、两兼顾"工作要求,推进援乌干部人才任实职、分实工、给实权、担实责。深化干部人才援乌成果,实施干部人才援乌项目4个,召开第七批、第八批援乌干部人才助力乌什县经济高质量发展恳谈会,聘请发展顾问20名,征集意见建议40条。深入实施援乌干部人才"传帮带"工程,通过"团队带团队""专家带骨干""师傅带徒弟""云端授课""网上论坛"等方式,为乌什培养和储备人才。开展援乌干部人才谈心谈话,全方位、立体式听取意见建议,深层次解决援乌干部人才困难诉求,提升服务保障水平。

【老干部工作】 2020年,乌什县全面推进离退休干部党的建设,发挥好老干部活动中心、离退休干部党支部学习教育主阵地作用,加强思想政治教育,持续开展"政治体检"和警示教育活动。完善离退休干部党组织建设,推动离退休干部党组织建设有效融入大党建格局。强化精准服务管理,推动信息化与老干部工作深度融合,健全离休干部"一人一策"服务机制,落实落细离退休干部"两项"(政治、生活)待遇。积极创造条件,为老干部搭建政策宣讲、医疗服务等平台,全面发挥新时代老干部正能量。

【抓党建促脱贫攻坚】 2020年,乌什县委组织部坚持把党建资源转化为扶贫资源、把党建优势转化为脱贫优势、把党建活力转化为攻坚活力,压实各级党组织书记抓党建促脱贫工作"第一责任人"责任,把抓党建促脱贫工作纳入党组织书记抓基层党建述职评议考核中。落实联乡包村入户机制,县级领导包联46个深度贫困村全覆盖,明确结对帮扶单位、浙江省衢州市、县级领导、村第一书记、驻村工作队"五个一"包联责任,脱贫攻坚成效得到有效巩固。

【社区党建】 2020年,乌什县建立县、镇、社区基层党建"三级联动"工作机制,构建条块结合、责任清晰、资源共享、优势互补的网格化党建新格局。打好疫情防控战,用好用活《疫情防控服务群众示意图》,不断优化社区联防联控、群防群控的疫情防控体系和扁平化的指挥体系,组织动员辖区内各支力量参与疫情防控工作,建设人人有责、人人尽责、人人享有的疫情防控共同体。深化"四知四清四掌握"["四知"是对农(居)民家庭做到:知基本情况、知家庭经济状况、知家庭成员政治表现、知家庭成员遵纪守法情况;"四清"是对辖区人口做到:农(居)民就业情况清、重点人员情况清、流动人口情况清、贫困群众情况清;"四掌握"是对辖区情况做到:掌握基本情况及社情动态、掌握宗教管理状况、掌握热点难点问题、掌握各类积极分子发挥作用情况]、"369"限时工作法[承租人入住后3小时内,出租人应向所在社区(村)工作人员、社区民警报告承租人基本信息,社区工作人员或社区民警6小时内入户采集信息,9小时内比对核查、登记上网;承租人解除租赁关系,离开承租房屋3小时内,出租人应向所在社区(村)工作人员、社区民警报告;承租人利用承租房屋进行违法犯罪活动,出租人要承担连带责任;市民留宿外来人员的(包括投亲靠友等),要在入住3小时内向所在社区(村)工作人员、社区民警报告]、“金钥匙·平安锁”、社区“四化”(庭院化管理、网格化覆盖、社会化服务、信息化支撑)、“大党委”共驻共建、在职党员社区报到等工作模式,有效提升社区为民服务水平。

【农村党建】 2020年,乌什县坚持“抓两头带中间”,整顿4个软弱涣散和倒排后进党组织,打造2个农村党建示范点,促进基层党组织全面升级。建强村党组织带头人队伍,选派57名国家公职人员担任村党组织书记,从本村选配村委会主任并作为村党组织带头人后备力量培养。持续优化村干部队伍结构,充实93名大学生、110名留疆战士到村任职,县级联审村干部727名,调整不胜任、不称职村干部131名,培养村级储备年轻干部638名,建立跟踪培养帮带机制。举办集中培训班4期424人,选派43名村干部参加地区集中培训,选派12名村干部参加学历提升教育,提高基层干部队伍能力素质。村“两委”正(副)职每月工资报酬分别提高700元和913元,分别达到3400元和2700元,激发干事创业活力。发展壮大村集体经济,108个行政村增收1080万余元。扎实开展村“两委”换届前期各项工作,逐村摸底排查,逐人分析研判,为村“两委”换届工作顺利开展奠定基础。

【新兴组织党建】 2020年,乌什县采取招聘党员职工、出资人、管理层党员党组织关系转入企业、选派党建指导员、培养发展党员等措施,成立新兴领域党组织26个、农村合作社党组织168个,选派党建工作指导员177名,常态化指导新兴领域党建工作开展。建立服务清单、工作清单,不断增强企业对党建工作的认同感,营造“强化责任抓党建、凝心聚力谋发展”的良好氛围。

【国有企业党建】 2020年,乌什县坚持和加强党对国有企业的全面领导,指导县属5家国有企业成立党支部,将党组织的职责权限、机构设置、运行机制、基础保障等党建工作写入公司章程,明确党组织在企业决策、执行、监督各环节的权责、工作方式及与其他治理主体的关系,不断提升国有企业党组织党建水平。

【“访民情、惠民生、聚民心”驻村工作】 2020年,乌什县119个村(社区)选派“访惠聚”工作队119个821人,其中自治区(兵团)选派工作队30个277人,地区选派工作队15个96人,县选派工作队74个448人。乌什县各级驻村工作队围绕脱贫攻坚“要摘帽”的目标任务,坚持“输血”和“造血”并重、“扶贫”和“扶智”、“扶志”并举。发挥宣传队作用,利用每周一升旗仪式、农牧民夜校等平台,通过在田间地头、街头巷尾、房前屋后，运用“包谷馕”式的语言，开展各级各类“脱贫攻坚惠民政策·感恩教育”、第三次中央新疆座谈会精神等主题宣讲2789场次，覆盖群众32万人次，引导群众转变思想观念，摒弃“等、靠、要”思想，树立和坚定改变贫困落后面貌的信心和决心。针对性制定帮扶计划，一户一策、建档立卡，落实好转移就业、发展产业、土地清理再分配、转为护边员、实施生态补偿、易地扶贫搬迁、综合社会保障兜底等脱贫措施，引导群众开办小商店、小作坊等微利项目，巩固脱贫成果。主动当好村级党组织的“引路人”，严格按照“任务同领、工作同干、绩效同考、责任共担”要求，驻村工作队队员和村“两委”班子成员一对一结对子、手把手教方法，发挥“传帮带”作用；指导村级党组织开展“星级化”创建工作，协助落实“三会一课”（支部党员大会、支部委员会、党小组会、党课）、“四议两公开”（党支部会提议、“两委”会商议、党员大会审议、村民代表会议或村民会议决议，决议公开、实施结果公开）、“45678”（每日做好4件事，每周做好5件事，每月做好6件事，季度做好7件事，每年做好8件事）等工作机制，切实推动村级党组织规范运行，着力打造一支“永不走的工作队”。持续用力整顿软弱涣散和倒排后进基层党组织4个，极发挥“传帮带”作用，协助推动软弱涣散基层党组织晋位升级。推行社区出租房屋“金钥匙·平安锁”统一管理模式，落实“369”限时工作法，加强社区“四化”建设，推进基层社会治理现代化。持续开展“民族团结一家亲”和民族团结联谊活动，全县9800余名党员干部与2.25万户群众结对认亲，常态开展民族团结一家亲“结亲周”活动，常态化与各族群众同吃同住同学习同劳动，增进感情、加深了解。坚持把疫情防控工作作为最大的政治任务，组建党（团）员先锋队119支，9800余名党员踊跃捐款69万元；组建党员突击队、志愿服务队560支，设置党员先锋岗、服务岗42个；先后组织2000余名党员、发展对象、入党积极分子、共青团员投身疫情防控工作。村（社区）第一书记认真履职尽责，带头坚守岗位、靠前指挥，严格执行疫情日报告等工作制度，全面落实包排查、包布控、包宣传教育、包稳定、包信息畅通等“五包”措施，在人员排查、疫情监测、物资保障、宣传引导等方面加强统筹协调，做到守土有责、为民负责、履职尽责。

（供稿人：肖亦雄）

宣传工作

【概况】 2020年，中共乌什县委宣传部（以下简称乌什县委宣传部）内设行政办、精神文明办、对外宣传办、宣传办4个办公室；所属事业单位2个（乌什县宣传中心、乌什县文化产品鉴定中心）；代管县文联、县社科联。核定行政编制17名，事业编制17名，工勤事业编制1名。

【理论武装】 2020年，乌什县委宣传部抓好习近平总书记新时代中国特色社会主义思想和中共十九大精神的学习，用好《习近平谈治国理政》第一卷、第二卷、

《习近平扶贫论述摘编》、《习近平新时代中国特色社会主义思想三十讲》等辅助读本,坚持读原著、学原文、悟原理,通过领导带头学、研讨交流学和实践调研等方式,在深刻领会习近平总书记系列重要讲话、自治区党委的各项决策部署的核心要义上下功夫。年内县委理论学习中心组学习33次(其中脱贫攻坚专题学习15次),开展实地观摩学习教育1次,邀请全国人大代表、全国道德模范库尔班·尼亚孜传达学习全国“两会”精神1次,开展专题“思想解放大讨论”活动1次,县领导撰写心得体会4批次93篇。推进党的创新理论“飞入寻常百姓家”,感受党中央的温暖,开展“脱贫攻坚惠民政策·感恩教育”、第三次中央新疆座谈会精神、“三个白皮书”等各类主题宣讲7932场次,覆盖群众61.8万人次(其中县级示范性巡回宣讲209场次,覆盖群众3.2万人次),开展基层宣讲员培训17场次,培训4700人次。

【精神文明建设】 2020年,乌什县委宣传部以规范“新时代文明实践中心”建设为抓手,强化文化引领,全面提升各族党员干部群众思想道德水平,建好共有精神家园。广泛开展群众性精神文明创建“十星级文明户”评选,以文明创建为抓手,对2019年度评选的县级“十星级文明户”进行表彰,挂牌命名37个县级文明村(镇)、14个文明单位、15所文明校园和525户“十星级文明户”。推进脱贫攻坚“志”“智”双扶,利用宣传栏、村委会宣传长廊和文化大礼堂等平台及宣传阵地,推动社会主义核心价值观在县乡全方位宣传。玉素甫·吾守尔“教师之家”被命名为“地区级民族团结教育基地”,乌什好人、中国好人、最美新疆人、最美阿克苏人、最美志愿者评选宣传活动广泛开展,一批充满正能量、鲜活的身边先进典型相继涌现,评选脱贫攻坚典型82人、民族团结典型45人、抗疫典型31人。以全国道德模范、依麻木镇国家通用语言小学校长库尔班·尼亚孜为原型的电影《奔腾的托什干河》成功上映,并列入国家电影局2020年重点支持名单,亮相北京国际电影节第十一届北京民族电影展,主题曲《我说中国话》由著名歌唱家韩磊演唱,并完成MV拍摄工作。“新时代文明实践中心”作用持续发挥,结合疫情防控、脱贫攻坚和爱国卫生等工作开展志愿服务活动324场次,解决问题5460件。疫情防控期间制作张贴宣传海报3万余份,发放宣传单10万份,“红马甲”志愿服务队遍布大街小巷,真情实意为群众排忧解难。

【宣传工作】 2020年,乌什县委宣传部全方位、立体化、多角度集中宣传县域经济社会发展和脱贫攻坚取得的成效。先后在《人民日报》刊发的《当初不会干,现在使劲干》、《户户有营生 日子有奔头》,《光明日报》和《经济日报》刊发的《新疆阿克苏:“十八般武艺”助脱贫》、《新疆乌什县:电商助“都塔尔”出天山》等稿件在社会各界引发强烈反响。疫情期间制作播发各类短视频,加大疫情防控知识普及宣传,引导各族群众落实疫情防控政策,形成“广播上有声、电视上有影、报纸上有字、网络上有像”的强大宣传声势。依托乌什县融媒体中心平台,推进新媒体创作宣传,"乌什好地方"App、微信、抖音等新媒体传播平台作用凸现。通过"乌什零距离"公众号、广播电视等载体,开辟系列新闻专栏,全面宣传疫情防控等战线涌现出的先进集体和先进个人事迹。深入开展"新旧对比"网络巡展,教育引导各族干部群众坚定不移地听党话、感党恩、跟党走。年内在各级各类媒体上刊稿2555条,其中在中央级各类媒体刊稿944条,完成党报党刊征订任务。

【社科工作】 2020年,乌什县社科联围绕县委、政府中心工作开展社科课题研究,推荐报送课题10个,被地区立项2个,为乌什社会发展提供对策和参考。依托依麻木镇国家通用语言小学、林基路爱国主义教育基地、乌什县燕泉山公园等社科普及基地,组织各类集体性演出与参观1100场次。联合相关部门开展文艺巡演、科技大篷车下基层、法律讲座进农村(学校)、政策宣讲进万家、流动博物馆等社科普及活动800场次,普及群众15万人次。制定《乌什县各级各类社科协会管理办法》,规范协会管理,明确责任和义务,确保协会建设规范化、制度化、法治化。初步建成85名社科专业人员组成的社科专业人才库和社科联络员队伍,发挥密切联系党委政府的桥梁纽带作用。

【文联工作】 2020年,乌什县文联申请资金5万元,建成占地面积0.04公顷的"远迈汉唐书画院",设立书法美术家、摄影家、音乐戏曲家、作家等文艺人才工作室,改善文艺创作条件。结合疫情防控具体措施,制定"一月一主题"文化活动实施方案,举办"艺起携手·喜迎小康"网络书画摄影作品展和"万人连心 衢乌同行"奔小康、话党恩书信交流等活动。

(供稿人:杨金香)

统一战线工作

【概况】 2020年,中共乌什县委统一战线工作部(以下简称乌什县委统战部)核定编制13名,其中领导职数3名(正科级副部长3名),科员8名(参照公务员管理1名),工勤事业编制2名。年内,乌什县9个乡(镇)有专职统战干部27名。

【宗教事务管理】 2020年,乌什县委统战部持续推进"七进两有九配备"(推进水、电、路、气、讯、广播电视、文化书屋进宗教活动场所;推进净身设施和水冲厕所的"两有"建设,两者合称"九配备"),为宗教场所实施"煤改电",检修更换锅炉21个,摸排整改宗教活动场所存在的电路、水、消防器材等安全隐患93起,投入20万元修缮危旧场所1座。定期开展宗教场所、生态公墓环境整治、美化绿化工作。结合疫情防控工作,配备口罩1万个、额温枪112把,常态化落实环境监测、场所消杀等"八项监测预警机制"。

【"民族团结一家亲"活动】 2020年,乌什县委统战部把开展"民族团结一家亲"活动和扶贫帮困、支教工作、党的宗教管理、“三进两联一交友”(进班级、进宿舍、进食堂,联系学生、联系家长,与学生交朋友)等工作结合起来。区、地、县、乡9000余名党员干部职工与2.2万户群众结对认亲,为群众办实事好事10.6万件,开展各类融情活动3.6万场次,干部群众参与人数达184.4万人次。年内命名表彰县级民族团结模范先进集体23个、先进个人52名,落实嵌入式社会结构和社区环境各项工作措施,命名“五个嵌入”(居住嵌入、文化嵌入、源头嵌入、生产嵌入、经济嵌入)示范点13个。

【关心关爱宗教教职人员】 2020年,乌什县委统战部严格落实宗教教职人员“四险一保”(医疗保险、养老保险、大病保险、人身意外伤害保险,对符合条件的纳入城乡低保)和免费体检等保障措施,对因年老等原因退出教职人员队伍的宗教教职人员,继续作为统战对象,保持待遇不变。

(供稿人:孙春明)

机关党建

【概况】 2020年,中共乌什县直属机关工作委员会(以下简称乌什县直机关工委)核定行政编制3名,实有工作人员3名,其中科级2名。

【机关基层党组织建设】 2020年,乌什县直机关工委结合《中国共产党支部工作条例(试行)》,对县直机关各党组织进行摸排调查,对党组织设置不健全、不完善、换届不及时的,督促及时整改。年内指导换届党组织11个、改(补)选党组织15个、撤销机关党组织1个、新建党组织4个、更名党组织1个,全年转接党组织关系333人次。结合《自治区党委组织部自治区党委直属机关工委关于印发〈自治区直属机关党支部建设质量提升三年攻坚行动计划〉的通知》要求,组织县直机关各党组织党建干部50人进行为期半天的培训。采取交叉检查的方式,对县直机关各党支部按照“先进、一般、后进”三个等次进行综合评估分类,确定先进党支部18个、一般党支部32个、后进党支部4个,根据党支部评定等次指导制定改进措施,督促抓好整改提高,确保机关党建工作有效推进。

【机关党组织思想建设】 2020年,乌什县直机关工委始终把政治建设放在机关党建的首位,抓实机关党支部标准化规范化建设,按照“一年对标强基础、两年提升出成效、三年全面上台阶”的总体思路,推进党支部组织设置、班子建设、制度建设、队伍建设、议事决策、基础保障等方面的标准化、规范化建设。抓实支部书记“双向述职评议”(各级党组织书记抓基层党建工作既要向上级党组织述职,又要向本地本单位党员干部群众述职,接受党员群众评议)制度,年底党支部书记就抓党建工作情况分别向上级党(工)委和支部党员大会述职1次,接受上一级党组织和支部党员大会评议。结合每月“学习强国”App、“不忘初心、牢记使命”主题教育下发的重点学习篇目,以多种形式开展学习2013场次,参学党员干部3126人,集中组织党支部书记、党务干部开展党的基本理论集中测试1次,开展主题教育316场次,使党员干部增强“四个意识”、坚定“四个自信”、做到“两个维护”,在政治立场、政治方向、政治原则、政治道路上同党中央保持高度一致。

【机关党风建设】 2020年,乌什县直机关工委定期开展监督监察工作,规范监督监察制度,弥补工作漏洞,处理遗留问题,提高查办案件质量和能力,对发现的问题及时进行确认,并给予相应的处置,强化全县党员领导干部自我监督意识和行为自觉。加强党内违规违纪警示教育,促使全县党员领导干部能力素质和工作效能进一步提高,自律意识进一步增强。纪检监察工委干部带头执行干部行为规范和领导干部廉洁自律各项规定,完善党内监督制约机制,对全县党员干部经常性开展党风廉政教育,强化问责制度,对存在违规违纪的党员领导干部严肃处理。

【发展党员工作】 2020年,乌什县直机关工委按照党员发展工作程序,对县直机关各党支部发展党员工作督促指导3次,督促5个发展党员工作程序不规范的机关党支部限期整改。全年新发展党员34名。

【入党积极分子与发展对象培训】 2020年,乌什县直机关工委指导县直机关各党组织做好入党积极分子与发展对象的培养、考察工作,指定专人对发展对象的入党材料进行认真审阅,按程序严格政审把关。做好预备党员的谈话、教育、考察和转正工作,通过委员会集体讨论、表决作出审批决定,对不符合要求的延长预备期或取消预备党员资格。全年开展入党积极分子暨党员发展对象培训2次,研究确定入党积极分子68名、党员发展对象60名,吸收预备党员64名(其中一线入党3名)。

(供稿人:张　燕)

机构编制管理

【概况】 2020年,中共乌什县委机构编制委员会办公室(以下简称乌什县委编办)以推进体制机制改革、政府职能转变、优化人员编制管理等工作为重点,按程序对涉及机构编制事宜做好上传下达工作,推进事业单位改革,完成乡(镇)行政体制改革,整合组建重点领域综合执法队伍,加强和创新机构编制管理,做好事业单位登记和法人管理工作。对各行政、事业单位申报招录(聘)计划、人事会议进行编制审核,继续执行《控编进人通知单》制度和人员变动、工资增减审核表制度,加强机构编制实名制系统的建设,对全县事业单位法人进行登记管理,对全县机关事业单位机构代码证进行管理。年内,乌什县委编办核定行政编制12名,实有12人,其中科级3人、科员9人。

【事业单位改革】 2020年,乌什县第一批县本级事业单位改革涉及单位54个,其中更名事业单位5个、调整隶属关系事业单位6个、提升机构规格事业单位1个、新组建事业单位16个、重新组建事业单位2个、撤销事业单位24个,共调整编制数136名。改革后,县本级减少事业单位总数减少8个。针对第一批涉改的18个机构,制定机构编制方案,明确职能职责、编制数、领导职数及内设机构。各涉改单位根据方案完成挂牌、刻章等工作,县委组织部门完成部分单位领导配备工作,县机关事务管理部门完成办公场所协调分配工作,县财政部门完成国有资产移交审核工作。

【乡(镇)行政体制改革】 2020年,乌什县委编办将阿合雅镇、乌什镇、亚曼苏乡作为大、中、小三个代表乡(镇)试点,印发《关于推进乌什县基层审批服务执法力量有关问题的通知》等配套文件,对乡(镇)"五办六中心"[五办:党政办公室、党建办公室、经济发展办公室、社会事务办公室、综合执法办公室;六中心:农业农村发展服务中心、社会保障(民政)服务中心(退役军人服务站)、村镇规划建设发展中心(生态环境工作站)、文体广电旅游服务中心、农村合作经济(统计)发展中心(财政所)、综治中心(网格化服务中心)]职责进行明确。及时对乡(镇)制订实施方案、成员分工、编制调整、挂牌、办公地点调配、人员整合、资产清查、档案移交等情况进行查看,对乡(镇)改革前机关内设科室、下属站所状况、事权所属、工作运行模式等情况与改革后情况进行对比,对改革不合理的地方及时进行修正,对进展缓慢的乡(镇)进行督促。2020年9月中旬,在其他6个乡(镇)全面推行乡(镇)行政体制改革。

【重点领域综合执法体制改革】 2020年,乌什县委编办根据自治区、地区相关改革文件,牵头组织相关涉改单位开展执法体制改革,完成文化市场、农业农村、交通运输、市场监管4个重点领域综合执法体制改革。统筹配置行政处罚职能和执法资源,各领域综合执法队以主管部门名义,统一行使行政执法职能,形成执法合力。按照"编随事走、人随编走"的原则,根据执法职能整合划转编制。

【机构编制管理创新】 2020年,乌什县委编办重新核定6所科级中小学校、1所职业技术学校、疾控中心、行政服务中心领导职数,将行政服务中心、卫生监督所、政治学校进行更名,结合实际给部分新组建的事业单位重新调整核定编制。做好工资联审,建立"三个一律"工资审批制度,未办理调动手续一律不批、超编进人一律不批、挂靠"吃空饷"一律不批。年内办理编制增减调转手续1370人次,开展工资联审12次。配合县委组织部、县人社局开展公务员招录及事业单位招聘4次,申报招录(聘)人员260人,有效保障重点行业领域和基层一线的用人需求。

【事业单位登记和法人管理】 2020年,乌什县委编办完成党群机关更换统一社会信用代码证25个,完成全县256个事业单位法人年度报告审批公示,审批办理事业单位新增登记7家、变更登记56家。优化服务,以"一站式"服务助力"最多只跑一次",实行事业单位年度报告制度,所有业务实行网上办理，全部资料在网上审核，做到让信息多跑路、让办事群众少跑路。

（供稿人：张亚迪）

网信管理

【概况】 2020年，中共乌什县委网络安全和信息化委员会办公室（以下简称乌什县委网信办）内设6个科室，即综合办公室（互联网党建办）、网络新闻信息传播办公室、网络协调管理和执法督查办公室、网络应急管理和网络舆情处置办公室、网络评论和互联网违法不良信息举报办公室、信息化发展管理办公室（移动网络管理办公室）。核定编制20名，实有13人。

【网络安全】 2020年，乌什县委网信办强化网站及新媒体平台监管，按照属地管理原则，对各乡（镇）、各单位网站及新媒体平台进行分类登记。全年有属地新媒体平台44个，其中网站6家、今日头条4个、官方微博4个、官方抖音2个、微信公众号28个（官方公众号14个、私人公众号14个）。协调有关单位对属地网站、新媒体平台，开展专项行动15次。建立巡查台账，确保属地网络安全。开展网上专项整治5次，组织3名干部对属地网站、新媒体平台进行全面排查清理，确保专项整治工作有序开展，网络空间晴朗。

【互联网党建】 2020年，乌什县委网信办坚持党对网信工作的绝对领导，严格落实党管意识形态工作责任制、互联网领域党建工作责任制，健全网信工作体系，强化属地管理。组织互联网领域党员干部开展集中学习13次，开展主题党日10次、讲党课3次、专题研讨5次。在巩固互联网领域党组织精准覆盖基础上，严格落实各类网络平台党建前置审核许可管理制度，确保网站党建备案工作精准覆盖。年内全县7家互联网网站完成属地网站互联网党建全覆盖相关工作，其中3家互联网企业（乌什县点胜网络科技有限公司、新疆坤泰兴邦网络科技有限公司、口袋大叔）选聘1名党员任党建指导员，4家政府部门网站（县电子政务办、县委组织部党建网、智慧党建网、融媒体中心）建立联合党支部。坚持每月开展1次党员先锋日活动，通过专题学习讨论、讲党课、文体活动、观看爱国主义教育片等方式，增强党组织和党员干部的凝聚力和团队意识。年内组织属地互联网企业（网站）开展党组织活动10次，参加人数125人次。

【网信体系建设】 2020年，乌什县委网信办在属地网站、新媒体平台开设全国“两会”、“网络中国节”、脱贫攻坚、疫情防控等系列报道专栏，推送文章3000篇，阅读量30万次。组织开展“网络中国节”、国家网络安全宣传周等宣传活动，发表主题文章200篇，阅读量1万余次。充分发挥网络宣传作用，在属地网站、新媒体平台宣传脱贫攻坚正能量稿件1500余篇、疫情防控稿件700余篇。组织属地互联网企业、各类网站党组织、党员和党建工作指导员发挥作用，成立领导和指挥机构1个,建立党员突击队1个,捐款4294元,参与一线防控3人次,联系走访企业、网站(包括线上、电话联系走访)6人次,指导企业开展疫情防控、有序复工复产4家,企业、网站职工参与志愿者服务12人次,协调解决企业、群众困难诉求2件。

(供稿人:董　韦)

党史编研和地方志工作

【概况】　2020年,中共乌什县委党史研究室暨地方志办公室(以下简称乌什县委史志办)核定编制5名,其中领导职数2名。实有人员5名,其中科级2名。

【党史工作】　2020年,乌什县委史志办坚持做好党史文献资料收集、编纂工作,及时收集整理乌什县党史文献相关资料,安排专人编纂、整理。协助地委史志办完成172个地直单位2009—2011年大事记整理、编纂工作。以中国共产党成立以来乌什县各级党组织和广大党员干部带领各族群众"进行伟大斗争、建设伟大工程、推进伟大事业、实现伟大梦想"所取得的历史成就为主题,收集整理相关资料,完成《阿克苏红色记忆(1939—2021)》系列丛书之《林基路在阿克苏》《塔河颂》乌什部分供稿工作。

【地方志工作】　2020年,乌什县按照自治区地方志编纂委员会、地委史志办工作部署,于9月启动《乌什县志(2002—2020)》续修编纂工作,成立以县委书记刘国强为主任的《乌什县志(2002—2020)》编纂委员会,聘请3名专业史志编纂人员,充实编纂力量,指导编纂工作。11月23日,组织召开《乌什县志(2002—2020)》启动暨编纂培训会议,邀请自治区地方志编纂委员会、阿克苏地委史志办负责人参加,全面启动《乌什县志(2002—2020)》续修编纂工作,设定篇目大纲,培训编纂人员,开展资料收集、整理及初稿编纂工作。

【年鉴工作】　2020年,乌什县委史志办按照"综合年鉴要年年编纂、不能中断"的要求,开展《乌什年鉴(2020)》资料征集编纂工作。年初制定征稿计划,分解编辑任务,征集有关资料,有序推进年鉴编纂工作。坚持资料征集、稿件编纂、通稿编辑有机结合、整体推进,保证年鉴编纂的质量和进度。年内,《乌什年鉴(2020)》通稿全部编纂完成,提交地委史志办审核,做好出版发行前期准备工作。按要求完成《新疆年鉴》和《阿克苏年鉴》2020年乌什部分供稿任务,确保供稿质量。

【组织史资料补充完善】　2020年,乌什县委史志办按照地委组织部、县委组织部要求,做好《中共乌什县组织史资料(第二卷)》(1987.11—2012.11)补充完善工作,先后两次对《中共乌什县组织史资料(第二卷)》进行补充完善,提交地委组织部审核,对书稿中涉及的乡(镇)站所、学校等企事业单位和上海市、中直企业援助乌什县等内容进行补充编录,确保资料完整、准确。

(供稿人:王建梅)

档案工作

【概况】 2020年,乌什县档案局对全县档案工作实行统筹规划和宏观管理,集中统一管理县党政机关、企事业单位的重要档案资料,保守党和国家机密,维护档案的完整,确保档案资料的安全,负责接收、征集、整理全县党政机关、企事业单位的重要档案资料,推进档案工作的科学化管理和现代化建设,履行档案保管利用和监督指导职能。

【档案与馆藏资料】 2020年,乌什县档案馆馆藏档案134个全宗37426卷96397件,资料7487册;音像档案53件、照片7029张、光盘62个、磁盘1件;实物档案391件,包括录音、录像、照片、光盘、奖杯、奖牌和国家领导人提词等载体档案。去世干部档案179卷。其中,馆藏民国时期档案4个全宗758卷。

【档案宣传】 2020年,乌什县档案馆开展精准扶贫档案规范化整理培训15场次,培训400人次。年内累计整理精准扶贫档案113162件35818卷、照片14240张、实物517件、光盘555张,投入资金66.7万元;其中整理县直单位档案23227件1092卷、照片2080张、实物17件、光盘191张,投入资金18.4万元。协助县疫情防控指挥部收集整理6个专项组文书档案400件、照片档案170张,组成照片档案2册。指导县直80多个单位、企事业团体开展档案事业统计调查表填报工作,主要对在职档案人员、机构编制、文书、照片、实物等情况进行统计。指导阿合雅镇、阿克托海乡、依麻木镇、虹桥社区做好文书档案整理归档工作,开展培训5场次16人次。利用"6·9"国际档案日,以"移动档案馆、博物馆进校园"为主题开展宣传教育活动,牵头组织县文旅局、教科局在县衢州中学宣传《中华人民共和国档案法》《新疆维吾尔自治区实施〈中华人民共和国档案法〉办法》等有关法律法规,为学生讲解革命先烈林基路的故事,给学生制作个人档案50份,在乌什镇喀什博依社区开展"档案法进社区"活动,重点宣传《中华人民共和国档案法》和查阅利用档案有关知识。

【档案管理】 2020年,乌什县档案馆成立档案安全工作领导小组,实行一把手负总责、分管领导负直接责任的管理体制。档案馆领导分别与各办公室工作人员签订档案安全工作责任书,将档案安全落实到每个办公室、每个人,做到责任到人、措施到位。定期邀请县消防大队技术员对灭火器材进行检查,对过期、报废的灭火器进行更换。按照"十防"(防火、防潮、防尘、防鼠、防盗、防光、防虫、防水、防高温、防污染)要求,对档案工作人员开展经常性的安全教育,强化安全防范意识和责任意识,完善档案管理规章制度。组织开展档案库房安全大检查10次,确保档案室的安全。

【档案开发利用】 2020年,乌什县档案馆主动做好档案查阅服务工作,年内接待查档人数1500人次,提供利用档案1140卷次、315件次,复制档案资料5630页,查阅开放档案13卷。完成152卷2011年前的工资介绍信、案卷破损档案抢救工作,为乌什县编史修志、机关查考、核实工龄、工作调动、补办婚姻登记等方面提供大量翔实的第一手资料。

【档案接收】 2020年,乌什县档案馆做好脱贫攻坚成果档案的移交工作,接收县脱贫攻坚16个专项组档案9203件、磁性载体30件、实物档案10件、影集4册360张。做好"不忘初心、牢记使命"主题教育档案移交进馆工作。年内接收其他进馆档案150卷,其中永久82卷、长期68卷、照片档案3册180张。

【档案执法】 2020年,乌什县档案馆坚持以法治思维和法治方式加强档案管理,不断健全档案法治能力建设。协助县档案局做好档案行政执法工作,累计下发乡(镇)档案整改通知书9份。

(供稿人:石美玲)

党校教育

【概况】 2020年,中共乌什县委党校(以下简称乌什县委党校)核定编制14名,其中参照公务员管理事业编制2名、事业编制12名(专业技术人员11名、工勤编1名)。实有12人,其中参照公务员管理事业人员1人、专业技术人员10人、工勤人员1人。党员8名。

【干部培训】 2020年,乌什县委党校举办各类培训班44期5570人次。其中主体班次9期641人次,含中青年培训班1期32人次、公务员培训班2期59人次、新提任科级干部培训班1期41人次、村干部国家通用语言培训班3期429人次、其他省市招录大学生培训班1期52人、留疆战士培训班1期28人;专题培训35期4929人次,含入党积极分子培训班(第1期)1期263人次、发展对象培训班(第1期)1期139人次、党员远程教育基层管理员培训班(第1期)258人次、入党积极分子和发展对象培训班(第2期)182人次、基层妇联干部能力素质提升培训班1期130人次、共青团干部能力素质提升培训班1期130人次、学习贯彻中共十九届四中全会精神暨系列白皮书培训班1期320人次、统战民宗系统集中培训班1期135人次、通讯员暨文联工作培训班1期91人次、机关党建工作培训班1期105人次、新选派驻村干部培训班和新上任的乡村干部业务培训班1期199人次、驻村管寺工作培训班1期68人次、"融媒体"第二期通讯员培训班1期62人次、库车市派驻乌什县脱贫攻坚普查人员培训班1期280人次、领导干部新冠肺炎常态化疫情防控工作培训会1期240人次、旅游景区(点)导游及讲解员培训班1期100人次、软件正版化培训班1期120人次、公务员统计培训班1期80人次、地区妇联工作视频培训班1期60人次、贫困群众感恩教育指导员培训班1期302人次、产权制度改革暨农业农村集体经济组织成员身份认定培训班1期147人次、动物防疫信息化培训班1期152人次、专业技术人员(村级防疫员)培训班1期281人次、全面深化改革业务培训班1期60

人次、援乌干部人才和“万名支教教师”培训班1期38人次、地区党建工作培训班1期80人次、基层宣讲员培训班1期53人次、第一个管理期托峰英才暨国情研修班1期52人次、党校工作培训班1期14人次、地区组工干部业务培训班1期36人次、阿克苏地区青联培训班1期6人次、疫情防控外环境采样培训班1期198人次、中共十九届五中全会精神示范宣讲培训班1期300人次、《乌什县志》暨《乌什年鉴》编纂培训班1期200人次。

【教学工作】 2020年，乌什县委党校以习近平新时代中国特色社会主义思想为重点，以党史、国史、新疆“四史”为突破口，形成专题课4个，公开发表论文4篇（其中国家级2篇、自治区级2篇），完成调研报告1篇。年内评定职称教师5名（其中中级讲师1名、助理讲师4名）。开展“送教”下基层26场次。参加地区春季备课会2人（入围1人），赴地委党校主体班授课3场次。选派1人参加阿克苏地区“微党课”比赛，获得第一名。

【疫情防控】 2020年，乌什县委党校按照县疫情防控工作要求，将党校83间学员宿舍改造为集中医学观察用房，成立疫情防控医学观察点，先后选派2批次20余名医护人员、警务人员和干部全程参与疫情防控服务工作，配合集中医学观察点做好标准化建设、伙食保障和设备维护等工作。

（供稿人：万　倩）

衢州对口援乌工作

【概况】 2020年，衢州市援乌指挥部坚决贯彻落实新时代党的治疆方略，紧紧围绕新疆社会稳定和长治久安总目标，牢记“舍家报国·倾情援疆”的崇高使命，聚焦“强基开拓”目标定位，积极践行“两为主两兼顾”援疆新要求，在助力乌什县和四团实现巩固拓展脱贫攻坚成果同乡村振兴有效衔接等方面精准发力、多点开花，全力打造衢州对口援乌工作升级版。

【产业援乌】 2020年，衢州市援乌指挥部实施产业经贸交流、就业创业扶持、园区基础设施建设、“十城百店”（在浙江省10个地级市建设阿克苏特色农产品公共仓，统一平台运作、统一仓储服务、统一地域品牌、统一质量追溯、组建上百个阿克苏特色农产品销售终端，利用大型农产品批发市场及物流配送网络，不断提高阿克苏特色农产品销量）、“百村千厂”（浙江省推进产业援助的重点工程，针对各族群众居住分散、喜好就近就业的实际，坚持“政府前期引导、企业持续发力、劳动者积极参与、市场化良性运作”，在百村建千厂，方便群众就近就业、脱贫致富）、旅游产业提升等6个产业援乌项目，投入援乌资金5288万元。招商引资持续发酵，推动衢州、乌什两地建立“衢乌联动招商机制”，借助援乌优势为乌什招商提供资源和渠道支持，引进智慧交通、湖羊养殖、菌业种植、木材加工等产业项目。“疆果东送”稳中有进，依托浙里美新疆特产旗舰店、欣禧源葡萄酒品鉴店等一批“十城百店”企业,持续扩大乌什农特产品销售渠道;同步推进与衢州商贸龙头企业(浙江衢州东方集团股份有限公司)的合作,推动农产品进机关食堂、社区和超市;通过在全网知名农产品电商平台“冒个泡”、建设银行善融商城、农业银行网上商城上线农特产品,进一步扩大“疆果东送”途径。年内“十城百店”合计销售农特产品3500万余元,乌什年产的100吨黑木耳全部售罄。

【项目援乌】 2020年,衢州市援乌指挥部投入援助资金28027万元(含历年结余资金1200万元),实施各类援助项目22个,资金数额位于阿克苏地区首位。面对疫情带来的冲击,研究启动援乌项目“百日攻坚”专项行动,实行全体援乌干部挂联服务项目机制,实现项目监督和推进同落实;研究出台《衢州市对口支援新疆阿克苏地区乌什县建设资金管理办法》,明确项目资金拨付程序,制定管理实施细则,确保项目资金规范使用;在全省范围内率先开展援乌项目资金竞争性存放机制。实施安居工程、旧城区改造、社会主义新农村示范点建设、基层组织阵地建设、农村文化礼堂建设、人才公寓(四期)建设等项目,其中2636套富民安居房于6月份全部交付,房屋设施健全、功能完善,充分发挥“惠民生、聚民心”重要作用,受到乌什百姓广泛好评。

【智力援乌】 2020年,衢州市援乌指挥部全面推进智力援乌。教育援乌提标立杆,在全省指挥部系统率先开通“云课堂”,填补疫情期间乌什学生教学空档;研究推出“16234”组团援乌工作法(明确一个目标凝心聚力、落实六大任务强基固本、推动两大改革增添动能、写好三篇互动文章借势发力、坚强四个团队提升活力),提升组团式教育援乌成效,推动乌什·衢州实验中学中考成绩取得新高,高考实现普通文化类本科上线人数、上一本线人数两个“零的突破”,衢州援乌教师小学组获浙江省援疆系统“2020年度服务奉献先进集体”称号;实施教育援乌“1+N”赋能行动,以援乌教师为主建立2个名校长工作室、9个教学能手工作室,帮带162名工作室成员,惠及乌什县1000多名教师;投入援乌资金2140万元,实施乌什县示范性幼儿园建设项目。医疗援乌精准发力,引入先进医疗技术,解决乌什高危病患医学麻醉难题;推动建立衢州援乌医生与乌什医生、浙江省直属医院援乌医生“双链式”师徒结对,促进援乌医生和乌什医生共同成长。人才援乌久久为功,创新建立以原衢州援乌干部人才为主体的乌什新乡贤(衢州援乌干部人才)联络处,帮助解决乌什人才人脉资源稀缺困难;实施龙游·乌什“燕山飞龙”孵化行动,为乌什经济可持续发展强化人才保障。

【文化援乌】 2020年,衢州市援乌指挥部牢记习近平总书记“让南孔文化重重落地”重要嘱托,深入推进南孔文化润疆行动。邀请龙游县8090新时代理论宣讲团到乌什和一师四团“传经送宝”,让党的创新理论和“南孔文化”飞入寻常百姓家。在乌什·衢州小学和乌什·衢州实验中学两所组团式援乌学校倡导“有礼”

新风尚,推广行作揖礼,以线上线下方式开展“祭孔”活动;策划实施“万人连心 衢乌同行”书信交流活动,推动衢州、乌什两地各 100 名教师、30 名医师、500 名学生结对交友,乌什·衢州小学 4 名学生获衢州市委主要领导回信。在乌什镇南关社区、九眼泉社区、团结社区新建文化大礼堂3 座,总建筑面积 0.18 公顷,完善桌椅、水电等附属设施。

【民族团结】 2020 年,衢州市援乌指挥部围绕“祖国大家庭、衢乌一家亲”主题,深入开展民族团结交流交往活动。延伸结对帮扶广度和深度,建立衢州市与乌什县贫困乡村及一师四团困难连队帮扶结对机制,选取衢州市智造新城管委会、衢州市智慧新城管委会等 20 个衢州单位分别结对帮扶 21 个乌什县的乡村;邀请衢州市城市建设、文化产业、旅游产业等方面的专家到乌什考察指导,传授衢州先进经验,助力乌什经济社会发展;组织乌什县文工团赴衢州各县(市)开展巡回演出 3 次,让更多的衢州人民感受乌什丝路文化的魅力。

【队伍建设】 2020 年,衢州市援乌指挥部深入践行“两为主两兼顾”援乌新体制,坚持到相关部门任实职、担实责,将“衢乌一家亲”理念渗透到工作生活中。扎实推进“清廉援疆”建设,坚持打好“预防针”、念好“紧箍咒”、戴好“安全带”,制定出台一系列干部人才管理制度,创新“廉政一刻钟”和月度工作例会廉政报告制度等,促进干部人才时刻绷紧安全弦、纪律弦。通过创办“局长论坛”“干部讲坛”等形式,推动干部全方位学习锻炼,补强知识短板,促进干部综合全面成长。

(供稿人:夏灵飞)

乌什县人民代表大会

综　述

【概况】　2020 年,乌什县人大常委会以习近平新时代中国特色社会主义思想为指引,全面贯彻落实中央治疆方略,紧紧把握新时代人大工作的使命担当,始终围绕县委中心工作,充分发挥人大代表和“两个机关”(使人大及其常委会成为全面担负起宪法法律赋予的各项职责的工作机关,成为同人民群众保持密切联系的代表机关)作用,依法履行宪法法律赋予的职权,全力推动人大工作取得新进展。年内,乌什县人大常委会核定编制 15 名;实有领导和干部职工 24 名,其中县人大常委会领导 5 名,机关副科级以上干部 10 名、科员 4 名、合同制工人 5 名。

【人大常委会会议】　2020 年,乌什县第十五届人大常委会共召开会议 4 次。

4 月 26 日,乌什县第十五届人大常委会第二十次会议召开。会议学习《中华人民共和国野生动物保护法》(修订草案);听取和审议《关于召开乌什县第十五届人民代表大会第五次全体会议相关事宜》。审议人事任免议案,任命黄建霖(衢州援乌)、奴容沙·买买提和尹正护等 3 人为乌什县人民政府副县长;免去郑建林(衢州援乌)、牟新页、吴湘芸、阿迪力·阿布拉、孙长满等 5 人的乌什县人民政府副县长职务;免去汪连江乌什县监察委员会主任职务,报乌什县第十五届人民代表大会第五次会议备案。任命樊东海为乌什县发展和改革委员会主任,任命刘莉为乌什县文化体育广播电视和旅游局局长,任命如斯太木·亚森为乌什县农业农村局局长,任命艾海提·卡斯木为乌什县卫生健康委员会主任,任命黄刚为乌什县水利局局长,任命陈蓉为乌什县审计局局长;免去贺宏坤乌什县发展和改革委员会主任职务,免去杨怡乌什县文化体育广播电视和旅游局局长职务,免去依力哈尔·阿西木乌什县农业农村局局长职务,免去依斯热依力·吐尔逊乌什县卫生健康委员会主任职务,免去王生和乌什县水利局局长职务,免去张静梅乌什县审计局局长职务。任命谢紫兰为乌什县人民法院审判委员会专职委员、审判员,任命迪力夏提·吐尔逊为乌什县人民法院行政审判庭庭长、审判员;免去夏云伟(浙江援乌)乌什县人民法院副院长、审判委员会委员、审判员职务,免去谢紫兰乌什县人民法院行政审判庭庭长职务,免去古丽巴哈尔·亚森乌什县人民法院审判监督庭庭长、审判委员会委员、审判员职务。

7 月 12 日,乌什县第十五届人大常委会第二十一次会议召开。会议传达学习自治区人大常委会《关于加强人大代表

"家、室、站"建设 密切同人民群众联系的指导意见》《新疆维吾尔自治区实施〈中华人民共和国反家庭暴力法〉办法》《乌什县人大常委会2020年工作要点》《关于做好人大常委会组成人员联系代表、代表联系群众工作的通知》；听取和审议乌什县人民政府《关于改善城市建设、房屋建设和绿化建设方面的工作报告》；审议乌什县人民政府《关于乌什县阿克托海乡等3个乡撤乡设镇等相关事宜》。审议人事任免议案，任命赵英（挂职）为乌什县人民政府副县长；任命阿吉热木·吐尔逊为乌什县民政局局长，任命周建运为乌什县市场监督管理局局长，任命冉伟为乌什县商务和工业信息化局局长，任命张平为乌什县医疗保障局局长；免去哈力木热提·依斯马依乌什县民政局局长职务，免去郭胜辉乌什县生态环境局局长职务，免去史晓峰乌什县医疗保障局局长职务，免去林洁乌什县市场监督管理局局长职务，免去冯旺华乌什县商务和工业信息化局局长职务。

9月26日，乌什县第十五届人大常委会第二十二次会议召开。会议听取县司法局关于《中华人民共和国民法典》讲座；审议乌什县人民政府《关于2019年财政决算（草案）和2020年预算中期调整方案的报告》；审议乌什县人民政府《关于2019年县本级财政预算执行情况及其他收支情况的审计报告和审计查出突出问题整改情况的专项工作报告》；审议调整代表资格审查委员会的决定；审议《乌什县人大常委会关于终止吐尔洪·卡迪尔乌什县第十五届人大代表资格的决定》。审议人事任免议案，任命郭洪涛为乌什县自然资源局局长，任命阿不力米提·吾甫尔为乌什县生态环境局局长，任命王俊峰为乌什县应急管理局局长，任命徐国强为乌什县财政局局长；免去木合甫力·甫拉提乌什县自然资源局局长职务，免去徐国旗乌什县应急管理局局长职务，免去田三平乌什县财政局局长职务。

12月30日，乌什县第十五届人大常委会第二十三次会议召开。会议学习《习近平总书记出席中央全面依法治国工作会议上的重要讲话》；审议乌什县人民政府《关于乌什县第十五届人民代表大会第五次会议代表建议、意见办理情况的报告》；审议乌什县人民政府《关于2020年财政预算调整方案的报告》。审议人事任免议案，任命艾尼瓦尔·玉散为乌什县司法局局长，任命吐尼沙克孜·艾力为乌什县文化体育广播电视和旅游局局长；免去吐尔洪·牙克甫乌什县司法局局长职务，免去刘莉乌什县文化体育广播电视和旅游局局长职务；免去艾合买提·依不拉音木乌什县人民法院立案庭庭长职务，免去艾尼瓦尔·艾则孜乌什县人民法院审判员职务。

【自身建设】 2020年，乌什县人大常委会以提高履行职责能力为重点，加强党的建设，自觉增强党性修养。坚持把党性意识、法律意识、廉政意识体现在人大工作的全过程，深刻领会中央、自治区党委精神和地委、县委有关要求，落实"两学一做"学习教育、"不忘初心、牢记使命"主题教育相关要求，自觉抵制腐朽思想，用良好的党性修养和形象取得群众的信赖。树立廉政意识，加强作风建设，开展各项主题教育活动，加强机关干部的教育和引导，促进机关工作作风转变。扎实推进“访惠聚”驻村工作，发挥派出单位后盾作用，在人力、物力、财力等方面给予支持，帮助工作队在建强基层组织、做好群众工作、拓宽致富门路等方面出谋划策。加强业务学习，组织县人大常委会领导和机关干部、代表认真学习《中华人民共和国宪法》《中华人民共和国各级人民代表大会常务委员会监督法》等法律法规，提升做好人大工作必备的业务知识水平，提高干部队伍的业务素质。

重要活动

【议案工作】 2020 年，乌什县人大常委会坚持“内容高质量、办理高质量”“既重结果、也重过程”，着力解决“文来文往”“重答复、轻落实”等问题，加强跟踪服务、跟踪督办，组织代表视察办理情况，完善办理工作机制，改进办理方式方法，提升办理质量效率，让代表的“好声音”真正落地见效。乌什县十五届人大五次会议期间，出席会议的代表共提出建议、意见 54 条，经大会议案审查委员会审查、县人大常委会主任会议研究，整理归纳为 21 条，并将代表建议、意见较为集中的“关于整合教育资源，实现均衡发展的议案”“关于给乌什镇辖区内廉租房、公租房安装天然气的议案”“关于围绕乡村振兴战略，逐步改善农村人居环境，为打赢脱贫攻坚战奠定坚实基础的议案”等 3 条议案作为大会议案，转交乌什县人民政府办理。

【执法检查】 2020 年，乌什县人大常委会配合自治区人大、地区人大工委开展《中华人民共和国就业促进法》《新疆维吾尔自治区实施〈中华人民共和国就业促进法〉办法》专题调研，开展《新疆维吾尔自治区民族团结进步工作条例》《中华人民共和国野生动物保护法》《中华人民共和国土壤污染防治法》等法律法规执法检查，形成执法检查报告 8 篇，组织人大代表视察扶贫项目建设现场 3 次，着力提升各级代表运用法治思维、法治方式推动工作、破解难题的能力。在检查过程中，坚持执法检查与督促解决问题相结合，针对突出问题，提出改进意见和建议，督促“一府一委两院”及其职能部门认真整改，为改革发展和维护社会稳定提供良好的法治环境。3 月 14—15 日，配合地区人大工委对《新疆维吾尔自治区边境管理条例》实施情况进行检查。4 月 11—12 日，配合地区人大工委对打造亲商爱商的招商引资环境和防范化解地方政府性债务风险情况开展调研。5 月 31 日，迎接塔城地区人大工委理论课题研究组对乌什县考察工作。6 月 20 日，自治区人大代表在乌什县开展集中视察和专题调研活动。7 月 24—25 日，配合地区人大工委对《新疆维吾尔自治区民族团结进步工作条例》贯彻执行情况进行执法检查和调研。9 月 3 日，配合自治区人大常委会专题调研组开展医疗联合体建设工作调研。10 月 24 日，组织县十五届人大常委会委员、乡（镇）人大主席、自治区驻乌什县十三届人大代表、各乡（镇）1 名县人大代表对乌什县重点建设项目、民生项目和县十五届人大四次会议议案、代表建议意见承办等情况进行视察，实地观摩乌什县华盛纺织有限公司、阿恰塔格乡托克逊亚阔坦村幼儿园、阿恰塔格乡托克逊亚阔坦村改水项目、阿克托海乡吉格代里克村农民合作社、乌什县职业中学新校区、乌什镇英买里小区供暖管道改造项目、乌什县园区（团结路延伸段）基础设施建设项目。12月12日，组织县十五届人大常委会组成人员，县政协十四届常委会常委，县人大、政协部分退休干部，乡（镇）人大主席，驻乌什县自治区十三届人大代表，驻乌什县自治区政协委员开展工作视察，实地观摩奥特贝希乡阿拉萨依村滑雪场、英阿瓦提乡贡格拉提村植树造林基地、乌什县星光夜市。

【工作监督】 2020年，乌什县人大常委会学习宣传和贯彻落实新修订的《中华人民共和国宪法》《中华人民共和国监察法》等法律，坚持开展国家宪法日活动，组织宪法宣誓仪式，普及宪法知识，弘扬宪法精神。按照县人大常委会年度工作要点，聚力法律宣传、民族团结、“三大攻坚战”（防范化解重大风险、精准脱贫、污染防治）等重点工作，综合运用听取审议工作报告、开展“三查（察）”（视察、调查研究和执法检查）活动等方式，依法加强对“一府一委两院”的监督。全力配合自治区人大、地区人大工委开展《中华人民共和国就业促进法》《新疆维吾尔自治区实施〈中华人民共和国就业促进法〉办法》等法律法规执法检查和调研工作，对检查、调研发现的问题及时督促县人民政府进行整改，并组织代表对整改情况跟踪监督，促进法律法规在全县的贯彻落实。把依法加强对“两院”的监督和支持有机统一起来，形成加强和改进工作的合力，年内参加法院庭审和“检察开放日”活动3次。依法定期召开县人大常委会会议，听取和审议“一府一委两院”相关工作报告，及时指出工作中存在的不足和问题，全年召开县人大常委会会议4次，听取和审议“一府一委两院”工作报告9次。

【关注民生】 2020年，乌什县人大常委会围绕“三大攻坚战”和重大项目建设等重点工作和群众普遍关注的热点问题，组织人大代表依法开展专项视察，发挥人大在促进经济社会发展中的推动和保障作用。协助自治区驻乌什县人大代表向自治区十三届人大三次会议征集议案、建议9件；县十五届人大五次会议期间收集整理人大代表议案、建议24件，全部转交县人民政府办理完毕。

【信息调研】 2020年，乌什县人大常委会发挥人大在经济社会发展中的决策、规范、推动和保障作用，分别就教育、农业、林业、环境保护、民族团结等方面组织开展执法检查、视察、调研活动，形成调研报告、视察报告，增强常委会会议的实效性，为县委正确决策提供依据。

【代表工作】 2020年，乌什县人大常委会加强与乡（镇）人大的联系，推进规范化建设，强化监督职能。经常与乡（镇）党委沟通，协调解决乡（镇）人大工作中的困难，为乡（镇）人大工作正常开展提供组织保证。强化对乡（镇）人大的业务指导，帮助建立健全各项规章制度，加强与代表和人民群众的紧密联系,充分发挥代表在实现人民当家做主、维护最广大人民根本利益中的作用。在各级人大代表中持续开展“民族团结一家亲”和民族团结联谊活动,坚持“风俗习惯上相互融合、引导教育上讲清政策、生产生活上帮扶帮困、民情民意中发现问题”,引导各族群众爱祖国、听党话、感党恩、跟党走。各级人大代表深入选民中开展民族政策大宣讲,把宣传党的民族宗教政策作为一项重要的政治任务,牢牢抓在手上、落实在行动中。组建25名人大代表组成的宣讲队,依托社区、村农牧民夜校、村级党校、周一升国旗、走访入户等平台,将党的方针政策和各项惠民政策传达到千家万户,构建广泛的群众基础。全县639名各级人大代表和机关干部与711户群众结对认亲,办实事好事210件次,解决群众生产生活困难。

【乡(镇)人大工作指导】 2020年,乌什县人大常委会按照“重基础、促规范、求实效”的工作思路,指导乡(镇)人大工作,邀请乡(镇)人大主席参与调研、视察和执法检查等活动。加强乡(镇)人大工作和建设,推动代表之家、代表活动室等代表履职平台规范化制度化建设,提高代表履职素养和能力。以指导各乡(镇)召开人代会、主席团会议为契机,由县人大常委会领导带队,深入基层,了解掌握乡(镇)人大主席团工作中存在的困难和问题。加强与乡(镇)党委、政府的沟通协调,争取乡(镇)党委对人大工作的支持。利用下乡调研、执法检查等有利时机,采取召开座谈会、走访人大代表等形式,及时了解掌握乡(镇)人大工作面临的新问题、新情况,提出整改意见。坚持县人大常委会领导定点联系乡(镇)人大主席团制度,定期了解乡(镇)人大主席团阶段性工作开展情况和组织代表开展活动情况,征求乡(镇)人大主席的意见和建议,提高工作水平。定期组织乡(镇)人大主席开展以人大业务工作为主要内容的学习培训,提高乡(镇)人大主席指导人大主席团工作的能力。加强代表阵地建设,按照“十有”标准抓好代表“家、室、站”建设,明确联系乡(镇)的班子成员为第一责任人,全力做好代表联络站指导建设工作。年内完成6乡3镇、114个代表联络站建设,代表活动有序开展。

【个案、信访工作】 2020年,乌什县人大常委会加强人大信访接待工作,提高信访接待水平,将群众反映的共性问题、重点问题及时提交县人大常委会审议、监督,确保群众就业、就学、就医、住房等最直接、最关心、最现实的利益问题能够得到及时、妥善解决。县人大常委会班子成员经常深入乡(镇)严督实导,做好群众工作,帮助基层查找问题。利用执法检查、视察、调研等时机,主动指导基层干部做好做实群众工作,面对面向群众宣讲党的政策,扎实开展入户走访、结对帮扶工作,以实际行动践行总目标,发挥示范引领作用。当好群众的“调解员”,做好信访工作,及时答复、协调办理和督促解决群众的合理诉求,有效化解社会矛盾,促进社会和谐。

(供稿人:阿比旦木·阿布都如苏力)

乌什县人民政府

综　述

【政府常务会议】 2020 年,乌什县第十五届人民政府常务会议共召开 12 次。

1 月 26 日,乌什县第十五届人民政府第二十六次常务会议召开。会议主要学习《习近平对新型冠状病毒感染的肺炎疫情作出重要指示》(1 月 20 日新闻通稿)、《中央政治局常务会议研究新型冠状病毒感染的肺炎疫情防控工作重要指示》(1 月 25 日新闻通稿)等精神,听取《乌什县近期排查人员车辆流动的情况汇报》《乌什县生活、医疗物资储备情况汇报》等事宜。

2 月 8 日,乌什县第十五届人民政府第二十七次常务会议召开。会议主要学习《印发阿克苏地区关于应对新型冠状病毒感染的肺炎疫情 支持中小企业共渡难关若干政策的意见的通知》等精神,听取《乌什县疫情防控组工作开展情况汇报》《乌什县生活、医疗物资储备情况汇报》等事宜。

2 月 14 日,乌什县第十五届人民政府第二十八次常务会议召开。会议主要学习《习近平主持召开中央政治局常委会研究加强疫情防控工作》(新闻通稿)、《印发阿克苏地区关于应对新型冠状病毒感染的肺炎疫情支持中小企业共渡难关若干政策的意见的通知》等精神,听取《乌什县企业开复工准备情况汇报》《乌什县生活、医疗物资储备情况汇报》等事宜。

3 月 30 日,乌什县第十五届人民政府第二十九次常务会议召开。会议主要研究审议《关于将水帘洞景区规划范围内土地划拨给乌什县别跌里旅游建设投资有限责任公司的请示》《关于审议〈乌什县全域旅游总体规划〉等方案的请示》《关于审议〈关于组建乌什县丝路泉城旅游景区建设运营有限公司的协议〉的请示》《乌什县地震应急预案》《乌什县突发公共事件总体应急预案》《关于申请将奥特贝希乡 894 亩土地退出清理范围的请示》《关于乌什县奥特贝希乡加油站建设项目用地的请示》《关于阿合雅镇托万克阔克拉村一户多宅及闲置宅基地处置方案的请示》《关于办理乌什县消防救援大队等 3 宗国有土地供地手续的请示》《乌什县农村人居环境整治行动提升宅基地利用率指导意见》《关于办理奥特贝希乡等四乡一镇设施农用地手续的请示》《关于对乌什县沙棘产业园基础设施建设项目打井的请示》《乌什县工业园区创建自治区级园区规划编制进展情况》《关于计划实施乌什县 2020 年公租房建设项目的报告》《关于计划实施乌什县棚户区安置房建设项目的报告》《乌什县城区公共场所停车场收费实施方案》《关于成立乌什县阿合雅镇特色小城镇建设项目管理指挥部的实施方案》《关于提升城市品质规范城区沿街商铺门头牌匾的实施方案》《乌什县阿合雅镇新宜佳超市项目投资合同书》等事宜。

4月27日,乌什县第十五届人民政府第三十次常务会议召开。会议主要研究审议《关于对户籍制度改革提升城镇化率工作情况的通报》《关于申请发放2017年棚户区改造10万元以下拆迁补偿款的请示》《关于计划实施乌什县2020年保障性安居工程建设任务的报告》《九眼泉、喀什博依、英买力社区已购房需退款情况》《乌什县乡村公益性生态公墓管理(试行)办法》《乌什县进一步规范完善村规民约(居民公约)工作指导意见》《关于挂牌出让友谊路北侧6048.92平方米国有土地使用权的请示》《乌什县中央厨房项目》《乌什县3万吨玉米烘干加工项目》《乌什县奥特贝希乡生态治理废料处理项目》等事宜。

5月29日,乌什县第十五届人民政府第三十一次常务会议召开。会议主要研究审议《乌什县森林和草原火灾应急预案》《乌什县2020年区内协作项目资金电子商务产品包装体系建设项目实施方案》《乌什县餐旅净服务中心建设项目投资合同书》《关于将公租房资产管理、缴费工作移交县国有资产管理中心的报告》《关于拍卖国有经营性房屋资产实施方案的报告》《关于申请与乌什县华盛纺织签订合作协议有关情况的报告》《关于将乌什县城乡建设用地增减挂调剂资金建设项目(乡村教师周转房)与乌什县城乡建设用地增减挂调剂资金建设项目(小学教学及辅助用房)认定为同一个项目的请示》等事宜。

6月30日,乌什县第十五届人民政府第三十二次常务会议召开。会议主要研究审议《关于调整农业供水价格的报告》《关于实施乌什县托什干河秋格尔渠首上、下游清淤整治工程的报告》《乌什县防汛抗旱应急预案》《关于办理土地供应相关手续的请示》《关于乌什县远迈农林牧产业发展有限公司承包、管护土地的申请》《关于申请出租乌鲁木齐房屋资产的报告》《关于申请将乌什县政治学校综合培训楼建设项目部分变更及所增工程量拿出评审决算的请示》《关于投资建设乌什县工业园区加气站的报告》等事宜。

7月20日,乌什县第十五届人民政府第三十三次常务会议召开。会议主要研究审议《关于提请审议〈乌什县核算中心组建方案〉的报告》《关于成立乌什县水利工程划界确权工作领导小组的请示》《关于制定乌什县二手房交易区域性最低计税参考价的请示》《关于申请印发〈乌什县“万人千吨”集中式应用水源地环境问题“回头看”整改工作方案〉的请示》《关于办理土地供应相关手续的请示》《关于湖悦山色和锦绣佳苑小区公租房分摊面积的请示》《关于2020年自治区农村人居环境整治(农村改厕)奖补资金分配方案的报告》《乌什县教科局与新疆林业学校联合办学战略合作协议》《关于乌什县第四小学运动场建设项目变更规划的请示》《关于乌什县第一中学宿舍楼建设项目变更建设地点的请示》《关于回购乌什县第六幼儿园的请示》《关于对原食品公司猪场职工解决住房问题的报告》《关于追加乌什县2019年抵边自然村通硬化路英阿瓦提乡卡依奇岔口—阿热、亚喀艾日克—卡依其公路建设项目缺口资金的请示》《关于购买乌什县泉域星空国际冰雪旅游度假区建设项目(二期)设施设备的请示》《乌什县新型编织制品加工项目投资合同书》《乌什华盛纺织10万锭高支纱紧密纺棉纺扩建项目投资合同书》《10万锭高支纱紧密纺棉扩建项目投资协议》《乌什县英阿瓦提乡贡格拉提(5)村温室大棚投资项目合作协议》《乌什县年出栏20万只湖羊养殖基地建设项目》等事宜。

8月28日,乌什县第十五届人民政府第三十四次常务会议召开。会议主要研究审议《乌什县国民经济和社会发展第十四个五年规划纲要》《关于乌什县粮食政策性财务挂账贷款主体变更的请示》《关于办理喀尔巴格路西侧国有土地使用权出让手续的请示》《关于成立阿合雅镇土地清理专班的请示》《乌什县助推个体私营企业发展工作方案》《乌什县核桃加工投资项目合同》等事宜。

9月22日,乌什县第十五届人民政府第三十五次常务会议召开。会议主要研究审议《关于申请拨付2018年新一轮退耕还林工程项目资金的报告》《关于实施乌什县城区棚户区改造工作的报告》《乌什县"十四五"规划编制工作方案》《关于对全县19岁以下学生及60岁以上人群接种流感疫苗给予全额医疗救助的请示》《关于制定〈乌什县2020年农村乱占耕地建房问题整治工作方案〉的请示》《关于制定〈乌什县国土空间总体规划(2020—2035年)编制工作方案〉的请示》《关于办理土地供应手续的请示》《乌什县"新华·众创"就业创业孵化基地建设方案》《关于将乌什县使用就业资金管理的公益性岗位人员统一纳入劳务派遣管理的报告》《关于乌什县博物馆提升改造的申请》《关于将乌什县沙棘研究中心、沙棘苗圃中心纳入乌什县远迈农林牧产业发展有限公司统一管理的请示》《关于将部分单位搬迁至原职业中学集中办公的请示》《关于提请审议乌什县行政服务中心搬迁至原职业中学的请示》《关于2020年中央新增土地指标跨省域调剂收入安排的支出资金支持农村"厕所革命"整村推进项目奖补资金分配方案的报告》《乌什县纸箱包装项目投资合同书》《乌什县2万亩优质小麦良种繁育及加工基地建设项目投资合同书》《新疆乌什县年产500万件品牌服装项目投资协议书》《关于申请解决湖南天骄物流信息科技有限公司办公场所供排水、电的报告》《关于申请支付原格多莱年产600万件服装项目工程建设资金的报告》《关于协调办理2019年基建项目竣工规划认可书的请示》等事宜。

10月18日,乌什县第十五届人民政府第三十六次常务会议召开。会议主要研究审议《关于乌什县城市棚户区回购商品房安置价格的请示》《乌什县城市城区棚户区改造工作实施方案》《关于办理土地供应手续的请示》《关于撤销自然资源局做出〈收回国有土地使用权决定书〉的请示》《乌什县招商引资项目中介服务"一卡通"实施方案》《关于审批乌什县重点河(湖)岸线保护与利用规划的请示》

《关于审查〈乌什县水土保持规划(2020—2030年)〉的请示》《关于审批乌什县地下水资源评价报告的请示》等事宜。

10月30日,乌什县第十五届人民政府第三十七次常务会议召开。会议听取《关于公益性岗位人员清退工作的请示》《乌什县2020年上半年效能评价问题清单整改情况报告》,研究审议《关于拟设搅拌站选址的请示》《关于申请乌什县城区内两条道路进行改扩建的请示》《关于调整乌什县中心城区控制性详细规划前期工作推进协议书》《关于提请审议〈法律顾问合同〉的请示》等事宜。

【政府党组会议】 2020年,乌什县第十五届人民政府党组会议共召开20次。

1月18日,乌什县第十五届人民政府第五十五次党组会议召开。会议主要研究《关于伊斯热依力·吐尔逊等同志职务任免的通知》《关于如斯太木·亚森等同志职务任免的通知》《关于黄建霖、郑建林两名同志职务任免的通知》等事宜。

1月31日,乌什县第十五届人民政府第五十六次党组会议召开。会议主要研究《关于肖长明同志职务任免的通知》等事宜。

2月10日,乌什县第十五届人民政府第五十七次党组会议召开。会议主要研究《关于施建东等同志职务任免的请示》《关于艾克拜尔·艾则孜、王泽涛两名同志免职的请示》等事宜。

2月18日,乌什县第十五届人民政府第五十八次党组会议召开。会议主要听取相关工作汇报。

4月17日,乌什县第十五届人民政府第五十九次党组会议召开。会议主要研究《关于黄建霖同志任职的通知》《关于周建运同志职级晋升的通知》《关于萨迪尔·买买提等同志职务任免的通知》《关于奴荣沙·买买提、孙长满同志职务任免的通知》《关于贺宏坤同志免职的通知》《关于尹正护同志任职的通知》《关于丁永利等同志职务任免的通知》《关于樊东海等三名同志职务任免的通知》《关于调整乌什县十五届人民政府县长、副县长工作分工的通知(送审稿)》等事宜。

5月29日,乌什县第十五届人民政府第六十次党组会议召开。会议主要研究《乌什县加快推进国有企业退休人员社会化管理工作实施方案》《关于提请审议乌什县英阿瓦提乡撤乡建镇的请示》《关于提请审议乌什县阿克托海乡撤乡建镇的请示》《关于提请审议乌什县奥特贝希乡撤乡建镇的请示》《关于提请审议乌什县乌什镇南关村等7个村民委员会“撤村设居”的请示》《乌什县贯彻落实〈新疆维吾尔自治区关于进一步做好稳就业工作的实施意见〉的工作方案》等事宜。

5月29日,乌什县第十五届人民政府第六十一次党组会议召开。会议主要听取《乌什县上半年经济工作汇报》等事宜。

6月8日,乌什县第十五届人民政府第六十二次党组会议召开。会议主要研究《关于提请审议加快推进“撤村设居”等相关工作提升乌什县城镇化率的请示》等事宜。

6月28日,乌什县第十五届人民政府第六十三次党组会议召开。会议主要研究《关于阿吉然木·吐尔逊等九名同志职务任免的通知》《关于冯旺华等十七名同志职务任免的通知》《关于周建运同志职级的通知》《关于赵英同志职务任免的通知》《关于徐国强等二十一名同志职务任免的通知》《关于调整乌什县十五届人民政府县长、副县长工作分工的通知(送审稿)》等事宜。

7月22日,乌什县第十五届人民政府第六十四次党组会议召开。会议主要听取《县直部分单位2020年上半年意识形态工作责任制落实情况》等事宜。

7月22日,乌什县第十五届人民政府第六十五次党组会议召开。会议主要听取《乌什县近期疫情防控工作开展情况》事宜。

7月22日,乌什县第十五届人民政府第六十六次党组会议召开。会议主要研究《关于郭洪涛、木合甫力·甫拉提两名同志职务任免的通知》《关于乔琦、刘东两名同志职务任免的通知》《关于阿不力米提·吾普尔同志职务任免的通知》《关于王锁等四名同志职务任免的通知》《关于张辉同志职级的通知》等事宜。

8月20日,乌什县第十五届人民政府第六十七次党组会议召开。会议主要研究《关于给予阿孜古丽·图尔荪同志党内警告处分的请示》《关于王俊峰、徐国旗两名同志职务任免的通知》《关于许迎君等六名同志职务任免的通知》等事宜。

8月30日,乌什县第十五届人民政府第六十八次党组会议召开。会议主要听取《乌什县经济工作开展情况》等事宜。

9月8日,乌什县第十五届人民政府第六十九次党组会议召开。会议主要学习《自治区党委常委(扩大)会议精神》(新闻通稿)、《关于印发〈浙江省对口支援新疆阿克苏地区项目管理办法实施细则〉等4个文件的通知》、《关于援疆项目联合调研情况的通报》等内容。

9月17日,乌什县第十五届人民政府第七十次党组会议召开。会议主要研究《关于张喜贵等同志职务任免的通知》等事宜。

9月26日,乌什县第十五届人民政府第七十一次党组会议召开。会议主要研究《关于王国良同志职务任免的通知》等事宜。

10月9日,乌什县第十五届人民政府第七十二次党组会议召开。会议主要研究《关于马晓红等同志职务任免的通知》等事宜。

11月27日,乌什县第十五届人民政府第七十三次党组会议召开。会议主要研究《关于阿合雅镇敬老院等4所福利机构进行法人注册登记的请示》《关于刘莉同志免职的通知》《关于庄兴亮同志任职的通知》《关于吐尼沙克孜·艾力同志任职的通知》《关于买买提·木尔扎提同志任职的通知》等事宜。

12月28日,乌什县第十五届人民政府第七十四次党组会议召开。会议主要研究《关于凯银肉业土地出让金享受相关优惠政策的请示》《关于申请印发〈乌什县党政机关事业单位工作人员差旅费管理相关事项通知〉的报告》等事宜。

【政府脱贫攻坚专题会议】 2020年,乌什县第十五届人民政府脱贫攻坚专题会议共召开12次。

1月15日,乌什县人民政府第一次脱贫攻坚专题会议召开。会议主要研究审议《乌什县2020年自治区提前告知专项扶贫资金项目计划》等事宜。

2月27日,乌什县人民政府第二次脱贫攻坚专题会议召开。会议主要听取《乌什县扶贫项目资产登记清理工作情况汇报》《乌什县2020年扶贫资金项目进展情况汇报》《乌什县疫情期间2020年扶贫项目招投标工作情况汇报》《关于扶贫小额信贷工作的报告》《乌什县2020年扶贫项目库编制和2020年扶贫项目安排情况汇报》等汇报。

3月27日,乌什县人民政府第三次脱贫攻坚专题会议召开。会议主要听取《2020年扶贫项目实施进度推进情况》《扶贫资金项目进展情况》《扶贫资金拨付情况》《2020年扶贫项目招投标情况》《区内协作资金项目安排情况》《2020年度中粮集团定点扶贫项目计划安排情况》,研究审议《乌什县2020年区内协作扶贫工作方案》等事宜。

4月27日,乌什县人民政府第四次脱贫攻坚专题会议召开。会议主要听取《扶贫资金项目进展情况》《扶贫资金拨付情况》《2020年扶贫项目招投标情况》《2020年扶贫项目实施进度推进情况及乌什县2020年度财政专项资金安排项目计划表》,研究审议《乌什县菌类培育室项目投资合同书》等事宜。

5月29日,乌什县人民政府第五次脱贫攻坚专题会议召开。会议主要研究审议《乌什县2020年度财政专项扶贫结余资金第二批项目计划》,听取《2020年财政专项扶贫资金商铺、夜市项目验收情况》《乌什县2020年专项扶贫资水利交通类项目情况》《乌什县2020年专项扶贫资金入户类项目验收情况》等事宜。

6月29日,乌什县人民政府第六次脱贫攻坚专题会议召开。会议主要听取《2020年扶贫项目实施进度推进情况》《扶贫资金项目进展情况》《扶贫资金拨付情况》《2020年扶贫项目招投标情况》等事宜。

7月22日,乌什县人民政府第七次脱贫攻坚专题会议召开。会议听取《2020年乌什县财政扶贫资金支付情况》《2020年房建、农业设施类项目验收情况》《2020年扶贫资金交通水利类项目验收情况汇报》《乌什县2020年入户类扶贫资金项目抽验情况》等事宜。

8月28日,乌什县人民政府第八次脱贫攻坚专题会议召开。会议听取《乌什县历年受益类扶贫资产运行情况》《2020年扶贫项目招投标情况》等事宜。

9月22日,乌什县人民政府第九次脱贫攻坚专题会议召开。会议听取《农业农村局重点项目推进情况》《2020年扶贫项目招投标情况》《2020年扶贫项目资金拨付情况》《乌什县2021年脱贫攻坚项目库备案情况》《2020年度中粮集团定点扶贫项目计划安排情况》等事宜。

10月18日,乌什县人民政府第十次脱贫攻坚专题会议召开。会议听取《农业农村局汇报重点项目推进情况》《商信局汇报重点项目推进情况》《2020年扶贫项目资金拨付情况》等事宜。

11月27日,乌什县人民政府第十一次脱贫攻坚专题会议召开。会议主要听取《2021年扶贫资金项目前期工作推进情况》《2021年扶贫项目前期工作开展情况》等事宜。

12月28日,乌什县人民政府第十二次脱贫攻坚专题会议召开。会议主要听取《乌什县脱贫攻坚"冬季攻势"工作情况》《2021年扶贫项目前期工作开展情况》等事宜。

【"六型"政府建设】 2020年,乌什县政府办以推进国家机构职能优化、协同高效为着力点,完善"六型"政府建设工作制度,明确建设方向、重点和标准,对"六型"政府建设开展情况及时掌握,梳理收集相关材料,全年筹备相关会议10次。深化"放管服"改革攻坚,将4052项证明材料压缩至2768项,办理时限压缩40%以上,个别达80%以上。企业和群众到服务窗口办理事项提供材料减少68%,顺利完成精简率60%以上的目标任务,实现网上可办理事项率98%以上,网上申办事项率35%以上。优化办事流程,实行联审联办,推进政务信息互认共享,基本实现政务服务事项"一网办理"。落实"应进尽进"原则,3871项行政审批事项进驻县行政服务中心大厅。

【人大议案、建议办理】 2020年,乌什县人民政府办理人大《关于整合教育资源实现均衡发展》《关于给乌什镇辖区内廉租房、公租房安装天然气》《关于深入实施乡村振兴战略,持续推进美丽乡村建设,逐步改善人居环境》议案3件。办理人大《关于在村庄道路安装路灯的建议》《关于建造殡葬服务中心的建议》《关于修建桥梁和防渗渠,解决亚曼苏乡喀拉玉尔滚主干渠水源的建议》《关于修建永久性防洪坝的建议》《关于扩建部分村会议室和办公室,修建村民小组活动中心的建议》《关于修建、扩建村组路段,对损毁路段进行维修的建议》《关于提高村干部工资待遇,加强基层干部的关心关爱的建议》《关于安装电表箱、变压器的建议》《关于安装小喇叭的建议》《关于在亚曼苏乡阿依丁村3组建立幼儿园的建议》《关于保护亚曼苏乡托什干河两岸沙棘林地的建议》《关于在亚曼苏乡建立屠宰场,给英阿瓦提乡的部分村组配备畜牧人员的建议》《关于解决改善人居环境整治资金的建议》《关于合理调整房屋拆迁评估价的建议》《关于合理调整新华小区物业费、规范物业管理,解决乌什镇辖区的燕山小区、工商局家属院地下室漏水情况的建议》《关于简化新农合转院手续,改善村级卫生室医疗条件的建议 》《加强安全生产方面的建议》《关于解决农田灌溉缺水、规划土地的建议》《关于要求及时发放劳务工资及公益性岗位工资的建议》《关于解决生活垃圾、修建公共厕所的建议》《关于对政府储备的用地进行绿化的建议》建议21件。

【政协提案、建议办理】 2020年,乌什县人民政府办理政协《关于进一步加大人居环境整治力度的提案》《关于进一步规范居民小区消防建设的提案》《关于协调解决乌什县快递包裹城区配送的提案》《关于进一步提升旅游景区环境质量的提案》《关于规范县城内交通车道分界标志线(车道中心双虚线)的提案》《关于进一步加大道路环境整治力度,改善通行条件的提案》《关于维修城区人行道的提案》《关于协调新疆浩源天然气乌什县分公司增加购气点的提案》《关于提高小区物业管理服务质量的提案》《关于进一步做好未成年人生理健康工作的提案》《关于进一步提高乡(镇)卫生院服务水平的提案》《关于城区未接通天然气的小区住户接入天然气的提案》《关于进一步发展规模化牛羊养殖的提案》《关于发展"农家乐"提高农牧民收入的提案》《关于将英阿瓦提乡贡格拉提村防洪坝项目列入计划并实施的提案》《关于加强职业技能培训,拓宽农牧民就业渠道的提案》《关于解决部分沿街商铺占道经营问题的提案》《关于在城区及各乡(镇)人流量大的区域合理设置停车位和停车场的提案》《关于在各乡(镇)中心地段(巴扎)修建标准公厕的提案》《关于尽快给拆迁户分配楼房的提案》《关于进一步加强市政工程建设管理的提案》《关于修建传染病专科医院、增加结核病隔离治疗点医疗服务项目,进一步做好肺结核病等传染病防治工作的提案》《关于进一步规范管理殡葬服务中心的提案》提案23件。办理政协《关于对热斯太东山头路段人行道进行硬化的建议》《关于乌什县园丁小区物业管理权限移交给永鑫物业公司的建议》建议2件。

(供稿人:贺鹏举)

办公室工作

【概况】 2020年,乌什县人民政府办公室(信访局)(以下简称乌什县政府办)核定编制42名,其中行政编制20名、事业编制10名、机关工勤事业编制12名。实有40人,其中行政编制人员18人、事业编制人员10人、机关工勤事业编制人员12人。内设行政办公室、信息室、督查室、机要室、政务服务办公室、信访接待中心、外事工作办公室。下设事业单位1个,即机关事务服务中心。

【文秘工作】 2020年,乌什县政府办严格落实基层减负工作,进一步完善公文办理制度,坚持从严、从精、从快的原则,力求每一份公文都政策清楚、逻辑严密、格式规范、准确及时,全年共起草编发县政府及办公室各类文件117件。抓好事务组织协调,配合相关部门完成上级和援乌单位领导调研视察及接待服务工作,筹备各类会议60场次,落实领导交办的日常事务。

【信访工作】 2020年,乌什县政府办统筹信访部门按照《关于乌什县委、人大、政府、政协领导2020年信访接待日工作安排的通知》,压实领导干部信访工作责任,压实首接首办责任,坚持落实初信初访一次性办结率100%,努力推动信访形势持续好转。年内共有22名县级领导亲自参与一线接访,受理群众来访问题25件,已全部化解。推进多部门联合接访机制,联合16个县直部门对80件信访问题进行综合协调办理。加强对重点信访工作的跟踪督查,推动信访工作责任落实到位,推动问题整改销号,县级领导包案15件信访问题,化解12件,办结3件。按照属地管理职责,增强依法分类处理信访问题效率,积极开展面对面思想教育引导。动态跟踪摸排群众各类矛盾纠纷127件,化解率100%。

【机关事务管理】 2020年,乌什县政府办统筹机关事务管理办公室强化政府后勤保障管理,健全体制机制,杜绝浪费,严格落实中央八项规定及其细则和中央、自治区、地区公务接待管理规定。办公用房推行综合办公区模式,按标准分配,清查排查党政机关办公用房和办公区外技术业务用房总数,办公用房数量117个,用地面积20.02公顷,总建筑面积14公顷,办公用房建筑面积13.54公顷,技术业务用房建筑面积0.01公顷。公务用车安全合规,全县实有公务用车446辆(一般公务用车185辆、执法执勤用车163辆、特种专业技术用车98辆),全部录入公务用车信息化管理平台。机构节能氛围优良,在乌什电视台播放节能专题节目71期次,播放公益广告440条次。

【外事工作】 2020年,乌什县政府办统筹外事办持续做好到乌什外籍人员服务管理,落实请示报告制度,及时报备人员信息,确保服务管理工作稳妥有序,无漏管、失控现象。年内,协调解决疫情期间到乌什探亲外籍人员困难诉求1条,核实2名到乌什外籍人员信息。全面梳理在乌什外籍人员、乌什县籍海外人员身份信息,主动做好辖区内海外人员及国内亲属的服务工作,及时关注当地海外人员的动向,无涉外矛盾纠纷发生。加强外事工作的宣传力度,制定《乌什县海外人员及国内亲属宣传教育方案》,派专人经常性深入涉边各行政村、山口农牧民群众中,开展边境安全知识宣传,累计发放宣传单2000张,对临界人员和边民面对面开展边界政策法规宣传教育10次。

【电子政务管理】 2020年,乌什县政府办统筹电子政务办开展网站栏目普查,开设《抓紧抓实抓细各项防控工作》《分区分级精准复工复产》《英雄的城市 英雄的人民》《国家安全教育》《权威访谈》等专题栏目。年内完成更新发布信息4165条,主动公开76条,依申请公开1条,办结书记信箱来信29条、县长信箱来信146条。

(供稿人:贺鹏举)

政务服务

【概况】 2020年,乌什县行政服务中心坚持以简政放权放出活力和动力,以创新监管管出公平和秩序,以优化服务服出便利和品质为目标,将深化"放管服"改革作为转变政府职能的"先手棋",着力为企业"松绑",为群众"减负",努力建设人民满意的"服务型"政府。

【"放管服"改革】 2020年,乌什县行政服务中心建立健全推进政府职能转变和"放管服"改革协调领导小组日常运行机制,认真落实月调度、季度会议机制,定期通报改革工作进展情况。梳理汇总全县"放管服"改革重点任务清单,对照"服务型"政府建设要求和攻坚目标进行补充完善,研究确定6个专题组职责,对58项重点任务“对号入座”,明确目标、细化分工,实行台账销号管理。各牵头单位制定本组改革重点任务方案,加强组织领导,健全工作机制,加快推进“服务型”政府建设,统筹推动改革各项任务落实到位。年内58项重点改革任务清单,完成55项,持续推进3项。

【精简办事流程】 2020年,乌什县行政服务中心组织县域具有行政审批职能的部门对权责事项进行精细化梳理,对电子证照信息进行梳理录入;梳理完成33家单位权责事项820项,对各事项办事指南进行修订完善,明确事项设定依据、申请材料、办结时限、收费依据和标准、办理方式、咨询电话等要素;4月公布全县“最多跑一次”高频事项100项,进一步减少办事流程和环节,切实提升办事效能。推进“13345”专项改革,“1”,即落实全县“一张网”自治区政务服务网办事;“3”,即企业开办,县市监、公安刻章、社保、税务、银行开户3天完成;“3”,即投资项目办理不动产3天完成;“45”,即投资项目自立项到取得施工许可证45天完成。进一步优化办事流程,整合涉及多部门事项的共性材料,推行联审联办,通过“一表申请”,推进政务信息互认共享。推行“一窗受理”,把统筹推进服务窗口、政务服务平台、审批标准、网络数据的行政审批服务“四集成”改革作为“最多跑一次”改革的主抓手,倒逼各部门减权、放权、治权,初步实行“一窗受理、集成服务、统一出件”模式,打破传统政府部门碎片化服务,以整体政府集成的模式向社会提供政务服务,全县33家单位759项事项初步实现“一窗受理、集成服务”。

【“减证便民”行动】 2020年,乌什县行政服务中心开展“减证便民”行动,对涉及企业和群众在办事创业过程中的各类证明和盖章环节进行专项清理,解决企业和群众办证多、办事难问题。组织各窗口部门结合权责清单梳理规范办事指南,凡办事指南需提交资料以外的证明,一律不得要求办事群众、企业提供,有效杜绝“奇葩证明、循环证明、扯皮证明、无为证明”等问题。设置便民服务台、咨询导引台,大厅志愿服务者主动为办事的书写困难者、残疾人等解决办理过程中的困难和问题。

【公共资源交易】 2020年,乌什县行政服务中心强化服务,高效完成各项招投标任务。年内办理进场交易项目624宗,其中房屋建筑类项目195宗,中标价总额5.38亿元;交通工程类项目116宗,中标价总额3.04亿元;水利工程类项目28宗,中标价总额0.47亿元;政府采购项目285宗,中标价总额3.16亿元;累计节约财政资金1.34亿元,节约率10%,有效降低财政支出。严格执行《中华人民共和国招标投标法》《中华人民共和国政府采购法》,规范各类招标工作流程。按照“集中交易、集中监管”的原则,将限额以下的各类房屋、市政、水利、交通建设项目招投标、政府招投标等公共资源交易统一在乌什县公共资源交易中心进行,完善操作规程,确保各类招投标项目公开、公平、公正。

【优化服务体系】 2020年,乌什县行政服务中心按照“应进必进、进必授权”的原则,将具有行政许可、行政确认、其他行政权力及公共服务等政务服务、便民服务事项的窗口单位统一集中到行政服务大厅办公。完善《乌什县行政服务中心进驻部门窗口工作人员行为规范》《关于实施行政审批一次性告知制度的实施细则》等规章制度,加强窗口工作人员的管理,规范行政服务中心办事大厅工作,提高行政服务效能。年内应进驻单位 33 个,实际进驻单位 15 个,单位进驻率 48%;应进驻事项 820 项,实际进驻事项 759 项(即办件 260 项),进驻率 92%。按照“程序最简、资料最少、收费最低、时限最短”的要求,对全县审批事项进行“时限再减、流程再造”,放宽准入条件,开展减证便民专项活动,梳理清理前所需证明材料 4052 项,清理后所需证明材料 2768 项。推进政务服务网上可办,用好“新疆政务服务网”,要求审批事项全部“入网”,推动各单位引导群众注册新疆政务服务网账号,年内全县个人账号注册 2.2 万人,市场主体法人账号注册 1236 人。群众和企业均可在网上预审预约,变“面对面审批”为“网对网审批”,实现足不出户就能办成事。全县政务服务事项 759 项,网上可办事项 759 项,可办率 100%;企业、群众在行政服务大厅办结事项 5.82 万件,通过网上大厅办结事项 2.18 万件,网上申办率 37%。

(供稿人:李冀川)

退役军人事务

【概况】 2020 年,乌什县退役军人事务局核定编制 5 名,其中领导职数 2 名,实有 4 人。内设综合办公室、财务室、退役军人服务中心 3 个股室。

【创业就业】 2020 年,乌什县退役军人事务局研究制定《关于促进新时代退役军人就业创业工作的实施意见》,宣传、引导退役军人转变就业观念,鼓励就业创业。结合地区开展的退役士兵免费教育培训工作,鼓励未达成就业协议人员报名参加免费技能培训。按照《新疆维吾尔自治区自主就业退役士兵一次性经济补助发放管理办法》,为接收自主就业退役士兵发放一次性经济补助。协调解决遗留问题,为上年度退役士兵发放一次性经济补助,促进退役士兵自主就业工作纵向发展。

【双拥工作】 2020 年,乌什县退役军人事务局组织开展春节走访、座谈慰问、清明祭扫、光荣牌悬挂、“八一”及双拥晚会、国庆慰问、发放纪念章、烈士公祭日等双拥褒扬活动,续写“继承先烈遗志,爱我人民爱我军,军民同呼吸、共命运、心连心”的双拥模范创建新篇章。落实拥军优先优惠措施,协调各部门设置“军人优先”标识,帮助解决现役军人家属随迁及子女入学入托等困难。与县交通运输局沟通协调,投入资金修建道路,打通军民情感沟通“最后一公里”。协调部队为对口帮扶点捐赠羊、驴及学习用具、衣服等,促进双拥工作融合发展。

【优抚工作】 2020 年,乌什县退役军人事务局定期发放重点优抚对象生活补助,投入资金为贫困优抚对象购买御寒棉衣,确保退役军人优抚对象及贫困退役军人温暖过冬。根据《士兵退役安置条例》,协调解决义务兵优待金,发放退役士兵一次性经济补助和自主择业退役士兵取暖费。对残疾军人换证、伤残警察评定、因公致残国家工作人员进行统一申报、统一审批。协调县中医医院为退役军人进行有针对性体检,及时收集、了解困难和问题,解难题、办实事。

(供稿人:马慧英)

大数据发展服务

【概况】 2020年5月,成立乌什县大数据发展服务中心(简称乌什县大数据中心),核定编制5人,其中领导职数3名(正科级2名、副科级1名),首任乌什县大数据中心主任郭书振。10月,成立乌什县大数据发展服务中心党组。

【基础设施建设】 2020年,乌什县大数据中心实施互联网出口整合,拓宽政务外网接入范围,将县直单位及乡(镇)统一接入电子政务外网公共服务域,实现全县各级政务部门电子政务外网全覆盖。电子政务外网公共服务域具备以多协议标签交换虚拟专网技术(MPLS VPN)等形式对政务部门特殊业务需要提供支撑的能力,实现与国家、自治区、地区电子政务外网互联互通。制定乌什县信息资源整合和迁移方案,在全县范围内开展机房摸底摸排工作,配合地区大数据中心完成整合迁移前期工作。年内迁移机房6个,完成基础数据摸排上报。

【政府门户网站管理】 2020年,乌什县大数据中心强化网站运行、维护的监督管理,组织开展网站栏目普查。开设《抓紧抓实抓细各项防控工作》《分区分级精准复工复产》《英雄的城市 英雄的人民》《国家安全教育》《权威访谈》等专题栏目,年内更新发布互联网信息4165条,其中主动公开信息564条、依申请公开信息30条;办结书记信箱来信29条、县长信箱来信146条。加强网站日常监测,及时组织开展空白栏目、更新不及时栏目、错别字及暗链、伪链问题整改。强化门户网站安全防护,组织开展网站漏洞检测和隐患排查,完成网站安全隐患修复,完成网站渗透测试与整改。

【政务公开】 2020年,乌什县大数据中心细化工作任务,明确工作责任,推动政务公开工作有序开展。及时更新政府门户网站政务动态、政务公开、政民互动等主要栏目,主动公开县政府规章、规范性文件、普通文件和政府常务办公会议等重大决策,对公众关心的惠民惠农政策、公开财政预决算、“三公”(因公出国、公务车购置及运行、公务接待)经费等相关信息进行网上解读。及时公开政府部门管理职能及人事调整、变动情况,公开公务员考试录用实施意见、实施方案、招录简章等信息。年内乌什县政府门户网站发布主动公开政府信息500余条,其中主动公开政府及各单位正式文件100余条,含职能类、重大决策类、人事管理类、工作动态类等,应主动公开信息公开率和备案率均达到100%。

【网络安全】 2020年,乌什县大数据中心健全网络安全工作体系,完善网络安全规章制度,定期组织应急演练,确保有能力应对各类突发事件。强化技术手段,充分利用设备、链路备份冗余技术,科学配置网络设施安全策略,全面部署网站系统安全监测服务,提升加固互联网出口安全防护。实行核心机房日常巡检制度,及时发现并解决机房UPS功率模块和电源模块问题。规范网络运行,维护服务流程,加快响应速度,提高处置效率,组织开展网络运维、故障排查30次,解决无线局域网络服务故障12起,检查整改门户网站安全技术漏洞3次,紧急处理网络安全事件1起。

(供稿人:艾力夏提)

应急管理

综　述

【概况】 2020年,乌什县应急管理局实有12人。其中领导3人,主任科员1人,干部8人。

【“安全生产月”活动】 2020年,乌什县应急管理局以“消除事故隐患、筑牢安全防线”为主题,举办安全生产宣传咨询活动,悬挂宣传横幅19条,展出宣传及警示教育板面24块,设立安全生产咨询服务台23个,发放宣传材料6000余份,接受群众现场咨询260人次;开展安全宣传进企业活动207场次,参与32056人次;进农村活动482场场,参与24732人次;进社区活动54场次,参与3194人次;进学校活动423场次,参与173073人次;进家庭活动547场次,参与29683人次。

【应急救援体系建设】 2020年,乌什县应急管理局积极开展应急演练工作。2月,在县委四楼会议室组织相关单位开展地震应急桌面演练;“5·12”防灾减灾日及第31个国际减灾日活动期间,组织开展全县性应急综合实战演练,各乡(镇)、单位及学校、医院等在人员密集场所开展应急演练;全年共开展安全生产教育培训及咨询活动95场次,参与群众1.2万人次。推进老旧危楼安置转移工作,城区老旧房41栋,其中空心板办公楼14栋、住宅楼27栋,涉及596户1701人。根据前期工作安排,对14栋空心板办公楼相关单位进行搬迁,暂时无法拆除的做夜间无人化处理,将涉及的596户1701名居民分批进行安置。

【安全隐患排查治理】 2020年,乌什县应急管理局对道路交通、食品、消防、特种设备、危险化学品、建筑施工等重点行业领域及重点部门、重点岗位、重点环节开展安全生产隐患排查治理和安全生产大检查工作,共成立检查组1249个,检查基层单位3265家次,检查生产经营单位12981家次,排查风险隐患6544项,整改6269项,下发执法文书581份,处罚34.9万元。根据历年地质灾害频发的特征,加强输油气管线、尾矿坝等重点部位的管理和维护,对供水、供电、供气等危险源进行排查,防止地质灾害引发次生灾害。

【"1+X"专委会运行】 2020年,乌什县应急管理局对县安委会和"1+6"安全生产专委会进行调整优化,成立6个安全生产专委会,明确县安委会、各专委会及其主任、副主任工作职责、议事规则,落实专委会办公室及工作人员,细化县安委会与各专委会、安委会成员单位的关系和督办流程,理清安全生产综合监管与行业监管关系,强化综合监管职能。指导和督促各专委会牵头单位严格落实"1+X"专委会会议制度,每月定期组织召开工作例会,听取成员单位安全生产工作汇报,全面掌握所属行业领域安全生产工作情况,研究分析解决安全生产重点难点,为县委、县政府提出建议对策,形成专委会抓安全生产常态化工作格局。强化督查检查,定期由县分管领导组织,对6个安全生产专委会统筹协调作用发挥和重点工作开展情况进行督促检查,要求各专委会牵头单位切实加强对本行业领域安全生产工作的组织协调,督促各成员单位落实安全生产监管职责。依托县安委办"1+X"专业委员会载体,采取"风险研判+隐患排查"的模式,促进防灾减灾救灾工作纵深发展、全方位渗透、全行业推行。

【应急资源调拨储备】 2020年,乌什县受灾人口14926人,农作物受灾面积4050.15公顷,一般损坏房屋33间,直接经济损失1936.48万元,其中农业损失1616.48万元。乌什县应急管理局向地区争取2020—2021年度中央冬春救助资金230万元,向有关乡(镇)和单位调拨帐篷258顶、棉大衣70件、被褥100套及其他应急物资,全面做好受灾群众冬春救助工作。

【应急预案修订】 2020年,乌什县应急管理局结合实际情况,充分与上级部门对接,征求相关单位意见,按照《中华人民共和国防震减灾法》、《破坏性地震应急条例》及国务院第708号令的要求,重新修订各类应急预案。通过反复论证,完成162个应急预案报审工作并汇编成册,从制度层面规范和明确各部门在应急救援过程中的职责,确保调度统一、高效运转。

(供稿人:郭志华)

消　防

【概况】 2020年,乌什县消防安全重点单位42家(县级),办理公众聚集场所投入使用、营业区消防安全检查6起。年内全县发生火灾57起,无人员伤亡,直接财产损失46.85万元,与上年同期相比,火灾起数上升15.68%,直接财产损失上升15.1%。未发生较大以上火灾事故,消防安全形势持续平稳。乌什县消防救援大队(以下简称乌什县消防大队)有人员30人,其中指挥员7人、消防员7人、合同制消防员10人、辅助类消防员2人、消防文员4人。

【消防监督检查】 2020年,乌什县消防大队持续加大风险隐患治理,开展关于深化整治损害群众利益打通"生命通道"集中攻坚行动,会同县住建部门制定老旧小区"一区一策整改方案",协同公安交管部门下发《关于建立联合执法机制集中查处停车占用消防车通道行为的通知》，加大联合执法力度。开展消防安全专项整治三年行动，重点对高风险场所开展消防安全专项整治，建立隐患整改台账。开展疫情防控常态化下消防安全工作，做好重点场所消防技术指导服务，确保辖区火灾形势稳定。年内共检查社会单位217家，发现并督促整改火灾隐患88处，下发责令限期改正通知书49份，下发行政处罚决定书1份，责令“三停”单位1家，罚款5000元。

【消防宣传】 2020年，乌什县消防大队深入开展消防宣传“五进”(进社区、进学校、进企业、进农村、进家庭)活动，与县教科局联合部署开展中小学校园消防安全宣传教育活动，对15所中小学校、幼儿园配备兼职消防辅导员。联合团县委，开展消防宣传教育拓展活动，建立长效合作机制，督促社会单位人员利用“消防知识培训”微信小程序开展线上培训。推动县委宣传部开展“消防志愿者”注册工作，组织开展“119”消防宣传月、“安全生产月”等宣传教育活动。通过乌什县融媒体中心、“乌什好地方”App等平台录制播放冬季消防宣传提示12条。累计开放消防站10次，发放消防宣传品8000份，公众消防常识知晓率全面提升。

【业务训练】 2020年，乌什县消防大队深入开展防火岗位大练兵活动，按照消防监督、法制、火调、宣传等岗位，开展专业技能培训，消防大队监督员、消防文员集中培训累计6天。坚持每日开展体能训练，每周开展体能考核，每月综合比训，拍摄体能训练示范片，紧盯冬训、夏训考核科目内容，提升科学组训、施训水平，夯实应急救援体能基础，提升全员战斗力。持续贯彻《消防安全责任制实施办法》，形成政府抓面、行业抓线、消防抓点，责任明晰、协调联动、狠抓落实的新格局，不断深化消防执法规范化建设，持续推进“双随机一公开”监督抽查工作。

【装备配置】 2020年，乌什县消防大队协调县应急管理局完成“轻骑兵”前突小队建设任务，向政府申请经费4.4万元购买“轻骑兵”前突小队装备；争取援乌资金20万元，推进消防科普教育基地建设，用于场馆设备采购；协调县抗震救灾专项经费13.5万元，采购消防救援装备11类135件，全县消防救援力量进一步增强。

【队伍建设】 2020年，乌什县消防大队深入开展“践行训词精神，担当神圣使命，坚持五个不动摇”教育实践活动，以《习近平总书记为国家综合性消防救援队伍授旗训词精神学习辅导读本》、《习近平谈治国理政》第三卷作为基本教材，开展专题学习教育，制作专题课件4个，开展书记授课2次。坚持以“班子廉政、干部廉洁、队伍风正”为准绳，把党风廉政建设和反腐败工作纳入党委重要议事日程，完善党风廉政教育机制、执法活动监督机制、人财物管理监督机制、党风廉政建设考核机制。将廉政教育列入年初政治教育总体规划，开展党风廉政教育月、警示教育等活动，组织指战员、消防文员参观警示教育基地2次，观看《警钟》《永远在路上》《警惕网络陷阱》《手莫伸》等警示教育片,指战员、消防文员遵章守纪意识、党员身份意识和为民服务意识明显增强。

【拥政爱民】 2020 年,乌什县消防大队积极开展“民族团结一家亲”活动,走访慰问合同制消防员家庭 10 次,走进福利院开展慰问帮扶 4 次,进一步提升大队党委关心基层、为民服务的宗旨意识。组织指战员开展“身边人讲身边事、身边事教身边人”教育活动,开展“红门读书会”8 次,不断强化正面引导,用真实事迹感染和激励全体指战员的责任感和荣誉感。积极创建地区级“文明单位”,使“火焰蓝”形象深入人心。

(供稿人:何　晶)

政协乌什县委员会

综　述

【概况】 2020年，乌什县政协贯彻“长期共存、互相监督、肝胆相照、荣辱与共”的方针，按照“尽职不越位、帮忙不添乱、切实不表面”的工作原则，围绕党政中心工作，发挥政协“人才济济、位置超脱、联系面广、渠道通畅”的特殊优势，积极参与乌什县精神文明和物质文明建设，在经济发展、农业生产、扶贫帮困、植树绿化、抗洪救灾、企事业改革、旅游开发、招商引资、文化体育、民族宗教、长治久安等各方面履行政治协商、民主监督和参政议政职能，围绕全县中心工作和与人民群众生活密切相关的重大问题，履行职责、建言献策，团结带领各族各届政协委员和各界爱国人士，增强民族团结，维护祖国统一，巩固和发展爱国统一战线，为促进乌什县经济社会不断发展发挥重要的参谋助手作用。年内，乌什县政协办公室实有行政编制人员12名，工勤人员1名，合同制工人3名。

【政协委员会议】 2020年5月10—12日，政协乌什县第十四届委员会第六次会议召开。会议听取和审议政协乌什县第十四届委员会常务委员会工作报告，听取和审议政协乌什县第十四届委员会常务委员会关于十四届四次会议以来提案工作情况的报告；列席乌什县第十五届人民代表大会第五次会议，听取和协商讨论政府工作报告及其他有关报告；选举政协乌什县第十四届委员会主席1名、副主席1名、秘书长1名、常务委员3名；审议通过政协乌什县第十四届委员会第六次会议关于常务委员会工作报告的决议，审议通过政协乌什县第十四届委员会第六次会议关于十四届四次会议以来提案工作报告的决议，审议通过政协乌什县第十四届委员会第六次会议政治决议，审议通过政协乌什县第十四届委员会提案审查委员会关于十四届六次会议提案审查情况的报告。

【政协主席会议】 2020年5月1日，政协乌什县第十四届委员会第十二次主席会议召开。会议研究取消和递补政协委员相关事宜，研究政协乌什县第十四届委员会第六次全体委员会议事宜，研究确定第十一次常委会议有关事宜。

重要活动

【参政议政】 2020年，乌什县政协围绕脱贫攻坚成效巩固、重大项目落地建设、产业集群发展、养老服务体系、筑牢中华民族共同体意识等议题，通过召开常委会议、主席会议进行专题协商,组织政协委员与相关部门开展对口协商、界别协商,全年开展各类协商活动13次。参加商业布局、“十四五”规划等专题会议,掌握县委、县政府重大决策部署,为开展协商式监督奠定基础;围绕温室大棚、棚户区改造等重点项目落地建设开展协商监督,提出意见建议,为加快建设进度、提高建设质量起到有效的监督作用;围绕企业复工达产,每月到企业联系服务、走访调研,了解企业生产经营状况,帮助企业协调解决用工难、销售难、资金紧张等问题。组织政协委员参与“六型”政府评议、国家司法救助公开听证会等活动10场次,充分发挥政协委员民主监督作用。围绕巩固提升脱贫攻坚成效开展督导,3名党组成员、3名专委会负责人常驻乡村一线抓扶贫,向基层干部教方法、为贫困群众谋富路。组织发动政协委员充分发挥界别特色和专业特长,开展健康扶贫、科技扶贫、产业扶贫、教育扶贫等活动,提高政协委员和群众政治站位,推动县委、县政府各项决策部署在政协系统贯彻到底、落实到位。

【委员建议、提案工作】 2020年,乌什县政协围绕县域发展中迫切需要解决和群众关注的热点、难点问题,向自治区政协会议提交提案9件,向地区政协工委会议提交提案5件,争取上级力量帮助解决乌什发展上存在的难题。突出抓好本级提案征集、立案、交办和督办落实工作,向县人民政府交办提案53件、建议2条。召开政协常委会议听取县政府办理提案情况报告,组织委员实地查办、现场问效,督促提案办理落到实处,提案办复率100%。

【视察与调研】 2020年,乌什县政协紧扣县委、县政府工作主题和发展主线,以改善民生为重点,专题研究确定调研课题,在脱贫攻坚、防治污染、重点工程等3个方面开展专题调研2次,形成专题调研报告2篇;围绕政协自身建设、构建各民族共有精神家园筑牢中华民族共同体意识、产业集群发展、养老服务体系等4个方面开展专题调研,形成调研报告4篇。

(供稿人:刘永敦)

群众团体

乌什县总工会

【概况】 2020年,乌什县有基层工会组织136个,职工13741名,工会会员13471名。登记在册困难职工18户,网上录入18户。年内,乌什县总工会核定编制5名,其中领导职数3名。设行政办、党建办、基层部、法律部、帮扶中心、财务室6个股室。

【困难职工帮扶】 2020年3月,乌什县总工会慰问困难职工91人,发放生活补助64610元;疫情期间摸排新增困难职工108人,发放补助金45.97万元,补发91名困难职工补助金11.52万元,累计发放63.95万元。慰问受疫情影响困难职工143人,每人发放慰问金500元,共计7.15万元。慰问地区级劳动模范9人,每人发放慰问金600元,共计5400元;慰问自治区劳动模范6人,发放慰问金1.3万元;慰问工伤职工4人,发放慰问金2000元。年内新选五一劳动模范和先进工作者10名,发放慰问金3万元。疫情期间先后2次慰问基层一线疫情卡点执勤的公安民警、社区干部、医护人员,发放慰问物资价值7.2万元;城市困难职工199名,每人发放2950元;县级困难职工1人,发放帮扶救助资金500元;慰问护边员4户,共计800元。年内,对帮扶工作管理系统在册全国级职工32户进行慰问,合计6.4万元;对2020年11月26日在档的全国级32户困难职工,按照每户2035元的标准发放生活救助。对城市未建档困难职工、疫情防控一线、环卫等重要部门职工,以每人69元的标准开展冬季送温暖活动,共慰问872人6.01万元。对2020年12月24日在档深度困难职工18户,按照户均421元的标准,拨付2020年第五批次中央财政专项帮扶资金7578元。

【依法维权】 2020年,乌什县总工会开展劳动竞赛活动,参与单位3个、班组5个,参赛职工95人。指导企业做好“三项合同”(集体合同、女职工权益保护专项合同、工资集体协议合同)签订工作,年内签订“三项合同”企业28家,召开工资集体协商会议企业5家。

【争创活动】 2020年,乌什县总工会举办基层工会主席干部培训班3期,参加培训150人次,培训内容以中共十九大精神、中华全国总工会和工会业务为主。组织开展城市困难职工就业政策培训班,参加培训的在档、脱困职工410人次。指导基层工会开展“安康杯”活动单位8家,参赛职工210人次;开展劳动技能竞赛2

家,参赛职工 180 人次,参加职工 400 人次。

【职工活动】 2020 年,乌什县总工会以“邻里守望”志愿服务活动为契机,深入困难职工家中走访,开展结对帮扶活动。开展“平安度夏送清凉、防疫健康促发展”主题活动,在全县范围内为高温、生产一线职工和疫情防控一线、乡(镇)基层工作者等群体开展慰问活动,发放慰问物资 6 万元,为受到疫情影响的小微企业复工复产补助 1 万元。开展“消费促进月”活动,各基层工会组织会员到指定地点消费 35 万元。深入落实“消费扶贫”的部署和要求,动员组织各方力量参与消费扶贫,有效应对新冠肺炎疫情对贫困地区农产品销售带来的不利影响,全县工会会员按照每人 200 元标准,采购当地农副产品黑木耳,共消费 142 万元;在干部职工中开展“金秋惠民、助力消费”活动,动员机关、企事业单位会员 7115 人,按每人 90 元标准开展助农消费活动,共消费 70 万元。

【自身建设】 2020 年,乌什县总工会强化职工民主管理,对企事业工会召开职工代表大会情况进行督查指导,落实职工群众的知情权、参与权、监督权,年内有 11 家企业工会按要求召开职工代表大会。指导建立工会组织的 28 家企业开展厂务公开及集体合同、工资集体协商合同和女职工专项集体合同签订工作。根据乡(镇)工会工作开展情况,下拨基层工会经费 10.8 万元。对企业进行摸底调研,指导成立工会组织,全年新组建工会组织 7 个,发展会员 307 人。做好“八大群体”(货车司机群体、快递员群体、商场信息员群体、家政服务员群体、护工护理员群体、网约送餐员群体、房产中介员群体、保安员群体)入会工作,对“八大群体”农民工进行摸底调研,了解他们对入会的认识以及对工会的诉求和需要。疫情期间,采取各种方式对已入会“八大群体”开展走访和政策宣传,实现 5 家快递、2 家托运部走访宣传全覆盖,42 名快递员等群体疫情期间得到政策支持和帮扶,在各自的工作岗位上创收致富。

(供稿人:阿比旦木·艾克木)

共青团乌什县委员会

【概况】 2020 年,乌什县有县直团委 17 个,基层团支部 723 个,其中村(社区)团支部 351 个,县直单位、学校、企业团支部 172 个,团员 11085 名。乌什县有中小学校 71 所,少先大队 68 个,少先队员 28418 名,少先队辅导员 68 人。共青团乌什县委员会(以下简称乌什县团委)核定编制 7 个(其中行政编制 3 个、事业编制 4 个),实有干部职工 8 人(副书记 3 人、干部 4 人、驾驶员 1 人)。

【新团员发展】 2020 年,乌什县团委按照“坚持标准、控制规模、提高质量、发挥作用”总要求,严格落实团员发展“十步法”(青年自愿入团并递交入团申请书;开展“推优入团”并确定入团积极分子;集中开展入团积极分子团课教育和培养考察;听取培养联系人和群众意见;确定发展对象；上级团委预审合格并发放入团志愿书；填写《入团志愿书》并经审核合格；召开支部大会讨论通过；上级团委审批同意；举行新团员入团仪式）基本程序和“九严禁”［严禁违反“十步法”基本程序发展团员；严禁未满 14 周岁发展团员；严禁未经过 8 学时团课学习和党团基本知识测试发展团员；严禁培养考察期未满 3 个月发展团员；严禁“唯成绩”或按照学习成绩排名发展学生团员；严禁仅凭班主任（任课教师）个别人意见发展学生团员；严禁未经少先队组织推优或班级学生民主推荐发展学生团员；严禁未经县级以上团委授权审批发展团员；严禁仿制、复制、伪造档案材料发展团员］纪律，规范团员发展和教育管理工作。在全县共青团工作例会上组织各级团干部学习《关于进一步严肃规范团员发展工作的若干规定》，对全县 9 个乡（镇）、119 个村（社区）、7 所中学团员发展工作进行统一部署，年内共发展团员 1100 人。

【团员管理】 2020 年，乌什县团委根据自治区《关于进一步规范全区团员发展和管理工作的意见》要求，安排专人对全县团员身份关系进行登记、确认，按照“一证一卡一档一信”的要求和标准，对全体团员的档案进行查补梳理，使团员关系更加清晰。年内，完成团员统计 10968 人，完成“一证一卡一档一信”组织化梳理和登记造册工作。

【团员培训】 2020 年，乌什县团委依托县委党校、阿克托海乡库木奇吾斯塘村青年教育实训基地、乌什县智慧源国家通用语言培训中心，着重对团员发展程序“十步法”、执行团员发展“九严禁”纪律和《入团积极分子培养考察表》、《入团志愿书》进行详细讲解，对发现的突出问题作出整改安排，确保基层团干部学懂、弄通团员发展工作。年内开展培训班 4 期，累计培训团干部 126 人次，培训内容包括推进共青团改革攻坚和“聚焦总目标 从严治团”教育实践、中共十九大精神、“3214”（“三会两制一课”指支部大会、支部委员会、团小组会，团员教育评议制度、团员年度团籍注册制度和团课；“四项基本团务”指团员发展、团费收缴、团组织关系转接、推优入党）基础团务指导等工作。

【品牌活动】 2020 年，乌什县团委选树宣传先进集体和个人，激励各级团组织和团干部立足岗位、创先争优，创建县级五四红旗团委 5 个、五四红旗团支部 10 个。提高共青团建设和工作的科学化水平，巩固和加强共青团基层基础建设。选树宣传“身边的榜样 · 五四新青年”典型 10 名，组织拍摄“五四精神 · 传承有我”宣传片，挂牌“新时代农村创业致富新青年”134 人，其中“共青团员示范户”75 户。借助“青”字品牌活动有益经验，在各级团组织中开展青年文明号、青年安全生产示范岗、青年岗位能手、志愿者服务行动等“青”字品牌工作，通过开展活动全面活跃团的工作，增强基层团组织吸引力、凝聚力和战斗力。

【民族团结】 2020 年，乌什县团委持续抓好青少年“民族团结一家亲”、“普法知识”宣传教育工作，组织乡（镇）团委、村

(社区)团支部每月开展民族团结、法律法规知识集中学习、知识竞赛、演讲比赛、宣讲活动,增强各族青少年民族团结意识和法律意识,培养各族青少年自觉围绕社会稳定和长治久安总目标不懈奋斗、奉献力量。

【青少年群体服务管理】 2020 年,乌什县团委完善结对帮扶工作,组织各乡(镇)、中小学及相关单位展开精细摸排,健全重点青少年群体服务管理体系,严格按照专职团干“1 + 5”、兼职团干“1 + 3”模式进行“结对帮扶”,同步做好青少年心理疏导工作,传达党和国家的关怀。发挥团组织在青少年群体中的重要作用,组织各基层团组织开展“共青团爱心生日会”69 场次,参与学生 1300 名,让青少年得到应有的关爱。组织开展青少年模拟法庭大赛 6 场次,引导青少年从小学法、用法、遵法。

【大学生西部志愿者服务】 2020 年,乌什县团委积极与上级部门对接,成功申报为大学生西部计划项目服务县。年内全县有大学生西部志愿者 58 名,其中 9 月新接志愿者 37 名,全部到岗参加为期1 ~ 3 年的服务工作。节日期间开展志愿者走访慰问,做好各项保障工作,确保志愿者工资发放到位、社保办理到位,为大学生西部计划志愿者提供优良的生活、工作环境。

【技能大赛】 2020 年,乌什县团委、县教科局、少工委联合举办少先队辅导员培训班暨少先队辅导员技能技巧大赛 2 次,通过茶艺、舞蹈、画画等各类才艺表演,充分展示少先队辅导员奋发向上、多才多艺的精神风貌,提高辅导员自身素质,加强辅导员队伍建设。

【主题团(队)日活动】 2020 年,乌什县团委组织开展线上主题团日、队日活动 20 场次,累计参加团员青年、少先队员 6.4 万人次。结合“团干部上讲台”“青年讲师团宣讲”“两红两优交流会”,开展线上、线下主题宣讲活动 160 场次,参与团员青年 2.1 万人次。组织全县少工委开展学习习近平总书记六一寄语、端午节“你到我家吃粽子,我去你家吃馓子”“感恩教师”等融情活动。在少先队员中开展“致敬抗疫先锋”网上主题队课、“听,英雄的故事”“美好生活,劳动创造”、重温“习近平建队 70 周年贺信”等活动,围绕培养少年儿童朴素政治情感和共产主义道德,开展少先队组织教育、自主教育、实践教育,引导少先队员听党话、感党恩、跟党走,争做新时代好队员,树立和增强少先队员的光荣感。

(供稿人:刘皓如)

乌什县妇女联合会

【概况】 2020 年,乌什县妇女联合会(以下简称乌什县妇联)发挥各级妇联组织作用,通过开展思想引领、助推发展、权益保障、干部培训和强基固本等各项工作,引导广大妇女崇尚现代文明生活,为乌什县社会和谐和经济发展做出积极贡献。年内,乌什县妇联有行政编制 5 名、事业编制3名，实有工作人员8名。有乡（镇）妇联9个、村妇联108个、社区妇联11个。

【宣传教育】 2020年，乌什县妇联通过入户走访、深入田间地头开展宣传教育活动80场次，受教育群众8500人次；开展法律法规、政策宣传，引导广大妇女学法、用法，提升法治意识和依法维权能力，听党话、感党恩、跟党走。通过“乌什零距离”、“乌什女声”、乌什广播等媒体宣传《两纲》（《中国妇女发展纲要》和《中国儿童发展纲要》）应知应会、“两癌”（女性高发恶性肿瘤乳腺癌和宫颈癌）救助政策、“美丽庭院”建设等内容，营造浓厚的宣传氛围。做好妇女普法宣传，深化“建设法治新疆·巾帼在行动”，宣传安全生产、婚姻家庭、计划生育等与妇女群众婚姻、生产、生活息息相关的法律法规。配合县委宣传部，组织模特走秀队举办“最美葡萄姑娘”采摘节活动，帮助提升乌什旅游形象，推进乡村旅游发展。

【家庭文明工程】 2020年，乌什县妇联牵头做好“美丽庭院”建设专项组工作，发挥“家”作为民族团结教育“第一课堂”“第一阵地”的作用，大力实施家庭文明工程，全面推进和谐家庭建设。成立“美丽庭院”建设专项工作领导小组，逐级签订责任书，联合团委制定印发《乌什县脱贫攻坚“美丽庭院”建设专项组2020年工作方案》《乌什县脱贫攻坚“美丽庭院”建设专项组2020年度实施计划》，明确总体目标、建设标准、建设原则、重点任务、工作措施等，确保“美丽庭院”建设工作顺利推进。以部署会、推进会、培训会等形式进行部署，以发放倡议书、签订责任书等形式广泛告知家庭，组建由县广播电台、乡（镇）广播站、“村村通”广播员组成的宣讲队伍，每天分时段滚动播出“美丽庭院”建设相关内容，充分调动妇女、青年投身乡村振兴的积极性、主动性和创造性，引领妇女、青年在促进产业兴旺、生态宜居、乡风文明、治理有效、生活富裕中发挥作用。年内发放“美丽庭院”建设倡议书3万份，签订“美丽庭院”建设责任书3万份；坚持试点先行，打造乌什县“美丽庭院”地区级试点乡（镇）1个、试点村3个、试点户263户；各级妇联主席、副主席、执委参与“美丽庭院”建设工作1500场次。开展评先选优活动，获评地区“最美家庭”2户、地区“平安家庭”5户；评选县级“最美家庭”82户、“平安家庭”标兵户30户，让群众学有标杆、超有目标。

【关爱帮扶】 2020年，乌什县妇联发挥联系和服务妇女儿童的桥梁和纽带作用，履行职能，开展各类扶贫救助活动。做好贫困“两癌”母亲救助工作，加大宣传力度，积极申报农村贫困“两癌”母亲救助项目，为9名贫困“两癌”妇女争取发放救助资金9万元；认真摸底，做好生活困难、重病妇女、儿童临时救助申报工作，争取发放临时救助资金2.47万元，为贫困重病妇女、儿童做好事、办实事。组织开展“爱心一元捐”工作，利用31万元“爱心一元捐”循环资金扶持8家女性领办企业创业增收，带动65名妇女就业。推动“巾帼脱贫行动”，发挥女性领办企业在扶贫帮困、促进就业等方面的示范带动作用。年内培树地区巾帼示范基地2个、优秀“靓发屋”2个;实施“国奶扶贫工程”项目,为105名贫困户婴儿免费发放奶粉720罐;开展“恒爱行动”“母亲邮包”“健康暖心包”等各类公益活动,给80名困难、残疾、留守妇女儿童赠送价值8000元爱心物资。

【维护合法权益】 2020年,乌什县妇联创新妇女信访接待模式,做好妇女来信来访工作,做到来电有记录、来访有接待、访中有台账、访后有结果,引导妇女合理有序反映诉求,年内接待妇女信访39件次,办结率100%。加大与县公安、司法、民政等部门协调配合,化解矛盾纠纷,解决妇女困难和问题;做好妇女儿童权益保护工作,与县民政局联合建立反家庭暴力妇女儿童救助(庇护)站2个。结合“民族团结一家亲”、“一对一”帮扶、“访惠聚”驻村、干部进村入户等工作,在“三八”维权月、宪法宣传月等节点开展法律法规、政策宣传,引导广大妇女学法、用法,提升法治意识和依法维权能力。

【基层妇联组织建设】 2020年,乌什县妇联将业务工作与党建工作同安排、同落实,在56家新兴组织建立企业妇委会,适时组织工作人员到企业开展宣讲,协调县卫生部门对企业职工开展免费体检。年内举办基层妇联干部业务培训2期,培训1600人次。组织妇联干部参加地区妇联系统业务培训、“学思践悟”视频讲堂,教育引导妇联干部认真学习、准确理解、遵守和维护《中华人民共和国民法典》。对全县机关事业单位、社会组织、新兴组织建设妇女组织情况进行摸底,扩大基层妇联组织覆盖面;深入新兴组织调研,指导成立妇女组织,增强凝聚妇女力量新途径。

(供稿人:玛迪娜·白力克)

乌什县科学技术协会

【概况】 乌什县科学技术协会(以下简称乌什县科协)核定编制3个,实有6人,其中干部5人、工人1人。年内重点开展“科技之冬”活动、青少年科技教育、科普宣传等工作。

【“科技之冬”活动】 2020年,乌什县科协深入开展第31届“科技之冬”活动,以县林管站为主体,乡(镇)林管站为纽带,农民技术员、林果合作社、科技示范户为发力点,进一步明确工作职责、目标任务。利用冬季农闲时间,通过理论培训、现场示范等形式,在全县开展林果业培训144场次,培训39.8万人次,其中贫困户1.2万人次。县林草局专业技术人员到各村进行技术宣传、服务、指导,提高果农的学习热情,营造人人学技术、人人用技术的良好社会氛围,实现林果管理科技入农村、入农户、入人心。

【青少年科技教育】 2020年,乌什县科协推荐青少年科技创新优秀作品参加自治区级青少年科技创新大赛,获奖作品6件,其中,《种子精灵》《多功能自动理发椅》《科技生态园》《智能大气调节器》等4幅科幻画获一等奖,《天籁之声》《神奇的书》等2幅科幻画获二等奖。在地区科协、教育局、科技局联合以网上展示、线上答辩评审的方式举办的第34届阿克苏地区青少年科技创新大赛中，乌什县选送作品35件，获奖作品35件。

【科普宣传】 2020年，乌什县科协以“冬季攻势”为载体，推动科普宣传活动，把科普宣传与“冬季攻势”活动一起统筹、一起安排部署，广泛开展科普宣传教育。在全县6乡3镇101个发展林果业的行政村开展实用技术培训2期，其中县级培训1期1场，培训各级管理骨干130人；村级培训1期101场次，培训果农1万人次。

【政策法规宣传】 2020年，乌什县科协强化政策法规宣传，年内宣讲教育4000人次，发放科普挂图4000份，发放《科学与生活》《知识—力量》等科普杂志200份。针对各村（社区）不同发展状况，开展精准科普宣传，广泛传播科学知识，提高基层群众科学素质和思想认识。

【老科技工作者作用发挥】 2020年，乌什县科协定期组织老科技工作者开展宣讲工作。7月8—15日，结合“文化下乡”活动，分别在阿恰塔格乡英萨村、布干斯玛甫其村、萨尔别勒村和亚科瑞克乡斯代村、亚巴格村、尤喀克卡赞其村开展老科技工作者宣讲，参加人数900人次。9月24—25日，组织宣讲能力较强的4名老科技工作者协会会员在亚科瑞克乡皮羌村、阿克托海乡托万克墩其格村，分别就养殖业、林果业、冬季蔬菜育苗及温室管理技术等内容进行宣讲，参加人数170人次。

【科普e站建设】 2020年，乌什县科协通过配发网络机顶盒、科普触控屏等方式，为村（社区）、学校安装科普中国“乡村e站”“社区e站”“校园e站”，连接自治区科普频道，丰富农牧民、学生学习教育资源，全县安装科普e站191个，其中贫困村46个。紧扣脱贫攻坚“冬季攻势”，为贫困乡村农牧民群众开展科普讲座。

【科技展品观摩体验】 2020年，乌什县科协组织开展流动科技展品观摩体验活动3次，参加人数1637人次，其中青少年学生245人次、社会公众1392人次，使青少年学生亲身感受科技馆互动体验式科普教育，在互动中感受科学魅力，在体验中激发科学兴趣。

（供稿人：茹克艳木·阿吾提）

乌什县工商业联合会

【概况】 2020年，乌什县工商业联合会（以下简称乌什县工商联）发挥桥梁纽带和助手作用，引导工商联会员企业投入疫情防控和脱贫攻坚，不断推进非公企业党组织和党的工作全覆盖，圆满完成各项目标任务。年内，乌什县工商联核定编制4名，实有4人。

【企业扶贫】 2020年，乌什县工商联组织会员企业参与扶贫产品的认定和促销活动，阿克苏金勺果业有限公司、新疆振兴园牧业有限公司、乌什县香雪儿食品有限公司等8家企业30种产品被认定为扶贫产品,进驻阿克苏地区扶贫产品专柜,并在乌什县各商场、超市、宾馆、旅游景点设置扶贫产品销售点60个,全县民营企业购买各类扶贫产品31万元。

【调研工作】 2020年,乌什县工商联深入基层一线了解掌握第一手资料,认真调查,深入研究,完成阿克苏地区社会理论立项课题调研报告《城乡基础治理体系研究》,为地委决策提供有用参考。

【非公党建】 2020年,乌什县工商联完成非公经济组织党工委所属党支部换届选举,主动参与企业党的建设工作。年内新组建党支部5个(其中联合党支部2个、独立党支部3个),选派党建指导员12人,选派包联企业党支部的领导干部6人。全县非公经济组织党工委所属党支部6个,覆盖企业11家,党员26名。

【参政议政】 2020年,乌什县工商联引导民营企业家参与县域经济、社会建设,为县委、县政府建言献策。县工商联会员中有县级党代表、人大代表、政协委员15名,年内提交议案、意见和建议12条,被采纳6条,涉及县域经济发展、社会事业、民生建设等热点难点问题,充分发挥非公有制经济人士参政议政作用。

【商务活动】 2020年,乌什县工商联组织13位民营企业家在县检察院开展"服务六稳六保 护航民企发展"活动,企业家现场听检察院工作人员解释民营企业权益保护相关法律知识及司法程序,提出企业依法保护合法权益意见和建议4条;组织20名民营企业家、5名党外干部在县人民政府参加2020年度党外人士座谈会,对乌什县"十四五"规划提出意见、建议8条,对产业发展、企业升规、优化营商环境等方面提出可行性建议。

【"百企帮百村"精准扶贫行动】 2020年,乌什县工商联会同县商信局启动"百企帮百村"精准扶贫行动,动员173家企业对口帮扶108个行政村,助力决战脱贫攻坚。年内有50家企业开展扶贫帮困工作,解决就业278人,物资投入44.481万元,其中资金帮扶19.3万元。

(供稿人:牛旭林)

乌什县残疾人联合会

【概况】 2020年,乌什县残疾人联合会(以下简称乌什县残联)核定事业编制5名(其中领导职数1名),实有5人。下设机构有县残疾人社区康复服务中心(股级建制,核定事业编制5名,实有5人)、残疾人劳动就业服务所(挂牌机构)、残疾人用品用具服务站(挂牌机构)。

【残疾人康复】 2020年,乌什县残疾人康复工作以残疾人"人人享有康复服务"为目标,加强残疾人康复救助政策服务,结合《乌什县"十三五"残疾人事业发展规划实施方案》,做好全县残疾儿童康复救助工作,为残疾儿童接受基本康复服务提供制度性保障,减轻残疾儿童家庭负担,促进残疾儿童全面发展。制定《乌什县建立残疾儿童康复救助制度实施方案》

《乌什县残疾儿童康复救助工作实施办法》,严格按照残疾人机构(社区)康复训练要求,继续开展社区康复训练工作。年内完成残疾人精准康复及基本康复训练1000名、成人肢体康复60名、脑瘫儿童康复50名、视力残疾儿童康复4名、智力残疾儿童康复10名。做好残疾人辅助器具供应工作,为225名残疾人配发各类辅助器具;做好与地区康宁医院沟通联系,为100名精神病残疾人发放免费服药救助卡,解决精神病患者服药治疗难问题;开展配假肢和矫形器康复工作,为68名智力残疾儿童适配矫形器;开展残疾人家居无障碍环境改造,为202户残疾人家庭进行无障碍改建工作。加大康复宣传教育和培训工作,为50名智力残疾儿童家长进行培训,提高居家康复训练水平。结合疫情防控工作,解决残疾人实际困难,为157名残疾人开展入户家庭康复训练,为179名残疾人开展电话康复指导,办好线上康复教学。

【残疾人教育】 2020年,乌什县残联在残疾人教育工作中,坚持普及与提高相结合,以普及九年制义务教育和职业技能教育为重点,借助各中小学和幼儿园办学条件,以随班就读形式开展残疾人教育工作。积极联系外地特教学校帮助盲、聋、智力残疾少年儿童就学,为他们解决部分借读费,使困难残疾儿童与正常儿童一样享受国家义务教育。协调配合县教育部门做好残疾儿童、少年随班就读及调查登记工作,配合对全县残疾学生进行摸排,核实7~15周岁残疾学生498人,其中失能56人、福利院2人、康复中心3人、启明学校就读19人、普通学校随班就读340人、送教上门78人。为11名残疾学生申请2020年爱心天使助学金。

【残疾人就业、培训】 2020年,乌什县残联拓宽残疾人就业渠道,搭建残疾人就业平台,坚持按比例就业和集中就业、鼓励残疾人自主就业、扶持残疾人创业等形式相结合,扎实开展残疾人培训。结合《2019年乌什县"今冬明春"农村富余劳动力就业技能培训工作实施方案》,制定残疾人"科技之冬"和职业技能培训计划,分配到各乡(镇)进行落实,全年培训990人。着力解决贫困残疾人家庭中不能外出劳动人员就地就近就业问题,县内组织贫困残疾人就地就近实现就业1016人。全年征收残疾人保障金33.04万元;全县享受"两项补贴"(困难残疾人生活补贴和重度残疾人护理补贴)政策的残疾人37127人次,其中享受困难残疾人生活补贴20359人次,享受重度残疾人护理补贴16768人次,按标准发放"两项补贴"资金555.38万元,由县民政局审核提交至银行打入残疾群众的社保卡。

【扶贫助残】 2020年,乌什县残联从扶贫上全力突破,切实提高残疾人生活水平,配合县扶贫、民政、社保、医保等部门,摸清贫困残疾人口底数和致贫原因,做到底数清、情况明、信息准,为有效实施精准扶贫、精准脱贫打下坚实基础。结合县扶贫系统导出数据,完成2619名贫困残疾人建档立卡工作。做好疫情期间残疾人个体户和个体就业残疾人生活困难补贴发放工作,为160户符合条件的残疾人每户发放不低于3000元补贴金,共计48万元。在第30个全国助残日期间,为乌什镇27名残疾人集中发放免费辅助器具,给各乡(镇)发放辅助器具675件。完成2020年全国残疾人基本服务和需求信息数据动态更新工作,录入系统残疾人6553名。利用"全国助残日""全国肢残日""爱耳日""爱眼日"等主题日,深入乡(镇)农贸市场、社区开展形式多样的宣传活动,形成理解、尊重、关心、帮助残疾人的社会风尚。

(供稿人:邵　霞)

乌什县红十字会

【概况】 2020年,乌什县红十字会核定编制3名,实有4人,其中专职副会长(正科级)1人、副主任科员1人、科员1人,合同制工人1人。有乡(镇)、社区红十字基层组织9个,团体会员单位46个,全县登记造册红十字会员5206人。

【红十字会基层组织建设】 2020年,乌什县红十字会贯彻《中华人民共和国红十字会法》《中国红十字会会员管理办法》《中国红十字志愿者登记注册管理制度》,做好会员整顿、志愿者招募、登记造册、会员发展、救护培训等工作。发挥红十字志愿服务队作用,年内开展应急救护培训18场次;加强志愿者管理,结合"一对一"帮扶、"民族团结一家亲"等工作,组织志愿者为农村缺少劳动力家庭、贫困家庭、孤寡老人开展志愿服务活动,年内开展各项服务活动4次。做好会费收缴工作,累计收缴全县机关干部、企事业单位员工会费7.4万元。

【救灾备灾】 2020年,乌什县红十字会加强应急救援体系建设,做好救灾备灾工作,重新编制《乌什县红十字会自然灾害与突发公共事件应急预案》,调整乌什县红十字会应急工作领导小组。5月12日,在乌什镇新城社区设立咨询服务点,开展应急管理暨防灾减灾集中宣传活动,宣传《中华人民共和国突发事件应对法》《中华人民共和国红十字会法》等相关法律法规及红十字会主要业务工作[骨髓捐献、四项基金(用于救助贫困家庭的白血病患儿、先心病患儿、唇腭裂患者及宫颈鳞癌患者)等],累计发放宣传单800份。配合开展全县性抗震救灾综合应急实战演练1次,参加人员500人。面对各种突发灾害,坚持第一时间发布灾情通报,开展募捐活动,及时公布捐款信息,不断提高红十字会的社会诚信力。

【应急救护培训】 2020年,乌什县红十字会依法开展卫生救护培训宣传普及工作,在易发生意外伤害的行业和基层组织培训救护员,组织群众参加意外伤害和自然灾害的现场救护。年内开展应急救护进农村活动,培训485人次;开展应急救护进社区居民工作,培训210人次;推进应急救护培训进校园活动,培训师生500人次;开展公职人员应急救护培训工作,培训50人次。

【红十字精神宣传】 2020年,乌什县红十字会贯彻落实中国红十字会方针政策,开展“红十字博爱周”、公益广告等多种形式的宣传,弘扬“人道、博爱、奉献”的红十字精神。以“5·8”世界红十字纪念日活动为契机,开展慰问、应急救护等活动,在乌什镇喀什博依社区开展宣传服务活动,向群众发放各类宣传资料350份。开展“红十字博爱送万家”、“5·12”防灾减灾日等活动,加大信息宣传力度。利用今冬明春“健康知识进万家”活动,发挥志愿者队伍作用,在各村(社区)开展应急救护、红十字知识、健康教育等宣讲11场次,培训485人次。

【弱势群体慰问救助】 2020年,乌什县红十字会开展“红十字博爱送万家”活动4次,慰问2068户,送去博爱箱、棉衣、足球、文具盒、运动鞋、记号笔、学习用品等慰问物资,价值2.9万元。开展人道救助工作,为27名患者(9名先天性心脏病、5名宫颈癌、2例白血病、11例唇腭裂)申请“四项基金”救助。

(供稿人:阿丽艳)

法　治

政法委及综治

【概况】　2020年，乌什县严格落实国家安全责任制，充分发挥在国家政治安全中的统筹协调作用，坚持整体国家安全观，组织相关成员单位召开工作协调会，分析研判风险隐患，研究部署应对策略。夯实基层维稳基础，落实维稳措施，持续巩固“自治区优秀平安县”称号，社会大局持续稳定。

【重点要素管控】　2020年，中共乌什县委政法委员会(以下简称乌什县委政法委)规范重点物品管理，落实加油(气)站“三防”(防火灾、防雷电、防静电)措施。年内对特种行业单位开展安全检查1300家次，确保无死角、无盲区、无空白点。加强校园、医院、党政机关等重点场所，水电油气等重要设施，车站、广场、商场、超市、集贸市场等人员密集场所的巡逻防控，落实安全防范措施，最大限度消除安全隐患。对重点单位、学校、行业场所开展安全生产专项排查整治，组织开展应急演练1250次。

【边境管理】　2020年，乌什县委政法委持续深化党政军警兵民联合建边管边控边机制，常态落实边防委工作会议和联席会议制度，不断优化巡逻执勤模式，统筹做好边境管理工作。大力弘扬新时代守边戍边精神，紧贴护边员职责使命和守边护边的任务需要，常态化开展忠诚教育、政策法规教育、业务技能培训。坚持弘扬新时代“柯柯牙精神”，持续开展国土绿化工作，加强县域风沙起源地、生态环境薄弱区环境治理，掀起国土绿化“大会战”。

【社会面防控】　2020年，乌什县委政法委以便民警务站和网格化管理为依托，统筹协调村(社区)成立巡逻防控队，最大限度震慑各类违法犯罪活动。创新查控模式，加大可疑车辆、人员、物品盘查力度。严格落实流动人口“369”工作机制，整合各级力量，做好流动人口服务管理、教育引导、困难帮扶等工作，做到底数清、情况明。

【扫黑除恶专项行动】　2020年，乌什县坚持严格依法办案，把案件质量放在第一位，成立案件会商小组，加强协作会商，确保每起案件经得起检验。统筹推进禁毒、防电信诈骗等工作，坚决维护人民群众合法权益。持续推动扫黑除恶重点行业领域专项整治，严厉惩治欺行霸市、恶意阻工、暴力讨债等黑恶势力案件，从严从重治理借疫情防控实施哄抬物价、囤积居奇、强买强卖、非法放贷等违法犯罪行为，确保经济市场平稳有序。疫情期间协调电信、移动、联通三大运营商发送防疫提醒短信1万条。

【综合治理工作】 2020年，乌什县委政法委坚持以党的领导为核心，将社会治理纳入重要议事日程，针对社会治理热点、难点、焦点问题进行现场把脉、实地问诊，帮助解决问题，推动工作升级。深化维稳工作例会等制度，坚持以制度管人、以制度推动工作，有效保证县委各项措施的落实。将市域社会治理现代化工作与平安创建、脱贫攻坚、疫情防控、“放管服”改革、民生工程建设等重点相结合，做到同部署、同推进、同督促、同考核。坚持将市域社会治理现代化重点项目作为防范化解社会治理难题的突破口，努力提升预测预警预防能力、防控风险能力、群众工作能力。推动大数据、人工智能、区块链等现代科技与市域社会治理深度融合，推动设施通联、信息互通、工作联动。以网格为载体，从方便居民入手，从贴心服务着眼，成立社区服务网络中心，开设心理咨询、矛盾化解等服务项目，随时为居民提供各类便捷服务。

【矛盾纠纷化解】 2020年，乌什县委政法委坚持重心下移、关口前移，充分利用“访惠聚”工作队等基层组织力量，结合“民族团结一家亲”“民族团结联谊活动”“结亲周”等载体，坚持抓早抓小抓苗头，确保把矛盾解决在基层、消灭在萌芽。健全风险评估机制，对可能发生的各种风险科学预测、综合研判，制定化解处置预案。健全决策纠错改正机制，及时掌握了解决策实施情况，全面评估决策执行效果。坚持发展新时代“枫桥经验”，创新矛盾纠纷多元化解机制，加强覆盖城乡的行业性、专业性调解组织建设。健全矛盾风险监测体系，创新完善重点领域预警机制，对苗头性、倾向性问题做到早发现早预防早处置。畅通信访渠道，严格落实领导包案制、首问负责制，严密关注网上信访问题，持续巩固“全国信访三无县”创建成果。

（供稿人：谭富文）

公 安

【概况】 2020年，乌什县公安局坚持以“四句话十六字”（对党忠诚、服务人民、执法公正、纪律严明）公安工作总要求为统领，牢固树立“以人民为中心”“全县一盘棋”思想，牢记初心使命，全面履职尽责，有力维护县域社会治安大局稳定，助力县域经济社会高质量发展。年内乌什县公安局有24个集体和52名个人被自治区公安厅、地区公安局通报表彰记功。

【刑侦工作】 2020年，乌什县公安局始终保持对刑事犯罪的主动进攻和严打高压态势，全县刑事案件立200起，破175起，破案率87.5%。其中“八类”案件立30起，破30起，破案率100%；盗窃案件立74起，破72起，破案率97.29%；电信诈骗案件立50起，破31起，破案率62%；普通诈骗案件立9起，破9起，破案率100%；开设赌场案件立3起，破2起（网络赌博),破案率66.66%;其他类案件立34起,破31起,破案率91.18%。经侦案件立10起,破10起,破案率100%。

【扫黑除恶】 2020年,乌什县公安局重点整治社会治安领域、乡村治理领域、金融房贷行业、市场流通行业、自然保护领域、文化旅游行业、教育卫生行业、信息网络领域等行业领域,对黑恶势力违法犯罪和幕后保护伞进行重点整治,扫黑除恶专项斗争取得明显成效。共核查线索73条,侦办恶势力集团2个、恶势力团伙5个,打理处理涉案人员44名,查封、冻结“黑财”折合资金1010.5万元;挖出“保护伞”3人。

【治安管理】 2020年,乌什县公安局坚持“突出重点、深度打击、明确责任、有效治理”的原则,严抓“扫黄打非”工作责任制落实,有效净化社会风气。年内查处治安案件361起,处理违法行为人497名。针对“食药环”违法犯罪新情况新变化新特点,保持露头就打、重拳出击,查处各类“食药环”案件31起。

【禁毒工作】 2020年,乌什县公安局坚持“全警禁毒、全民禁毒”的工作理念,深入推进“净边2020”专项行动,侦办毒品案件4起,抓获涉毒犯罪嫌疑人6名。以校园和娱乐场所为重点,深入开展《中华人民共和国禁毒法》宣传活动,先后开展“6·26”国际禁毒日、“12·1”艾滋病防治日和“12·4”法制宣传日等活动,累计参与单位200个,参与人数2万人次;发放各类禁毒宣传资料3万份,受教育群众近5万人次。

【打击新型网络犯罪】 2020年,乌什县公安局坚持“标本兼治、综合治理、齐抓共管、落实责任”工作方针,成立电信诈骗宣传小分队,对家庭、商户、企业全方位、全覆盖进行防范电信诈骗知识宣传。利用科技手段,加强电信网络诈骗案件侦办工作,全年立各类电信网络诈骗案件50起,抓获各类嫌疑人30人,挽回经济损失12.78万元。

【人口管理】 2020年,乌什县公安局深入开展“百万警进千万家”活动,采取“村不漏户、户不漏人、人不漏项、项错必纠,全量采集”的方法,开展第七次人口普查户籍信息清理整顿工作,全面推进户籍业务网上预约受理,受理完成网上户籍业务42060条,互联网身份证丢失补领806张。

【特种行业及场所管理】 2020年,乌什县公安局加强对辖区加油(气)站的监督检查,严格落实人防、物防、技防措施。深入开展危险物品、大型机械设备和车辆、“低慢小”航空器等摸排登记工作。对公共娱乐场所实施分类别、分等级、分层次管控,全面落实安全防控责任,对全县20个公共娱乐场所实施规范管理。梳理登记辖区各类行业场所2023家,对辖区252家特种行业开展安全检查1300家次。

【社会面管理】 2020年,乌什县公安局结合疫情防控工作部署,发挥公安机关前沿优势,精准核查由疫情重点地区进入乌什人员1.3万余人次,各检查站累计检查车辆36万余辆次，核查人员53万余人次，劝返车辆3万余辆、人员4.5万余人；疫情中高风险时期派驻专职警力对医疗机构、集中观察点实行24小时驻点值守。以便民警务站维稳职能为依托，最大化将警力投入街头路面，严格落实快速处置刚性要求，组织基层一线处置力量开展实战能力训练；在上下学、上下班高峰期时段，加强对人车聚集较多的复杂路段和人员密集的区域和部位管控，有效提高见警率与管事率。

【企事业单位内部治安保卫】 2020年，乌什县公安局围绕水、电、油、气等重要企业设施，加强企业安全生产、安全防范工作监督检查，指导企业全面落实安全防范措施。对114家各类企业开展安全防范、安全生产检查950次，组织指导企业开展应急演练250次，出动警力600人次，出动警车400辆次。

【交通安全管理】 2020年，乌什县公安交警大队联合县应急、交通等部门加强对国道219线、省道306线、乡道443线及农村道路易发生交通事故的急弯、连续下坡、视距不良、路侧险要路段的安全隐患排查工作，共排查治理道路交通安全隐患45处。坚持"警力跟着警情走"，集中整治重点路段酒驾、超载、超员、涉牌涉证等严重违法行为和治理摩托车、电动车、三轮车非法载人行为，严厉查处机动车不按导向车道行驶、随意调头、乱停乱放等突出交通违法行为，从重查处酒驾、醉驾、毒驾等严重交通违法行为。以开展"减量控大"专项行动为契机，年内查处各类交通违法行为44968起，其中无证274起，超速4420起，逆行590起，疲劳驾驶15起，使用伪造、变造驾驶证4起，变更车道影响其他车辆行驶1909起，非机动车违法行为3737起，行人和乘车人违法行为4034起，扣留车辆660辆次，扣留驾驶证435本，依法行政拘留9人。全年发生道路交通事故749起，受伤243人，经济损失5.65万元，与上年同期相比，道路交通事故起数下降13.71%，受伤人数上升11.47%，经济损失下降17.76%。

【信访工作】 2020年，乌什县公安局加强接访下访、初信初访工作，及时妥善解决涉法涉诉等各类矛盾纠纷，共办理来信来访案（事）件50件。按照"谁主管、谁负责，谁主办、谁负责"原则，由各部门指定专人负责办理，依据《信访条例》和《公安机关信访工作规定》即时办结，办结率98%。

【队伍建设】 2020年，乌什县公安局时刻牢记习近平总书记关于"生命重于泰山、疫情就是命令、防控就是责任"的重要指示精神，将强化政治建警、从严治警，严守防疫战时纪律和高标准、高要求落实各项措施作为抓党建工作的重心。疫情防控期间，乌什县公安局党委充分发挥党组织战斗堡垒作用，发出"我是党员，我先上""让党旗在疫情防控一线高高飘扬"的号召，成立14支党员先锋服务队，设置47个党员先锋岗、50个党员便民服务点，打造"党建+便民服务"新模式；以"有专用场地、有专用标牌、有固定专栏、有活动设施、有学习资料、有活动记录、有活动例度”为目标,指导各党支部完成党员活动室建设,在阿合雅派出所党支部召开支部工作场所建设观摩会1次;组织民警与阿合雅镇、英阿瓦提乡4个村368户贫困户结对,结对民警定制760件床品套装赠送给帮扶群众,为帮扶户购置农资2952千克。以“坚持政治建警全面从严治警”教育整顿活动为抓手,以政治建设为统领,强化忠诚教育,提升政治能力,着力整治突出问题,纯洁公安队伍;加强党风廉政建设、着力作风转变;重新修订《乌什县公安局内部管理规定》,使从优待警工作有章可循、制度化、规范化,全面落实民辅警政治待遇、职级待遇、走访慰问、职业保险、立功授奖及伤亡抚恤等爱警惠警工作。组建民辅警心理健康服务团队1支,队员6名,开设24小时心理咨询热线,开展团体辅导35场次1700人次;组织开展健康体检,关爱民辅警身心健康;开展战时慰问39场次,发放慰问品6万余元,为病重老干部捐款29664元。制定实施《乌什县公安局全警实战大练兵“打基础、抓深化”阶段性大比武实施方案》,持续推动全警实战大练兵,选派23人参加地区公安机关全警实战大练兵“打基础、抓深化”阶段性大比武活动,获团体第三名;举办新招录协警员岗前培训班4期、新招录事业编干部岗前培训班1期、民辅警轮值轮训2期。

(供稿人:侯亚洲)

检　察

【概况】 2020年,乌什县人民检察院(以下简称乌什县检察院)围绕全县经济社会发展大局,紧盯社会稳定和长治久安总目标,积极应对新冠肺炎疫情带来的压力和挑战,忠实履行宪法法律赋予的职责使命,各项检察工作取得新进展。

【审查逮捕】 2020年,乌什县检察院严惩各类刑事犯罪,依法精准打击,全力维护社会稳定。坚持把摸排“保护伞”线索作为办案必经环节,认真开展深挖黑恶势力保护伞“回头看”工作,切实保护人民生命财产安全。依法保障犯罪嫌疑人合法权益,办理羁押必要性审查案件15件。全面落实宽严相济刑事政策和认罪认罚从宽制度,不批准逮捕7件10人,不起诉33件39人;适用认罪认罚从宽制度办理案件735件1101人,适用率92.45%,提出确定性量刑建议达98.04%,采纳率100%。

【控告申诉检察】 2020年,乌什县检察院打造“网、电、信、访”一体化的12309检察服务中心,实现窗口、热线、网络平台一站式服务。落实群众信访7日内程序回复、3个月内办理过程或结果答复制度,建立“最多访一次”信访机制,将矛盾有效化解在早、化解在小,做好“小信件”保障“大民生”,决不让人民群众在等待中丧失对法治的信心。年内接待来访群众147人次,开展检察长接待日接访群众31人次;收到群众来信16件次,核查后立案3件,并移送相关部门办理,其余及时给予答复。

【民事行政检察】 2020年,乌什县检察院认真做好《中华人民共和国民法典》在办案中的适用，加强和改进民事检察监督，受理民事支持起诉案件160件160人，为农民工讨薪58995元；坚持以司法救助工作服务脱贫攻坚大局，主动摸排线索开展司法救助，办结国家司法救助案件5件，发放司法救助金23万元。受理各类民事执行监督案件273件，发出执行监督检察建议16份均被采纳。抓实“加强行政检察监督促进行政争议实质性化解”专项活动，开展行政跟进监督1件，组织召开公开听证会1次，通过释法说理成功化解行政争议案件1件。

【公益诉讼检察】 2020年，乌什县检察院立足自然资源、生态环境、文物古迹、野生动物等领域，全面开展排查，受理公益诉讼案件线索235件，立案234件。研究制定《乌什县地下水费征收专项行动实施方案》，先后3次召开专项行动联席会议，依法追回征收2017年以来地下水资源费68.64万元，2020年地表水费6518.42万元，及时挽回国有财产损失。坚持“诉前实现保护公益目的是最佳司法状态”的理念，通过诉前程序督促行政部门解决公益保护问题，完成诉前程序并发出检察建议224份，结案234件，以实实在在的成效促进更广泛的社会认同和更可持续的健康发展。

【诉讼监督】 2020年，乌什县检察院树立“在办案中监督、在监督中办案”的理念，加强立案监督和侦查活动监督，监督侦查机关应当立案而不立案112件，不应当立案而立案3件，提出检察建议130份，发出纠正违法通知书9份。全面落实司法责任制，积极组织观摩庭，检察长委托的副检察长列席同级法院审委会18次，带头办案233件。加大审查起诉刑事案件跟踪监督力度，明确审查起诉指控犯罪和审判监督双重责任，收到法院裁判后指定专人审查，加强审判活动监督。

【监所检察】 2020年，乌什县检察院加强监外执行、社区矫正检察监督，建立检察档案。办理监外执行违法违规案件135件，向司法所下发检察建议或纠正违法通知书151份。办理在押人员及亲属控告申诉监督案件4件，依法监督返还现金4871元、手机1部和衣服、证件等物品，维护在押人员合法财产权益。依法开展专项核查财产刑执行案件261件264人，发出检察建议或纠正违法通知书189份，监督纠正后已执行涉案金额219.81万元，有力解决财产刑执行难问题。全年监管场所未发生因法律监督不到位的安全事故。

【未成年人检察】 2020年，乌什县检察院立足教育挽救，坚持对未成年人双向保护，一方面加大对侵害未成年人犯罪打击力度，另一方面对未成年犯罪嫌疑人贯彻“少捕慎诉”原则，会同县公安机关、援助律师对涉案未成年人开展不起诉训诫暨帮教5场次。持续落实最高人民检察院“一号检察建议”（建议进一步健全完善预防性侵害的制度机制；加强对校园预防性侵害相关制度落实情况的监督检查；依法严肃处理有关违法违纪人员等），9名检察官担任中小学法制副校长，深入学校开展法制教育18场次。

【队伍建设】 2020年,乌什县检察院围绕综合素能建设,选派3人到北京、浙江、河北参观学习;围绕提升办案能力,选派17人次到新疆检察官学院参加业务培训。3名检察官参加地区检察机关刑事检察业务竞赛均获得奖项,其中1人被选派自治区参加竞赛并获“第七届全疆十佳公诉人”称号。年内乌什县检察院新发展党员5人,培养发展对象1人,预备党员按期转正2人;组织提拔任用干部4人,职级晋升5人,科级干部试用期转正3人。组织开展检察官单独职务序列择优选升和按期晋升,完成公务员职务与职级并行工作,面向社会招录的12名聘用制书记员基本稳定。加强案件信息公开系统建设,不定期对案件信息公开进行核查,发布重要案件信息974条、案件程序性信息472条、法律文书460份。运用“两微一端”平台,及时向社会发布检察信息112条。加强机关日常管理,坚决执行中央八项规定和地县十项规定,认真贯彻落实“两个主体责任”,年内机关干部没有违法违纪情况。

(供稿人:谭学兰)

法 院

【概况】 2020年,乌什县人民法院内设机构8个,有综合办公室(司法警察大队)、政治部、刑事审判庭、民事审判庭、行政审判庭、执行局、审判管理办公室(研究室)、立案庭(诉讼服务中心)。设人民法庭4个,即阿合雅人民法庭、依麻木人民法庭、英阿瓦提人民法庭、奥特贝希人民法庭(12月竣工)。

【刑事审判】 2020年,乌什县人民法院聚焦总目标,全力维护社会和谐稳定,依法精准打击刑事犯罪,确保政治效果、法律效果、社会效果的“三效统一”。坚决打赢扫黑除恶收官战,彻底推进“六清”(线索清仓、逃犯清零、案件清结、伞网清除、黑财清底、行业清源)行动,案件清零、黑财清底工作卓有成效。年内所有涉黑涉恶非法所得财产全部予以没收,并上缴国库;依法审结故意伤害、抢劫、强奸等重大刑事犯罪案件,严厉打击犯罪分子;审结危险驾驶罪案件,依法保障群众生命财产安全。

【民事审判】 2020年,乌什县人民法院妥善化解民商事纠纷,充分发挥民商事审判定纷止争功能,审结涉民生的劳动争议和拖欠劳动报酬纠纷,追索劳动报酬;审结婚姻家庭继承纠纷;审结合同类、侵权类纠纷,依法保障群众合法利益。

【执行工作】 2020年,乌什县人民法院执行攻坚维护司法权威,开展集中清理金融债权、特殊主体(党政机关单位、国企等涉执行案件)、涉民生案件等活动,通过网络查控系统,成功冻结扣划被执行人资金。加大失信被执行人曝光力度,依法向被执行人发出限制高消费令,将失信被执行人纳入“失信黑名单”,着力构建“一处失信、处处受限”的信用监督和惩戒机制,为诚信建设注入法治力量。

【法院体制改革】　2020年，乌什县人民法院聚焦审判体系现代化，深入推进司法体制改革。推进案件繁简分流，制定案件繁简分流实施方案，组建速裁团队，实现案件快慢分道、繁简分流，体现“简案快审、繁案精审”的工作目标，切实提高办案效率。深化司法责任制改革，完善法官、合议庭办案责任制，改革审判权力运行机制，充分发挥专业法官会议、审委会讨论研究重大案件机制，深入推进以“四类案件”（涉及群体性纠纷，可能影响社会稳定的案件；疑难、复杂且在社会上有重大影响的案件；与本院或者上级法院的判决可能发生冲突的案件；有关单位或者个人反映法官有违法审判行为的案件）为切入点的院庭长监督管理机制。年内院领导带头办理重大、复杂、疑难案件，充分发挥示范引领作用，有效促进整体办案质效和司法公信力的提升。深化阳光司法，通过中国裁判文书网公布文书，上传各类案件电子影像卷宗；通过中国审判流程信息公开网向当事人公开案件；通过中国庭审公开网直播案件，让公平正义经得起围观，在线旁听庭审成为群众遵法学法守法用法新平台，为群众提供更优质的司法服务。在“乌什好地方”App和“乌什融媒体中心”官方抖音平台开设“法律小课堂——跟我一起学民法典”专栏，发挥干警首创精神，制作并推出典型案例、微普法、短视频等普法作品，点击阅读量、点赞、转发人数较多。自觉接受人大监督，主动与人大代表联络，经常听取人大代表、政协委员及社会各界的意见建议；依法接受检察机关法律监督，邀请检察长列席审判委员会讨论重大敏感、疑难、复杂案件；邀请人大代表、政协委员、在校学生、辖区群众旁听庭审。

【服务经济建设】　2020年，乌什县人民法院积极服务县域经济社会高质量发展，围绕“六稳”工作和“六保”任务，针对企业因复工复产引发的诉讼纠纷，开通涉企绿色通道，优化诉讼服务，在立案、审理、执行全流程中优先受理、快速办理，降低企业诉讼成本，对危困企业加大诉讼费用减免缓力度。实行“电话询、网上办、线下寄”的联动立案及诉讼服务机制，引导企业通过移动微法院、新疆诉讼服务网等平台办理诉讼事项。对建档立卡贫困户诉讼案件设立绿色通道、减免诉讼费，优先调解、妥善化解，最大化保障建档立卡贫困户合法权益。主动对接县燕泉山景区、沙棘林景区、泉域星空四季旅游度假村等景区，设立旅游巡回法庭，为游客普法宣传、调解纠纷、答疑解惑，推动景区巡回法庭实质化运行，为建设大美乌什、发展旅游经济贡献司法力量。

【司法为民】　2020年，乌什县人民法院全面落实司法为民新举措，坚持疫情防控与审判执行工作齐抓共管，积极推进在线立案、在线调解等网上诉讼活动，通过移动微法院、云间庭审系统全方位为当事人提供“云服务”，充分保障当事人各项诉讼权利，确保疫情期间服务群众“不打烊”，化解矛盾纠纷。畅通群众解决纠纷渠道，巩固立案登记制改革成果，深入推进自助立案、网上立案。设置集诉讼接待、立案审查、信息查询、法律咨询、判后答疑、诉调对接、网上立案、跨域立案、自助立案、信访接待等司法功能为一体的诉讼服务中心,积极应对疫情带来的司法考验,有效化解立案难问题,实现跨域立案。坚持将非诉讼解纷机制挺在诉前,加强人民调解、行政调解、司法调解联动,充分发挥人民法院调解平台在线化解纠纷功能,让各类矛盾纠纷能够更快更有效化解。会同县交通、金融、保险等行业,成立调解组织,聘请调解员。推进多元解纷机制建设,探索以矛盾纠纷调解前置为中心的基层社会治理模式,认真践行新时代枫桥经验,在依麻木人民法庭设立"枫桥式法庭",与县司法局建立"庭所共建"机制,建立解纷网络,搭建信息平台,打造解纷新模式,努力将矛盾纠纷化解在基层,助力乡村振兴战略实施。深入推进诉源治理,积极对接创建"无讼"乡村(社区),在全县乡(镇)、村(社区)设立"法官工作室""法官联系点",实行法官包乡联村,对影响辖区经济社会发展的苗头性、倾向性、源头性矛盾纠纷进行排查化解,真正做到从源头上预防和化解社会矛盾纠纷,有力促进社会和谐稳定。

【党的建设】 2020 年,乌什县人民法院聚焦党的政治建设,全力维护党的核心地位。深入学习贯彻习近平新时代中国特色社会主义思想,始终坚持党组带头学、支部广泛学的学习制度。认真贯彻民主集中制,认真落实"三重一大"、"四个不直接分管"(党政"一把手"不得直接分管干部人事、财务、工程项目、物资采购工作,指定副职领导干部分管,分管领导干部要主动接受班子其他成员的监督)等党内制度,确保权力在阳光下规范运行。着力强化党支部主体责任落实,规范党员学习、教育、管理、监督各项工作,设立"党员先锋岗",切实发挥党员模范带头作用。不断强化基层党组织建设,完成院机关党总支、党支部改选工作,将党支部建在庭室上,党小组设在审判团队,共设 6 个党支部,党组成员任党支部第一书记,使业务工作与党建工作深度融合。不断强化学习型党组织建设,落实"5 + X""三会一课"制度,突出党建引领,开展"疫情防控,法院干警在行动""我邀亲戚游乌什,共叙团结感党恩""党旗映天山""厉行勤俭节约,反对铺张浪费""践行两山理念,建设宜居乌什"等特色主题党日活动,不断提高干警的党性修养,提升队伍凝聚力。

【党风廉政建设】 2020 年,乌什县人民法院把党风廉政建设纳入审判业务和队伍建设总体规划,做到统一部署、统一实施、统一检查、统一考核。认真开展"以案促改""三项队建"等专项活动,着力增强全院干警的纪律意识、底线意识和红线意识,牢固树立遵纪守法的思想观念。深入排查廉政风险,健全完善惩防体系。推行廉政监督卡、廉政回访、廉政监察员制度,每月定期开展案件回访工作。

(供稿人:龚雅君)

司法行政

【概况】 2020 年,乌什县司法局核定编制 22 名(其中行政编制 21 名,机关工勤事业编制 1 名),实有 20 人。机关内设科室有行政办、基层办、普法办、法律援助中心律管办，承担人民调解、安置帮教、法制宣传、普法依法治理、法律服务、法律援助和社区矫正等工作。下设公证处、律师事务所、法律援助中心、人民调解中心。

【普法教育】 2020 年，乌什县司法局以"法治六进"（进机关、进乡村、进社区、进学校、进企业、进单位）为载体，积极开展法治宣传教育活动。组织开展领导干部学法考法、公职人员无纸化网络学法活动，全县 123 家单位、6922 名公职人员全部建立学法账号，参学率 100%。多措并举开展"法律进学校"，多形式全方位推动《青少年法治教育大纲》落实，推进法治教育进课堂，全县 71 所中小学校均配备法制副校长，配备率 100%。普治并重强化"法律进乡村"，组织开展"与法同行"万人宣讲活动，各单位"一把手"、驻村工作队深入开展形式多样的宣讲，"送法下乡""送法入户"活动扎实推进，组织领导干部、普法讲师团、心理咨询师，实现乡（镇）、村（社区）全覆盖普法宣讲，年内受教育 8 万人次。行业指导推进"法律进企业"，组织企业开展法治创建活动，紧抓企业经营管理人员法律学习和法治培训，促进企业诚信守法、依法经营、依法办事。累计为企业开展法治教育培训 86 场次，参与 3500 人次。强化服务推进"法律进单位"，全县 9 个乡（镇）配备法律顾问团，108 个行政村、11 个社区配备法律顾问，覆盖率 100%。年内各"访惠聚"工作队通过"民族团结一家亲""构建和谐、与法同行"等活动为群众现场讲法 200 余场次。以法治单位、法治学校、法治行业、民主法治示范村（社区）创建活动为载体，全面推进法治示范创建工作，乌什县依麻木镇库尔干村被评为"全国民主法治示范村"。

【社区矫正】 2020 年，乌什县司法局成立社区矫正工作领导小组，明确社区矫正工作职责，聘请退休干部、法律服务工作者、心理矫治专家等担任社区矫正志愿者。建立定期会商制度，会同县公安局、检察院、法院等相关执法部门定期召开联席协商会，协商解决矫正对象管理过程中存在的各类问题 13 件；通过评估、分类管理、电子定位等形式对矫正对象进行监督管理，并根据评估结论作出相应的处理；将社区矫正信息化管理纳入年终考核监督重点，定期对各司法所社区矫正监管情况进行专项督查，通过以考促管、以考促改、以考促查，提高社区矫正工作信息化运用能力和水平；社区矫正人员以县司法局管理矫正为主，依托县法院、检察院、公安局、矫正人员家人及亲属、基层组织六方管理为辅的联动机制。

【人民调解】 2020 年，乌什县司法局坚持调防结合、预防为主的方针，采取定期不定期排查、法制宣传教育与防控调处相结合等方式，实现矛盾纠纷"事后调处"为"事前预防"，各种社会不稳定因素在基层一线得到提前预防、及时调处和有效化解。把矛盾纠纷排查贯穿于人民调解工作全过程，采取主动排查的措施尽早尽快发现苗头性问题，及时解决矛盾纠纷。年内全县人民调解调委会共受理民间纠纷 1071 件，成功调解 1071 件，履行 1071 件，成功率 100%、履行率 100%，挽回各类经济损失21.3万元。全县共有人民调解员448人,其中乡(镇)级人民调解员36人、村级人民调解员352人、社区人民调解员50人、行业性专业人民调解员10人。56%的调委会主任达到高中以上文化水平,调解员普遍达到初高中文化,建成纵到底、横到边、多层次、全方位的人民调解网络。

【公证服务管理】 2020年,乌什县司法局强化公证人员法律职业意识和服务意识,加强公证员执业能力、综合素质和执业风险防范等方面培训。年内乌什县公证处办理公证总数827件[其中法定继承67件、小额继承68件、招投标386件、一般事务委托书79件、房屋买卖2件、赠与书8件、放弃继承权声明书172件、其他声明书7件、签名式样1件、文本相符2件、指纹2件、调解协议13件、其他合同(协议)15件、工伤赔偿协议1件、变更抚养权协议1件、解除劳动关系协议3件];收取公证费用41.77万元,对公证案件进行分类归档。

【法律援助】 2020年,乌什县司法局以争当司法行政工作排头兵为目标,认真履行职责,不断创新体制机制。自2019年7月1日至2020年6月30日已结案法律援助案件540件,其中刑事案件518件,民事案件22件,为受援人挽回经济损失93.5万元。接待咨询127人次,其中来访咨询89人次,来电咨询38人次,群众满意度100%,为弱势群体提供法律帮助,促进司法公正,维护社会稳定。坚持应援尽援,有效组织专职律师、社会律师、基层法律服务工作者及社会组织人员参与办案,办案数量稳步增长。

(供稿人:王　强)

农业农村工作

农牧业生产

【概况】 2020年,乌什县农业农村局坚持和加强党对“三农”工作的集中统一领导,统筹研究和组织实施全县“三农”工作发展规划和计划,做好农民承包地改革和管理、乡村特色产业、农产品加工业、休闲农业发展指导、种植业、畜牧业、渔业、农业机械化等农业产业监督管理及农产品质量安全检测等工作。年内,机关核定行政编制10名,事业编制29名,其中科级领导职数3名(正科级2名、副科级1名),机关工勤事业编制2名,实有122人。下设行政办、农村改革办公室、发展规划办公室、农业产业化服务办公室、农村合作经济指导办公室、科技教育办公室、种植与水产管理办公室、农业机械化管理办公室、农业法规与农产品安全监管办公室、组织人事办公室、畜牧管理办公室、兽医办公室(畜禽屠宰监督管理办公室)。

【农业经济】 2020年,乌什县农村经济总收入34亿元,比上年增加4.39亿元,增幅14.8%,其中种植业收入9.62亿元,占全县农村经济总收入的28.3%,比上年增加2.11亿元,增幅28.2%。农民人均纯收入12806.9元,比上年增加1553.3元,增幅13.8%,其中种植业人均收入2404.7元,比上年增加355.3元,增幅17.3%。

【粮食生产】 2020年,乌什县粮食种植面积37425.37公顷,同比增加1053.86公顷;总产量32.76万吨,同比增加1.19万吨;单产583.9千克,同比增加4.9千克。其中,小麦面积17488.74公顷,比上年增加146.74公顷,总产量11.8万吨,比上年增加0.4万吨,单产450.1千克;玉米17748.87公顷、比上年增加827.08公顷,总产量19.11万吨,比上年增加1.25万吨,单产718.4千克,比上年增加14.4公斤;水稻1380.69公顷,总产量1.5万吨,单产720.1千克;豆类667公顷,总产量0.2万吨,单产200千克;马铃薯50.36公顷,总产量0.13万吨,单产1679.46千克;其他杂粮89.71公顷,总产量0.026万吨,单产200千克。

【蔬菜生产】 2020年,乌什县蔬菜育苗401.06万株(辣椒苗229.86万株,西红柿苗96.51万株,茄子苗33.5万株,黄瓜苗3.14万株,莲花白苗2.5万株,其他各类菜苗35.55万株),完成率131.4%。蔬菜种植面积1471.67公顷,总产4.89万吨,其中温室面积29.35公顷、总产0.2万吨,中小拱棚面积414.72公顷(大田拱棚种植面积15.69公顷,庭院小拱棚种植面积399.03公顷)、总产1.6万吨;露地蔬菜面积1027.6公顷(春季种植面积241.3公顷,复播面积786.3公顷)、总产3.09万吨。年内,蔬菜总销售量4.85万吨,销售额3106.9万元,其中2614户贫困户种植蔬菜177.69公顷,总产0.37万吨,销售额653.9万元,户均收入2501.5元。

【黑木耳种植】 2020年,乌什县种植黑木耳菌棒204万棒(不包括依麻木镇101万棒),产鲜耳790.48吨。鲜耳销售2049千克,销售额1.9万元;制干79.22吨,售干耳72.98吨,销售额467万元;合计销售额442.09万元。库存干耳9.5吨,每公斤60元,预计销售额57万元。种植秋棒53.6万棒。因户均单产达不到100千克,菌棒厂补贴79.13万元。

【技术推广】 2020年,乌什县农业农村局围绕化肥农药减量增效行动,大力推广农作物病虫害绿色防控技术。年内推广应用绿色防控技术15674.5公顷次(占总发生面积的30%),专业化统防统治实施面积20943.8公顷;推广农作物秸秆还田技术18876.1公顷次。开展积造农家肥及绿肥种植推广工作,利用秸秆、苦豆子、废弃菌棒、枯枝落叶等沤制有机肥133.9万立方。推广绿肥种植面积8484.24公顷;推广测土配方施肥技术31255.62公顷。完成无人机飞防作业示范推广11278.97公顷。

【苗情调查】 2020年3月,乌什县农业农村局开展冬小麦返青调查,共调查41个村44个组66个条田,调查面积799.2公顷,平均亩总茎蘖数76.4万株,比冬前减少0.08万株(冬前76.48万株),比上年同期减少0.25万茎(上年同期70.81万茎);主茎叶龄1.8个,比上年增加6.22个;单株分蘖数2.51个,比冬前增加0.36个(冬前为2.15个),比上年增加0.38个;次生根8.1个,与冬前同期相同(冬前8.1个),比上年增加0.1个。一类苗面积7610.47公顷,占总面积的43.7%,比上年增加0.01%;二类苗面积7863.93公顷,占总面积的45.2%,比上年增加0.87%;三类苗面积1934.3公顷,占总面积的11.1%,比上年减少0.88%。

【作物测产】 2020年,乌什县农业农村局完成冬小麦测产工作,全县17248.62公顷新冬22平均单产442.4千克,较上年平均单产高8.9千克。完成加工番茄测产工作,全县987.16公顷加工番茄,经测产平均单产4463千克。完成秋粮测产工作,全县玉米播种面积13186.6公顷,经测产平均单产732.7千克,较上年平均单产增加4.2千克,总产14475.6万吨;全县水稻种植面积1383.76公顷,经测产平均单产721千克,较上年平均单产高2千克,总产1495.8万吨。全县土豆播种面积667.8公顷,经预产200.24万吨,平均单产200千克。

【耕地地力保护补贴】 2020年,乌什县到位耕地地力保护补贴资金7278.59万元。已落实发放补贴资金7137.87万元,其中中央补贴资金5216.77万元、自治区补贴资金627.04万元、地区补贴资金

1294.06万元；补贴面积43955.3公顷，其中冬小麦17248.62公顷、春小麦260.13公顷、正播玉米13333.33公顷、青贮饲料3841.92公顷、苜蓿993.83公顷、特色作物2334.5公顷、林下油菜6003公顷），享受补贴农户31681户。

【对比试验】 2020年，乌什县农业农村局开展大蒜2个品种（紫皮、白皮）对比试验0.07公顷，总结集成冬季大蒜栽培技术。开展食葵5个品种（6022号、6021号、5081号、向500g号、500q）对比试验0.07公顷，初步掌握食葵在乌什县的栽培技术。

【“冬季攻势”技术培训】 2019年11月1日至2020年2月28日，乌什县农业农村局深入6乡3镇开展冬季大培训工作，举办各类技术培训51期4645人次，其中贫困户3300人次（其中黑木耳培训22期2085人次，含贫困户1768人次；蔬菜种植技术培训17期1209人次，其中贫困户991人次；加工番茄技术培训5期604人次，其中贫困户224人次；农作物高产栽培技术培训5期370人次，其中贫困户177人次；种子管理培训2期377人次，其中贫困户140人次）。

【法律宣传】 2020年，乌什县农业农村局举办全县农资经营人员专题培训班，讲解《中华人民共和国农产品质量安全法》《农业生产资料市场监督管理办法》《中华人民共和国种子法》等相关法律法规知识。利用“3·15”消费者权益日，科技、文化、卫生、法律“四下乡”活动，组织工作人员深入全县6乡3镇农贸市场巡回开展法律法规知识宣传，增强群众学法、用法的自觉性。

【种子质量监管】 2020年，乌什县农业农村局做好42家种子代销店登记备案工作，严格按照《中华人民共和国种子法》进行审核复查，严把种子准入关，从源头上保证种子质量。开展种子质量监督抽检，加强对重点市场、重点区域、重点季节、重点品种的种子质量检查，把种子质量管理由事后管理变事前管理，将种子质量事故消灭在萌芽状态。对调进的玉米、小麦种子进行抽样发芽（复检）、试验，玉米种子样品30份，小麦种子样品200份，检验结果均达到良种要求，保证县域春播期间种子质量安全。

【小麦良种繁育】 2020年，乌什县农业农村局在小麦种子良繁关键期，对432.35公顷小麦种子田去杂去劣进行技术指导、督查和验收，验收合格面积365.7公顷。技术指导种子田播种、田间管理等工作，完成冬小麦种子田播种面积1400.7公顷。

【农产品检测】 2020年，乌什县农业农村局配合自治区分析测试研究院开展农副产品农药、兽药残留、生产基地农产品等例行监测3次，范围从生产基地向批发市场、农贸市场和超市延伸。完成自治区抽样3次抽检102个样品，地区抽样3次抽检99个样品，从检测结果看，样品合格率达99.5%。年内完成气相色谱仪安装、调试、培训等工作和“双认证”考核中

CATL 申报材料的提交工作。

【畜禽疫病防控】 2020 年,乌什县农业农村局严格落实防控责任,做好重大动物疫病防控工作。年内牲畜防、驱、治任务数 370 万头(只),完成 405.42 万头(只),完成率 109.6%,其中口蹄疫免疫任务 110 万头(只),完成 116.51 万头(只),完成率 105.9%;羊痘免疫任务 45 万只,完成45 万只,完成率100%;羊三联四防免疫任务 40 万只,完成 40.25 万只,完成率 100.6%。炭疽免疫任务 24 万头(只),完成 38 万头(只),完成率 158.3%;小反刍兽疫免疫任务 50 万只,完成 61.893 万只,完成率 123.8%;布病免疫任务 28 万头(只),完成 31.2 万头(只),完成率 111.4%;药浴驱虫任务 60 万头(只),完成 60.13 万头(只),完成率 100.2%;临床治疗任务 2 万头(只),完成 2.05 万头(只),完成率 102.6%。家禽防疫任务 560 万羽,完成 566.85 万羽,完成率 101.2%。做好抗体监测及人畜共患病检测,年内抗体检测任务 0.79 万头(只),完成 0.82 万头(只),完成率 103.2%。布病检测完成 0.64 万头(只)。全年无重大动物疫情发生。

【畜产品安全监管】 2020 年,乌什县农业农村局严把产地检疫关,完成动物产地检疫 40.33 万头(只),家禽产地检疫 74.35 万羽。开展牲畜屠宰检疫 6.37 万头(只),家禽屠宰检疫 22.57 万羽。

【畜牧业执法】 2020 年,乌什县农业农村局建立健全执法监督机制,严把畜产品流通环节监管。查处违法案件 20 起,立案 20 起,结案 20 起,罚没金额 8.05 万元,其中违反《中华人民共和国动物防疫法》19 起,罚没金额 7.94 万元;违反《兽药管理条例》1 起,罚没金额 0.1 万元。年内完成"瘦肉精"抽检 1000 份,其中养殖环节瘦肉精检测 500 份,屠宰环节瘦肉精检测 500 份,检测合格率 100%。

【农牧民培训】 2020 年,乌什县农业农村局以"科技之冬"培训为契机,积极配合相关部门开展培训,在英阿瓦提乡、奥特贝希乡举办以贫困户智慧扶贫为目标的蔬菜栽培、黑木耳栽培和粮食作物栽培等培训,共培训 1356 人。完成高素质农民培育(配种员、黑木耳蔬菜栽培人员)培训和手机 App 云上智农培训评价等工作,评价率 100%。

【产权制度改革】 2020 年,乌什县清产核资 108 个行政村,产权制度改革 108 个村。使用清产核资项目资金 39.96 万元,完成 2017 年全县 108 个行政村清产核资第三方审计工作。按照尊重历史、兼顾现实、程序规范、群众认可的原则,安排专人深入群众家中对长期外出家庭、干部职工家庭、新落户人员、异地扶贫搬迁、户籍未迁出的外嫁女、入赘、离异女、新生人口、现役军人、在校大中专学生、"空挂户"等人员信息进行核实和公示,全县确认农村集体经济组织成员 18.77 万人,进行三榜公示确认。对各行政村村民情况进行摸排,完成村集体经济组织成员身份界定的村 108 个,完成率 100%。完成股权设置与量化的村 108 个,完成率 100%,量化资产总额1.18亿元，设置股权22.21万股；成立股份经济合作社108个，占行政村总数的100%；完成赋码登记的村108个，完成率100%；银行开户率100%。

【产业化服务】 2020年，乌什县有农产品加工企业16家，生产线18个，产品品种50多个。有果蔬热风烘干房273座，50吨组装式冷藏库196座，在建50吨组装式冷藏库10座，新申报50吨组装式冷藏库2座、100组装式冷藏库6座。农产品产地初加工补助项目累计投资4795.9万元，惠及92个农民专业合作社和1家家庭农场。日烘干能力3.5万吨，保鲜能力1万吨以上。创建、完善"百十一"粮食基地1667公顷，年产肉量827吨的畜牧基地、核桃基地4667公顷，完成绿色食品原料"百十一"基地993.27公顷。注重品牌培育，打造品牌效应，新申报及认定自治区级龙头企业2家、地区级龙头企业2家，续申请监测及认定地区级龙头企业1家，新申报自治区级农业产业化联合体2家、地区级农业产业化联合体4家，争取到联合培育补助资金300万元。发展订单农业，加工番茄收购企业与合作社组织采取"公司+基地+农户""公司+专业合作社+农户"等产业化发展模式，实现订单番茄育苗移栽面积805.87公顷，收购番茄原料4.74万吨，订单鹰嘴豆面积666.67公顷，收购鹰嘴豆原料570吨。

【人居环境整治】 2020年，乌什县农业农村局按照"政府引导、村民主体"的原则，整合县财政资金576万元，分配各乡（镇）10万～20万元、各村4万～5万元的整治资金，充分发挥整治资金撬动作用，促进人居环境整治全面推进。农村人居环境整治工作紧紧围绕村庄清洁行动"三清一改"（清理生活垃圾、清理村内塘沟、清理畜禽养殖污染等农业生产废弃物、改变不良生活习惯）及院内院外"六件事"（改厕、庭院环境整治、居住环境整治、生活污水治理、生活垃圾治理、村庄绿化），以农村生活垃圾、生活污水、农村改厕和村容村貌提升为重点，做到村容村貌干净整洁，美丽乡村建设稳步推进。年内累计新（改）建卫生厕所42428户，实现农村卫生厕所普及率96.56%；组织协调物业公司落地11家，达到乡（镇）全覆盖，68个行政村实现生活垃圾有效处理，33个行政村生活垃圾进行简单分类、减量处理，分别占行政村总数的62.9%和30.5%。生活垃圾处理设施21座，累计清运垃圾10540吨。全面开展村庄清洁行动，发动干部群众投工投劳2.13万人次，清理垃圾1.05万吨，清理村内沟渠1000千米，清理村内淤泥0.46万吨，清理畜禽养殖粪污等农业生产废弃物1.06万吨。开展进村入户宣传2951场次，发放宣传资料4.86万份，张贴宣传标语3635条，农村人居环境整治三年行动目标任务全面完成。

【农机购置补贴】 2020年，乌什县农业农村局制定农机购置补贴工作实施方案，成立领导小组，召开动员会及培训会议，对农机购置补贴工作进行安排部署，明确任务，强化责任。将农机购置补贴任务分配至各乡（镇），利用每周"巴扎天"，抽调人员组成农机宣讲队，深入各行政村开展宣讲活动。完成南疆地区农机购置补贴资金额度调增政策、申办程序、受益农户和补贴机具范围等培训15场次,受教育农牧民1.2万人次。地区下达农机购置补贴资金2300万元,兑付资金2300万元,享受户数1409户,办理补贴机具2199台,完成率100%。

【农机化技术服务】 2020年,乌什县小麦机播面积1.67万公顷,机收面积1.67万公顷,机播率、机收率均达100%;玉米机播面积1.56万公顷,机收面积1.49万公顷,机播率、机收率分别为100%和95%;投入各类农机具3.85万台(架)次;完成小麦播种机检修1010台。

【农机深松整地作业】 2020年初,乌什县农业农村局组织人员对各乡(镇)、各行政村计划深松作业地块进行调查摸底。制定《2020年度农机深松补贴项目计划》,明确乡(镇)深松作业任务,将深松作业纳入乡(镇)目标管理绩效考评指标。深入各乡(镇)开展培训12场次,使农机深松作业家喻户晓。严格按照深松作业技术标准和要求,采取人工抽查和仪器测量相结合的方式,对深松作业面积进行核实。年内完成计划实施深松作业面积1333.3公顷。

【农机安全监管】 2020年,乌什县农业农村局加大农机安全执法力度,杜绝各类事故发生。加强农机安全生产宣传教育工作,采取经常性宣传和阶段性教育相结合的方式,利用“巴扎天”开展农机安全教育进农村、进学校等“四进”活动和集中培训村级道路安全劝导员,广泛开展农机安全生产宣传教育;发放宣传资料1.6万份,受教育3.76万人次。加强农机安全技术检验,检验拖拉机12596台,注销352台,检验率96.2%。加强农机安全生产大检查和隐患排查工作,年内注册登记拖拉机771台,到期换证2324人;共检查拖拉机454台,查处一般隐患29起,整改隐患29起,发放整改通知书25份,参加执法人员64人次。加强对联合收割机跨区作业驾驶操作人员的资格管理和检审验工作,检验联合收割机135台,检验率95%,发放跨区作业证60个。做好番茄交售期间农机安全生产工作,日夜值守,确保番茄交售井然有序。年内全县没有发生造成人员死亡的农机事故。

【大型工程机械设备监管】 2020年,乌什县农业农村局采取到乡(镇)农机站集中办理牌证和固定每周二在县农机培训中心统一办理牌证相结合的方式,对县城内无牌证的大型工程机械进行摸底登记、系统录入和牌证核发。累计在册大型工程机械设备数493台,在册大型工程机械从业人员1048人,年内注册登记87台。开展大型工程机械车载控制终端安装工作,制定《乌什县大型工程机械设备卫星定位控制系统车载控制终端推广工作方案》,组织人员深入乡(镇)对大型工程机械设备操作人员及车主开展相关法律、法规宣传,深入大型工程机械设备作业场所开展执法工作。

【农机市场监管】 2020年,乌什县农业农村局加大农机维修行业管理力度,组织监理员采取分组分片、定点检验、送检下乡等服务方式，不定期对维修网点、维修人员进行大检查。共检查农机配件销售店17家、农机维修店38家，杜绝因维修质量或配件质量引发农机事故，维护农牧民群众生命财产安全。开展“3·15”消费者权益日、安全生产月活动，组织农机监理人员在县城大十字、广场及各乡（镇）巴扎设立咨询台，发放农机法律法规、农机补贴政策材料，给群众讲解农机安全法律法规、农机打假维权等知识，解答群众疑问。年内出动宣传车2辆，发放资料1500份，接待咨询群众1500人次，受教育群众3200人次。加强与农机经销商的沟通，参加农业机械博览会、展销会，主动协调农机经销商送货上门，提供优质服务。

（供稿人：陆亚东）

林　业

【概况】 2020年，乌什县林业和草原局（以下简称乌什县林草局）下辖林业工作管理站、河谷林管理站、草原工作站、林业科技推广站（苗圃）、林业防虫防害中心、资源林政管理办公室、托什干河流域湿地自然保护区管理站7个事业单位，内设办公室和综合业务科2个职能股室。实有在编人员78人，其中：林业防虫防害中心核定编制7名，实有4人；河谷林管理站核定编制16名，实有18人；林业工作管理站核定编制8名，实有10人；林业科技推广站（苗圃）核定编制10名，实有8人；资源林政管理办公室核定编制3名，实有1人；托什干河国家湿地公园管理站核定编制12名，实有14人；草原工作站核定编制9名，实有8人。

【生态治理】 2020年，乌什县林草局开展国土绿化行动，通过重点防护林建设、退耕还林等林业重大项目支持，在全县完成植树造林0.58万公顷。保障生态用苗安全，办理苗木检疫证书12张，复检苗木84.76万株，产地检疫160亩，调运检疫423.8万株。加大森林草原资源保护力度，累计开展护林防火演练12次，林区护林防火知识宣传8场次，护林员、生态护林员及周边群众参与6000人次，发放《森林防火宣传手册》2000本。加大执法力度，安排护林巡护人员24小时开展林区巡护，对破坏天然林资源的企业及个人进行严厉惩治，确保天然林资源安全。开展林区矛盾大排查专项活动，查处办理各类涉林案件6起。严格林木限额采伐，核发林木采伐证240张，限额采伐林木1万立方米，占限额指标的73%。开展野生动植物保护工作，开展宣传教育活动37场次，巡查林区面积4.21万公顷，对全县3家野生动物驯养繁育单位及其经营情况进行全面核查，定期上报野生动物疫源疫病监测情况，查处违法猎捕环颈雉、石鸡等野生动物行政案件8起，涉案人员15人，处罚金额2.96万元。

【林果提质增效】 2020年，乌什县林果种植面积稳定在2.46万公顷，挂果面积2.43万公顷，果品总产量14.03万吨，其中，乌什核桃2.09万公顷，挂果2万公顷，产量6.39万吨。实现林果经济总收入 14.8 亿元，占农村经济总收入的 43.5%，人均林果业收入 0.53 万元，占农民人均收入的 41.6%。

【果园管理】 2020 年，乌什县林草局开展林业有害生物防控，做好林业有害生物监测预报，规范有害生物监测站点 8 个，确定专职测报员 5 名，培训巩固县、乡、村三级林果有害生物兼职测报员 16 名，发布林业有害生物预测预报 12 期。完成杀虫灯悬挂 5017 盏，石硫合剂统防统治 2.43 万公顷。开展林业有害生物飞机防治，完成全县 6 乡 3 镇集中连片 0.25 万公顷核桃园及国道 219、省道 306 沿线防护林带喷洒绿色无公害植物源制剂——1.2%苦参碱油乳及黄腐酸叶面肥作业。根据林果业病虫害发病规律，积极防治核桃防腐烂病、春尺蠖、红蜘蛛、杏李小食心虫、梨小食心虫、蚧壳虫、大青叶蝉等林果病虫害面积 1.13 万公顷，香梨病害花前、花后及雨后防治 0.05 万公顷(苹果 0.04 万公顷，香梨 0.01 万亩)。做好果树修剪，开展核桃撑枝、摘心打顶 2.09 万公顷，二次雄花去除 1.93 万公顷。果园施肥灌水有序推进。完成核桃追肥 3 次，喷施叶面肥 2 次 2.09 万公顷，杏树追肥、喷施叶面肥 0.15 万公顷。扩大有机肥来源，林下套种下翻油菜 1.05 万公顷，利用废旧菌棒、苦豆子、农家肥、果树枝条等沤制绿肥 134 万立方米。

【精准扶贫】 2020 年，乌什县林草局严格落实林果业政策性保险措施，降低农户种植风险，动员农户购买林果保险面积 1.41 万公顷。保障果园投入，带动果农生产积极性，完成 2017 年深林质量精准提升示范项目 2099 户(其中贫困户 662 户)0.06 万公顷 52.25 万元，2018 年森林质量精准提升示范项目 4454 户(其中贫困户 1554 户)0.13 万公顷 80 万元的核桃修建、施肥补助资金的发放。实施林果提质增效(物化投入)项目涉及全县 5 乡 3 镇 42 个行政村 152 户边缘户核桃果园 56.93 公顷，发放磷酸二铵 8.54 吨；按照 28.55 千克/亩的标准，为 6 乡 3 镇 102 个行政村 7383 户贫困户 3071.08 公顷核桃园发放黄腐酸 1315.19 吨。

【示范园建设及核桃疏密】 2020 年，乌什县林草局推进示范园建设及核桃密植园改造，根据特色林果提质增效要求，建设县、乡、村三级示范园 160 个，其中县级示范园 6 个、乡级示范园 64 个、村级示范园 90 个，总面积 1880 公顷。全面落实示范园挂牌、验收、考核、通报等管理制度，按照“三肥四水”要求，下派技术干部包乡、进村、定点开展技术服务指导，组织林果技术服务队、生态护林员等参与示范园建设。以示范园建设为基础，建立“百十一”特色林果生产基地 4666.67 公顷，核桃有机认证生产基地 533.33 公顷，新申报林果绿色食品原料标准化生产基地 12080 公顷，其中核桃 11146.67 公顷、葡萄 933.33 公顷；申报有机核桃生产基地 800 公顷、沙棘林地理标志生产基地 6666.67 公顷。坚持“应疏尽疏”的原则，动员果农主动开展核桃密植园疏密改造 640 公顷，结合森林质量精准提升示范项目对往年核桃密植园地块进行实地核实，确认疏密面积 606.67 公顷，涉及 40 个行政村 2162 户农户（其中贫困户 837 户），按照 230 元/亩的补助标准发放补助 209.99 万元。

【低质园改造及品种优化】 2020 年，乌什县林草局优化核桃品种，完成核桃高接改良 26908 株，嫁接定杆 406.67 公顷。调优补齐林果产品种类单一、种植结构失衡等短板，提高果品抗市场风险能力，新增苹果、葡萄、杏子、西梅等时令鲜食水果种植面积 266.67 公顷。对现有杏树进行低质低效园嫁接改造，完成杏树改良嫁接 186.67 公顷。实施精果林、森林质量精准提升 2666.67 公顷，森林抚育 666.67 公顷，购置补助机械设备，提高林果机械化管理水平。

【市场开拓】 2020 年，乌什县林草局加快培育和发展林果产品加工营销龙头企业，以核桃深加工、沙棘深加工、营销为重点，集中力量，引进和扶持起点高、产业带动力强的阿克苏金勺果业有限公司、新疆帅骆驼果业公司等林果产业化龙头企业、林果业合作社。发展各类农民专业合作经济组织，引导有资质的农民专业合作社参与林业项目实施，促进农民专业合作社规范化管理，合作社转型升级提质增效，全县有林果农民专业合作社 119 家，合作社在册正式社员 1355 人。扶持壮大林果农民专业合作社，争取 2020 年自治区林业财政专项资金项目对 2 家技术服务合作社进行补助，投入资金 40 万元。督促 11 家合作社实施林果社会化服务 366.67 公顷，投入资金 910.5 万元。促进果园流转，动员林果专业合作社参与果园流转 1226.67 公顷。组织林果企业、合作社参加各类林果展销会、座谈会、市场调研等活动，开拓管理人员眼界，优化加工设备，生产市场需求量大、消费者认可的中高档产品。

【技术服务】 2020 年，乌什县林草局持续开展林果科技培训，采取现场教学与示范操作相结合的方式，以贫困农户为重点，自治区、地区林果提质增效团（组）为主要技术力量，聘请地区林果专家现场授课，开拓果农眼界，为特色林果提质增效提供技术保障。年内开展林果技能培训 203 场次，培训专业技术人员及果农 4.6 万人次。建立健全县、乡、村三级服务体系，以县林管站、森防站 483 名林果技术服务队员、1605 名生态护林员为基础，组建技术服务力量，逐级压茬培训，普及林果管护技术，在每个村培养带不走的林果技术服务队，指导果农开展林果标准化管理。

【草原管护】 2020 年，乌什县林草局完成草原返青期、高峰期、冷季监测任务，加大草原鼠害防治力度，组织专业技术人员到南北山区开展草原鼠虫害调查，调查总面积 6666.67 公顷，发放 2020 年农牧民补助资金 2060.86 万元，涉及牧户 2033 户（其中贫困户 659 户 638.97 万元）。加强草原禁牧休牧和草畜平衡监管，全县天然草原 47.49 万公顷，草畜平衡 42.15 万公顷，禁牧 5.33 万公顷。按要求选聘草原管护员 300 名，涉及 6 乡 2 镇 28 个行政村，按时足额发放生活补助，实施 2020 年退牧还草项目，建设草场围栏 5733.33

公顷。加强草原执法,办理草原行政案件3起。

【沙棘培育】 2020年,乌什县林草局完成沙棘研究中心建设,设立光照培养室、高压灭菌室、接种室、练苗室等,完成沙棘组培苗繁育移栽110万株。4月建设沙棘苗圃中心,位于阿合雅镇吐曼村,占地200公顷。苗圃中心规划建设五大功能区,即:沙棘资源汇集圃、沙棘基因库、品种选育区、标准化管理示范区、沙棘优质苗木快繁培育区。每年繁育Ⅱ级以上沙棘苗木1000万株以上。在扦插及组培苗移栽过程中,组织专业技术人员全程参与枝条采集、扦插及移栽工作;在苗圃建设及管理过程中,聘用当地建档立卡贫困人口从事生产劳动,通过"以干带训"普及沙棘种植育苗技术。立足乌什县优质野生沙棘资源,在阿合雅镇、英阿瓦提乡、奥特贝希乡等区域内,完成人工种植沙棘7000公顷,努力将沙棘产业打造成为继核桃之后促进乌什县经济增长的又一支柱产业。

(供稿人:梁　豪)

水　利

【概况】 2020年,乌什县水利局核定编制111名,其中行政编制6名(机关工勤事业编制1名),全额事业编制22名,水管自收自支编制82名。实有干部职工111名,其中行政编制人员7名,机关工勤事业编制人员1名,全额事业编制人员26名,水管自收自支编制人员77名;副高级工程师2名,工程师14名,助理工程师29名;管理岗职员2名,技术员16名,技师3名,高级工7名,中级工13名,初级工10名,普工8名;少数民族83名。下辖乌什县农田水利基本建设规划设计办公室、乌什县农村饮水安全工作办公室、乌什县水政监察大队、乌什县水利工程管理总站、乌什县农村饮水安全工程管理站、乌什县水资源总站。

【水利工程项目管理与实施】 2020年初,乌什县水利局组织专项组对拟建水利扶贫项目开展现场调研,征求乡(镇)人民政府、村委会及"访惠聚"驻村工作队意见,结合工程建设的必要性,细化建设内容,评审确定项目建设内容及投资规模。协调县发改、林草、国土、环保等部门出具四项审批手续,开展项目施工及监理招投标等前期工作,组织施工方、监理方同乡(镇)、村开展"三见面",做到乡(镇)、村、受益贫困户共同监督施工全过程。在水利扶贫项目建设过程中,严格执行项目法人制、招投标制、建设监理制、合同管理制和竣工验收制,规范建管行为,确保工程建设质量,强化对施工质量的严格监控和严格把关,确保工程质量符合技术要求。2020年总投资15643.9万元的25个水利扶贫项目完工验收。

【农田水利基本建设】 2020年,乌什县水利局提高水利设施运行管理水平,确保农业生产用水。严格落实水资源"总量控制、定额管理"制度,落实轮灌制度,合理调配水源,成立用水督查组,对各乡(镇)、村组的用水情况进行督促指导。

开展征收水资源费工作，年内实施“井电双控”计量设施项目，安装“井电双控”126个，防治水土流失，改善生态环境。严格管理水资源，根据年度用水总量及塔里木河流域阿克苏管理局许可的地表水指标32090万立方米，将用水指标分解到乡(镇)、灌区及每个行政村；通过制定各季度轮灌方案，有效开展灌溉用水管理，2月6日起至11月25日，全县5.54万公顷灌溉面积累计完成21.08万公顷次，限额用水量完成32047.8万立方，节约用水42.2万立方(不含泉水及其他水量)。与塔里木河流域阿克苏管理局托什干河上游管理站共同协商，于3月19日签订用水协议书，解决亚曼苏乡阿依丁村3组农牧民用水困难。根据《乌什县农业水价综合改革实施方案》，委托新疆佳益价格评估有限公司对农业水价进行供水成本监审，于6月30日通过乌什县十五届人民政府第32次常务会议研究，进行农业水价改革；按照新调整的农业水价开展农业灌溉水费征收工作。

【防洪减灾】 2020年，乌什县水利局加强险工险段维修加固和巡查，组织乡(镇)完成防洪险工险段维修加固56千米，投工投劳折资1104.94万元；严格落实防洪险工险段巡堤检查机制，组织乡(镇)对辖区内重点防洪险工险段进行排查、梳理，建立风险隐患台账。及时修订完善应急预案，年内组织开展乡、村级防洪应急和实战演练11次，县级演练1次。加强防洪防汛监测预警预报，严格落实24小时防汛值班值守、信息报告制度；做好水雨情实时报、月报统计上报工作，确保灾情和雨水情信息的上传下达；加强山洪预警监测设施维修维护，检查检修自动水位雨量站23处，确保各监测站点及时接收和上传雨水情数据，加强与县气象局、地区水文局信息资源共享，为防洪防汛提供决策依据。加强防洪物资储备工作，投入830.83万元储备防洪块石2.8万立方米、铁丝208吨、铅丝笼3万米、编织袋27.8万条、木料5286根、混凝土三角块600个、手电筒50个、雨衣50件、雨鞋50双、救生衣200个、救生圈500米、照明灯6台等；对各乡(镇)防洪应急物资储备情况进行督查。

【农村饮水安全】 2020年，乌什县水利局做好“十四五”农村供水保障工程前期工作，根据编制完成的“十四五”农村供水保障规划，对已建农村饮水工程基本信息与农村饮水安全信息系统数据进行核对。开展贫困户、边缘户饮水安全情况核查，确保1681户边缘户和15555户建档立卡贫困户正常供水。摸清农村供水工程取水口及取水监测计量现状。做好完工项目竣工验收准备工作，6月底完成2018年农村饮水安全巩固提升工程项目竣工验收。做好2019年贫困户智能IC卡水表安装工程和一般户智能IC卡水表安装工程档案资料收集、整理和归档工作，完成竣工技术预验收。做好农村饮水安全专项组档案和2017—2019年农村饮水安全项目档案整理和完善工作。加强工程运行管理，完善水质检测制度，加强水源保护和水质管理力度。开展农村饮水安全入冬前大排查工作，加大冬季安全用水保障力度。

【水政执法】 2020年,乌什县成立“河长制”领导小组办公室,完善各项制度,明确各级河长为第一责任人,切实履行“管、治、保”职责。落实乌什县总河长会议制度和乌什县县级河长会议制度,不定期召开部门联席协商会议,针对存在的河湖违法采砂、垃圾围坝、围垦筑坝等问题进行分析部署,制定专项治理方案,加强责任落实和管护,加大托什干河沿岸工程规范化建设,强化河湖生态环境治理。加强水法律法规宣传工作,在“3·22”世界水日、“中国水周”宣传日期间,通过悬挂横幅、设立宣传点、咨询台等方式,开展《中华人民共和国水法》《中华人民共和国防洪法》《新疆维吾尔自治区河道管理条例》等法律法规宣传教育活动,发放宣传资料500余份,悬挂横幅2条。加大河长制工作宣传,形成全民参与、部门联治、社会共治的河湖水资源保护治理社会氛围和工作机制。落实河长制工作责任,各河长、河段长开展巡河时需填写巡河手册,对巡河中发现的问题及时督促整改。年内发放巡河手册51册,协助指导111名县、乡、村级河长、副河长、巡河员安装河长通App并逐一说明操作流程。按照县级河长每月巡河一次、乡级河段长每月巡河两次、村级巡河员每周巡河一次的要求,年内县、乡、村三级开展巡河2249次,巡河总长度5415.08千米。

(供稿人:杜旭珍)

工贸·招商引资

经贸管理

【概况】 2020年,乌什县商务和工业信息化局(以下简称乌什县商信局)核定编制17名,其中行政编制5名,参公编制8名,事业编制3名,工勤编制1名。

【招商引资项目】 2020年,乌什县商信局制定印发《乌什县招商引资工作指导意见》和《乌什县2020年度招商引资单项考评奖励办法》,将招商引资和部门年终评优评先有机结合,调动各部门积极性,有力推动招商引资工作开展。年内乌什县新签约项目36个,签约金额46.19亿元,完成地区下达全年目标任务34亿元的135.85%,同比增长155.19%。完成招商引资到位资金24.01亿元,完成地区下达全年目标任务22亿元的109.13%,同比增长52.92%。新签约项目36个,落地项目25个,其中5个项目已完成建设,21个项目正在建设中,其他10个项目正在办理前期手续;有序推进正在对接的13个项目。

【工业运行】 2020年,乌什县商信局依托国家、自治区关于扶持中小企业发展的各类政策,为6家纺织服装企业申请低电价政策,综合到户电价享受每度电0.38元,降低企业用电成本。制定《乌什县领导联系帮扶企业方案》,建立1个企业由1名县领导和1名部门领导"一对一"帮扶工作机制,确保企业有困难第一时间有领导解决,实现规模以上企业累计总产值4.4亿元,增加值1.69亿元,累计增速15.45%,年度新增"小升规"企业5家(11月升规企业2家,年末升规企业3家),完成年度任务的100%。

【电子商务】 2020年,乌什县积极发展电子商务进农村示范项目,年内完成电子商务交易84.13万单,完成交易额3634.07万元,同比增长20%,其中,网络销售额1226.42万元25.16万单,网络代购额2407.65万元58.97万单。举办电商培训班6期,培训1258人次,其中建档立卡贫困户459人次。

【商务管理】 2020年,乌什县商信局会同县统计局,加大限额以上企业及个体经营户跟踪服务力度,督促企业提高上报数据质量,做到不瞒报、不漏报。结合疫情防控常态和复工复产实际,认真贯彻落实自治区优惠政策,开通企业网上服务热线,开展线上登记、线下服务业务,跟踪解决具体问题126条,帮助企业解决小额贴息贷款,提振消费信心。年内实现社会消费品零售总额4.49亿元,同比增长8.5%,完成年度任务的100%;召开全县限额以上企业负责人和直接业务人员培训会,宣传统计工作政策、法规和有关统计业务知识、技能,教育引导企业树立政策法规意识、义务意识和责任意识。继续推进"百村千厂""电子商务进农村综合示范项目"等民生工程,有效促进城乡市场双向互动,使"农产品进城、工业品下乡"更加畅通,为打开农村市场、扩大农村消费创造更加有利的条件;完成外贸进出口总额1976.4万美元,完成年度任务的100%;组织县域企业参加各类展会,及时掌握行业发展动向和趋势,提升企业外向发展信心;培育新疆天和针织有限公司办理外贸相关手续,实现从事外贸出口相关工作。深入实施绿色环保碘盐健康惠民工程,开展盐业市场大检查,严厉查处销售土盐行为,为贫困户免费发放加碘盐166.95吨,确保群众饮盐健康。加强二手车交易市场管理,对交易过程中的所有信息进行登记备案和录入,促进二手车交易市场健康发展;丰富能源市场,新建加气站2座、加油站3座,解决群众加油、加气难问题。

【安全生产】 2020年,乌什县商信局贯彻落实自治区安全生产工作会议精神,深入企业做好安全生产督促检查,加大加油站、快递物流等重点部位、重点场所督导力度,开展"大排查、大整治"活动。与全县10家加油站、6家寄递物流企业签订安全生产责任书,要求企业全面落实安全生产措施。年内下发安全生产隐患整改通知书29份,整改安全隐患38处,最大限度预防和减少安全生产事故发生。

(供稿人:郭少乐)

工业园区

【概况】 2020年,乌什县工业园区管委会强化招商引资,突出产业招商,提升园区招商引资实效和水平;完善基础设施,突出要素保障,提升园区承载能力和发展空间。年内工业园区累计入驻企业19家(停产2家,分别为乌什县华同祥建材有限公司、乌什县丝路科技袜业有限公司),在建企业7家。其中规模以上企业6家、规模以下企业13家。按产业分类,农副产品加工企业8家、建材加工企业4家、光伏发电企业5家、纺织加工企业2家。全年累计完成园区工业总产值4亿元,同比增长8%,完成工业增加值1.4亿元,同比增长7.8%。年内,乌什县工业园区管委会核定编制7人,实有7人,其中科级3人。

【安全环保】 2020年,乌什县工业园区管委会夯实安全环保基础,坚持"安全第一、预防为主、综合治理"的方针,按照统一规划、分步实施的绿化要求,在园区团结路段两侧和新入园的企业厂区内植树2万余棵,覆盖面积23.33公顷。年内投入资金50万元,对园区宣传牌进行更新、园区树木刷白防蛀。加大爱国卫生宣传工作,张贴爱国卫生宣传标语30条;开展安全生产检查40次。

【企业服务】 2020年,乌什县工业园区管委会提升企业服务意识,积极协调县供水、电力等职能部门,做好服务保障工作,确保乌什县餐旅净服务有限公司、乌什县天玉种业有限公司、湖南天骄科技商贸物流园建设、乌什县货畅天下国际商贸物流中心等项目尽快落地园区,加快建设进度,早日投产见效。协调县人社、劳动监察等部门解决乌什县丝路科技袜业有限公司、新疆天和针织有限公司、阿克苏金勺果业有限公司、新疆域上金棘生物科技有限公司及新建企业用工短缺问题。

【园区党组织建设】 2020 年,乌什县工业园区行业党工委组织 11 家企业设立党组织,成立独立党支部 2 个、联合党支部 2 个,有党员 12 名(其中管理层党员 10 名,预备党员 2 人),入党积极分子 26 人,党组织覆盖率 70%。发挥工业园区党群组织统筹优势,各职能部门积极配合,按照先易后难的原则,为不具备成立党组织条件的中小型企业选派党建指导员。

(供稿人:蔡紫阳)

供销合作

【概况】 2020 年,乌什县供销社系统辖直属公司 2 个(乌什县供销农资有限责任公司、乌什县资产经营管理有限责任公司)、山城宾馆 1 个、基层供销社 6 个;有在职职工 25 名,退休职工 55 名。承担为全县 9 个乡(镇)农民提供生产、生活物资的责任,发挥联结城乡、联系工农、沟通政府与农民的桥梁和纽带作用,保障供给,促进农业和农村经济发展。年内完成商品销售总值 258 万元(不含专业合作社),上缴国家税金 6.8 万元,比上年增长 14%,全系统实现盈利 10 万元。

【电商物流运营】 2020 年,乌什县供销社中标乌什县电商物流园运营服务项目(三次),中标价 34.86 万元,用于物流园发放乌什县各乡(镇)快递服务站补助费。乌什县燕泉供销电商物流产业有限责任公司中标学校生活物资配送业务,配送范围为亚科瑞克乡、依麻木镇、英阿瓦提乡所有中心小学、幼儿园和乌什镇第五小学、第三幼儿园等。

【农资供应】 2020 年,乌什县供销社发挥市场主导作用,做好农资保障工作,建立村级农资服务网点 9 个,其中亚科瑞克乡 2 个、依麻木镇 3 个、阿克托海乡 1 个、奥特贝希乡 1 个、亚曼苏乡 2 个,主要供应化肥、种子、地膜,力保村级农资市场货源充足。总进购额 714.5 万元,销售额 422.4 万元,共调运化肥 3384 吨,累计销售化肥 1964 吨、种子 4.39 吨、地膜 23 吨。

【农副产品交易】 2020 年,阿克托海乡供销社农副产品交易合作社因县经济发展需要搬迁至乌什县轻工业园区,配套项目资金 850 万元,申请补助资金 350 万元。主要进行全县农副产品(黑木耳、核桃、鹰嘴豆)收购、加工、销售工作,累计进购额 488.2 万元,累计销售额 362.9 万元。

【基层社标杆社设定】 2020 年,乌什县供销社新建乡(镇)基层社 1 个,投资 1200 万元,在乌什县城北工业园区建设供销农产品综合交易市场(中心),主体完工已投入使用。改造提升薄弱基层社 1 个(奥特贝希乡基层社),投资 100 万元,主体完工,通过验收已投入使用。新增基层社社员100人。对供销系统范围内的所有租赁户进行统计并登记造册,在租赁户自愿入社的基础上,吸纳社员183人。按照地区标杆社要求,将阿恰塔格乡基层社设为乡级标杆社。

【合作社发展】 2020年,乌什县供销社联合社牵头,与阿克托海乡吉格代力克村、阿恰塔格乡奥依吐尔吐尤克村、奥特贝希乡阿拉萨依村对接,成立联合性合作社1个。投资48万元,新建亚曼苏乡农村综合服务社1个、亚曼苏为农社会化服务中心1个。与县农业农村局、林草局对接,加入农林统防统治合作社,签订服务合同,新增服务面积1200公顷,在农资派送方面发挥作用。

【为农社会化服务中心发展】 2020年,乌什县供销社收购黑木耳79.4吨,销售55.7吨;收购湿核桃14.3吨、干核桃4.79吨;收购鹰嘴豆1.2吨。物流园学校配送业务累计收购及销售贫困户大宗蔬菜(西红柿、莲花白、青辣椒、芹菜、茄子、豇豆、大白菜)290吨。疫情期间保障物资供应,进购生活物资477.7吨;助力脱贫攻坚工作,收购当地贫困户蔬菜瓜果(西红柿、芹菜、豇豆、莲花白、辣椒、西瓜、桃子)等122.4吨,累计供应配送457吨。

【资产管理】 2020年,乌什县供销社组织人员对基层单位资产进行全面清查、登记造册,摸清社有资产家底,做到底数清、情况明。明确专人负责监管,制定《社有资产监督管理办法》等规定,做到社有资产管理制度化、规范化,杜绝社有资产流失。压实责任,落实"一岗双责"制度,明确基层负责人的权利和义务,确保监管责任、主体责任落实到位。

(供稿人:王碧霞)

电力电网

【概况】 2020年,国网乌什县供电公司设职能部门4个(安全监察质量部、党建部、财务资产部、综合管理部),实施机构1个(配电营销部),专业班3个(配电运检班、营业班、高压服务班);乡(镇)供电所7个(乌什镇供电所、阿合雅镇供电所、依麻木镇供电所、奥特贝希乡供电所、英阿瓦提乡供电所、阿恰塔格乡供电所、亚科瑞克乡供电所),供电服务营业窗口7个。

【安全生产】 2020年,国网乌什县供电公司严格落实安全生产主体责任,调整和补齐安全监察部人员,常态开展安全教育培训和安全警示教育,深刻吸取系统内外事故教训,把安全生产规章制度贯穿基层一线,明确各类小型分散作业组织管理,固化班前会、班后会内容,实施现场"六件套"(工作服、安全帽、绝缘鞋、验电笔、线手套、警务通)管理,提升员工安全意识,规范安全行为。开展联合应急处置演练10期,提升政企联动应急处置能力。深入开展"三查三反",把开展百日安全专项整顿与春秋季安全大检查、隐患治理相结合,强化小型分散作业管控,开展"查纠我身边的违章"活动,查处违章行为53起,其中违禁9起,严重违章31起,一般性违章13起,违章考核80人次,严守安全防线。全年未发生人身轻伤、电网、设备、车辆、火灾等重大和设备损坏事故,安全运行365天,完成三个百天目标。

【设备管理】 2020年,乌什县供电公司加强设备管理,提升设备健康水平,上报各类检修计划198项,停电计划350项,实际完成350项,完成率100%;完成各类带电作业289次,比去年同期增加40次;10千伏八级设备事件指标6次,累计10千伏八级设备事件3次。城网供电可靠率(RS－1)99.899%;农网供电可靠率(RS－1)99.505%。年度总体10千伏分线达标率96.55%,10千伏分压同期线损率3.06%;发生变压器过载越限6台,变压器重载越限21台,通过报计划更换小容量变压器、负荷转带、调整台区等手段治理完毕。开展各类巡视364条次,上报缺陷1488项,消除缺陷1479项,缺陷消除及时率100%。

【隐患排查】 2020年,乌什县供电公司开展用电安全隐患排查治理,防范触电风险。以防人身触电为重点,排查整治辖区内拉线隐患926处,完成辖区内49所中小学、幼儿园校内电力安全隐患治理,定期对辖区内5户高危及重要用户、便民警务站进行安全用电检查,防范触电风险。

【电网建设】 2020年,乌什县供电公司投资2491.62万元,新改建10千伏线路63.61千米,新改建0.4千伏线路15.84千米,增换配电变压器7台,总容量1.4兆伏安,完成总工程量的100%。按照项目里程碑计划,坚持党员示范引领,做好工程前期廊道打通及各方面沟通、解释和停电计划协调工作,新建35千伏荒地变10千伏配套送出工程11.8千米,新(改)建10千伏线路63.61千米,新(改)建0.4千伏线路15.84千米,增换配电变压器7台,容量1.4兆伏安,全面完成脱贫攻坚电网升级改造任务,有效改善网架结构。

(供稿人:赵玉帛)

企业选介

【乌什县蓬源水电开发有限公司】 乌什县蓬源水电开发有限公司由北京蓬源鸿达投资有限公司于2007年10月15日注册成立,注册资本18738万元。水电站办公区占地面积0.73公顷,位于乌什县城团结北路,总投资3.3亿元,2014年建成。公司主要开发秋格尔干渠四级电站(亚曼苏电站、上五里铺电站、苏介堤电站、河口电站),项目经阿克苏地区发改委核准批复,总投资约3.76亿元,总装机容量39700千瓦。其中,亚曼苏电站4200千瓦,五里铺电站9100千瓦,苏介堤电站11200千瓦,河口电站15200千瓦。供水渠道全长15.4公里。四级电站主要建筑物包括排沙漏斗、进水闸、引水渠、前池、泄水道、厂房、升压站、尾水渠等,年生产能力1.98亿千瓦时,装机容量39700千瓦,生产电量全部销售给国家电网,有正式员工69人。2020年发电8629万千瓦时,产值4609.3万元,增加值4069.56万元。

【乌什风凌电力科技有限公司】 乌什风凌电力科技有限公司是浙江舒奇蒙能源科技有限公司2014年5月29日出资设立,由中节能太阳能股份有限公司新疆区分公司于2015年8月完成一期收购,2018年10月完成二期收购,注册资金1.02亿元,公司位于乌什县阿合雅镇光伏园区内,主要从事新能源电力项目投资、技术开发、工程设计、建设及运营管理。乌什风凌电力科技有限公司一期于2015年2月12日并网发电,二期于2016年6月30日并网发电。乌什风凌电力科技有限公司是采用250Wp多晶硅230Wp多晶硅太阳电池组件。由40个1.25MWp光伏发电分系统组成;每个1.25MWp光伏发电分系统由2个630kWp光伏发电单元组成,每个1.25MWp光伏发电分系统经2个输入功率为630kWp的逆变器由直流逆变为交流后再经升压变压器升压,每个1.25MWp光伏发电分系统设一个逆变器室,经1台升压变压器就近接入35千伏集电线路。2020年产电量4212.12万千瓦时,产值4726.3万元,增加值4726.3万元。

【乌什华盛纺织有限公司】 乌什华盛纺织有限公司于2016年7月注册成立,注册资金1.01亿元。一期项目总投资3亿元,建筑面积3公顷,主要生产纯棉精梳紧密纺棉纱系列产品,于2017年6月开工建设,2019年1月正式投产。2020年用工310人,有生产线6条,年累计生产棉纱3500吨;实现销售收入6670万元,完成工业总产值7528万元,利税72万元。二期项目于2020年9月动工,扩建10万锭智能纺纱项目,总投资4.2亿元,建筑面积4.3公顷,产品为100支以上纯棉精梳紧密纺棉纱,年产6000吨高支纱;年内纺纱2160吨,总产值7077.13万元,增加值1447.27万元。预计2021年10月主厂房完工并安装设备,2021年12月投产后年产值可达2亿元,解决就业400人。

【阿克苏振兴生物肥业有限责任公司】 阿克苏振兴生物肥业有限责任公司成立于2014年12月1日,是中国农科院土壤肥料研究所在新疆唯一指定授权的生物有机肥生产基地,是中国农科院土肥研究所根据新疆土壤性质研究出的适合当地土壤的高品质高效生物活性菌,针对当地畜禽粪便科学配比,在当地生产,在全疆推广。生产过程由中国农科院土肥研究所全程指导监督,产品质量严格检验;原材料严格要求使用振兴牧业园及周边养殖大户的牛、羊、畜禽粪便进行无害化处理生产。振兴生物有机肥能调理土壤、激活土壤中微生物活跃率、克服土壤板结、增加土壤通气性,减少水分流失与蒸发,减轻干旱压力,提高土壤肥力,使果树类、农作物、蔬菜类、瓜果类大幅度增产。年处理畜、禽粪便10万立方米,生产优质生物活性有机肥、有机无机复混肥、冲施滴灌菌肥5万吨。产品质量符合国家有机肥料行业标准和生物有机肥国家标准,可为乌什县乃至阿克苏地区生产“安全、绿色、有机”农产品提供可靠的有机肥源。2020年生产有机肥5072.5吨,产值2364.97万元,增加值324.24万元,年内公司员工13人,直接和间接带动就业300人。

【华能新疆托什干河亚曼苏水电分公司】 托什干河水电开发是新疆维吾尔族自治区人民政府和中国华能集团有限公司签署的《关于加强能源领域战略合作框架协议》确定支持开发的项目。经中国华能集团有限公司批准,由华能新疆能源开发有限公司于2009年7月组建成立的流域开发公司,主要负责托什干河水电和该区域内新能源项目的开发及运营管理工作。亚曼苏水电站工程为托什干河水能规划“2库11级”中的第9级克克机格代和第10级牙满苏两级水电站经过优化合并的一级水电站,该项目于2014年1月获得新通自治区发改委核准,2014年8月中国华能集团有限公司批准该工程开工建设,主体工程2016年3月正式开工,2020年10月13日四台机组全部并网发电。华能新疆亚曼苏水电站工程位于乌什县亚曼苏乡境内,是阿克苏地区的重点工程,也是乌什县实现优势资源转化战略的重要项目,电站厂房距县城约22公里。该电站为径流式水电站,采用引水式开发,属于III等中型工程。工程主要由进水闸、引水明渠、压力前池、压力管道、厂房、泄水槽及尾水渠等建筑物组成。电站装机4台,总容量24.4万千瓦,其中3台单机容量7万千瓦,1台单机容量3.4万千瓦。电站电能通过220千伏电压等级接入阿克苏电网,电量在新疆电网内消纳。该工程概算总投资18.93亿元,单位千瓦投资7760元,多年平均发电量8.03亿千瓦时,年利用小时数3292小时。2020年发电量13514.655万千瓦时,产值2952.73万元,增加值2606.97万元,正式员工79人。

【新疆雄达投资有限责任公司热力分公司】 新疆雄达投资有限责任公司热力分公司位于乌什县城团结路旁英买里社区52号院内,占地面积约0.2公顷。2001年投产使用,公司职工29人,2016年通过乌什县新城区基础设施改造项目的实施,公司在乌什县振兴路新建3000多万元大型锅炉房1座(建筑面积0.3公顷),其中包括46兆瓦的热水锅炉1座。换热站8座,配套安装1台46兆瓦热水锅炉及除尘和电控设备。2020年,公司多次实施供热设施改造项目,供热能力100公顷,热负荷46兆瓦;出厂水温95度,进厂水温60度,年消耗煤2.17万吨。消耗电量142万千瓦。供热方式为集中供热,热源为烟煤,共1座65吨热水锅炉,换热站8座,供暖小区52个,企事业单位49个,供热一级主管网5公里,分支二级管网40公里。2020年供热面积63公顷,总产值2215.1万元,增加值1114.17万元。

【乌什县鼎隆帽业有限公司】 乌什县鼎隆帽业年产200万顶工艺帽生产线项目由浙江金华顶秀帽业有限公司投资建设,项目总投资5000万元,于2017年11月在乌什县阿合雅镇产业园区中小企业孵化园注册成立,2018年1月开工生产。至2020年,共投入缝纫设备100余台,其中国产和日本进口绣花机5台、绣花机8台,裁剪设备1套,整烫设备1套,激光切割机1台,解决就业50人(其中贫困户15人)。项目全面投产后,预计年产200万顶工艺帽,年产值约4000万元,带动就业300余人。

【新疆香雪尔食品有限责任公司】 新疆香雪尔食品有限责任公司位于乌什县乌什镇喀赞村卫星工厂,项目总投资170万元,总建筑面积0.12公顷,建设钢结构标准化厂房1座(包括更衣室、库房、生产车间、烘烤车间、冷却车间、包装车间等)。主要生产糕点、饼干、酥饼、月饼、面包等,产品主要供应学校、幼儿园等场所。公司于2018年8月正式营业,2020年饱和日生产各类糕点5万份,按需生产糕点日产2万份,月饼日产1万粒,预计年产值500万元。解决就业60人(其中贫困户32人),人均月工资1500元。

【乌什县国合鸽业有限公司】 乌什县国合鸽业有限公司是新疆国经鸽业有限公司的全资子公司,是南疆地区肉鸽养殖民生工程项目的首个示范点、首个南疆种鸽繁育基地。公司于2016年7月在乌什县依麻木镇玉斯屯克和田村注册成立,占地面积15.87公顷,总投资3500万元。开工建设鸽棚39栋,面积2.81公顷,其中,生产棚22栋、蛋鸽棚10栋、青年鸽棚4栋、童鸽棚3栋,配套建设孵化室、消毒室、防疫治疗中心、办公宿舍楼、饲料库等设施。公司2016年10月开始从祖代种鸽场(上海金皇鸽业有限公司)陆续引进6月龄青年种鸽6万羽,其中法国白卡努4.5万羽、法国银王1.2万羽、法国红卡努3000羽。至2020年初具规模,扩繁种鸽8万羽,其中3个散养仓有种鸽2.5万羽,生产鸽仓1.5万羽,当地产出种鸽3000羽,鸽场养殖、管理人员20人。预计全面建设完工投入使用后新增就业人数170人(其中长期用工110人,季节性用工60人)。

【中粮屯河乌什果蔬制品有限公司】 中粮屯河乌什果蔬制品有限公司成立于2007年12月,是通过乌鲁木齐对外经济贸易洽谈会招商渠道引进中粮屯河股份有限公司全额投资兴建的国有控股企业,是阿克苏地区农业产业化重点龙头企业和乌什县重点扶优扶强企业。公司地处乌什县城北民生产业园,总投资1.2亿元,占地面积10公顷,于2007年11月开始筹建,全套引进国外先进英格·罗西果蔬生产设备,日处理原料1500吨。主要生产杏浆、大包装番茄酱等产品。2020年,公司总资产5746万元,实现销售收入3553万元,上缴税金220万元,解决就业150人(含季节工),其中当地用工100余人(贫困户15人)。

【乌什县托河制粉贸易有限责任公司】 乌什县托河制粉贸易有限责任公司于2010年4月30日注册成立,2010年11月正式投产,主要产品有特一粉、特二粉、通粉。注册资金700万元,总投资1470万元,占地面积3.8公顷,建筑面积0.5公顷,有效仓容2000吨,主要经营粮食收购、面粉加工和销售。2016年9月至2017年8月,公司投资320万元对设备和工艺进行技术改造,加工能力和产品品质逐年提升。至2020年,年加工小麦2.5万吨,面粉产量1.8万吨,公司总产值5335万元,实现销售收入4098万元,上缴税金6万元,解决就业43人(其中贫困户3人)。

【乌什县燕山果业有限责任公司】 乌什县燕山果业有限责任公司于2001年12

月注册成立,位于乌什县南工业园区,占地面积6.67公顷,固定资产5500万元,从事野生沙棘、核桃、杏子等果品加工,年产沙棘饮料及沙棘酒系列产品2000吨;年加工核桃5000吨、杏子200吨,年加工核桃油胶囊与沙棘油胶囊3吨。2020年,公司职工160人(包括季节性工人),主要生产沙棘饮料、沙棘酒和杏干等产品。

【新疆天和针织有限公司】 新疆天和针织有限公司位于乌什县城北工业园区,2019年5月注册成立,总投资1亿元,建筑面积4公顷,是一家集研发设计、贴牌加工、生产销售为一体的针织品牌服装企业。项目建设2公顷钢结构双层厂房2座,有设备560台,管理人员30名,普通员工200名。2020年6月底投产后产值2600万元,解决就业320人(贫困户52人)。预计年生产针织服装400万件(套),年产值1亿元,利税1500万元,解决就业1000余人。

【阿克苏金勺果业有限公司】 阿克苏金勺果业有限公司是浙江省衢州市援乌指挥部引进的衢州籍企业投资,项目规划用地面积13.05公顷,建筑面积6公顷,年加工核桃1万吨,生产核桃油、核桃粉和美味核桃、五味核桃仁、坚果酥等产品。主要依托当地林果资源,利用金勺独有的油脂、食品加工技术,执行欧盟食品标准管理体系、东部发达地区市场营销和工业旅游理念打造一条以核桃为主的林果深加工全产业链。项目于2019年10月建成投产,直接就业300人,通过订单模式联合5家卫星工厂就业400人,间接带动1万余名林果种植户脱贫。2020年,公司产值3321万元,解决用工280人,其中在阿恰塔格乡布干斯马甫其村和布干村的2家卫星工厂解决就业200人(其中贫困户35人),月人均增加收入1800~3500元。

【乌什县佳乐水泥制品厂】 乌什县佳乐水泥制品厂于2010年5月建成投产,是乌什县招商引资企业,位于乌什县轻工业园区,占地面积2.33公顷。2020年,公司设生产部、销售部、财务部,职工总数28人,产值450万元,利税5万元。主要以水泥制品加工、销售为主,产品种类有仿大理石路沿石、压力路沿石、人行道步道砖、陶瓷透水砖、压力透水砖产品系列和普通排水管、大型桥涵管、U型水渠板、钢纤维井盖产品系列及水泥护栏、水泥彩瓦及各种预制构件的加工。

【金华彩钢建材有限公司】 金华彩钢建材有限公司成立于2014年3月,6月竣工投产,占地面积1.33公顷,总投资1500万元,主要生产建材产品、彩钢塑、钢窗、防盗围栏、钢材等。先后承接生产并安装省道219线工程项目部彩钢房0.1公顷、乌什县改造农村彩钢安置屋顶200余套。2020年有固定生产工人、技术骨干7人,承接乌什县维吾尔医医院、乌什县人民医院、临时发热门诊的建设,销售产值557万元,年利税7万元,解决用工30余人(包含临时用工)。

【乌什县欣禧源葡萄酒业有限公司】 乌什县欣禧源葡萄酒业有限公司是一家专

注农业生产和农副产品加工的公司,位于乌什县城北民生产业园,占地面积6.67公顷,总投资1.6亿元,其中衢州市援乌指挥部投入援乌资金376.7万元。公司主要生产欣禧源品牌系列高品质干红葡萄酒,原料均来自公司自有葡萄基地。公司葡萄基地1333.33公顷,有葡萄合作社2个、自治区林业厅劳动力就业培训基地1个,是乌什县劳务输出的重要基地之一。2020年投资1000万元,建温室大棚13.33公顷,全部投入使用。年内总产值1744万元,工业增加值850万元,用工人数400余人,其中贫困户150人,年用工支出800万元。

【乌什县新农通农业科技有限公司】 乌什县新农通农业科技有限公司位于乌什县城北民生产业园,该公司实施的黑木耳菌棒厂是阿克苏地区扶贫攻坚重点工程。该项目于2018年9月12日施工,总投资4600万元,占地面积4.52公顷,建设有搅拌、干料、灭菌净化、接种车间0.49公顷,菌棒培养车间0.62公顷,综合实验楼0.1公顷,值班室、配电室、锅炉房、消防水池泵房等0.07公顷,配套水电暖齐全,配置全自动化生产设备及液体菌种培养等。2020年2月10日开机生产,日产菌棒6万棒,年产菌棒1000万棒,用工100余人,产值1500万元。

【特变电工新疆新能源股份有限公司】 特变电工新疆新能源股份有限公司是特变电工股份有限公司的全资子公司,成立于2000年9月,注册资本18.5996亿元。特变电工乌什一期20MWp并网光伏发电项目位于乌什县城北民生产业园,工程装机容量20MWp,采用分块发电、集中并网方案。通过技术经济综合比较,选用电池组件255W,共计79200余块;逆变器选用500KW型,共计40台。20MWp太阳电池阵列由20个1MWp子方阵组成,支架基础采用钢筋混凝土条形基础及灌注桩基础形式,共计8万余座。该项目于2015年7月5日并网发电,总投资2.45亿元。2020年实现总产值1935万元,上缴税金118万元,解决就业11人。

【乌什龙柏电力投资有限公司】 龙柏集团乌什光伏电站一期20MWp建设项目是由乌什龙柏电力投资有限公司投资建设的高压并网光伏电站,建设规模总容量20MWp,包括太阳能光伏发电系统及相应的配套上网设施,乌什龙柏电力投资有限公司负责电站的施工、经营和管理。该项目位于乌什县阿克托海乡苏依提喀村,2020年上网电量7071.84万千瓦时,实现营业收入508万元,利润总额36万元,解决就业7人。

【乌什县华阳伟业太阳能科技有限公司】 华阳伟业阿克苏乌什20MWp光伏并网电站由乌什县华阳伟业太阳能科技有限公司投资建设,电站装机容量20MWp,项目投资2.46亿元。电站于2014年11月24日开工建设,2015年4月25日并网发电。电站建成投运后预计年发电量2620万千瓦时,可减排二氧化碳约2.2万吨,二氧化硫约71.26吨,有在职员工8人。2020年发电量2499.885万千瓦时,产值1985万元。

【乌什县鹰哥农业发展有限公司】 乌什县鹰嘴豆精深加工项目位于乌什县城北民生产业园,项目总投资2500万元,由乌什县鹰哥农业发展有限公司投资建设,衢州援乌指挥部投入援乌资金1000万元。项目占地面积2.5公顷,建筑面积0.65公顷,其中展厅及研发办公楼0.14公顷、生产车间0.4公顷、库房0.1公顷。乌什县鹰嘴豆精深加工建设项目年生产5000吨鹰嘴豆系列产品、800吨果蔬产品、200吨杏干,从事核桃收购加工。2020年收购鹰嘴豆100吨,主要生产鹰嘴豆营养馕、坚果营养馕等,销售至乌什县各乡(镇)及阿克苏地区,年产值30万元,解决就业15人。

【阿克苏地区丰达农林科技发展有限公司】 阿克苏地区丰达农林科技发展有限公司于2012年2月注册成立,注册资本500万元,经营范围为农林业产品的种植、收购、加工、销售、科技研发等。公司有203公顷有机核桃产业基地和666.67公顷核桃、杏子合作基地,2020年产值2349万元,利润159万元,解决就业68人。

【新疆域上金棘生物科技有限公司】 新疆域上金棘生物科技有限公司成立于2018年6月,注册资金500万元,总资产2000万元(其中固定资产1600万元),公司占地面积3.93公顷,主要从事林果种植、收购、加工、储藏、销售等。公司有沙棘果品种植基地466.67公顷、育苗基地13.33公顷,固定员工30人(其中管理人员2名、技术人员4名、产业工人23名、其他人员1名)。2020年,果品储藏保鲜量2500吨,年销售额1500万元,主要通过专卖店、代理商、批发、大型企业、电商等渠道销往全疆各地。

(供稿人:郭少乐、蔡紫阳)

财政·税务

财 政

【概况】 2020 年,乌什县财政局有 9 个内设机构、3 个二级单位。主要承担县域各项财政收支管理责任、拟订财政税收计划并组织实施监督管理、全县政府性投资项目财政资金管理等职责。年内核定编制 65 名;实有 43 人,其中女性 24 人,少数民族 20 人,党员 27 人。

【财政收入】 2020 年,乌什县完成地方财政收入 36136 万元,比上年同期增收 13467 万元,同比增长 59.4%。其中,一般公共预算收入 23001 万元,同比增长 26.8%;政府性基金收入完成 13135 万元,完成年初预算的 656.8%,比上年同期增收 8604 万元,同比增长 189.9%。

【财政收入结构分析】 2020 年,乌什县一般公共预算收入 23001 万元,完成年初预算的 109.5%,同比增长 26.8%。其中,税收收入完成 13158 万元,同比增长 6.9%;非税收入完成 9843 万元,同比增长 69%。增值税完成 5936 万元,比上年同期增收 804 万元,同比增长 15.7%;企业所得税完成 1556 万元,比上年同期增收 280 万元,同比增长 21.9%;个人所得税完成 580 万元,比上年同期减收 374 万元,同比下降 39.2%;资源税完成 9 万元,比上年同期减收 18 万元,同比下降 66.7%;城市维护建设税完成 510 万元,比上年同期增收 58 万元,同比增长 12.8%;房产税完成 206 万元,比上年同期增收 24 万元,同比增长 13.2%;印花税完成 426 万元,比上年同期增收 225 万元,同比增长 111.9%;城镇土地使用税完成 586 万元,比上年同期增收 103 万元,同比增长 21.3%。土地增值税完成 612 万元,比上年同期增收 309 万元,同比增长 102%;车船税完成 410 万元,比上年同期增收 64 万元,同比增长 18.5%;耕地占用税完成 1582 万元,比上年同期减收 924 万元,同比下降 36.9%;契税完成 745 万元,比上年同期增收 295 万元,同比增长 65.6%。非税收入完成 9843 万元,比上年同期增收 4017 万元,同比增长 69%,其中,专项收入完成 613 万元,比上年同期增收 112 万元,同比增长 22.4%;行政事业性收费完成 2682 万元,比上年同期减收 195 万元,同比下降 6.8%;罚没收入完成 2502 万元,比上年同期增收 1353 万元,同比增长 117.8%;国有资源(资产)有偿使用收入完成 3534 万元,比上年同期增收 2508 万元,同比增长 244.3%。政府性基金预算收入完成 13135 万元,完成年初预算的 656.8%,比上年同期增收 8604 万元,同比增长 189.9%。上划自治区税收收入完成324万元，比上年同期减收332万元，同比下降50.6%；上划中央税收收入完成7284万元，完成年初预算的75.5%，比上年同期减收487万元，同比下降6.3%。

【财政支出】 2020年，乌什县完成地方财政支出395940万元，较上年减支46875万元，同比下降10.6%。其中，一般公共预算支出完成361360万元，较上年同期减支58005万元，同比下降13.8%；政府性基金预算支出完成34580万元，比上年同期增支11130万元，同比增长47.5%。

【财政支出结构分析】 2020年，乌什县一般公共服务支出完成38571万元，比上年增支9598万元，同比增长33.1%；教育支出完成79331万元，比上年减支4005万元，同比下降4.8%；科学技术支出完成192万元，比上年增支7万元，同比增长3.8%；文化体育与传媒支出完成3934万元，比上年增支17万元，同比增长0.4%；社会保障和就业支出完成37297万元，比上年增支4283万元，同比增长13%；医疗卫生支出完成24160万元，比上年减支7619万元，同比下降24%；节能环保支出完成5594万元，比上年减支10512万元，同比下降65.3%；城乡社区事务支出完成13675万元，比上年减支21048万元，同比下降60.6%；农林水事务支出完成104176万元，比上年减支4353万元，同比下降4%；交通运输支出完成6593万元，比上年减支6388万元，同比下降49.2%；资源勘探电力信息等事务支出完成25万元，比上年减支1208万元，同比下降98%；商业服务业等事务支出完成1055万元，比上年增支620万元，同比增长142.5%；自然资源海洋气象等事务支出完成814万元，比上年增支35万元，同比增长4.6%；住房保障支出完成9578万元，比上年减支5326万元，同比下降35.7%；粮油物资储备支出完成365万元，比上年增支122万元，同比增长50.5%；债务付息支出完成3056万元，比上年同期增支777万元，同比增长34.1%；债务发行费用支出完成25万元，比上年同期减支20万元，同比下降44.3%。

【国有资产管理】 2020年，乌什县财政局根据《阿克苏地直行政事业单位国有资产配置（处置）管理暂行办法》，制定《乌什县行政事业单位国有资产管理实施细则》及一系列资产管理流程图，要求各基层单位严格执行相关规定，禁止所有单位购置超标准设备，单位购置大宗办公设备和信息网络建设均由相关领导审批，重点领域建设工程经县财经领导小组会议决定，有效扭转基层单位“重资金、轻资产，重购置、轻管理”的资产管理观念。年内，乌什县独立编制机构数133个，其中行政单位独立编制机构数93个，事业单位独立编制机构数40个，经费自理单位1个［县水利局所属乡（镇）水管站］。全县编制数6574个，财政拨款人数9873人，比上年增加1158人，同比上升13.28%。年末，行政事业单位总资产28.79亿元，比上年增加3.82亿元，同比增长11.52%。净资产总数25.39亿元，比上年增加4.37亿元，同比增长12.07%；负债总额3.39亿元，比上年减少0.54亿元，同比减少

86.06%。其中,行政单位资产总额19.17亿元,占资产总额的66.06%,增加3.6亿元,同比增长12.36%;事业单位资产总额9.61亿元,比上年增加0.15亿元,同比增长19.87%,占资产总额的33.39%。流动资产11.02亿元,同比减少82.92%;固定资产净值8.33亿元,同比增长10.39%,占资产总额22.89%;在建工程6.52亿元,同比增长261.02%,占资产总额12.5%;无形资产0.054亿元,同比增长1.27%,占资产总额的0.11%;公共基础设施等行政事业性国有资产2.75亿元,占资产总额1.38%。土地、房屋及构筑物0.36亿元,占固定资产的43.51%[其中,房屋0.34亿元,占固定资产的46.8%;通用设备0.43亿元,占固定资产的11.45%(其中车辆0.15亿元,占固定资产的14.6%;单价50万〈含〉以上〈不含车辆〉设备0.04亿元,占固定资产的4.4%);专用设备0.02亿元,占固定资产的11.18%(其中单价100万〈含〉以上设备0.07亿元,占固定资产的68.06%);家具、用具、装具及动植物0.08亿元,占固定资产的13.58%]。

【国库集中支付】 2020年,乌什县纳入财政国库集中支付各预算单位共执行额度403724万元(包括上年结转额度11538万元),其中直接支付额度316664万元,授权支付额度87060万元。实际支出494744.47万元,其中直接支付405076.29万元,共28200笔;授权支付86668.18万元,共8855笔。年末核准留用额度8248.51万元,其中直接支付7878.49万元,授权支付370.02万元。

【会计管理】 2020年,乌什县会计从业人员资格证书实现一站式办理,全县会计人员数据信息、档案管理等工作均在乌什县财政局会计股办理,会计人员携带相关材料,全部实现网上提交、现场审核。

【内部控制管理】 2020年,乌什县财政局推进行政事业单位内部控制体系建设,组织开展2019年度全县各类行政单位内控报告编制,督促各行政事业单位开展内部控制建设,压实各单位主体责任,推动单位主要负责人履行第一责任人职责,对单位层面、业务层面和六大经济活动全面查找风险点、进行风险评估、健全流程制度,督促各单位加强对所属单位内部控制编报工作的监督管理。组织全县258家行政事业单位,于2020年6月24日前编制完成全县2019年度内部控制报告,由乌什县财政局对报告的真实性、完整性、规范性进行检查和审核、汇总,推动单位完善内部控制建设,提高单位内部管理水平,提升行政事业单位管理服务水平和风险防范能力,促进单位可持续、健康发展。

【部门预算】 2020年,乌什县本级组织一般公共预算收入15000万元,完成乌什县十五届人大常委会第二次会议批准预算的100%,较上年增收4863万元,同比增长26.8%。全口径一般公共预算收入43744万元,其中,上级补助收入216312万元、地方政府一般债务转贷收入14906万元。一般公共预算支出361360万元,较上年减支58005万元,同比下降

13.8%，完成调整预算的100%。上解上级支出4000万元，债务还本支出105万元，全口径一般公共预算支出395940万元，一般公共预算实现收支平衡。年内，乌什县本级政府性基金预算收入13135万元，完成年初预算的656.8%，较上年增收8604万元，同比增长189.9%。政府性基金专项转移支付收入445万元，上年结余23万元，全年政府性基金收入3647万元。政府性基金预算支出34580万元，完成调整预算支出的100%，政府性基金当年收入调出2080万元，上解支出3万元，政府性基金实现收支平衡。年内，乌什县社会保险基金预算收入19651万元，支出17613万元，年末累计滚存结余28083万元。

【涉农资金统筹整合】 2020年，乌什县紧紧围绕扶贫攻坚任务，开展涉农资金整合工作，以县扶贫开发领导小组审计通过的年度扶贫规划为引领，做到“多个渠道进水、一个池子蓄水、一个口子放水”，建立完善统筹整合使用财政涉农资金机制，破解财政资金使用“碎片化”突出问题。年内，统筹整合涉农资金23353万元，全额用于扶贫攻坚。

【政府采购】 2020年，乌什县财政局认真执行《中华人民共和国政府采购法》《中华人民共和国政府采购法实施条例》《政府采购货物和服务招投标管理办法》《阿克苏地区2019—2020年度政府集中采购目录和分散采购限额标准》《关于部门集中采购和分散采购备案管理有关事项的通知》等法律法规及文件精神，坚持“公开、公平、公正”的原则，以提高财政资金使用效益、节约财政资金为抓手，深入推进政府采购工作，细化目标、精确管理，规范政府采购行为。建立健全监管职能和执行职能相互分离、相互制约的运行机制，健全完善政府采购各项制度，使政府采购管理机构与执行机构的职责更加明确，操作更加规范。年内，政府采购预算102049.83万元，实际采购金额84483.01万元，节约资金17566.81万元，资金节约率17.3%。全县政府采购工作从最初的范围窄、规模小、不规范，逐步走上涵盖范围大、涉及部门多、跨越领域广的规范化、制度化、法制化轨道。

【财政监督】 2020年，乌什县财政局贯彻落实自治区、地区乡（镇）财政资金监管相关文件精神，通过强化管理基础、完善制度办法、规范工作流程、深化乡（镇）财政改革等，实现对乡（镇）财政资金运行的科学、规范、有效动态监管，确保乡（镇）财政资金效益。

【财政“大平台”建设】 2020年，乌什县财政局有服务器10台，主要用于财政“大平台”系统运行，维护全县132家预算单位的财政E线及大平台，保障财政系统安全平稳运行，及时维护解决各预算单位出现的平台故障及系统报错问题。按照上级部门要求，统一上线“新疆财政外部接入认证客户端2.0”系统，确保财政数据及网络安全。

（供稿人：黄　刚）

税 务

【概况】 2020年,国家税务总局乌什县税务局(以下简称乌什县税务局)核定编制45人,实有45人。下设12个股室,分别为办公室、人事教育股、纪检组、法制股、社会保险费和非税收入股、征收管理股、税源管理股、风险管理股、第一税务所(办税服务厅)、机关党委(党建工作股)、信息中心、纳税服务股。年内,管辖各类纳税人4706户,其中单位纳税人884户、个体经营户3676户、扣缴义务人146户;一般纳税人271户,小规模纳税人4289户。组织各项收入5.23亿元,其中各项税收收入2.34亿元,累计征缴社会保险费收入2.89亿元。

【优化营商环境】 2020年,乌什县税务局大力推进网上办税和电子发票服务,增值税电子发票覆盖率100%;优化出口退税流程,扩大"无纸化"退税范围,缩短出口退税办理时间。优化执法方式,对正常生产经营的企业坚决不搞大面积撒网、全行业风险推送和检查,做到无事不打扰、有事一次办。落实中小微和生产经营困难的企业依法依规落实延期申报和延期缴税扶持措施。

【依法治税】 2020年,乌什县税务局深化依法治税,强化征管效能,加大日常执法督察力度。开展执法督察2次,发现问题31个,整改28个;无法整改的3个问题,对相关责任人进行责任追究。推行税务行政执法"三项制度",通过执法公示平台公示执法内容36项,执法信息储存平台维护执法记录录像和视频10条,审理重大执法决定法制审核案件4件。开展税收征管质量5C监控评价工作,对供票与销售额配比、发票开超率、发票领用等指标调整172户次,修改上级部门下发疑点数据6000条,全面提升税收数据管理质量。依托国家税务总局云平台,累计完成自治区税务局下发风险任务122户。

【政策优惠】 2020年,乌什县税务局抓实学习培训,提高政策执行能力,通过线上线下相结合的方式,向纳税人消费者分类精准推送政策、开展辅导,确保纳税人懂政策、会操作、能享受。持续简化办事环节,优化操作程序,精简报送资料,让纳税人缴费人享受优惠政策,更省时省力省心,把更多的精力放到谋划经营发展上。强化监督整改的有效性,将落实减税降费政策作为督查审计、巡察和纪检监督的重点,推动问题解决和整改问责,确保政策落实成效经得起各方检验。

【数据服务】 2020年,乌什县税务局充分发挥数据服务大局作用,及时成立工作小组,设立联动机制,按期召开数据分析服务大局工作例会,发挥税收大数据特别是增值税发票数据覆盖面广、及时性强等优势,从行业、区域、规模、经济类型等不同角度分析企业复工复产情况,了解企业涉税需求与经营困难,按月形成分析报告,及时向上级部门与地方党委汇报。

【"项目管家"服务团队建设】 2020年,乌什县税务局结合县重点项目实际,成立

"项目管家"服务团队,从重点项目的发展和需求出发,采取各项举措服务重点项目。主动梳理重点项目可享受优惠政策、重点项目"最多跑一次"清单,将政策"打包"全方位开展税收宣传,多角度开展政策解读,个性化开展政策辅导;疫情期间为加速重点项目建设,确保施工企业及时结算工程款,施工进度不受影响,"项目管家"服务团队通过电话、微信等线上平台,远程为14户重点项目施工企业预缴税款,保证项目进度。

(供稿人:王　婷)

银行·保险

中国人民银行乌什县支行

【概况】 2020 年,中国人民银行乌什县支行(以下简称人民银行乌什县支行)以"基础提升年"活动创建为抓手,压实全面从严治党责任,聚焦工作重点,统筹做好疫情防控和经济发展,为地方经济金融稳步发展作出积极贡献,支行各项业务工作取得一定进步。支行先后被评为"乌什县民族团结一家亲示范单位""阿克苏地区民族团结一家亲先进示范窗口""自治区节能减排示范单位"。

【执行货币政策】 2020 年 12 月底,乌什县各项贷款余额 41.34 亿元,较年初增加 5.05 亿元,同比增长 13.92%,高于地区年初各项贷款增长 10% 的目标任务。其中涉农贷款余额 25.48 亿元,较年初增加 4.42 亿元,同比增长 21%,高于各项贷款增速。

【支持县域经济发展】 2020 年,人民银行乌什县支行落实扶贫小额信贷政策,辖区内银行机构发放扶贫小额信贷 3853 户 1.22 亿元,列居阿克苏地区首位。落实金融支持疫情防控与复工复产政策,疫情期间协调金融机构为 11 家合作社和 4 家小微企业解决流动资金贷款 5635 万元。截至 11 月底,乌什县普惠小微企业贷款延期还本金额占已到期普惠小微企业贷款的 39.7%,高于地区总体延期率 19 个百分点;普惠小微信用贷款占普惠小微企业贷款余额的 38.9%,高于地区总体普惠小微信用贷款占比 24 个百分点;普惠小微企业贷款余额 9716.42 万元,较年初增加 6124.3 万元,同比增长 170.5%。

【"金融服务试验区"建设】 2020 年,人民银行乌什县支行引"金融活水"精准流向涉农和民营小微等重点领域,截至 12 月末,乌什县银行机构各项存款余额 53.02 亿元,同比减少 5.23 亿元;各项贷款余额 41.34 亿元,同比增加 5.05 亿元。建立乌什县金融服务小微企业名录库,涵盖 31 家企业、9 家农民专业合作社。通过"百团服百企"、银企座谈等活动为 13 家企业(含合作社)解决融资 11690 万元,推动小微企业综合融资成本下降 1 个百分点以上。通过实施优惠贷款利率,免除抵质押品评估费、登记费等方式,银行机构让利约 430 余万元。引导金融机构针对有融资需求尚未获得支持的小微企业,主动提供第一次开户、第一次授信、第一次贷款"三个第一"金融服务,截至 12 月底,各银行机构办理小微企业首贷业务 26 笔,金额 35550 万元。推动乌什县鑫信融资担保有限责任公司增资增信,注册资本由2000万元提升至5000万元，担保额由200万元提升至500万元，平均担保费率降至1%以下，增信后为3家企业提供贷款担保830万元，缓解无担保、无抵押小微企业的融资困难。做好生源地助学贷款信贷支持，解决贫困家庭代际传递问题，制作“致高中毕业生的一封信”宣传长图，积极宣传生源地助学贷款政策，受到中支货信科表扬并推广转发。年内办理生源地助学贷款137笔81.22万元，生源地助学贷款余额420.01万元。坚守风险底线，推进存款保险制度实施，消除金融风险隐患，推动多元化解金融风险机制，通过“政银企”三方协调方式，为乌什县农业发展银行化解一笔1900万元的贷款风险。完善提升基础金融服务，截至12月末，辖区共设立助农取款点270个，其中助农取款服务点162个、惠农通服务点108个，加载电商服务功能的服务点数量69个。扩大辖区POS终端自助设备覆盖面，布放至农副产品收购点、农资店、超市等场所，满足边远农村基本金融服务需求，城区增设个人征信报告查询点1个。

【“放管服”改革】 2020年，人民银行乌什县支行积极与县财政、税务等部门沟通协调，签订《乌什县税收退库审查授权协议》，为乌什县办理税收退库提供快捷、高效的服务。持续推进取消企业银行账户许可工作，坚持“两不减、两加强”原则，强化人民银行事前、事中、事后监督职责，优化营商环境，全年累计报备开立企业银行账户318户。

【改善农村支付环境】 2020年，人民银行乌什县支行落实金融服务“最后一公里”的要求，推行“银行卡助农取款+农村电商”金融服务新模式，精选7个村级优质商户为“农村金融综合服务示范点”挂牌试点。新增布放助农取款设备5台，提升农村支付环境。加大云闪付App的推广使用宣传，定期召开推进会、协调会，协助解决难题，完成云闪付App系统对接建设。

【建设农村信用体系】 2020年，人民银行乌什县支行加强基础数据库合规管理，按季组织接入机构开展征信合规自查自纠，召开征信合规例会3次，不断提高征信风险防范水平。落实新冠肺炎疫情企业和个人征信权益保护政策，累计调整还款安排企业238家，涉及金额21.52亿元；累计调整还款安排个人贷款582笔，涉及金额3261.3万元。实现建档立卡贫困户信用档案建立的全覆盖，建档信用农户贷款余额85487.86万元。积极推广应收账款平台运用，为中小微企业融资4.35亿元。

【履行经理国库职责】 2020年，人民银行乌什县支行配合做好国库TCBS系统升级工作，保证TCBS系统客户端的运行稳定。响应“放管服”改革，制定出台《乌什县支库预算拨款审批制度》《乌什县支库退库业务操作审核授权管理规定》，提升国库服务效率。开展国库核算业务，年内办理预算收入109243笔，金额76226.16万元；预算支出27899笔，金额453417.23万元；预算收入退付4218笔，金额2583.85万元；更正调库126笔，金额 2754.69 万元,完成各级预算收支管理,为地方经济发展提供金融支持和保障。个人所得税年度汇算退税及代扣代缴手续费退库等工作顺利开展。

(供稿人:李宏强)

中国农业银行股份有限公司乌什县支行

【概况】 2020 年,中国农业银行股份有限公司乌什县支行(以下简称农行乌什县支行)落实总分行系列重点工作部署,对照"10+3+3 补短提效"工程体系指标、"三项底线"工作指标和各项指标任务,梳理工作短板弱项,全力冲刺目标任务。年内,农行乌什县支行实有领导 3 人,员工 34 人,内设综合管理部、三农金融部 2 个部室和支行营业部、热斯太路支行 2 个对外营业窗口。有党支部 4 个,党员 19 名,确定发展对象 2 名,递交入党申请书 4 名,党员队伍力量持续增强。

【金融扶贫】 2020 年,农行乌什县支行坚持信贷资源倾斜,落实员工贫困补助工资,进一步增强金融扶贫的信心。继续做好脱贫攻坚专项巡视"回头看"反馈问题整改工作,加大脱贫攻坚巩固提升和乡村振兴金融服务力度。坚持精准施策,确保完成分行扶贫贷款投放任务。继续深化与新疆农担公司合作,加快农业产业化龙头企业贷款投放力度。摒弃"等靠要"思想,主动在法人贷款、农户贷款、非农个贷方面实现新突破,满足"当地存款的 70% 用于支持当地经济发展"的监管要求。加强渠道建设,助力金融扶贫,在巩固行政村覆盖率 100% 基础上,提高电子机具使用效率,加大聚合码营销力度,拓宽为农服务渠道。做好消费扶贫工作,运用好农行扶贫商城网络消费扶贫平台,支持当地特色农产品"走"向全国。

【促进营收】 2020 年,农行乌什县支行做好负债端工作,树立"存款立行"理念,做好扩户提质工作,加强存款流量经营,做好量价平衡管理。做好资产端工作,加大项目贷款、农户贷款、非农个贷营销力度,做到能投尽投、早投早见效,提高贷款综合收益水平。做好中间业务管理,巩固优势指标、补齐短板指标,加强成本比管理,提高中收净收入,增强中收对营收的贡献度。

【提升市场竞争力】 2020 年,农行乌什县支行抓好对公存款组织工作,开展好对公存款"百日增"竞赛活动,压实责任、做好督导,细化措施、有效推动。突出重点,紧抓个人存款不放松,开展"大抓特抓"个人存款竞赛活动,做好存款组织工作。着力提升数字化精准营销能力,向贵宾客户、长尾客户要增长。开展营销聚合码业务,吸引沉淀经营性资金。在涉及代发工资、场景建设等方面加强上下联动、公私联动。

【"10+3+3"补短提效】 2020 年,农行乌什县支行紧盯"日均存款 5 万元以上对公结算账户"指标,针对推送的工商新注册客户名单,做好营销和对接,提高账户落地率,新增日均存款5万元以上对公结算账户31户。做好营销宝推广使用,提升管户客户联系率和闭环销售成功率,做大贵宾客户规模。

【中间业务】 2020年,农行乌什县支行加大营销督导力度,深挖弥补受疫情影响减收较多业务的增收潜力。对掌银、理财、基金、贵金属等重点产品精准营销,推动中收同业可比、份额提升。

【战略激励业务】 2020年,农行乌什县支行做好"惠农e贷"业务发展,利用"惠农e贷"白名单准入审批权限下放之机,提高投放效率,扩大贷款规模。

【ETC业务发展】 2020年,农行乌什县支行对照分行下发未签约客户清单,主动邀约客户完成签约。以《阿克苏分行"红海争夺战"暨三项零售业务行动方案》激励开展ETC业务营销。

【聚合码业务】 2020年,农行乌什县支行主要为客户赠送收款音箱,开展"六走进"活动,结合"红海争夺战"暨三项零售业务行动,加大聚合码营销力度。

【"金穗惠农通"工程转型】 2020年,农行乌什县支行依托惠农卡、涉农代理项目,让贫困人口享受便利的现代金融服务。积极改善农村基础金融支付环境,108个村更换惠农通服务点设备119个,村覆盖率100%。

(供稿人:何　俊)

中国农业发展银行乌什县支行

【概况】 2020年,中国农业发展银行乌什县支行(简称农发行乌什县支行)坚持"谋战略、定规划,抓改革、求发展,强管理、促和谐"的宗旨,秉承"至诚服务、有效发展、以人为本、构建和谐"的核心理念,努力构建现代银行框架。按照国家法律法规和方针、政策,从发展县域经济、解决农民实际问题入手,完善内控机制,改善信贷服务水平,做好粮食、棉花贷款收购工作。年内存款余额22824万元,贷款余额46703万元,其中,购销贸易企业小麦收购贷款7000万元,省级储备粮贷款10576万元,缓解农户"卖粮难"问题。年末,农发行乌什县支行有正式职工17名,其中,少数民族6名,党员9名。内设综合会计部、计划信贷部、行政办公室3个部室。

【主体业务】 2020年,农发行乌什县支行业务范围包括:对公存款、粮棉油收购贷款、中间业务、代理保险业务、大小额支付、基金业务及银行业监督管理委员会批准的其他业务范围。主要从事粮、棉、油贷款,中小企业贷款及社会主义新农村建设等基础设施贷款。

【信贷业务】 2020年,农发行乌什县支行共投放各类收购贷款46703万元,比上年增加29100万元,增长率0.6%,支持乌什县粮油购销有限责任公司收购小麦

19223 万千克。

【存款和中间业务】 2020 年,农发行乌什县支行秉承"以客户为中心"的经营理念,采取多种措施,开展存款业务营销工作,实现存款稳步增长。全年月均存款 22824 万元,人均存款 1343 万元。2020 年受新冠肺炎疫情影响,农发行乌什县支行未能开展中间业务。

【信贷风险防控】 2020 年,农发行乌什县支行通过周例会、阅读业务经营分析会等形式,开展员工职业道德操守教育,组织全行员工系统学习新规章制度和业务操作规程,提高员工履职能力和风险防范能力。利用信贷管理系统优势,将真实企业信息及时录入系统,形成科学的监测数据,及时分析客户经营动态。利用人民银行征信系统、地方政府信息、工商税务等部门信息了解客户信息,对客户经营情况进行分析,准确把握风险动态。做好与企业的沟通协调,完成全年粮食收购工作。全年无新增不良贷款,有效防范信贷风险。

【财会审计监督】 2020 年,农发行乌什县支行按照《中国农业发展银行财务管理制度》,实行"统一管理、分类授权、统负盈亏、分级考核"的财务管理体制。以财务预算为依据、以财务信息和其他相关经济资料为基础,对过去和现在的财务状况、经营成果及未来趋势进行系统分析,通过内部审核后向有关部门和上级行报送,接受上级行的审核和考评。年内无拒绝、拖延、提供虚假或隐瞒重大信息资料,做到定期将重大财务事项对本单位员工公开,确保支行营运管理安全。

【内部管理】 2020 年,农发行乌什县支行按照打造"精品支行、精细化支行"的管理要求,从基础工作精细化管理入手,全面加强内部管理。完善各项制度,规范操作程序,抓好各环节细节工作,开展执行力建设。建立科学的绩效考核体系,狠抓落实力度,推进岗位管理和绩效考核。按照"强制度、重管理、严防范、保平安"的主线,坚持防范为主、立足教育、强化管理,构建案件防范体系,强化防范措施,严格贯彻党风廉政建设责任制,加强党风、党性、党纪教育,坚持党风廉政建设与业务工作同部署、同检查、同落实、同考核,层层落实党风廉政建设责任制,做好行务公开工作。

(供稿人:王伟华)

新疆乌什农村商业银行股份有限公司

【概况】 2020 年 6 月 11 日,阿克苏银保监分局下达《关于新疆乌什农村商业银行股份有限公司及其分支机构开业的批复》,乌什县农村信用合作联社改制为新疆乌什农村商业银行股份有限公司(简称乌什农商银行),7 月 10 日正式揭牌开业。2020 年,乌什农商银行辖 9 个营业网点、1 个固化流动金融服务站、10 个职能管理部门。员工总数 130 人,在岗正式员工 122 人(含巡察督导专员 1 人,选派驻村工作队 5 人),内退员工 6 人,劳务派遣员工 2 人。资产总额 423705 万元,其中各项贷款余额 329521 万元;负债总额 383615 万元,其中各项存款余额 342608 万元;所有者权益 40090 万元;资本净额 43023 万元,核心一级资本净额 40005 万元,资本充足率 15.59%,核心一级资本充足率 14.49%;贷款拨备覆盖率 343.37%;流动性比例 35.49%。

【存款业务】 2020 年,乌什农商银行各项存款余额 342608 万元,较年初下降 25431 万元,降幅 6.91%。其中,储蓄存款 207086 万元,较年初增加 18366 万元,占比 60.44%;对公存款 135522 万元,较年初下降 43797 万元,占比 39.56%。日均存款 364413 万元。各项存款余额占县域存款市场份额的 66.48%,较年初增长 0.32 个百分点,其中储蓄存款市场份额占比 70.28%,较年初增长 0.47 个百分点。

【贷款业务】 2020 年,乌什农商银行各项贷款余额 329522 万元(其中票据转贴现 90571 万元),较年初增加 27246 万元,增幅 9.01%。其中,涉农贷款余额 186985 万元,较年初增加 25243 万元,增幅 15.61%;小微企业贷款余额 158280 万元,较年初增加 3441 万元,增幅 2.22%;普惠型小微企业贷款 9302 万元,较年初增加 5710 万元,增幅 158.96%;扶贫小额信贷 4277 笔,贷款余额 12930.24 万元,较年初增加 5351.04 万元,增幅 70.6%。不良贷款余额 7103 万元,较年初增加 484 万元,增幅 7.31%;不良贷款率 2.16%,较年初下降 0.03 个百分点;逾期 90 天以上贷款余额 5262 万元,占不良贷款总数的 74.08%。各项贷款余额占县域贷款市场份额的 79.71%,较年初下降 3.58 个百分点,其中个人贷款市场份额占比 91.82%,较年初下降 3.21 个百分点。

【电子银行业务】 2020 年,乌什农商银行新发卡 12172 张,累计发卡 420605 张;在线运行 ATM 自动柜员机 31 台,累计交易数 213 万笔;智慧柜员机 10 台,累计交易数 185158 笔;新增商户条码支付 2607 户;ETC 累计发行 2223 台,覆盖全县 108 个行政村、社区及农一师四团 10 个连队;村村通整体覆盖率 100%;各类商户 392 户,POS 终端 552 台,助农业务交易数 12.63 万笔。

【财务收支】 2020 年,乌什农商银行实现各项收入 20989 万元,较年初增加 156 万元,增幅 0.75%。其中,利息收入 14712 万元,较年初增加 1702 万元,增幅 13.08%;同业金融业务收入 5645 万元,较年初减少 1436 万元,减幅 20.28%。利润总额 5183 万元,较年初减少 1019 万元,减幅 16.42%;净利润 4230 万元,较年初减少 1109 万元,减幅 20.77%。各项支出 15806 万元,较年初增加 1175 万元,增幅 8.03%。其中,利息支出 3257 万元,较年初增加 276 万元,增幅 9.26%;金融机构往来支出 477 万元,较年初减少 239 万元,减幅 33.34%;业务及管理费用 5740 万元,较年初减少 23 万元,减幅 0.41%;营业外支出 229 万元,较年初增加 176 万元,增幅 338.07%(主要原因是 2020 年度按照资产盘点结果,对办公楼原装修等进行报废处置)。

【服务经济社会发展】 2020年,乌什农商银行坚持“以客户为中心、以深耕本地为基础、以高质量发展为目标”的经营理念,充分发挥地方性法人机构作用,积极推动经济社会稳健发展。持续开展信贷大走访,重点走访农区养殖、种植合作社、种养殖大户、城乡个体工商户、企业等各类经济组织及各类城镇自然人客户,深挖信贷需求,加大信贷资金投放力度,实现当年投放信贷资金202008.66万元,覆盖客户18832户。抗击疫情勇于担当,容缺投放春耕贷款3781笔,贷款金额16993.6万元;为受疫情影响不能按时还本付息的客户办理展期、续贷、调整结息业务603笔,涉及贷款金额18137.68万元;主动减免疫情期间产生的复利、罚息20.41万元。发挥金融支持复工复产作用,累计向个体工商户发放小额信用贴息贷款762笔、贷款金额4517.2万元。积极推进“四位一体”金融服务体系建设,充分发挥层级作用,参与天山农商行、乌鲁木齐农商银行、阿克苏农商银行、石河子农合行等行(社)集团客户社团贷款21笔,投放贷款金额41610万元;涉及中央企业、区级大型企业、跨地州行业龙头企业11家。不断丰富金融服务产品,先后推出“小小银行家”、“个人储蓄存款‘大额存1号—8号’整存整取协议存款”等存款产品,吸储金额8473.14万元;推出畜牧贷、金核桃贷、诚信贷、天使贷等信贷产品,投放信贷资金15404万元。

【助力脱贫攻坚】 2020年,乌什农商银行继续做好扶贫小额信贷发放工作,累计发放扶贫小额信贷38801.26万元,惠及建档立卡贫困户10186户;年末贷款存量4277笔,贷款余额12930.24万元,较年初增加5351.04万元,增幅70.6%。当年发放扶贫小额信贷3941笔,贷款12287.78万元,其中向建档立卡贫困户发放3857笔,贷款金额12060.28万元;向边缘易致贫户发放84笔,贷款金额227.5万元。扶贫小额信贷宣传覆盖面100%,做好扶贫小额信贷的管理和风险化解工作,对风险排查中能够按期归还贷款的,提前提醒其按期还款;对暂时出现还款困难、且符合展期、续贷条件的,经三级联审,落实应延尽延、应展尽展。完成各级各类巡视督导反馈78项问题的整改,建立长效机制,巩固整改成效。开展脱贫攻坚“查漏补缺”专项行动,开展“一对一”对口帮扶工作,累计消费扶贫348989.2元,其中通过“新疆金融消费扶贫馆”消费237769.2元。做好金融精准扶贫档案整理归档工作,累计整理装订精准扶贫档案8942册,如期完成区联社下达的任务。

【零售业务转型】 2020年,乌什农商银行及时调整经营思路,大力拓展零售业务。通过扫街、扫楼、扫社区、扫市场等网格化营销模式,以“个体工商户8万元复工复产贷”为契机,抓住乌什县城镇规划、居民搬迁的有利时机,努力培植和发展一批个人中高端客户群体。加大农户贷款营销力度,实现农户贷款“四个转变”,即由“垒大户”“傍大款”向做小做散转变,由“锦上添花”向“雪中送炭”转变,由发放大额农户贷款向重点发放小额农户贷款转变，由少数人营销贷款向更多员工营销贷款转变。年末整村授信农户总数45945户，其中有授信结果的41359户；农户贷款户数22681户，农户贷款覆盖率59.73%，农户贷款用信率54.01%，农贷通覆盖率75%。采取批量授信方式整村推进，挖掘农户潜在消费金融需求，加大农户贷款投放力度，强化农户贷款覆盖率考核，促进农户贷款提质增效和扩面增户。推出适用于当地的种、养殖贷款信贷产品，累计签约大额农贷通贷款545笔，金额13838万元；投放创业担保贷款28笔，金额369万元；投放小微企业信用贷款2笔，金额400万元。

【拓展优质企业客户】 2020年，乌什农商银行高位营销，密切协作，成功中标衢州援乌指挥部2.3亿元资金竞争性存放竞标项目；年末财政性存款余额70062.28万元；促成乌什县人民医院账户落地，12月末账户余额1648.38万元，“银医通”项目上线运行。积极对接优质招商引资企业，构建“机构+公司+零售+金融市场”的联动营销服务体系。

【“金融服务实验区”建设】 2020年，乌什县被确定为“金融服务试验区”，乌什农商银行积极参与建设方案的讨论与实施，贯彻落实试验区各项金融政策，协同推出“政银保担社”融资服务模式，积极申请人行再贷款，大力支持县域龙头企业、农民专业合作等经济组织的经营发展，准入林果收购农民专业合作社1家，授信金额300万元。

【发挥金融市场业务作用】 截至2020年12月末，乌什农商银行总资产42.37亿元，同业资产5.92亿元，占总资产的13.97%；总负债38.36亿元，无同业负债。当年取得自治区联社同业交易资格6人，取得银行间市场资格4人；12月10日完成首笔债券质押式回购业务测试，金额0.1亿元；全年办理同业业务96.2亿元，实现同业收入5308.95万元，占全年收入的25.42%。金融市场业务总体运行平稳，管理体制逐步完善，内控机制完整，风险可控。

【充实会计、科技力量】 2020年，乌什农商银行参与指纹采集认证系统、借记卡本地同号换/补卡系统（CSM系统）测试及上线工作，参与人民银行账户管理系统升级及测试工作；上线新OA、人力资源管理、审计、视频、银医通、钉钉等系统；迎接科技信息监管评级1次，自查4次；配合区科技演练2次，配合新平台用户分配及使用5个；给辖区网络客户端安装桌管系统和杀毒软件115台，更新存取款一体机6台；结合条线相关制度流程梳理规章制度169项。

【提升风险防控水平】 2020年，乌什农商银行强化合规管理体系建设，根据风险排查和实际操作中存在的问题，重点对信贷、财务、会计结算、科技条线制度进行梳理、修订，全年修订制度436项，基本弥补部分条线长期制度的空白，建立起合规、完善、适用的制度体系。扎实开展审计“岗位大练兵”，参加自治区联社“农信审计讲坛”11期，参加新疆农商银行南疆分部制度领学8期,自行组织集中学习与自学32次。疫情期间通过钉钉、腾讯会议等方式在线培训61课时,复工复产后开展线下培训20期,开展跟岗学习3次(分别为合规大检查、联合大检查及南疆分部组织的遵循性审计交叉检查)。以审计合规为导向,制定年度审计计划,积极履行内审职责,全年开展审计项目15项,其中离任离岗审计49人次,遵循性审计1次,自律监管再监督1次,各项专项审计9项。深入开展合规专项检查7次,检查范围包括信贷风险、会计业务、账户风险、抵质押物专项检查,针对检查发现的问题处罚70人次,处罚金额89968.71元。扎实开展反洗钱工作,层层签订《反洗钱目标责任书》,按时做好反洗钱数据报送系统筛选的大额交易报送、可疑交易排除、客户风险等级初评和复评、错误回执交易补录、客户风险等级调整等工作;全年处理大额交易数据70918笔、处理可疑交易数据50935笔;举办反洗钱知识培训班6期,参与培训127人次,在支行现场辅导1次,集中宣传16次。

(供稿人:薛燕玲)

中国邮储银行乌什县支行

【概况】 2020年,邮储银行乌什县支行有员工17名,其中行领导2人,工作队1人,营业前台9人,信贷部3人,后台人员2人,合同工占比76%。持有银行从业资格证7人,持有会计从业资格证6人,持有黄金交易员资格证1人,持有证券从业人员资格证1人,持有信用卡岗位资格17人,持有公司柜员资格证8人,持有信贷从业资格证10人,高级储汇业务员2名,中级储汇业务员3名,初级储汇业务员4名。

【储蓄业务】 2020年,邮储银行乌什县支行做好代发批量开卡前期工作,对开卡客户做好联动营销绑定工作。每日网点定量回访CRM系统客户,对资产客户进行资质提升,对0余额客户进行清0活动,提升价值客户占比。开展厅堂定期微沙龙,做好定期存单物料准备,针对大额存单做好客户宣传,实时更新网点的宣传看板。截至2020年底,邮储银行乌什县支行营业网点储蓄余额2.34亿元,较上年增长2644.28万元,新增储蓄存款增幅12.71%;12月日均余额2023万元;年末时点余额2.39亿元。

【条码收单】 2020年,邮储银行乌什县支行增加二维码市场活跃性,提升市场快捷支付占比,提升新增二维码布放效率。对结存商户实行有效性提升,每人每日成功提升2户,完成交易户数的80%。定期回访做好商户服务工作,实行“认养制管理+区域管理”。截至12月30日,全年计划完成680户,结存商户数540户,欠计划数140户,完成率79.41%,余额沉淀资金93万元。

【快捷绑卡】 2020年,邮储银行乌什县支行对到网点的客户和客户经理外拓及代发工资客户进行云闪付、手机银行、网上银行等App里进行邮储花呗、邮储食堂等绑卡业务。年内发展客户绑卡业务

8900户,为全县邮储客户提供更快捷方便的网上支付业务。

【代发工资】 2020年,邮储银行乌什县支行持续做好各企事业单位代发服务工作,新增公安系统辅警工资代发、各劳务公司联系劳务保证金代发、各建筑公司民工工资代发,以优质的服务得到各代发单位的一致好评。

【信用卡业务】 2020年,邮储银行乌什县支行做好悦享分期卡营销及后期分期业务营销,提升中间业务分期手续费,增加中间业务收入;做好场景平台搭建,完成场景分期任务;开展团办单位建设,提升优质客户发卡率,增加新发卡客户。安排好厅堂流量客户营销和交叉销售,确保每日白名单电话拨打量至少100通,检查白名单客户登记回访情况。强化信用卡商圈建设,持续做好特惠商户洗车、美食等优惠活动,吸引信用卡客户刷卡消费。借助信用卡促销活动,加大悦享分期信用卡发卡宣传力度,截至12月30日,累计进件890张。

【网点个金业务】 2020年,邮储银行乌什县支行以优质服务为目标,至12月末,累计发放绿卡16910户,结存卡户数27868户,户均余额1.25万元。其中,公务卡870户,金卡646户,白金卡49户,钻石卡4户,军保卡564户,烟草卡553户。

【商圈建设】 2020年,邮储银行乌什县支行进一步巩固和提升专业市场与核心商圈建设成果,提升各类指标的综合平衡发展。每日组织客户经理积极走市场、跑商圈,梳理辖区商圈分布集中地,挖掘商圈需求,做到每个商圈、每个商户都要走访到位、营销到位,不走过场、不走形式,把各类业务政策真正营销落实到位。

【中间业务】 2020年,邮储银行乌什县支行针对每期理财做好厅堂营销环境布置,售罄理财做好明显标识,营造营销环境。针对财富级客户叠加理财业务,做好客户网点约访;重点基金提前熟知产品,列明周营销重点,提升产品销售业绩。全年共销售理财2800万元。

【信贷业务】 2020年,邮储银行乌什县支行贷款客户816户,金额7855万元,其中经营性贷款231户,金额2228万元,占总结余的28%;消费贷款585户,金额5628万元,占总结余的72%。在阿合雅镇、阿恰塔格乡、依麻木镇、亚曼苏乡、阿克托海乡、奥特贝希乡等重点片区,交叉营销乡政府信用卡、花呗、消费贷款等个金业务。

【信用村推进】 截至2020年12月末,邮储银行乌什县支行完成6个信用村161户信用户准入工作,有效信用户12户110万元,录入待审批7笔45万元;待录入11户63万元,待调查录入业务36笔约286万元,主要分布在阿合雅镇、阿恰塔格乡、亚曼苏乡、依麻木镇。

【公司业务】 2020年,邮储银行乌什县支行密切关注当地财政收入资金、中央转移支付资金、中央及自治区专项资金、援乌资金、国债资金、地债资金、基础设施建设基金、重大项目发展基金的拨付、投向、支付、结算和下游承接政府建设项目企业客户,定期拜访沟通,争取重要节点重点突破。做好政府直接项目和招投标项目承接企业或中标企业的开户和保证金存款工作,及时与当年招投标的扶贫项目相关单位对接资金下放情况,跟进工程款拨付进度及资金出入下游企业的去向,做好公司资金的引流工作。做好未开通企业网银客户的回访,对到网点办理业务的财务人员做好柜面网银营销,开设网银方便企业账务往来,活跃公司客户。

(供稿人:罗春燕)

中国人寿保险股份有限公司乌什县支公司

【概况】 2020 年,中国人寿保险股份有限公司乌什县支公司(以下简称中国人寿乌什县支公司)有员工 5 人。截至 12 月底,股份总保费 4337.32 万元,同比增长 21.83%;首年新单 1822.02 万元,同比增长 15.34%;其中,首年期交目标 997 万元,达成 993.87 万元,达成率 99.68%;标保目标 646 万元,达成 545.47 万元,达成率 84.43%;十年期目标 569 万元,达成 510.47 万元,达成率 89.71%;保障型目标 450 万元,达成 397.07 万元,达成率 88.23%;大短险目标 693 万元,达成 841.59 万元,达成率 121.44%。

【个险业务】 2020 年,中国人寿乌什县支公司营销首年期交目标 722 万元,达成 727.47 万元,达成率 100.76%;标保目标 574 万元,达成 480.59 万元,达成率 83.73%;十年期目标 495 万元,达成 440.47 万元,达成率 88.98%;保障型目标 398 万元,达成 350.33 万元,达成率 88.02%;短险目标 100 万元,达成 154.07 万元,达成率 154.07%;互动业务目标 50 万元,达成 61.02 万元,达成率 122%。收展首年期交目标 155 万元,达成 168.5 万元,达成率 108.71%;标保目标 72 万元,达成 64.88 万元,达成率 90.11%;十年期目标 74 万元,达成 70 万元,达成率 94.59%;保障型目标 52 万元,达成 46.74 万元,达成率 89.88%;短险目标 48 万元,达成 41.1 万元,达成率 85.62%,业务质量显著提高,可持续发展能力持续增强。银保首年期交目标 120 万元,达成 97.9 万元,达成率 81.58%;五年期目标 40 万元,达成 33 万元,达成率 82.5%;短险目标 1 万元,达成 1.39 万元,达成率 139%。团险目标 535 万元,达成 645.03 万元,达成率 120.56%,简单赔付率 24.54%。法人业务、自营短险、建工险等业务较上年都有较大增长。

【营销队伍】 截至 2020 年 12 月底,中国人寿乌什县支公司个险营销月均架构人力 154 人,达成率 96%;季均有效人力 100 人,达成率 82%;月均长举人数 71 人,达成率 86%;月均星级人力 14.3 人,达成率 53%;月均增员率 5.86%,达成率 59%。收展团队月均架构人力 13.25 人,达成率 66%;月均举绩人力 8.25 人,达成率 69%;季均有效人力 9 人,达成率 60%;月均星级人力 2.7 人,达成率 68%;

月均增员率 2.26%，达成率 19%。年内营销团队队伍质态提升明显，但队伍有所萎缩；与上年相比营销团队各项指标达成均出现负增长，增员入口未能有效打开，队伍凝聚力、战斗力有所提升，但队伍增长速度较为缓慢。收展队伍出现严重萎缩，增员入口未能打开，队伍质态未得到有效提升，队伍各项指标达成率不高。银保客经 1 人，年度关键销售指标均达标，但个人技能相对薄弱，有待提升。团险通过明确工作责任，加强日常管理，强调任务目标，团队产能明显提升。

【运营服务】 2020 年，中国人寿乌什县支公司运营服务水平不断提升。理赔方面，全年受理理赔案件 419 件，赔款金额 282.3 万元，其中长险重疾死亡赔付 16 件，赔款金额 74.2 万元；短险赔付 403 件，赔款金额 208.1 万元；理赔申请支付时间缩短到 1.09 天，出险支付时效 52.46 天，未达到目标考核值 50 天以下，主要原因是学平险压单至第二年生效，柜面对理赔时效把控不到位，到职场就理赔报案宣导和培训不到位。契约方面，全年承保新单 1612 件，其中个单 1377 件，团单 235 件，个单无纸化投保和团单电子化投保均达到 100%。核保自动审核通过率 95.42%，15 日送达率 94.56%。保全方面，全年受理保全件数 5369 件，其中通过 e 化处理的保全件数 4073 件，柜面受理的保全件数 1296 件，保全 e 化率 99.56%，保全自动审核通过率 98.74%。客户服务方面，年内组织开展客户服务活动 2 场，受益客户 150 人，开展"鑫福临门、喜见锦鲤""少儿绘画""百日经络健身""万人健走"等多项增值服务活动，完成 VIP 客户兑现工作，推广保全管家代服务应用助力销售，提高客户满意度。推行电子化回访，达成率 95.72%。严控外部投诉和柜面风险，年内公司零投诉。排查两年内重疾保单 1993 笔，排查到投保前病史 3 笔，解约 2 笔，效益金额 26.5 万元。清理长险保单客户信息缺失（成年人手机号缺失）数据 275 笔，清理完成 154 笔。清理保全应付未付数据 152 笔，清理完成 67 笔，完成率 44%。

【风险防控】 2020 年，中国人寿乌什县支公司依法合规防范风险，加强日常宣传和培训，定期不定期对职场及营销员展业工具进行检查，加强对非法集资、反洗钱案件及营销员诈骗失职案的学习和通报，促使营销员养成规范经营、规范展业的习惯，确保干成事、不出事，不越红线、不踩高压线。

（供稿人：王靖君）

中华联合财产保险股份有限公司乌什县支公司

【概况】 2020 年，中华联合财产保险股份有限公司乌什县支公司（以下简称中华财险乌什县支公司）在职员工 10 人，其中少数民族员工占比 70%。年内全保费收入 2200 万元，其中，政策性农业保险收入 960.4 万元，受灾支付农业赔款 712.8 万元；车险保费收入 340 万元，赔款 375.88 万元；意健险保费收入 812.1 万元，赔款

622.4 万元。

【业务发展】 2020 年,中华财险乌什县支公司本着“诚实守信、依法合规”的经营理念,坚持以发展为前提,以优质服务回报社会为使命,以车险为龙头,积极服务“三农”政策性农业保险稳健发展。年内承保玉米、水稻及养殖业等“三农”政策性保险,承保理赔质量逐步提高;非车财险、健康险、学平险、长短期借款人保险等业务稳健发展。公司建立可持续协调发展长效机制及核心优势、风险管理办法和操作流程,使承保、理赔及风险管控更趋制度化、流程化和规范化,特别是理赔流程和服务等主要环节更加专业和快捷,5000 元以下赔款当日即可结案。

【企业文化】 2020 年,中华财险乌什县支公司加强企业文化和诚信服务建设,积极开展谈心谈话、困难救助、住院看望、带薪休假等工作,切实把员工关爱计划落到实处。在公司业务发展、客户服务、理赔等方面广泛听取多方意见,群策群力,使每一个员工都能感受到自己的价值,有效增强公司凝聚力。

(供稿人:孙向娟)

经济管理和监督

发展和改革

【概况】 2020 年,乌什县发展和改革委员会(简称乌什县发改委)核定编制 38 名(行政编制 13 名、参照公务员管理编制 6 名、机关事业编制 16 名、机关工勤编制 3 名),其中科级领导职数 3 名(正科级 2 名、副科级 1 名)。内设机构 3 个(价格认定中心、投资项目服务中心、粮食监督检查大队),所属二级单位 1 个(粮食和物资储备局)。

【规划编制】 2020 年,乌什县发改委牵头完成《阿克苏地区乌什县国民经济和社会发展第十四个五年规划纲要》编制工作,2021 年 1 月 11 日经乌什县第十五届人民代表大会第六次会议第三次全体会议审议通过。强化“十四五”项目储备工作,按照国家“一带一路”、新一轮西部大开发、乡村振兴、加快补上“三农”领域突出短板、文旅康养等重大决策部署和战略布局要求,以优化产业结构、延伸产业链条为重点,在服务“三农”建设、巩固脱贫攻坚、重大基础设施、支持边疆少数民族地区发展、社会事业和社会治理、保障性住房、节能环保与生态文明建设等领域,优化储备项目 919 个,总投资 1109 亿元。

【经济指标】 2020 年,乌什县发改委发挥城市经济口牵头部门的作用,定期组织召开工作例会和经济运行分析会,加强宏观经济运行监测,抓好重点目标督办落实,积极稳妥推进项目建设、招商引资、工业经济、财税金融、旅游业发展等重点工作。全县各项主要经济指标持续向好,固定资产投资在阿克苏地区增速排名第三,规模以上工业增加值在阿克苏地区增速排名第四;财政预算收入在阿克苏地区增速排名第一;社会消费品零售总额限上增速在阿克苏地区排名第一;全口径增速在阿克苏地区排名第四;招商引资完成率在阿克苏地区排名第一。

【项目申报】 2020 年,乌什县发改委按照自治区项目申报工作要求,组织相关部门认真研究各类项目申报领域和资金投向,切实提升项目申报质量。全县共申报 5 大领域 191 个子项目,争取上级中央预算内资金项目 26 个,总投资 3.3 亿元,其中,申请中央资金 2.22 亿元,自治区预算内资金 0.1 亿元。年内完工项目 21 个,在建项目 5 个,项目开工率 100%,累计到位资金 2.33 亿元,完成年初计划 2 亿元的 117%。

【项目建设】 2020 年,乌什县发改委按照在建一批、开工一批、储备一批的思路,压茬推进项目建设良性循环,实施各类固定资产投资项目98个(其中,新建项目67个,续建项目31个),总投资118.47亿元,计划年内完成投资38.08亿元,实际完成36.18亿元,同比增长26.5%。

【衢州对口援乌工作】 2020年,乌什县发改委充分发挥援乌办统筹协调和综合服务作用,主动加强与援乌指挥部的对接联系,积极谋划和推进各项工作,年内安排援乌资金2.68亿元,实施民生保障、产业就业、教育援乌、干部人才、交流交往等各类援乌项目20个,有力推动全县经济发展和民生建设。

【窗口服务】 2020年,乌什县发改委按照"放管服"改革要求,将单位所有服务事项全部进驻县行政服务中心办事大厅,选派2名业务能力强的干部进驻中心服务窗口,严格落实首问负责、限时办结等制度,为企业和办事群众提供"一站式"服务,对服务对象急需办理的事项不分上下班、不分节假日,特事特办、随到随办。累计接待办事群众1856人次,发放业务指南手册1200余份;在阿克苏地区政务服务平台受理各类业务2588件,办结2588件,办结率100%,群众满意度100%。

【疫情防控】 2020年,乌什县发改委牵头负责疫情防控生活物资保障组工作,抽调成员单位7名工作人员深入各社区、住宅小区,开展生活物资供应点点位选址。在城区11个社区、3个村、54个住宅小区安排指定生活物资供应点83个,全部开展配送服务工作。调拨6顶帐篷作为临时供应点,解决无条件小区供应点布置问题。分两个组对阿合雅镇、阿恰塔格乡、亚科瑞克乡、阿克托海乡26个行政村的生活物资供应点进行实地调研指导,共查看供应点64个,所有供应点基本生活物资齐全、运行状况正常。做好企业服务工作,及时与偏远散的华能亚曼苏水电开发和大石峡水电开发项目负责人沟通,帮助企业解决生活物资紧缺困难。牵头推进疫情防控项目推进组工作,按照《乌什县项目施工现场疫情防控管理工作要点》,深入施工点对疫情防控措施落实情况督促指导30余次,协调10名县直单位干部驻企业开展工作,制定督促重大项目落实疫情防控措施。疫情期间共协调500余名县外人员到项目工地务工,协调工人离县600余人次,协调项目工地开展核酸检测6万余人次,为项目工地解决生活物资、建筑材料、办理车辆通行证等实际困难30余件,有效保障项目推进。

【脱贫攻坚】 2020年,乌什县发改委发挥脱贫攻坚项目管理组和援乌扶贫专项组、易地扶贫搬迁专项组牵头部门作用,完成2020年扶贫资金项目审查、审批、验收工作。重点做好易地扶贫搬迁整改工作、脱贫攻坚普查数据核实和验收工作,针对易地扶贫搬迁户中自然减少2户进行逐户核查并销号处理。承担2020年脱贫攻坚蔬菜种植(种子、苗子)、黑木耳菌棒补助、畜牧养殖(牛、羊)、棚圈、林果业提质增效(物化投入)5类入户项目竣工验收工作,牵头完成验收9个批次9个入户类项目,涉及资金731.35万元,覆盖全县6个乡(镇)2115户,共抽验251户,抽验比例11.8%,符合抽查验收不低于10%的要求,验收合格率100%。做好“一对一”帮扶工作,累计为帮扶户申报入户类扶贫项目2个,帮助稳定就业或自主创业26人,组织季节性零散务工344人次,资助贫困学生80人次。为定点帮扶村阿合雅镇尤喀克阿合亚村新建商铺13间、夜市棚0.06公顷,购置人居环境整治铁艺栅栏1300余米、水泥21吨、加气块1000块,粉刷维护破损建筑、维修大门等,累计投入资金7万余元。

(供稿人:陈保华)

物价工作

【落实惠民政策】 2020年,乌什县发改委配合做好政策宣传工作,与县财政局、市监局等部门沟通对接,加强供电、供水环节收费行为的监管,确保降价红利及时足额传导至终端用户。下发《督办通知》,督促物业公司落实惠民政策,完成应退费35户用气终端户、175户水终端户退费工作。

【价格监督检查】 2020年,乌什县发改委通过实地采价、现场核价,深入各超市、农贸市场、药店、农资市场、建材市场等行业,及时对粮油肉食品、药品、工业生产材料、农资等价格进行监测,实行一日一监测、两日一监测及一周一监测等机制,加强价格监测预测分析,确保疫情防控期间全县消费市场供应货物充足,为县委、县政府决策提供保障。年内,完成价格分析241份,发布价格监测信息7条。

【价格认定】 2020年,乌什县发改委共办结各类价格认定案件341件,认定金额2961.36万元,其中涉税案件191件,认定金额2917.29万元;涉案物品150件,认定金额44.07万元,价格认定业务办结率100%。

【收费统计】 2020年,乌什县发改委对全县52个收费单位全年收费和财务收支情况进行审查,共审查收费项目93个,涉及金额21387.645万元,注销执收单位资格1个,从源头上杜绝乱收费问题的发生。

(供稿人:陈保华)

粮食和物资储备

【物资储备】 2020年,乌什县粮食和物资储备局加强救灾物资储备和配送工作,组织县应急管理、财政等部门盘点应急物资储备库库存情况,梳理所需应急物资清单和数量,确保应急物资储备充足。年内,购置应急物资2.5万件,投入资金300余万元,出库5800余件;储备应急面粉350吨、大米50吨、清油50吨。

【粮食安全】 2020年,乌什县粮食和物资储备局完成全县社会粮油供需平衡抽样调查、粮食安全和夏粮收购等工作。年内开展粮食流通专项检查4次,“三个安全”检查4次,粮食系统安全生产检查30余次,收购夏粮3.5万吨,粮食流通秩序明显好转。

(供稿人:陈保华)

统　计

【概况】　2020 年,乌什县统计局内设职能科室 2 个(办公室、业务办公室),下辖事业单位 2 个(普查中心、社会经济调查队)。核定行政编制 3 名,事业编制 5 名,机关工勤事业编制 1 名;有党组 1 个,党员 10 名,其中女性 7 名。

【统计职能】　2020 年,乌什县统计局发挥统计职能作用,优化经济预警动态监测,收集、整理统计数据资料,加强对重点行业、重点领域、重大项目和重要指标的动态监测,坚持对价格、产量、增速等与 GDP 核算相关指标的月月分析、月月预警,提高预警的及时性、敏锐性和针对性。年内撰写各类统计分析、信息 78 篇,其中完成经济运行分析 12 篇,及时发布《乌什县 2019 年国民经济和社会发展统计公报》。加强规上企业纳入“一套表”统计工作,按照“个转企、企升规、规入统”的要求,积极发掘企业潜力,做好企业升规统计工作。

【第七次全国人口普查】　2020 年,乌什县制发《关于在乌什县开展第七次全国人口普查的通知》,成立领导小组,选聘普查指导员和普查员 978 名(其中普查员 731 名、普查指导员 247 名),以集中、线上、现场及上门等形式举办业务培训 50 余场次,参训 1 万余人次。对全县 119 个普查区、699 个普查小区标绘建筑物总数量 60636 个;制作人口普查广告宣传 T 恤 2500 件,悬挂横幅 520 条,张贴海报 1000 余张,制作大型宣传展板 30 张,发放维吾尔语和汉语《一封信》4 万余张;公交车、出租车 LED 展示屏宣传 120 辆;单位 LED 显示屏宣传 150 余条;制作抖音宣传视频在乌什融媒体中心账号投放;每天利用乡(镇)广播站、村大喇叭广泛宣传人口普查相关内容,引导普查对象依法配合普查,如实申报普查项目,为普查工作顺利实施创造良好的舆论环境。

【统计执法及业务培训】　2020 年,乌什县统计局严把统计数据质量关,坚决贯彻落实习近平总书记关于加强统计工作 防范和惩治统计弄虚作假的重要批示精神,成立乌什县统计局“统计工作弄虚作假”问题专项治理领导小组,制定完善《乌什县统计弄虚作假问题专项治理工作方案》。发放“防范和惩治统计弄虚作假重要文件选编”33 册,对全县 18 家企业进行执法检查,“双随机”抽查企业 4 家,发放履行统计告知书 25 份、催报通知书 1 份,强化企业责任意识和法治意识,坚决做到“应统尽统、统全统准、数出有据”,确保源头数据真实、准确、及时、完整。

【基层统计站建设】　2020 年,乌什县按照自治区党委编办和地委编办有关文件要求,在每个乡(镇)成立“农村合作经济(统计)发展中心(财政所)”,由乡科级领导兼任中心主任 9 名,配备专职统计员 18 名。

【统计工作】　2020 年,乌什县统计局全面贯彻统计报表制度,加强对核算农业、工业、投资、科技、贸易、劳动工资、人口等方面统计数据质量的审核和评估,各项统计年报、定报数据按时上报、如期公布，客观真实地反映全县经济社会发展情况。着力抓好名录库建设，按照“先进库、再有数，要进户、走程序”的原则，更新完善基本单位名录库，做好名录库新增变更等常态化维护工作。

（供稿人：巩红玉、马志强）

审 计

【概况】 2020年，乌什县审计局推进公共资金、国有资产、扶贫援乌、经济责任及基本建设资金审计全覆盖，发挥审计在党和国家监督体系中的重要作用。全年完成审计项目15个，审计查出管理不规范资金15374元，提出审计建议40条，采纳40条。乌什县审计局在职人员20名，其中，行政编制11名（科级3名）、事业编制8名、机关工勤编制1名。

【机构改革】 2020年4月28日，按照乌什县委机构编制委员会印发的《关于乌什县审计局所属事业单位机构编制调整的通知》，乌什县审计局是县人民政府工作部门，正科级，下属事业单位有固定资产投资服务保障中心。成立乌什县委审计委员会，设主任1名，由县委书记担任，副主任7名，委员10名，下设办公室在县审计局，办公室主任由审计局党组书记陈蓉兼任。

【重大政策落实跟踪审计】 2020年，乌什县审计局重点关注稳就业、减税降费等政策措施落实情况，及时发现经济社会运行中存在的重大风险隐患及政策措施不适应、不衔接、不配套等问题。通过审计，查出历年问题4条，整改完成3条，整改中1条，促进重大政策措施落实，有效防范风险，维护经济运行安全。

【预算执行监督】 2020年，乌什县审计局重点关注财政改革政策及制度的执行、部门预算收支及决算编制的真实性和完整性、预算分配的合理性和规范性、专项资金预算支出绩效及资金结余、存量资金和闲置资产盘活、国有资产监督管理、地方债务管理使用、政府采购制度执行、中央八项规定及其实施细则精神贯彻落实、“三公”经费管理等情况，审计查出问题16条，整改完成7条，整改中9条。通过审计及时纠正会计核算中存在的问题，进一步建立健全有效的财务管理制度。

【经济责任审计】 2020年，乌什县审计局重点关注被审计单位贯彻执行党和国家经济方针政策、重大决策部署，重要发展规划和政策措施制定、执行及效果，重大经济事项决策执行及效果，财政财务管理和经济风险防范、在经济活动中落实有关党风廉政建设责任和遵守廉洁从政规定情况等。年内，开展经济责任审计1个，审计查出问题9条，整改完成6条，整改中3条，提高被审计单位领导及相关人员遵纪守法和廉洁自律意识。

【行政事业审计】 2020年，乌什县审计局完成7个部门及单位的财务收支审计工作，分别有乌什县文化体育广播电视和旅游局2017—2019年财务收支审计,奥特贝希乡中心小学2017—2020年财务收支审计;乌什县人民政府办公室2017—2019年财务收支审计;乌什县盛世华典实业发展有限公司2019年9月至2020年7月财务专项审计;乌什县远迈农林牧产业发展有限公司2019年9月至2020年9月专项审计;乌什县国庆中学2017—2020年财务收支审计;乌什县托河制粉贸易有限责任公司2019年1月至2020年9月财务专项审计。

【扶贫专项审计】 2020年,乌什县审计局关注精准脱贫政策措施落实、扶贫资金分配管理使用、扶贫项目绩效等情况,重点对扶贫资金拨付程序、项目建设开复工进度及招投标程序等情况开展扶贫专项审计3个(其中阿克苏市审计2个,乌什县扶贫审计1个),审计查出问题4条,整改完成4条,进一步健全扶贫领域反腐败工作长效机制。

【衢州援乌项目审计】 2020年,乌什县审计局重点审计援乌政策措施落实、援乌规划编制、援乌规划执行等情况,审计援乌项目19个,未查出问题。通过审计,保障援乌资金管理和项目建设的规范有序、廉洁高效、公开透明,确保援乌资金安全、项目安全和干部安全。

【审计整改】 2020年,乌什县审计局对已完成审计的单位进行回访,对审计中发现问题的整改情况进行“回头看”,督促和确保审计意见和审计决定的落实,维护审计机关执法的严肃性。

【队伍建设】 2020年,乌什县审计局采取聘请自治区审计厅和地区审计局专家在乌什县开班培训、将审计干部送出去参加审计署、衢州市审计局、自治区审计厅、地区审计局计算机审计、投资审计培训班及其他部门单位举办的各类专项业务培训等方式,加强审计人员培训,培养更多能适应审计工作发展需求的复合型人才,促进计算机审计和投资审计工作深入开展。

(供稿人:程　红)

市场监督与管理

【概况】 2020年,乌什县市场监督管理局核定行政编制37人,事业编制39人,机关工勤事业编制3人。实有在岗在编人员68名(领导干部4名),其中,行政编制人员31名,事业编制人员35名,工勤编制人员2名。6月,根据《关于组建乌什县市场监管综合执法队的通知》要求,撤销乌什县市场稽查大队,成立乌什县市场监管综合执法队。

【市场主体情况】 截至2020年12月底,乌什县实有各类市场主体9918户(含分支机构),新增2682户,增长率13.33%。其中企业941户,新增241户,增长率71.14%;农民专业合作社429户,新增115户,增长率55.64%;个体工商户8548户,新增2326户,增长率7.37%。新增注册资本金215260.04万元,同比增长40.5%;新增从业人员8690人,同比增长11.14%。

【食品安全】 2020年,乌什县市场监督管理局聚焦食品领域群众反映强烈的难点和痛点,开展食品安全问题专项整治。联合县教科局对辖区81所复课中小学校园及周边商铺开展食品安全专项检查,督促学校及周边商铺落实主体责任。对3家网络餐饮服务平台开展食品安全问题专项整治,签订网络餐饮食品安全责任书,进行提醒谈话4场次,监督检查网络餐饮服务平台5家次,抽查入网餐饮服务提供者63家次,下达责令整改通知书4份,下线入网餐饮服务提供者4家。联合县公安局开展取缔"黑工厂""黑作坊""黑窝点"专项整治,检查小作坊33家次,下达责令整改通知书3份,发现隐患问题17项,整改15项。

【药品安全】 2020年,乌什县市场监督管理局持续推进执业药师"挂证"整治工作,检查药品经营企业124家次,下达责令整改通知书48份,确保检查一家、规范一家。整治中药饮片经营使用环节违法违规行为,对3家中药饮片经营单位开展全覆盖检查8家次,责令改正2家。开展药品安全应急演练,提升药品安全突发事件应急处置能力。推进化妆品安全监管,检查化妆品经营单位180家次,下达责令整改通知书23份,查处假冒化妆品经营单位1家。推进医疗机构药械使用专项整治,检查医疗器械使用单位48家次,下达责令整改通知书10份。落实《药品不良反应报告和监测管理办法》,上报化妆品不良反应36例、药品不良反应181例、医疗器械不良反应49例。

【特种设备安全】 2020年,乌什县市场监督管理局深入开展特种设备安全生产专项整治、气瓶安全隐患专项治理、燃煤锅炉整改"回头看"专项治理、节假日及"两会"期间特种设备专项检查、部门综合类联合"双随机"抽查、电梯安全隐患排查治理专项行动、大型游乐设施、非公路用旅游观光车辆隐患排查治理、移动式压力容器安全隐患专项治理、起重机械安全隐患专项治理、中秋及国庆期间特种设备安全大检查、硫化罐等压力容器专项安全检查、危险化学品相关特种设备风险隐患排查等12项特种设备安全隐患排查整治行动,共出动检查人员132人次,检查使用单位56家次,检查设备279台次,下达《特种设备现场安全监督检查记录》42份,《特种设备安全监察指令书》2份,查出特种设备安全隐患103处,完成整改103处。

【产品质量安全】 2020年,乌什县市场监督管理局积极开展产品质量抽检工作,抽查化肥5批次、汽油8批次、柴油8批次,随机抽取学生校服样品3批次(18套),联合县农业农村局抽查水溶肥2批次(4升),检验均合格。联合县农业农村局开展小麦粉、葡萄酒物理检测102批次501吨,检测结果均合格并出具检测报告2份。开展重点工业产品质量安全专项整治,对获证企业、食品相关产品、电线电缆、电动自行车、儿童玩具和学生用品等进行监督检查,检查化肥生产企业1家、食品生产企业1家、各类商超、儿童玩具及文化用品店59家、电动自行车销售店26家,发现无强制性产品认证标志的电线6盘,当场要求经营者下架,停止销售。

【维权消费】 2020年,乌什县市场监督管理局在“3·15”消费者权益保护日期间,组织20家单位利用网站、微信、微博等媒体和LED滚动屏向个体工商户、中小微企业开展宣传教育活动6000余条次,线下制作宣传横幅6条。联合县公安局、电视台开展假冒伪劣商品集中销毁宣传活动,集中销毁假冒伪劣商品9类1.7万余件,价值31万余元。发挥12315指挥中心的作用,受理消费咨询投诉、举报、申诉案件90起,调解90起,为消费者挽回经济损失30977元,全力维护消费者合法权益。规范各类交易市场秩序,开展网络交易市场检查,核查网站10户,清理异常链接网站4户;核查网店18户,清理异常网店6户。检查酒类交易市场,暂扣押无入境检疫检验证明、无进口货物通关单等资质的各类洋酒160瓶,货值金额21508元。查处销售商标注册专用权啤酒生产企业1家,就地查封涉案啤酒440件,货值金额13200元,经约谈涉案啤酒生产企业召回侵权啤酒4000余瓶。

【知识产权保护】 2020年,乌什县市场监督管理局积极组织开展“4·26”知识产权宣传活动,悬挂宣传横幅1条,发放知识产权保护各类宣传单、宣传手册300余份,咨询群众200余人。检查专利商品16类,立案查处假冒专利案件1起、专利标识标注不规范案件2起,立案查处侵犯注册商标专用权4起,有效净化知识产权市场环境。

【计量器具检定】 2020年,乌什县市场监督管理局检定辖区12家加油站55把加油枪、22个粮食收购点23台电子汽车衡、1家检验检测机构32台计量器具。开展强制性产品认证乱象整治行动,重点检查CCC认证目录内产品是否获得CCC认证、证书是否有效、认证标志是否按规定使用等情况,检查相关销售商79家、产品300余件,责令下架产品78件,没收假冒劣质产品24件。

(供稿人:贾红建)

城乡建设·自然环境

城乡建设

【概况】 2020年,乌什县住房和城乡建设局(简称乌什县住建局)核定编制36名,其中行政编制8名、事业编制28名;实有26人,其中行政人员6人、事业人员20人;内设办公室、财务室、抗震办公室;辖住房保障办公室、园林环卫服务中心、城乡建设服务中心、城建监察管理大队、工程质量安全监督检查站5个事业单位。

【市政管理】 2020年,乌什县住建局强化督促检查,督促企业落实安全生产主体责任。对全县燃气行业、供排水、热力企业开展安全生产专项检查23次,定期检查34次,不定期检查52次,下发整改通知书39份,督促并整改安全生产隐患62条。

【建筑业规范管理】 2020年,乌什县住建局监督建设工程项目72个,总面积87.73公顷,总投资14.42亿元,竣工验收合格率100%,签发《质量安全整改通知书》85份,办理控制价备案115件。办理消防设计审核24件,办理消防验收63件,消防竣工备案214件。组织开展执法检查5次,下发整改通知书85份,发现质量安全隐患363条,整改率100%。查处违法违规案件2起,行政处罚9.12万元,警示教育企业6家,列入“黑名单”企业3家。

【安居富民规划与建设】 2020年,自治区下达乌什县农村安居工程建设任务2636户,总投资1.45亿元,完成建设并竣工验收2636套,完成率100%。开展房屋安全鉴定4.6万户,组建农民工匠施工队120支。加强与衢州援乌指挥部和各社会帮扶单位的联系沟通,争取资金缓解安居富民配套工程筹资难的问题。

【保障性住房建设】 2020年,乌什县计划实施棚户区改造400户,拟投资1.2亿元,分4个片区实施,全年建设保障性住房1000套。

【物业小区管理】 2020年,乌什县住建局召开物业服务企业安全生产及消防工作部署会议7次,下发规范物业服务企业行为相关文件5份,整改电瓶车充电、私拉乱接电线等安全隐患52处,拆除飞线20余根。组织开展消防应急演练2场次,开展消防安全知识宣传2次,发放宣传单200余份。排查调处物业服务企业与业主之间的矛盾纠纷63起,处理物业企业相关投诉21件,对投诉案件较多的企业负责人进行约谈,及时化解社会矛盾。

【城乡基础设施建设和管理】 2020年,

乌什县住建局持续整治城市环境卫生,实行每条路段跟踪检查、工资与业绩挂钩等管理办法,坚持每周二、周四组织各路段环卫工集中整治城市环境卫生。以自治区卫生城市复验为契机,配合县爱卫办对城区卫生进行划片包干,调动各单位及社区城市保洁积极性。常年固定垃圾清运车3辆,对城区垃圾进行清运,全年清运垃圾1.2万吨。

【城区基础设施建设】 2020年,乌什县实施市政基础设施项目3个,总投资1.57亿元。乌什县城供水改扩建工程项目总投资5794.59万元,新建及改扩建输、配水管网33.58公里;乌什县污水处理厂建设项目总投资5995万元,近期日处理能力1.2万立方米/日,远期日处理能力2.5万立方米/日;乌什县城区排水管网改造项目总投资3875万元,对城区18.3公里排水管网进行改扩建。

【园林绿化】 2020年,乌什县住建局结合城市总体规划,对燕泉河景观带周边进行全覆盖绿化,在城区建筑物之间的空白闲置地段修建园林小景观;在迎宾大道等处建设景观,完成新增绿地6公顷的目标任务。至2020年底,建成区面积420公顷,建成区绿化率43.6%;城区绿化覆盖面积279公顷,城区绿化覆盖率61.6%。

【市政市容管理】 2020年,乌什县住建局加大违章建房排查力度,发放违章建房整改通知书35份,教育居民自行拆除违章房屋3户。坚持片区划分制度,定责任、定岗位、定片区、定路段实现片区全覆盖。由城建监察、环卫、绿化等人员组成巡查小组,对片区进行全覆盖巡查,发现问题及时督促整改。强化城区市政管理,发放违章占道整改通知书80余份,教育25人次,清理占道经营摊贩90处,整治人行道乱停、乱放车辆79辆,进行教育、警告处理64辆,行政罚款处理30辆;整顿垃圾死角21处,拆除破损广告牌、横幅136处,修整国旗牌1217个,拆除更换损坏国旗牌242个,劝导商铺自行拆除遮阳棚55个。

【窗口服务】 2020年,乌什县住建局选派3名遵守行为规范、业务能力强的工作人员进驻行政服务中心,设立房屋登记、商品房预售和工程审批联合受理窗口。按照精简高效、方便群众的原则,合理缩短审批时限,满足放管服改革跑一次路、进一扇门、排一次队、交一套材料的要求,真正实现让“数据多跑路、让企业少跑腿”。录入行政权力事项342项,其中,行政许可20项,行政处罚295项,行政强制3项,行政征收2项,行政检查9项,行政确认2项,行政奖励3项,其他权利8项。加大窗口工作人员监管力度,充分授权开展行政服务工作。

【脱贫攻坚项目建设】 2020年,乌什县住建局负责23个贫困村新建商铺、夜市棚及附属配套设施项目,总投资5301.33万元。年内23个商铺、夜市建设项目均建设完毕投入使用,累计带动260户贫困户家门口就业增收。

(供稿人:张雪健)

环境保护

【概况】 2020年,乌什县环境保护局有在职人员13人,其中行政编制人员5人(领导3人、干部2人),事业编制人员8人。辖2个股级事业单位,即环境监察大队、环境监测站(环境监察执法大队实有4人;环境监测站实有3人,其中县编1人)。

【全国第二次污染源普查】 2020年,乌什县辖区内共清查各类源550个,其中工业源316个、集中式处理(处置)16个、生活源锅炉(1吨以下)150个、生活源锅炉(1吨以上)29个、加油站11个、加气站3个、建成区外餐饮住宿业10个、县级工业园区1个、农业源14个。清查定库后确定纳入普查污染源单位237家,其中工业源72个、集中式污染治理处置设施2个、生活源锅炉30家、农业源14个、移动源11个、行政村108个,完成专网数据核查、报告编写及档案整理工作。

【环境监督执法】 2020年,乌什县环境保护局严防"三高"项目进乌什,严格落实建设项目环境影响评价制度、"三同时"制度和排污许可制度,按要求核发企业排污许可证4家,完成排污许可登记110余家。加大环境执法力度,成立环境执法工作领导小组,安排专人负责,不定期开展各类环境执法活动,随机抽查一般企业10余家、重点企业3家。按照《中华人民共和国环境保护法》要求,认真执行行政执法程序和各项执法制度,对需要处罚的环境违法案件,严格执行行政处罚审批程序,所有案件做到处罚主体合法、违法事实清楚、证据确凿、处罚依据合法充分、适用法律准确,做到行政处罚一案一卷。统一受理环境举报、投诉,加大信访案件的受理、分转、查处和监督力度,提高信访案件的受理和查处效率。年内受理各类环境信访投诉12件,均在规定时间内办结,办结率100%。

【生态保护】 2020年,乌什县环境保护局开展生态功能区考核监测工作,第一、二季度功能区考核中,集中式水源地、重点污染源监测均达标,空气质量在阿克苏地区排在前列。配合地区做好"三线一单"编制和区域环境评价,完成61个"十四五"生态环保类项目收集上报工作。

【环境安全】 2020年,乌什县环境保护局开展重点区域、行业风险源隐患排查,审查、备案10家医疗机构医疗废物突发环境事件应急预案,落实主体责任。强化危险废物、核与辐射安全监管,配合南疆辐射中心对乌什县11家有二类射线装置的医疗机构开展指导服务。一至三季度委托新疆吉方坤诚检测技术有限公司对县域内"千吨万人"集中式水源地、地表水断面及农村土壤分别进行监测,监测数据显示,各项监测指标均达到国家质量标准。

【环保宣传】 2020年,乌什县环境保护局以"6·5"世界环境宣传日和自治区第五个环境保护教育月活动为契机,开展丰富多彩的宣传活动,发放环保宣传单

3000份、环保购物袋1000个、节能灯200个。

【中央环保督察反馈问题整改】 2020年,乌什县为全面完成自治区关于9月底前完成第一轮中央环保督查反馈意见整改任务,督促各责任单位成立整改专班,明确整改责任及要求,县整改办每日现场检查督导,推进整改工作。乌什县涉及整改任务7项,主要包括各级领导干部对生态文明建设认识不足、自然保护区管理不规范、水资源管理不严格、非法机井开采、已关闭的非煤矿山恢复治理、污水处理厂运行缓慢、垃圾填埋场无害化处理等。各部门严格按照要求"对表""对标""对账",按照"一个问题一套方案、一个问题一套销号台账"的要求,建立问题清单和整改台账,逐件落实整改任务。2018年底前完成的4项整改任务全部向地区交账销号;2020年底前应完成整改任务3项,全部整改完成报地区整改办待销号。

【污染防治攻坚战之蓝天保卫战】 2020年,乌什县建成区内燃煤小锅炉全部淘汰;加强扬尘污染控制、道路施工、市政工程等工地抑尘设施建设。实施机动车尾气排放监测制度,超过使用年限或尾气检测不达标的机动车予以淘汰。全年优良天数161天(截止第三季度共274天,监测有效天数272天),优良率56.2%,超过地区下达46.3%的考核要求。

【污染防治攻坚战之碧水保卫战】 2020年,乌什县环境保护局严守水环境质量底线,对县域内托什干河托沙里桂兰克、阿热力大桥水文站断面定期监测,水质好于Ⅲ类标准,河流水质优良比例100%。开展集中式饮用水源地环境整治专项行动,水质达标率100%;在依麻木镇托万克麦盖提村试点开展农村生活污水处理项目,总投资286万元,项目全面竣工;完成全县10个饮用水源地专项整治,投入资金1500万元。

【污染防治攻坚战之净土保卫战】 2020年,乌什县环境保护局完成4家重点企业排污许可证核发工作,加强对乌什县生活垃圾填埋场、医疗废物的监管,县城生活垃圾处理和医疗废物处置进一步规范化。

【污染减排】 2020年,乌什县完成重点减排项目3个,其中污水减排项目1个,即乌什县污水处理厂技术改造项目,投入资金1000万元,9月正常运行后实现消减化学需氧量62.55吨、氨氮13.88吨;大气减排项目2个,即乌什县人民医院、乌什县燕泉酒业燃煤锅炉改电(气、生物质)锅炉项目,共投入资金22.6万元,实现消减二氧化硫3.26吨、氮氧化物0.7吨。通过3个减排项目的实施,完成地区下达年内二氧化硫减排3吨、氮氧化物减排0.6吨、化学需氧量减排50吨、氨氮减排5吨的减排任务。

(供稿人:甄　妮)

自然资源管理

【概况】 2020年,乌什县自然资源局核定编制36名。其中,机关行政编制7名,土地收购储备中心事业编制 2 名,不动产登记中心事业编制 5 名,乡(镇)国土资源所参照公务员管理事业编制 22 名。实有干部 40 名,其中领导 4 名(乡科级正职 1 名、乡科级副职 2 名、挂职 1 名),机关干部 4 名,机关工勤人员 1 名;土地收购储备中心事业编制人员 3 名;不动产登记中心干部 5 名;9 个乡(镇)国土资源所参照公务员管理事业人员 16 名,工勤事业人员 2 名,分流教师 5 名;少数民族 32 名。内设行政办、综合业务科;下属 2 个事业单位,即土地收购储备中心和不动产登记中心;辖 9 个乡(镇)国土资源所。乌什县自然资源局和国土执法监察大队联合党支部有党员 31 名,其中,在职党员 20 名,退休党员 8 名,预备党员 3 名。

【土地资源】 2020 年,乌什县县域总面积 869317.11 公顷(不含一师四团),耕地总面积 47103.42 公顷,园地总面积 9648.34 公顷,林地总面积 38991.99 公顷,草地总面积为 613407.49 公顷,城(镇)及工矿用地为 10028.16 公顷,交通运输用地 2611.79 公顷,水域及水利设施用地 35374.54 公顷,其他土地 112255.37 公顷。其中,乌什镇行政区域面积 2050.3 公顷、阿克托海乡行政区域面积 24370.31 公顷、亚科瑞克乡行政区域面积 16911.24 公顷、阿恰塔格乡行政区域面积 84481.43 公顷、阿合雅镇行政区域面积 233368.15 公顷、依麻木镇行政区域面积 43196.46 公顷、英阿瓦提乡行政区域面积 247539.18 公顷、亚曼苏柯尔克孜民族乡行政区域面积 181116.82 公顷、奥特贝希乡行政区域面积 36283.2 公顷。

【基本农田保护】 2020 年,乌什县自然资源局严格落实耕地保护责任,县人民政府与乡(镇)人民政府、乡(镇)人民政府与村委会、村委会与村民小组层层签订《耕地和基本农田保护目标责任书》2 万余份。以稳增长、调结构、促转变、保红线为主要任务,进一步强化耕地保护责任,确保全县耕地总量动态平衡。年内,全县耕地保护面积 4.7 万公顷,其中永久基本农田面积 3.57 万公顷。

【土地综合整治项目】 2020 年,乌什县自然资源局深入推进土地综合整治项目(跨省域补充耕地项目),建设规模 0.1727 万公顷,总投资 5600 万元,新增耕地面积 0.0768 万公顷,新增耕地率 44.7%。2018 和 2019 年城乡建设用地增减挂钩 11 个项目通过自治区验收并下达批复,涉及全县 4 个乡(镇)、11 个行政村、651 个拆旧地块(含新增地块),复垦面积 131.4631 公顷。2020 年申报城乡建设用地增减挂钩项目 1 个,地区下达指标任务 8.67 公顷,预计跨省域调剂资金 3900 万元。收集整理乌什县 2016—2017 年 521 户易地扶贫搬迁项目档案,对 1042 张复垦复绿前后对比照片和实名制登记台账按乡(镇)进行分类整理。

【建设用地审批】 2020 年,乌什县自然资源局新组织阿克托海乡、奥特贝希乡 2 个加油站、全域旅游滑雪场项目共 3 个报件,保障建设项目用地需要。更新乌什县城镇定级与基准地价成果并通过验收,做好乌什县农用地征收区片综合地价制定相关资料收集、区片划定、组织听证等工作,待自治区验收。梳理辖区内设施农业用地项目,摸清底数,按时间节点完成设施农用地上图入库工作。

【经营性用地出让】 2020年,乌什县自然资源局严格落实集约节约用地,完成招拍挂出让地17宗,面积40.488公顷,收缴土地出让金7500万元,其中10宗地享受年内新拍地块首期缴纳30%的优惠政策;办理划拨手续3宗,面积72.282公顷。严格落实批后监管制度,完成批而未供处置任务70.28公顷,闲置土地处置任务105.28公顷,界址点补录全部完成,较好地完成"增存挂钩"任务。对2004年供应的55.29公顷土地启动闲置土地收回程序,组织听证下达收回决定,有效清理闲置土地,盘活利用低效益土地。

【土地市场整顿】 2020年,乌什县成立以县政府为主体、相关单位为成员的工作专班,印发《乌什县农村乱占耕地建房问题整治工作2020年方案》,通过多种方式在全县范围内宣传农村乱占耕地建房"八不准"要求,设立举报电话2个,张贴宣传海报152份,发放宣传手册1.2万份。国家、自治区下发乌什县图斑5309个,通过外业核查和内业判定,乌什县纳入摸排三大类图斑1953个,纳入比例36.79%,占地面积151.03公顷,占耕地面积150.436公顷,占永久基本农田面积5.54公顷;不纳入摸排其他类图斑3356个。通过自查摸排,发现新增占用耕地建房问题2个,立案1个,调查中1个。2019年国家分批次下发乌什县土地遥感监测图斑179个,总面积121.34公顷,经调查核实违法用地图斑34个,面积13.9公顷,耕地面积4.23公顷,均为民生工程项目,正在补办用地手续。下发矿产疑似违法图斑4个,总面积62.18公顷,经调查核实后立案查处矿产违法图斑2个,收缴罚没款2.2万元,结案率100%。加大矿产资源开发监督力度,坚持巡查发现与卫片执法检查相结合,严厉打击非法违法开采砂石料行为,开展动态巡查8次,检查企业26家,立案查处无证开采违法行为5项,收缴罚没款7.11万元。

【地籍管理】 2020年,乌什县自然资源局有序推进第三次全国国土调查工作和2019年度统一时点更新工作,中标单位中陕核工业集团测绘有限公司于2019年4月17日进场,派驻技术人员19名,完成乌什县9个乡(镇)、108个行政村、8693.1711平方公里内业图斑勾绘、外业调查举证及2019年度统一时点更新建设数据库工作,乌什县第三次全国国土调查最终成果于10月30日提交自然资源部审核备案,待公布使用。

【国土空间规划】 2020年,乌什县成立国土空间规划编制工作领导小组,先后进行3次专题汇报,年底在开展9个乡(镇)级国土空间总体规划的调研、踏勘、座谈及部分现状分析图纸工作。完成园区国土空间总体规划现状评估内容及相关分析;建立阿克苏地区统一空间平台乌什县一张图系统,收集乌什县全域基础数据32项,处理28项,入库28项;办理项目用地和选址预审意见书98份,用地规划许可证24份,工程规划许可证32份,乡村规划许可证144份,规划设计条件书34份,核发建设项目规划竣工认可书34份。

【不动产登记】 2020年,乌什县自然资源局压缩不动产登记办理时间,首次登记、转移登记办理时限压缩至7个工作日内,企业申请土地不动产首次登记3个工作日之内即可办结,变更登记、更正登记、预告登记办结时限压缩至5个工作日内,推进"互联网+"不动产登记。办结各类不动产登记业务量33407件,颁发不动产权证书802本,出具不动产登记证明812本、登簿31910件[其中,各乡(镇)农村宅基地登簿量31820件,集体建设用地登簿量90件],查询量690人次、归档1025卷、解决历史遗留问题110户。各乡(镇)抽调29名干部补充到不动产登记站,按时完成农村宅基地和集体建设用地确权登记登簿任务。

(供稿人:马春菊)

矿产资源管理

【概况】 乌什县矿产资源丰富,是阿克苏地区主要金属矿基地之一。截止2020年底,乌什县已发现矿种有20种,主要分布在亚曼苏乡、英阿瓦提乡境内的北山一带和阿合雅镇、阿恰塔格乡境内的南山一带。设置探矿权11项,勘查总面积166.11平方千米,主要包括金、铝土、钒和磷矿等4种;地质勘查项目中,基本完成地质勘探任务2项(新疆乌什县阔西塔西磷矿勘探、新疆乌什县阿什特勒金矿外围勘探);基本完成地质详查任务2项(新疆乌什县玛札尔维那磷矿详查、新疆乌什县卡拉峻磷矿详查)。设置采矿权21个(县发证13个、厅发证8个)。2020年,厅发证8家矿山企业因初步筹建设备、原矿石品位低、开采成本高、矿产品市场销售不畅通等原因,均处于停产状态,未生产经营;地区、县发证部分矿山企业因政策性关闭、未及时办理采矿权延续、生态环境保护等原因,责令停产矿山企业10家,占全县矿山企业总数的85%。

【矿产资源费征收】 2020年,乌什县自然资源局加强矿产资源开发利用监督管理,2019年度矿产资源开发利用统计年报上报率100%;2019年度公示采矿权17个、探矿权9个,公示率100%。严格矿业权申请登记审批工作,办理采矿权延续申请登记3个,征收采矿权价款使用费7.64万元;建筑用砂集中开采区内申请挂牌出让采矿权8个,征收采矿权出让金103.89万元;建设项目压覆矿查询2项,矿业权勘查用地审批1项。

【矿业秩序管理】 2020年,乌什县自然资源局落实中央环保督察反馈意见整改任务,完成已闭坑非煤矿山地质环境恢复治理任务1项,恢复面积3.73公顷,总投资18万元,整改任务完成后经督察组验收合格,待销号。开展露天矿山综合整治工作,建立完善19个露天矿山"一矿一档"台账;做好生态环境保护区矿业权清理整顿,涉及的8家砂石料厂全部完成设备拆除、场地平整及搬迁;加强废弃矿山及历史遗留采坑生态环境恢复治理,梳理上报生态修复项目6个,拟争取资金1500

万元回填造林修复区域生态环境。

【安全隐患排查及地质灾害防治】 2020年，乌什县自然资源局开展非煤矿山安全生产隐患排查，成立安全生产检查组，检查企业28家，发现一般隐患15项，整改14项；对采矿许可证到期的矿山企业下发责令停止违法行为通知书10份，查封通知书4份，均处于停产状态。完成《乌什县地质灾害防治方案》、《乌什县突发性地质灾害应急预案》编制工作，组织开展地质灾害隐患巡查，在重要地质灾害易发区设立警示牌3个，巡查地质灾害隐患点及矿点8处，及时掌握实情、险情，全年未发生地质灾害。加大地质灾害防治工程实施力度，编制申报地质灾害隐患点专项勘查及防治项目2处，为防治规划提供基础地质依据。

（供稿人：马春菊）

邮政·通信·交通

邮　政

【概况】　2020年，中国邮政乌什分公司业务收入结构调整取得初步成效，快包业务效益提升再上新台阶，坚持完善邮政金融风险防控体系，推进风险管理体系和队伍建设，营造合规文化氛围。年内，完成业务收入631万元，同比增长14.68%，完成率101%；其中金融类业务收入188.14万元，占业务收入的30%；寄递类业务收入201万元，占业务收入的31.85%，同比增长30.07%。

【基础网点建设】　2020年，中国邮政乌什分公司针对地域优势及用邮需求，不断调整生产组织结构，建立健全基层邮政专业化经营管理体系，先后对四团邮政支局开办航空订票、鲜花礼仪、新邮预定、代收电费、代收有线电视费用等业务，有效提高基层服务水平，形成适宜邮政各项业务健康快速发展的内部循环，使邮政服务遍及城乡。加强生产能力建设，对各网点的基础设施进行更换，对服务标识和信箱信筒进行统一化；对窗口营业人员配置统一工作服，佩戴统一工号牌，对营业生产现场进行“6S”（清理、整顿、清扫、安全、规范、素养）管理；对营业电源、营业终端、验钞机、利率牌、报刊分发系统等进行更新改造；热斯太街支局配备两台ATM机，夯实邮政发展基础，提升发展能力，有效改善服务形象。

【人力资源配置】　2020年，中国邮政乌什分公司有职工33人，其中少数民族23人，女职工18人，大专以上学历15人。有在职党员5名，离退休党员4名。设市场部、办公室、投递等3个部室，有8个乡（镇）邮政支局、7个邮政网点、1个储蓄网点。严格执行《阿克苏地区邮政考勤及各类假期管理办法》《企业员工奖励与违规违纪处理暂行办法》等，强化制度建设管理。

【邮政储蓄】　2020年，中国邮政乌什分公司代理金融业务收入占业务总收入的24%，地区分公司下达余额净增目标3000万元，实现余额净增3318万元，完成计划的110.6%。加快发展代理金融业务，明确专人负责，制定周总结、周通报制度，及时督促落后班组，认真做好金融旺季劳动竞赛各项规定动作。对代理金融业务针对性转型工作，按照“一局一策”或“一点一策”的要求落实执行。通过组织“辣椒款”“青贮款”等项目营销，利用“店中店”积分兑换、“优惠购”、随手礼等方式，对种植户进行“一对一”精访，重点做好余额发展，提高市场占有率。

【邮政投递】 2020年,中国邮政乌什分公司有一级干线邮路100千米、二级干线邮路130千米。全县邮政系统共有投递段道13条,投递里程1350千米,其中城市(含县城)投递段道4条,投递里程50千米;农村投递段道9条,投递里程1300千米。设住宅信报箱9个,城区设投递员5名。

【函件和包件】 2020年,中国邮政乌什分公司出口函件15850万件,进口函件800万件。随着电子商务的发展,带动邮政包件业务量逐年增长,进出口包件大幅增加,整合资源推出邮政小包业务。

【报刊发行】 2020年,中国邮政乌什分公司扩大党报党刊发行征订范围,抓好党报党刊、农家书屋征订、分送工作。加大电子期刊宣传推广和使用力度,做好重点校园报刊征订投送工作,第一时间把党的声音传递到千家万户。年流转额391万元,报纸订销1.2万份、杂志700万份。

【代理业务】 2020年,中国邮政乌什分公司丰富完善邮政综合便民服务平台,全年代征国税、地税1580笔,代收税额158103万元。注重与保险公司的合作,拓展车务代办市场,累计实现保险费1.73亿元。

(供稿人:李永红)

通 信

电 信

【概况】 2020年,中国电信集团股份有限公司乌什分公司(以下简称中国电信乌什县分公司)下设客户响应调度中心、网络建设与维护部、城市中心支局、依麻木支局、阿合雅支局和中心营业厅,具体架构为“一中心、一部室、三支局、一营业厅”,有员工54人。中国电信乌什县分公司秉承“用户至上、用心服务”的企业理念,在宽带互联网接入服务、网络电视IPTV和移动电话业务等方面,持续为县域各族群众提供优质、稳定的网络服务,为社会经济发展做出积极的贡献。

【电信业务】 2020年,中国电信乌什县分公司继续为客户提供城市电话、乡村电话、国内外长途电话、传真及10余种程控电话特殊服务等传统电信基本业务,陆续完善全家福、天翼领航、乐享4G手机业务、旺铺助手、外勤助手、安全手机、会易通、翼校通、翼机通+、手机看店、无线上网、电子商务、会议电视、语音信箱、远程教育、可视电话、各类智能网业务、“会议通”(交互式电话会议)、新视通视讯业务、上网卡、双百兆光纤宽带接入等电信服务。完成主营业务收入2700余万元,移动业务用户3.95万户,光纤宽带业务用户8523户,IPTV网络电视业务用户7425户。

(供稿人:黄杨丽)

移　动

【概况】　2020年,中国移动通信集团有限公司乌什县分公司(简称中国移动乌什县分公司)隶属中国移动通信集团新疆有限公司阿克苏地区分公司。主要业务有移动电话、家庭宽带、数字电视、集团专线、固定电话、国际互联网、综合信息化业务、数据业务等。公司下设综合室、销售服务部、政企客户部、片区运营团队、建设维护部。有员工28名,其中少数民族员工13名,大专及以上学历25名。年内,被新疆公司评为"先进县分公司",被阿克苏分公司评为"先进单位",创建为"乌什县民族团结进步创建示范企业"。

【经营情况】　2020年1—10月,中国移动乌什县分公司累计计费收入3237.54万元,同比增长24.61%;累计到达客户数70563户,较上年同期66241户增加1022户。电视客户规模9436户,同比增长26.92%。截至10月,在用渠道43家,有效渠道41家,实体渠道份额51.1%。集团信息化收入525.28万元,完成率113.45%;移动云收入17.89万元,完成率96.62%;CD类集团客户信息化收入285.36万元,完成率121.8%;ICT+IDC收入183.94万元,完成率141.29%。

【网络建设】　2020年,中国移动乌什县分公司新增4G基站97座,完成全县55座基站优化及扩容工作。4G基站乡(镇)覆盖率100%,开通自建共享5G基站1处。

【服务管理】　2020年,中国移动乌什县分公司落实首席客户经理和首问责任制,树立全员服务意识,做好客户服务工作。坚持加强培训、熟悉业务,服务争先、减少投诉,通过每周培训会、下片区定点培训等措施,加强服务礼仪培训,及时发现并有效避免可能导致客户投诉的问题。对客户已投诉的问题24小时内予以解决;及时收集客户意见和建议,针对客户投诉较多的问题,集中查找原因,重点解决,杜绝不规范外呼和不知情定制。

【员工关爱】　2020年,中国移动乌什县分公司关心关爱员工,开展传统节假日"送关怀"、新年春节"送慰问"活动。开展"访惠聚"驻村工作队队员关心关爱活动,定期了解驻村员工的困难与诉求,关注员工思想动态,丰富企业文化生活,增强企业凝聚力。

(供稿人:谢金娥)

联　通

【概况】　2020年,中国联合网络通信集团有限公司乌什分公司(以下简称中国联通乌什分公司)按照"抓稳定、提价值、谋发展、重基础、有激情"的总体要求,积极应对新冠疫情带来的冲击,不折不扣将各项工作部署落到实处,全面完成各项预算目标,经营发展持续向好,员工获得感不断提升。

【经营发展】 2020年,中国联通乌什分公司通过全面加快互联网化转型,以价值经营为导向,实现基础业务托底高质量发展。抢抓增量市场机遇,精细使用营销资源,规模发展增收;聚焦场景,精准营销,用户规模稳步提升。以5G为引领,用户、产品精准适配,快速扩大5G用户规模。强化线上线下一体化运营,加快数字化转型步伐。

【业务突破】 2020年,中国联通乌什分公司坚持领导对口帮扶挂牌突破,发挥县级分公司经理首席客户经理作用,领导班子分别对口帮扶重点县级分公司,助力政企业务突破。与地区行署签定“新基建+数字政府和新型智慧城市合作协议”,成为首个与地区行署签订新基建合作协议的运营商。成立阿克苏·中国联通(南疆)云计算中心,推动阿克苏地区医疗、教育、桌面“三朵云”部署落地,为传统产业的转型升级和新兴产业新生业态的萌生发展提供云基座创新动力。强化政企支撑中心建设,不断培养充实政企部支撑团队,多措并举、以战代训,提升政企支撑团队战斗力,在教育、医疗、综治等行业树立标杆,取得较好的示范效果。

【降本增效】 2020年,中国联通乌什分公司持续开展资产资源价值提升工作,以“优化资源配置、提高运营效率、激发单元活力、实现提质增效”为目标,牢固树立全员降本意识。由分管领导牵头,按月召开资产资源价值会议,补短板、抓落实,提升公司价值创造能力。推进资产资源盘活,促进存量资产增收创收,累计利用旧光猫、iptv机顶盒92个,节约成本2.3万元;实现房屋资产盘活,出租房屋收入3万元;通过共建共享,节约建设资金2.6万元;淘汰落后产能,下线GSM设备8台,节约投资0.9万元。

【体制机制改革】 2020年,中国联通乌什分公司紧盯“客户导向、价值创造导向、作风转变导向”三项工作痛点,优化县级分公司4个。县级分公司经理竞标竞聘上岗,签订岗位、业绩双责任书;迭代优化划小网格薪酬管理办法,优化县级分公司收入薪酬含量,完善“基础增量分享+超预算增量分享”双重增量分享体系,在分配上完善“县级分公司年薪制+员工积分制”,倡导同工同酬的价值导向。实行季度奖+高额营销奖励,全面提升一线员工增收增资体验,年内公司员工人均工资增长21%,其中,县级分公司员工人均增资37%,有效激发员工干事创业热情。持续优化倒三角工单逆向评价体系,优化梳理倒三角工单业务30项,全年共发起倒三角工单68个,工单处理及时率99%,五星好评率100%,在阿克苏地区排名第二。

【员工关爱】 2020年,中国联通乌什分公司制定职工之家2020—2022年建设规划,完善“五小建设”,新建分公司食堂,解决食堂工作人员工资,为疫情期间集中办公提供后勤保障。落实集团党组关于加强职工队伍建设的若干意见,升级员工关爱计划,完善福利激励体系,实施统一体检费、休假补贴、防疫补贴、防暑补贴、就餐补贴、取暖补贴、全员中高考陪考假等福利。

(供稿人:李　蕊)

交 通

【概况】 2020年,乌什县交通运输局核定编制11名,实有人员11名,其中领导职数3名、工作人员8名,少数民族9名。乌什县交通系统有地区垂管单位4家、运输企业1家,分别为阿克苏地区公路管理局乌什公路分局、乌什路政管理局、乌什运管局、阿克苏运输总站乌什运输站和乌什县燕山汽车运输有限责任公司。2020年6月,综合行政执法改革,乌什运管局合并入乌什县交通运输局,实行"局队合一",核定编制7名,其中保留领导职数2名,工作人员5名,工勤人员2名;乌什路政管理局改革为新疆维吾尔自治区交通运输综合行政执法局阿克苏执法支队乌什执法大队(简称乌什执法大队),办公地点设在阿克苏市。

【农村公路建设】 2020年,乌什县交通运输局完成交通工程建设任务。年初计划修建里程184.08公里,总投资1.0889亿元,项目实施点有阿合雅镇10个村、阿恰塔格乡5个村、依麻木镇6个村、亚科瑞克乡5个村、阿克托海乡8个村、奥特贝希乡9个村、亚曼苏乡4个村、英阿瓦提乡4个村、乌什镇2个村;年内下达专项扶贫资金村级道路及桥梁建设项目计划16个,总投资7319万元,实施农村道路120.056公里,修建桥梁15座;下达车辆购置税补助部分抵边自然村通硬化路建设项目1个,实施总里程43.36公里,总投资1980万元;续建2019年BF公路建设项目2个(地债资金),总里程42.12公里,总投资3780万元;交通专项车购税结余资金项目(含旅游道路建设项目)6个,总里程19.72公里,桥梁2座,总投资1590.3万元。截至年底,以上项目竣工验收、审计决算等工作全部完成,并投入使用。随着农村公路的建成通车,全县6乡3镇108个行政村全部开通客运班车,惠及农民近18万人。

【交通运输市场管理】 2020年,乌什县交通运输局联合县交警大队、市场监管、自然资源等部门,集中开展车辆超限运输专项治理,严格实行"四个一律",强化源头、路面治超,有效遏制车辆超限运输等违法行为。加强公路路政管理,查处违法车辆45起,其中损坏路面车辆10起,罚款1.8万元;超限运输车辆35起,罚款4.86万元。对违法从业人员采取现场教育、现场整改等方式,宣传交通运输相关法律法规,营造浓厚的普法氛围,增强群众法律意识。净化客运市场环境,查处违规客运车辆19辆,罚款5100元;对检查中发现的86辆客运车辆卫生差等现象,责令现场整改。发挥交通运输服务监督电话"12328"及举报电话"5322752"的作用,一经举报查实,立即整改处理,依法处理投诉41起,切实发挥监督作用。

【交通运输行业疫情防控】 2020年,乌什县交通运输局采取有效措施落实交通运输行业疫情防控工作,开展爱国卫生运动,防止疫情通过交通运输工具传播蔓延。不断完善应急预案,加强实战演练,督促交通运输企业组建专职防疫队伍,常态化落实测体温、查验"双码"、消杀和采样。客货运车辆及站场标准消杀,确定消杀区域、明确消杀频次,严格消毒配比,系统行业单位调配消杀人员11名,进行专门消杀。客运站至少安排2名健康管理人员,制定并严格执行进出站旅客体温监测、行程卡、健康码查验工作流程及异常处置流程。规范行业人员核酸检测,由1名分管领导和2名干部专门负责行业从业人员及企业工作人员常态化健康监测,按规定全覆盖开展核酸检测。由1名领导带队,10名采样人员在运输公司及客运站设立采样点2个,每3天一次对客运站场及办公场所、每3~5天对386辆客运车辆进行全覆盖环境采样。客运站托运部货物及包裹按照“每到一批、消杀一批、采样一批”的要求,由专人负责,每天进行消杀采样。强化行业单位疫情防控自查抽查检查工作,通过随机抽查、实地查看、调取监控等多种方式,督促行业单位落实落细疫情防控措施。加强问题整改,对整改情况进行“回头看”,对屡查屡犯的问题按照疫情防控相关规定对企业依法进行处理。

【公路“三乱”治理】 2020年,乌什县交通运输局联合县交警大队、乌什运管局、乌什路政海事局、乌什客运站工作人员,对公路“三乱”情况情况检查12次、暗访6次,未发现“三乱”现象。

【交通法规宣传培训】 2020年,乌什县交通运输局重点宣传《中华人民共和国公路法》和《中华人民共和国道路交通安全法》。以安全生产月等重点节点为契机,通过制作宣传栏、下发宣传单等方式,制作展板6块,悬挂横幅、LED电子显示屏7条,张贴标语口号90条,发放宣传材料850份,接受咨询106人次。

【公路安全】 2020年,乌什县交通运输局开展“春运百日安全”活动、“三非”专项整治及城市客运交通安全检查,共检查出租汽车174辆、公交车51辆。节前召开会议安排部署安全生产工作并下发相关文件,节假日安排专人在各站点开展安全生产和疫情防控督查,对进站候车旅客携带行李进行安全检查,严格查堵易燃易爆物品、危险品进站上车。加大运输企业司乘人员教育力度,杜绝超载、超速现象。利用每月25、26日运输公司安全生产教育大会,通过上专题课的形式,增强从业人员安全意识。年内,乌什县道路市场违法违规案件查处率100%。

【公路环保】 2020年,乌什县交通运输局在公路建设施工中,统筹做好道路施工环保相关工作。设计中,严格按要求做好当地耕地和树木的保护工作,尽量选择原路,按照不破坏原有植被、保护生态的原则进行设计。施工中,要求施工单位做好废料、废渣处理,拉运路基底料由专门料场拉运,确保公路环境安全有序。

(供稿人:赵娟娟)

教育·科技

教育管理

【概况】 2020年,乌什县专任教师师资力量持续增强,高中阶段学生增幅明显,中小学校学生到校率稳步增加。小学比上年减少10所;中小学学生人数增加723名,普通高中学生减少359名,职业中学学生减少561名;幼儿园入园幼儿较上年减少2410名,主要是少数民族学前三年幼儿。

2020年,乌什县有学校71所(其中,小学64所,含民办学校1所)、初级中学4所、完全中学1所、普通高中1所、职业中学1所)。有中小学在校生46389名(其中,小学生29679名,初中生10255名,普通高中生3184名,职业中学学生3271名);7~12周岁小学净入学率(不含入初中)为99.94%,13~15周岁初中净入学率(不含入小学及高中)为99.48%。

【校园安保】 2020年,乌什县教育和科技局(以下简称乌什县教科局)坚持将校园安全稳定作为教育工作的生命线,树立科学、和谐、安全发展的理念,坚持"安全第一、预防为主、综合治理"的方针,深化校园安全工作责任制,落实校园人防、物防、技防措施,排查治理隐患,构建平安和谐校园。结合"3·26"安全宣传教育日、"4·15"国家安全宣传教育、"5·12"防灾减灾日、安全生产月、"119"消防宣传月等专题教育节点,统一要求对学生进行系统的安全宣传教育,增强师生安全意识,提高自护自救能力。结合实际,督促各学校、幼儿园修订完善应急预案18项,各学校累计开展应急演练1.14万场次,开展安全隐患排查6080次。9月9日,组织4.2万名师生统一收看自治区消防总支队举办的"秋季开学消防安全网络视频专题培训";11月9日,组织师生开展"关注消防、生命至上"主题宣传活动;开展班会2280场次,制作手抄报60余份,校园广播报道380次,在教育系统营造出浓厚的安全宣传氛围,增强师生对消防知识和基本技能的掌握能力,提高师生应急避险能力和火灾逃生能力。结合"12·1"世界艾滋病日,联合县疾控中心发放宣传海报380张,开展宣传教育190场次,制作手抄报60张,提高师生对艾滋病预防知识的认知和能力。加强学生节假日交通安全教育管理,强化重点时间、部位管理,在"12·2"交通安全日、周末放假前等节点,开展交通安全宣传教育。8月30日,3.6万余名师生、家长准时准点收听收看公安部、中央广播电视台联合组织的"秋季开学交通安全云课堂"。在幼儿园开展防坠楼、防溺水、防触电、消防安全、道路交通安全、食品安全、教具安全等教育活动1000余场次,提升幼儿自我保护意识和能力。协调好安全生产专委会工作,联合县市场监督管理局、公安局等部门对校园周边200米内商铺及经营场所进行重点整治清理,查处过期食品、"三无"食品等;对存在问题的商铺督促整改,问题商品予以回收,全力保障校园周边食品安全。提升学校安保力量,对校园无证保安进行培训,年龄偏大的保安进行更换,共培训保安100余名,更换保安20余名,从校园安全的基础抓起,有效提升校园安保力量和质量。

【德育教育】 2020年,乌什县教科局始终将思政工作列入重要议事日程,推进思政工作制度化、常态化,将思政教育贯穿于学校教育教学各环节,与文明校园创建、民族团结进步创建等工作有机结合,强化师生道德实践、情感培育和行为习惯养成,不断增强思政教育的吸引力、感染力和针对性、实效性。深入开展"十类"主题教育、铸牢中华民族共同体意识教育、爱国主义教育、法制教育等各类活动,不断加强未成年人思想道德建设。建立健全学生管理制度,明确教师、学生参与日常管理的职责与要求,突出"学生主体、教师主导"意识,把校园文化建设、班主任队伍建设、德育导师队伍建设、学生干部队伍建设作为聚集德育力量的重点任务,围绕德育教研及考评机制建设,着力强化流动红旗评比、班团课评比、思政课评比、家长学校建设和学生社团创建工作。组织学校领导、教研组长、学科带头人、教学能手、骨干教师、新聘教师开展思政课培训2场次,参与7000余人次,为做深做实思政课程、提升立德树人本领打下坚实的基础。按照学校书记、校长每学期至少讲授4课时思政课、学校领导班子其他成员每学期至少讲授2课时思政课的要求,97名学校党组织书记、校长走进课堂,带头讲思政课321节、听思政课253节;116名学校党组织书记、校长联系思政课教师378名。在集体备课的基础上,采取"学校初评+系统评选"的方式,开展学科育人案例征集活动,做到学段、学科、课程内容"三个全覆盖"。7月15日,联合教研室征集评选一、二年级优秀学科课程育人案例19篇;11月24日至27日,举办2020年乌什县中小学教师思政课研赛活动,通过以赛促教的方式,不断提升思政课的思想性、理论性、亲和力、针对性和实效性。年内,创建国家级文明校园1所、自治区级"文明校园"6所、地区级"文明校园"8所,创建自治区级民族团结进步示范学校1所、地区级民族团结进步模范集体1所、地区级民族团结进步示范校(园)5所、县级民族团结进步示范校(园)88所,创建县级"源头嵌入"示范点3所,教育系统内命名民族团结进步示范校(园)80所。

【师德师风师能建设】 2020年,乌什县教科局深入开展"师德师风提升年"活动,完善师德规范,创新师德教育,健全长效机制,推动师德师风建设制度化、规范化、常态化,广泛培养"四好老师"。组织召开师德师风整顿提升动员部署会,与教职工签订师德师风承诺书,在学校醒目位置进行公示。挑选4名形象气质佳、有相关礼仪培训经验的教师,精心制作专题课件，到各学校开展礼仪培训，规范教职工仪容仪表。制定师德师风整顿提升必学篇目，纳入教职工政治理论学习计划，通过“集中理论学+交流研讨学+以考促学+警示教育”的方式，引导教职工提升师德修养，做到不越红线、守住底线。围绕“六查六看”开展问题自查剖析，建立1735条问题台账，限期整改落实，强化作风转变。实施师德师风一票否决，对3551名教职工师德师风进行考核，考核“优秀”等次377人，“合格”等次3174人，规范建立师德档案。严肃执纪问责，处理体罚学生案件1起、酒驾案件3起，营造风清气正的育人环境。

【教育工委工作】 2020年，乌什县教科局开展党组中心组理论学习11次、脱贫攻坚专题学习8次，组织63名学校党组织书记、校长参加网络培训，举办党务干部培训班1期，提升学校党政领导政治站位和能力水平。成立中共乌什县委教育工作委员会，加强党对教育工作的全面领导；召开工委会议4次，研究破解制约教育发展难题；选派新兴组织党建指导员4名，督促新兴组织健全共青团等群团组织，确保“两个全覆盖”落到实处。坚持选人用人标准，补充调整学校领导55人，坚持“双培双带”机制，注重在疫情防控前线、教育教学一线新发展党员78人。制定《乌什县委教育工委“党建+”工作实施方案》，形成“党建+思政教育”等9项长效机制，解决党建与业务工作“两张皮”的问题。

【教育工会工作】 2020年，乌什县教育工会认真履行职能，坚持党建带工会建设，全面落实“两个全覆盖”工作目标，实现全县190所学校工会组织和会员全覆盖。选优配齐学校工会主席，健全学校工会组织，指导26个基层学校工会完成换届选举工作，督促指导学校建成“职工之家”92所，不断加强学校工会基础建设。强化党建引领，严格落实学校教职工代表大会制度，督促指导各学校组织召开教职工代表大会，促进教职工参与学校办学治校、教育教学、规划建设、规范管理等工作。助力脱贫攻坚，组织教育系统3569名工会会员开展“消费扶贫”活动，支持乌什县黑木耳特色产业发展；国庆节期间免费发放乌什县滑雪场门票3500张，组织工会会员参与燕泉山爬山、葡萄园采摘节等活动，倡议健康出行、亲近自然、保护环境。开展“光盘行动、制止餐饮浪费”活动，教育引导师生弘扬中华民族勤俭节约的传统美德，引领节约用餐的良好风尚。持续推进爱国卫生运动，开展校园“三化”、卫生大扫除、“小手拉大手”等爱国卫生活动，大力整治校园及周边环境卫生，助力疫情防控狙击战。落实落细关心关爱机制，在劳动节、教师节、国庆节、中秋节期间，以学校为单位，开展新聘教师座谈会33场次，解决教师生活困难50余件，走访慰问困难教职工、驻村工作队员等120人次。组织开展劳动竞赛、“安康杯”活动、“安全生产月”活动，开展国旗下讲话专题活动642场次、主题班会课1023节次，开展各类应急演练485场次，参与演练师生8万人次，引导师生常备忧患意识、灾难意识，确保教育教学环境安全有序。

（供稿人：杨　杨）

基础教育

【学前教育】 2020年,乌什县教科局牢固树立"科教兴县、人才强县"的理念,始终把教育摆在富民强县的首要位置,着力推进学前三年教育,实施国家通用语言文字教学全覆盖,提高幼儿的国家通用语言听、说、使用能力水平。全县119所幼儿园(含民办幼儿园1所),其中城区幼儿园7所,乡(镇)幼儿园9所,村级幼儿园103所;在园幼儿16646人,幼儿园教职工656名,学前支教干部236人。学前三年免费教育全面普及率100%,幼儿学前三年毛入园率100%。所有农村幼儿园教材由自治区统一免费发放,并按照自治区要求统一授课。

【义务教育】 2020年,乌什县教科局着力提高义务教育阶段教学质量,切实规范办学行为,合力营造公平公正的育人环境。年内,全县有中小学在校生46389名,其中,小学64所,班级818个,在校生29679人;初中学校4所,班级198个,在校生10255人。7～12周岁小学净入学率(不含入初中)为99.94%,13～15周岁初中净入学率(不含入小学及高中)99.48%。

【普通高中教育】 截至2020年秋季学期,乌什县有高中1所、完全中学1所,有普通高中教学班级65个,在校生3184人(其中,少数民族3122人)。2020年7月,全县初中毕业生3071人,初中毕业升入普通高中1307人(其中,升入乌什县普通高中1180人,升入县外普通高中127人),初中毕业普通高中入学率42.6%;参加上下半年(两次)普通高中学业水平考试考生4658人次;参加普通高考考生1520人,上线考生1152人,上线率75.8%;被各类高等院校录取1252人(其中,本科176人、专科1076人),录取率71.6%。

【特殊教育】 2020年,乌什县做好2019—2020学年498名残疾儿童少年(其中,失能57名、三类残疾238名)特殊教育工作,建立"一人一案"登记表、"一人一策"登记表,收齐印证材料按时归档,监督基层学校开展残疾儿童少年入学工作。三类残疾儿童少年入学率100%。

【招生考试】 2020年,乌什县按照自治区、地区教育行政部门招生考试方案,有序组织招生报名考试工作,保质保量完成2020年其他省市高中班、其他省市中职班自治区其他县市初中班考试各项准备工作。年内,乌什县报考其他省市高中班考生197名,录取3人;报考其他省市中职班考生162名,录取11名,录取率6.8%;报考自治区其他县市初中班报考生802名,录取277名,录取率34.5%;中考报名2694名,参加初中毕业升学考试学生2668名。

【体育、艺术、卫生教育】 2020年,乌什县严格执行课程计划,体育、艺术按照国家要求开齐开足相应课程,各学校均开展具有自身特点的第二课堂活动,足球、书法、舞蹈、合唱队、鼓号队、国画、剪纸、篮球等社团迅速发展。全县中小学有社团282个,在课余时间丰富学生的体育艺术生活。学年内观看优秀文艺节目23场次;开展科技节活动1次,展示学生在科技创新方面的作品。组织开展通过各项运动和比赛,提高学生锻炼身体的积极性;开展多次演讲、征文比赛,鼓励学生多读书、读好书。落实医疗惠民政策,9月21日至11月1日,县人民医院体检中心委派的两支专业医技人员体检队对全县包括职业中学在内的44599名应检中小学生进行健康体检,对体检结果进行录入、统计、分析,及时将体检结果反馈到各体检学校及学生(家长),并针对反馈结果进行健康教育。根据各阶段学生认知水平和特点,采取学生易于接受的宣传教育措施,利用健康教育课、主题班会课、专题讲座、家校联系会、悬挂标语、宣传板报、手抄报、知识竞赛等形式,在学校食堂、宿舍、教室、图书馆、体育场馆等重要公共场所张贴、散发宣传材料,广泛宣传普及传染病防治知识,提高师生防治传染病知识水平和自我防范能力,累计宣传教育12万人次,师生艾滋病、结核病等重大传染病防治知识知晓率95%以上。

【扶贫助学】 2020年,乌什县普通高中国家助学金按照2000元/生·年的标准给予补助,建档立卡家庭学生按照最高档次3000元/生·年标准给予补助;春季学期发放助学金395.485万元(含补发2018年秋季缺口助学金44.585万元),惠及普通高中在校生3508人;秋季学期发放助学金318万元,惠及普通高中在校生3180人。乌什县职业技术学校国家助学金按照2000元/生·年的标准给予补助,春季学期发放助学金265.1万元,惠及中职在校生2651人;秋季学期发放助学金178.9万元,惠及中职在校生1789人。中央专项彩票公益金资助项目有"励耕计划""润雨计划""滋蕙计划"项目,"励耕计划"和"润雨计划"资助标准为每人1万元,资金总额16万元,惠及因自然灾害、突发事故或重大疾病等原因造成家庭经济特别困难的一线教师16名;"滋蕙计划"资助标准每生一次性2000元,资助金额18.8万元,惠及全县高中建档学生94名。贫困大学生资助项目共7个,其中,中央彩票公益金——家庭经济困难大学生入学资助项目,资助标准为其他省市就读大学生每生一次性1000元,自治区内就读学生每生一次性500元,共发放助学金6万元,惠及贫困大学生120名;援乌资金资助其他省市普通高校乌什籍学生项目,资助标准为每生每年6000元,共发放助学金175.8万元,惠及贫困大学生293名;2019—2020学年"雨露计划"支持农村贫困家庭新成长劳动力接受中等职业教育、高等职业教育乌什籍学生扶贫补助项目,资助标准为每生每年3000元,共发放资助金829.2万元,惠及贫困大学生2764名;浙江荣盛教育基金资助项目,资助标准为每生一次性3000元,共发放资助金34.5万元,惠及贫困大学生115名;中国农业银行"金穗圆梦"深度贫困地区大学生项目,资助标准为每生一次性5000元,共发放资助金10万元,惠及贫困大学生20名;"中国茅台·国之栋梁—2020希望工程圆梦行动大型公益助学活动"项目,资助标准为每生一次性5000元,共发放资助金4.5万元,惠及贫困大学生9名;新生路费资助项目,资助标准为其他省市学生每人一次性1000元,自治区内学生每人一次性500元,共发放资助金5.5万元,惠及贫困大学生110名。

(供稿人:杨　杨)

职业教育

【概况】　2020年,乌什县职业技术学校加快办学资源整合,提升办学质量。围绕“外树形象、内强素质,以人为本、和谐发展”的目标,坚持抓党建促发展,加强教职工队伍思想政治建设,深化教育教学改革创新,完善工作方式,优化管理结构,改进工作作风,促使各项工作扎实有效运行。学校整体办学实力和社会影响力全面提升,在党员干部队伍建设、疫情防控、国家通用语言文字教育、专业建设、基础建设、新生招录、学生德育、人才培养、师资引进、校企合作等方面取得较大成绩。学校共开设专业13个(其中,中职11个、技工2个),按专业大类划分为5个学部,进一步整合教学资源。圆满完成兜底招生任务,在校生3832名;新申报旅游服务管理、电子商务、电气技术应用3个专业,招新生131名。有教职工183名,其中专任教师159名(双师型教师15名),其他岗位人员24名;新增教师16名,其中县聘8名,定向师范生4名,直接入编2名,三支一扶2名;新增校医1名,卫生员1名。

【职业教育基础建设】　2020年,乌什县职业技术学校建成汽车运用与维修、计算机应用2个校内专业实训基地,完成国家通用语言文字语音实训室、中式面点(含烤馕)实训室、美发实训室、服装实训室、焊接实训室、电工实训室、中餐热菜实训室等7个校内专业实训基地建设,完成300米运动场项目征地等前期工作。

【职业教育】　2020年,乌什县职业技术学校坚持党组织“三会一课”制和每周政治学习例会制,强化党员干部和教职工政治思想工作。年内转正党员2名,发展预备党员7名,入党积极分子12名,提交入党申请书8名;发展学生团员110名,入团积极分子145名。全力推行“国家通用语言+德育+劳动教育+技能”教学模式,全面落实教育部关于中等职业学校公共基础课程方案的要求,铺开8门公共基础课,开足开齐专业课,教育教学取得显著成效。实施学部制精细化管理,按照专业相近相关的原则,将11个专业划分为5个学部,优化教学资源,提升管理的科学性和实效性。大力培养青年骨干教师,推选提拔3名入职2年内的教师为中层干部,建立35人的校级领导、中层领导、教学骨干后备人才信息库,强化学校管理力量。通过走出去、引进来、师带徒等方式,提高“双师型”教师占比,选派教师参加线上线下各级各类培训210余人次,提升师资队伍整体素质。在坚决做好疫情防控工作的前提下,举办学校第六届职业教育活动周和全民终身学习活动周等活动,开展政策学习、技能比赛、专业展示等活动,利用钉钉直播方式校园全程直播,参与教职工543人次,参与学生3574人次,开展各类学习宣传30余场次、技能竞赛10场次,表彰技能大赛中获奖师生78人次,上报各类信息50余篇,官方宣传平台“乌什好地方”App、乌什教科信息动态微信公众号推广宣传4次,取得良好的社会反响。严格落实校园一日常规,从起床到就寝、从课上到课下、从饭前到饭后等,全程不间断教育引导学生。完善校学生会,从严层层选拔学生会干部,各班设立学生志愿者,形成学生自我管理机制。强化校园安保,做好女生管理,新聘女保安2名。完成一年级新生兜底招生898人(其中,中职招生598人、技工招生300人),安排2018级1400余名学生顶岗实习、2019级450余名学生跟岗实习。2020年毕业学生975人,其中,直升专27人,参加高考58人(考取大学35人,升学率72.9%),就业897人,就业率91.9%。持续开展“三免一补”“雨露计划”等资助政策宣传和校长讲资助工作,完成2732人次春季助学金、1764人次秋季助学金打卡工作,1412人享受“雨露计划”,521人享受求职创业补贴1000元/生,5人申报国家励志奖学金6000元/生。推进“引企进校”,深化产教融合、校企合作,与2家乌什县企业签订校企合作协议,累计与500余家企业、个体工商户建立学生实习合作关系,其中大型企业25家。完成短期社会培训1892人次(含护边员培训501人次);加强实训基地建设,新增实训工位490个。利用每周晚自习时间,分班级在学校机房观看疫情防控知识宣传视频、主旋律视频、红色电影、法宣视频、央视优秀纪录片等;丰富阳光体育内容,开展道德讲堂,加强教职工思想道德建设,充实师生校园生活,使学生精神面貌更加积极向上,为学校管理和教育教学带来良好的促进效果。

【农村职业教育】 2020年,乌什县职业技术学校多方协调,解决场地、师资、设备不足等困难,完成农村富余劳动力转移再就业及“科技之冬”短期培训任务,共培训1892人次,涉及工种有服务业、农业、林业、牧业、加工制造业等。

【招生工作】 2020年,乌什县职业技术学校采取招生工作前置,5月起着手初中毕业生升学工作,调整充实乌什县招生工作领导小组,制定“三兜底”招生工作方案,层层签订责任书,建立销号台账。开展招生宣传,下发中职招生学校宣传材料,完成其他县(市)招生学校现场宣传21场次、学生升学意愿摸底32次;组织线下、线上(疫情期间)考试11次,让每一名初三毕业生及其家长知道国家“三免一补”助学政策。年内,全县初中毕业生3053人,初中毕业升入普通高中1307人,其中升入乌什县普通高中1180人,升入其他县市普通高中124人,其他省市高中班3人。中职招生1746人,其中乌什县招生898人(中职类598人,技工类300人)。各职业院校输送850人(其中,各类职业院校招生836人,东西部协作招生3人,中职班11人)。

【农牧民文化技术学校建设和培训】 2020年,乌什县设有乡级农牧民文化技术学校9所、村(社区)农牧民文化技术学校115所,无文盲。联合县人社、职业学校、科协等部门,开展农牧民国家通用语言夜校、“科技之冬”、“科技特派员全覆盖”等各类培训548场次,培训97058人次。

(供稿人:杨　杨)

经费和校园建设

【概况】 2020年,乌什县中小学、幼儿园教职工4237人(含职业高中)。其中,专任教师3373人(高中阶段295人,初中阶段678人,小学阶段1607人,幼儿园阶段626人,职高阶段167人)。

【教育经费保障】 2020年,上级拨付农村三年免费维吾尔语、汉语教育保障机制经费4104.66万元,其中,保教费(公用经费)1690.27万元,公用取暖费184.83万元;幼儿伙食费2229.56万元,享受幼儿数19056人;上级拨付义务教育保障机制经费7678.7万元,其中,公用经费2916.76万元(小学每生每年600元、初中每生每年800元标准),公用取暖费367.3万元;寄宿生伙食补助费1528.59万元(小学每生每年1250元、初中每生每年1500元标准),享受人数11761人;非寄宿生伙食补助费353.01万元(小学每生每年625元、初中每生每年750元标准),享受人数5617人;学生营养改善计划资金2513.04万元(每生每年800元标准),享受人数31413人;上级拨付普通高中阶段免学费585.18万元,高中学生助学金860.42万元,享受人数3543人;职业技术学校上级拨付资金2294.73万元,享受人数3832人。

【农村中小学校、幼儿园建设】 2020年,乌什县教科局共实施项目13个,总投资1.5亿元,建筑总面积4.97公顷,含300米标准环形运动场3个。其中,中央预算内项目7个,投入资金5962万元,建筑面积1.96公顷,含300米标准环形运动场2个;援乌资金项目1个,投入资金2400万元,建筑面积0.75公顷;地债资金项目2个,投入资金3200万元,建筑面积1.01公顷,含300米标准环形运动场1个;增减挂项目1个,投入资金0.16公顷,建筑面积0.6公顷;其他资金项目2个,投入资金1880万元,建筑面积0.65公顷。

(供稿人:杨　杨)

队伍建设

【教师招录】 2020年,乌什县依托中央、自治区特岗教师(含自主招聘)、定向免费师范生招录计划,招录中小学、幼儿园教师514名(其中,高中教师17名,初中、小学教师410名,幼儿园教师87名)。

【教师培训】 2020年,乌什县组织教师参加各类教育培训7768人次,其中,组织2244名教师参加奥鹏教育线上培训,加强“国培计划”“区培计划”等在线资源培训力度,利用“希沃白板”录制国家通用语言培训课程;组织138名少数民族教师参加国家通用语言文字强化培训;组织4233名中小学教师参加浙江省“云端”教育援乌教师线上培训(其中线上集中培训2438人,分学段、分学科线上培训1795人);新招聘教师线上岗前培训580人;选派520名中小学、幼儿园教师参加2019年“国培计划”送教下乡培训;选派33名教师参加2020年阿克苏地区新聘教师教育教学能力提升培训;选派16名教师参加自治区2020年“区培计划”培训；选派2名教师参加自治区“国培计划”“区培计划”教师培训；选派2名教师参加自治区培训。

【教师资格认定】 2020年春季和秋季，乌什县共有198名中小学、幼儿园教师申请教师资格认定。通过材料认定审核、教育教学能力测试、体检等环节，取得教师资格证人数198名（其中，春季取得教师资格人数30名，秋季取得教师资格人数168名）。

【人事档案管理】 2020年，乌什县对教师档案进行整理、扫描、归类、建档；查阅420名离退休人员档案，核实离退休人员工作时间；配合县人社局做好24名退休人员（其中正常退休15名，病退9名）、25名调动人员档案整理工作；对2020年参加工作的330名教师的档案进行收集、归类、建档；对2019年调动、辞职的101名人员的档案进行登记；做好教职工档案资料分类入档工作。

【离退休干部管理服务】 2020年，乌什县教育系统进一步加强离退休干部工作，结合疫情防控工作，坚持从严管理，联合社区制定离退休干部双重管理机制，严格执行外出报备制度，准确掌握离退休干部的思想状态、生活状况、外出轨迹。坚持学习不松懈，以自学的方式学习习近平新时代中国特色社会主义思想、中共十九届二中、三中、四中、五中全会精神和第三次中央新疆工作座谈会精神，引导离退休干部发挥余热，为疫情防控捐款5400元，元旦、春节、七一、国庆等节假日慰问离退休干部36人次。

（供稿人：杨　杨）

教育教研

【提升教学水平】 2020年，乌什县教科局借助14个教学能手培养工作室，开展“联片大教研”活动，发挥教学能手和骨干教师的引领示范作用，实现城乡学校、强弱学校双向互动，逐步规范课堂教学行为，提升课堂教学水平。邀请自治区名师、援乌教师为乌什县中小学教师推广先进教育教学经验，开展“送教下乡”、专题讲座、微课展示等教学网络研讨活动。落实部编版教材教学新理念，明确教学目标，正确把握和科学使用统编教材，有效推进全县教育教学水平再上新台阶。

【教育常规管理】 2020年，乌什县教科局开展教研员蹲点驻校工作，紧盯教学成绩滞后的薄弱学校和教师，指导教师改进课堂教学中存在的问题和不足，共性问题分学科进行指导，探讨解决方案，组织交流分享经验，提高课堂教学实效。召开教学工作周例会，汇报各学校在教学管理上的亮点和做法，分享教学中的成功经验，反馈教学工作中存在的问题，交流探讨解决方案。落实《阿克苏地区中小学校教学管理实施细则》，强化校领导提高教学质量的主体责任，规范教学管理，提升课堂教学效果。

【教学业务培训】 2020年，乌什县教科局以教学能手培养工作室为载体,开展线上专题培训。协助师资办实施中学数学、小学语文、数学、英语、幼儿园语言5门学科自治区专家送教的“国培项目培训计划”。

【**教学研赛**】 2020年,乌什县教科局组织开展全县中小学教师系列研赛,评选出县级一等奖21名、二等奖20名、三等奖20名,获评地区一等奖3名、二等奖5名、三等奖7名;组织全县中小学教师参加课后作业创新设计大赛,评选出县级一等奖29名、二等奖32名、三等奖57名,地区评选中获奖37人;组织全县中小学教师参加命题技能大赛,评选出县级一等奖37名、二等奖39名、三等奖30名,地区评选中获奖52人。组织全县中学生参加诵读比赛,评选出县级一等奖5名、二等奖11名、三等奖15名;在自治区组织的初中语文名著阅读能力测试中14人获奖,初中语文名著阅读征文中4人获奖;组织全县教学专家评选出县级骨干教师13名、教学新秀26名。开展“名师课堂展播”活动,16个直播点共直播54节课,其中初中课程13节、小学课程33节、幼儿园课程8节,听课点348个,参与听评课教研员及学科骨干教师1142人次,累计听课人数48004人次。

(供稿人:杨　杨)

科学技术

【**概况**】 2020年,乌什县教科局继续实施阿克苏地区“户户都有科技明白人培育工程”整体推进项目,进一步完善科技特派员选派、考核、奖励机制,做好科技特派员贫困村全覆盖工作,争取自治区、地区各类科技项目,做好“三区人才”科技服务工作。

【**科技进步工作**】 2020年,乌什县教科局加大科技工作目标管理考核力度,完善考核措施,对乡(镇)及成员单位科技工作开展情况进行考核,推动“科技兴县”工作。结合阿克苏地区农村“户户都有科技明白人”培育工程整体推进项目,在奥特贝希乡、阿恰塔格乡、亚曼苏乡打造地区级“户户都有科技明白人”培育工程实训基地,其他乡打造县级实训基地,为农牧民群众提供学习平台,提高生产技能水平和脱贫致富本领。年内,完成有劳动力的农村家庭“户户都有科技明白人”目标。

【**科技项目**】 2020年,乌什县教科局开展各类科技项目征集、储备、筛选、申报工作,申请通过自治区科技成果转化示范专项“乌什县肉牛的科技养殖”项目,到位资金95万元;自治区拨付“边远贫困县(市)科技人员专项支持计划科技服务”经费33.58万元、“自治区科技特派员工作”补助经费2万元。申请地区“科技兴阿”项目3项,获批“沙棘组培快繁植株再生与栽培技术推广示范”1项,到位资金50万元;浙江援乌项目1项,项目资金150万元,项目经费皆划拨至项目实施单位,网上申报“乡村振兴产业发展科技行动”项目1个。完成2011年至2019年实施的16个“科技兴阿”项目(累计项目资金166万元)组织验收工作;完成2014年至2016年实施的国家级科技富民强县项目(项目资金1400万元)“乌什县核桃高效栽培技术示范推广及产业化”验收工作;完成2019年众创空间“丝路泉城”项目绩效评价工作。

【科技特派员服务】 2020年,乌什县教科局充实贫困村科技服务队伍力量,积极选拔政治上坚强、工作上突出、科学素质高的105名科技特派员,深入乡(镇)、村开展贫困村科技特派员服务指导,实现74个贫困村科技特派员全覆盖。县教科局与科技特派员签订科技服务协议,印发《科技特派员服务工作手册》,紧紧围绕扶贫产业发展和农牧民增收,对科技特派员的职责任务、组织管理和保障措施等方面做出明确要求。以“提高技术人员素质、增强技术人员水平和能力”为重点,根据疫情防控要求,采取“线上+线下”的方式,加大培训力度,在田间地头实地培训指导农户100余人次,电话咨询技术指导10余次,帮助农民解决实际困难。开展林果业、种植业、畜牧业、农机、水利等各类专业技术管理人员培训,参训1.1万人次。

【科技服务体系建设】 2020年,乌什县教科局通过实施农村“户户都有科技明白人”培育工程,积极组织协调,聘请区、地、县专家和下派科技特派员组成专家组,开展优质科技服务活动。通过培训指导,帮助农牧民进行科学种植、养殖,发展生产,降低成本,形成村村学科学、用科学,户户都有科技明白人的良好局面。年内,组织开展科技培训548场次,培训97058人次。

【“三区”人才服务】 2020年,乌什县教科局根据阿克苏地区选派乌什县17名“三区”人才专业特长,结合乡(镇)需求,实行“三区”人才包乡(镇)+组团式服务的方式下派服务,不定期与科技人员、受援服务乡(镇)沟通交流,了解服务工作开展情况,对服务期满的“科技人才”进行考核。年内,开展“三区”人才培训12期,培训科技人才500余人次。

(供稿人:何晓玲)

气　象

【概况】 2020年,乌什县气象局坚持以提高预报预测准确率和服务经济社会发展为中心,全面推进气象现代化建设,做好防灾减灾和公共安全气象保障服务,履行气象防灾减灾部门职责,各项工作稳步推进。年内,发展入党积极分子1名,预备党员1名。

【基础业务】 2020年,乌什县气象局坚持把基础业务工作放在首位,严格执行规章制度,高度重视基础业务工作,探测业务运转有序,自动站传输率质量稳定,年内地面测报质量较好,无重大差错及系统性误差发生。档案管理原始记录按时入库,仪器设备定期维护、区域自动站定期巡检列入工作常态化,地面测报各类质量报表均及时上传。业务人员每周进行一次集体学习,组织开展业务考试及实践操作,提高业务水平。组织业务人员开展装备故障维修、网络切换、计算机故障排除、应急电源使用等业务类应急演练15次。

【区域站建设及维护】 2020年,乌什县气象局对全县21个区域自动站、2个林果站定期进行排查和维修。选派业务人员参加地区气象局组织的自动站维护、综合观测业务培训。6月初完成区域站巴力杜尔的迁站工作,数据传输正常;7月初完成6个新建区域站选址工作。完成全县15个区域气象站的升级改造,完成部分4G模块安装工作。本站新安装智能天气现象仪和自动冻土测量仪,处于试运行状态。完成南北山拟增建区域自动气象站选址工作。

【气象服务】 2020年,乌什县气象局制定为农气象服务周年方案,开展春耕春播、秋收秋种等农事气象服务。高度重视重大灾害性天气预报服务工作,一般性降雨、月降水趋势预报、月平均温度预报、重要节假日预报及农事关键期趋势预报发布准确及时,无责任性事故发生。年内制作发布《气象服务专题情报》19期,《三天预报》241期,《天气实况》20期,《疫情防控气象专题》39期,发布、更新《预警信号》109期,《月报》10期,《一周天气预报》38期,《临近天气预报》22期;启动应急响应1次;完成春运、春节、中高考等重点时段和国庆、"两会"等重大活动气象保障服务。向90家新型农业经营主体和种养殖大户开展直通式专题服务,发布核桃、养殖大户精细化和关键农事专题服务200期。全力做好新冠肺炎疫情防控阻击战气象保障服务。

【气象科普知识宣传】 2020年,乌什县气象局积极开展气象科普和防灾减灾知识宣传活动,努力提高全县气象防灾减灾能力。利用"3·23"世界气象日、"5·12"全国防灾减灾日、"安全生产月"等契机,通过参观气象台、开展科普讲座、广场科普咨询、发放气象资料等形式,广泛开展气象科普和防灾减灾知识宣传。开展科普进学校活动,推进气象科普向基层延伸,努力提高全社会气象防灾减灾意识和群众自救互救防灾能力。组织开展乡(镇)气象信息员(协理员)防灾减灾知识培训2期;与县应急管理、水利、自然资源、农业农村等部门建立资源数据共享及应急防御联动合作协议、实时数据和自然灾害灾情信息共享机制,开展重大天气联合会商3次,提升气象灾害预警预报准确率。

【气象行政管理】 2020年,乌什县气象局依法履行气象主管机构安全生产监督管理职责,加强县境内雷电灾害防御管理工作,全面履行安委会成员单位职责,对易燃易爆场所(加油站、加气站、液化气站)开展执法检查2次,分管领域无安全事故发生。

【安全生产】 2020年,乌什县气象局加强安全生产监督管理,汛期前全面开展业务大检查,对存在的问题专人负责落实整改。做好内外网隔离工作。定期开展安全生产和消防安全检查,更换灭火器材1批。重新设置审批流程,逐步实现并完善办公电子化流程,提高信息化水平和办公效率,杜绝各类安全生产事故的发生。

(供稿人:艾尔肯·玉力瓦斯)

人工影响天气

【概况】 2020年,乌什县人工影响天气办公室(以下简称乌什县人影办)是气象防灾减灾的主要部门之一,是为人民群众提供防灾减灾措施的公益性部门,主要负责人工增雪、人工防雹工作规划、计划的制定并组织实施;负责乌什县人工增雪、人工防雹的组织管理,技术指导及人员培训;负责人工增雪、人工防雹装备及设备的采购、计划、调配及装备维修,负责安全教育等工作。有在编人员20人,县编人员10人,公益性岗位人员8人,季节工30人(4—9月)。内设3个职能科室,分别为指挥室、财务室和综合办;有12个固定作业点、13个流动作业点,分散在各乡(镇),为农业保驾护航。年内,乌什县有雷电伴随的对流性天气过程77天次,强天气过程45天次(特强天气过程8次),共出车902车次,实施作业236车次,作业火箭弹2116枚,人雨弹2706发,最大程度上减少冰雹造成的农业生产损失。

【人影技能培训】 2020年,乌什县人影办本着为全县农、林、牧保驾护航的宗旨,做好人影设备理论知识与实际操作规程及保养、报话机使用(作业通信)及维护、流动车规范作业和安全作业常识等培训工作,提高干部职工对作业装备基本性能的了解,规范化操作设备,增强排除一般故障及正确识别雷达云图水平。对新招录季节性临时工进行集中培训和进点后单独培训,为人影防雹减灾工作有效开展和安全无事故夯实基础。

【安全生产】 2020年,乌什县人影办充分利用对讲机和每月一次炮长会议,传达上级安全会议精神,组织工作人员学习《人工影响天气管理条例》。注重队伍整体业务素质的提升,加强业务训练和技能训练。利用广播、宣传栏、微信群等媒体在全县范围内播放人工影响天气作业公告,并在各乡(镇)、村、派出所公示栏张贴人工影响天气作业公告,利用“巴扎天”人员聚集时进行安全生产宣传,做到天气作业公告人人皆知。建立健全规章制度,明确分工、责任到人,层层签订责任书。坚持预防为主、防患未然,及时解决工作中发现的问题,把不安全的苗头解决在萌芽状态。对全县所有作业点禁射区进行全面核定,要求全体作业人员严格执行各点禁射界规定,训练和作业必须严守操作规程,严禁违章作业,杜绝人为事故的发生。坚持做好设备维护保养和保管,使设备随时处于良好的作业状态。加强对电台和通信设备的维护保养,随时确保通信联络畅通。在任何时候、任何情况下,严禁缺员作业;严禁使用过期设备,严格执行作业指令,做到令行禁止,确保空域安全。

【项目建设】 2020年,乌什县人影办加强农业标准化防雹作业基地建设项目协调,统筹解决项目建设中存在的问题、难题,多次到施工现场,详细了解施工进度、检查施工质量,发现问题及时与监理、施工方反馈,按工程进度拨付资金,项目按计划如期完成。加强与自治区人影办的对接联系,分两次完成防雹设备采购工作,采购人雨弹5000发、火箭弹2143枚,共计606.9万元(含运费)。

(供稿人:王　媛)

文化·体育·旅游

文　化

【概况】　2020 年,乌什县文化体育广播电视和旅游局(以下简称乌什县文旅局)核定行政编制 9 名,事业编制 8 名,其中,科级职数 3 名(正科级 2 名、副科级 1 名),机关工勤事业编制 3 名。内设行政办、文化旅游产业办公室、文化体育市场管理办公室、文物管理办公室、综合服务执法办公室 5 个科室。

【构建现代公共文化服务体系】　2020 年,乌什县文旅局按照“八个一”标准建好、用好、管好基层文化阵地,全县 108 个行政村、11 个社区全部建成村级综合文化服务中心并投入使用,覆盖率 100%,电子阅览室、文体活动室等活动场所全天免费开放。稳步推进图书馆总分馆体系建设,按照“搭建网络、突出特色、优化服务”的思路,探索搭建“一个总馆 + 多个分馆 + 若干服务点”的总分馆体系,促进基层文化公共服务体系的资源整合和互联互通。全县 9 个乡(镇)图书室全部挂牌,119 个村(社区)图书阅览室藏书总量 87594 册。有效落实文化惠民工程,创作编排文艺节目 9 个,组织举办大型文艺晚会 3 场次,组织开展“送戏下基层”演出 103 场次、“送电影下乡”放映 1110 场次、“送书下乡”27 场次、基层业务辅导 73 场次,开展图书流动服务活动 36 场次、“我们的中国梦—文化进万家”主题乡村百日文体活动 915 场次。

【文物保护】　2020 年,乌什县文旅局严格落实《关于进一步加强文物工作的实施意见》和文物安全保护责任制,做好重点文物保护单位的保护工作。在亚科瑞克古墓群、英阿依玛克古城等自治区级重点保护单位周围 50 米范围内安装保护围栏;在乌什镇东碉堡遗址等 38 处县级重点文物保护单位树立保护标志牌,标明单位名称、公布单位、竖立日期等;拆除八卦墩上的监控设备,修复安装监控时造成的损坏部分。定期组织实施文物安全大排查,排除安全隐患;做好文物保护宣传,发挥看护员作用,每周对文物保护单位开展巡查 2 次,纠正在文物保护单位周围放牧、倾倒垃圾等行为。

【文旅市场安全】　2020 年,乌什县文旅局加大对“12301”全国旅游投诉举报平台的宣传推广和使用,提升对旅游投诉数据的分析应用能力。以营业性演出、诱导强迫购物、边境旅游等为重点,持续开展排查整治,加强对游客投诉问题的查核、办理、处理,确保旅游市场安全、秩序稳定、健康发展。完善旅游应急预案,健全旅游救援体系，严格落实旅游安全预警信息发布制度。加强景区、景点安全隐患排查，严查旅游交通、食品安全、消防安全、各类旅游设施设备安全等问题，严防重大旅游事故发生。

（供稿人：赵鹏飞）

体 育

【体育基础设施】 2020年，乌什县文旅局加强体育基础设施建设，投入770万元建成乌什县体育公园、7人制足球场，年内投入使用。

【体育活动】 2020年，乌什县文旅局组织开展“迎新春长跑比赛”“乌什—温宿干部职工友谊篮球赛”“乌什县全民健身登山活动”等体育赛事及活动。组织中学生上滑雪公开课，增强学生体魄，培养竞技精神。疫情期间，组织开展舞蹈、广播体操、广场舞等居家健身活动20次，推送视频15个。年内，组织开展跳广场舞活动200余场次，参加人数400余人次。

（供稿人：赵鹏飞）

融媒体、广播、电视

【概况】 2020年，乌什县融媒体中心核定事业编制27人，实际在册34人（其中，在编25人、工勤2人、自聘5人、借调2人），实际在岗20人。内设“一平台六部室”，“一平台”，即融媒体中心指挥平台；“六部室”，即总编室（审核发布室）、采编部、技术保障部、播控发射部、农村广播电视公共服务管理办公室、行政管理办公室。设融媒体中心指挥发布大厅1间，专业化演播厅3个（多功能演播厅、新闻访谈厅直播间、新闻厅）、专业化电视播控机房1个、广播直播间2个（维吾尔语、汉语）、配音室2个、制作室2个、节目上载机房1个、发射机房1个。配备5KW广播发射机2台、1KW广播发射机5台、300W广播发射机2台，1KW电视发射机12台，主要负责转播中央电视台1套(35频道)、7套(41频道)，中央大功率DS－14、16频转播12套中央电视节目，新疆6频道、8频道转播新疆电视1套、2套。101MHz、106.7MHz播出自办的维吾尔语、汉语广播电视节目，中央人民广播电台103.6MHz，新疆维吾尔语广播综合节目105.4MHz，中央人民广播电台维吾尔语广播99.5MHz，新疆维吾尔语交通频率94.9MHz。

【新闻宣传】 2020年，乌什县融媒体中心围绕疫情防控、脱贫攻坚、乡村振兴、人口普查、经济高质量发展、爱国卫生运动、全域旅游、重大节假日等创作抖音作品，阅读量达1.2亿多人次，点赞量68.1万人次。其中阅读量10万+的作品57部，100万+的作品5部，《普通感冒和新型冠状病毒感染的肺炎如何区分》阅读量264.7万人次，《关注我，带你学维吾尔族舞蹈》阅读量202万人次，《生活小妙招》阅读量142.7万人次；《县委书记给我捎来好消息》阅读量45万人次。微信公众号文章《阿克苏地区脱贫攻坚创新奖获得者吾斯曼·塔力甫》阅读量20773人次；

12月20日《2020年中央经济工作会议精神在乌什县引起强烈反响》稿件经中央电视台新闻联播头条播出,是阿克苏地区近年来首次被央视网、学习强国、腾讯视频等全网转载,融媒体的传播影响力不断提升。6月,在全疆县级融媒体中率先取得互联网新闻信息许可证,在8个手机应用市场率先上架客户端。向自治区申报水费查询缴费、法律援助、预约挂号等多项政务服务,积极推进“媒体+政务服务商务”运行模式。5月起,协助或直接参与直播带货10场次,通过抖音投放短视频协助销售农产品50余万元。10月,牵头促成广告代理公司和阿克苏金勺果业有限公司的合作关系,通过抖音电商带货,加大核桃深加工产品的销售力度,开拓广告公司经营业务,实现“三赢”目标。至年底,乌什县融媒体中心官方抖音号粉丝12.2万人,作品1100余部;“乌什零距离”发布文章2448篇;“乌什好地方”客户端下载量1.9万人,发布新闻稿件1675篇。

【新媒体平台推广】 2020年11月以来,乌什县融媒体中心全方位推广新媒体平台,与县运输公司合作,在全县400多辆出租车、公交车、线路车张贴“乌什好地方”App和抖音公众号推广海报2500张,培训运输公司司机向乘客推广下载该软件。制作“乌什好地方”App和抖音公众号二维码定制纸杯、抽纸,在全县各单位和企业进行推广。制作大型海报在车站、巴扎等人员密集场所张贴,提高群众关注度。

【宣传片制作】 2020年,乌什县融媒体中心采编人员全员参与、共同策划,共完成12部专题片制作。其中,疫情防控应急演练专题片2部、脱贫攻坚专题片2部、党风廉政教育专题片1部和招商引资专题片3部,抽调骨干力量完成“中粮集团支援乌什县脱贫攻坚”专题片3部。自制拍摄MV《防疫歌》和《乌什之恋》,有力凝聚乌什力量,展示乌什良好形象。

【通讯员培训】 2020年,乌什县融媒体中心适应客户端平台供稿需求,将全县通讯员队伍纳入平台,建立起86人的骨干通讯员队伍,由记者分别联系,举办通讯员培训班3期,提升通讯员供稿能力和水平。9月以来,通讯员通过平台供稿960条,其中通讯员齐然12月29日提供的视频信息“好消息!学法减分上线,参加网上学习可减免交通违法记分”,抖音播放量达到113.2万人次。

【安全播出】 2020年,乌什县融媒体中心持续完善安全播出制度,将安全播出纳入工作重点,关注每一个环节,落实巡查、巡检制度,邀请地区技术专家、厂家技术人员对广播电视发射机进行检修,及时解决发现的问题,开展应急演练3次,对预案进行完善,对损坏的电源、激励器、功放管进行更换,确保安全播出零事故。

【广播电视农村公共服务】 2020年,乌什县融媒体中心利用上级专项资金10万元,购买单模“户户通”机顶盒625套,解决贫困户看电视难的问题。开展应急广播改造工程,为全县758套大喇叭安装4G回传模块,随时掌握广播设备运行状态。为阿合雅镇、奥特贝希乡配发2座40米拉线塔,对广播信号进行补点,确保广播信号全覆盖,提高大喇叭音响率。配合应急广播建设工程,在全县108个行政村安装村级广播设备。7月开始,分4批对农村广播电视维护人员开展培训。组织播出技术保障部技术人员和9个乡(镇)维护队员参加自治区组织的线上广播电视技术培训班。秉承“安全无小事”的理念,强化操作规程,签订安全责任书,出资4000元为维护队员购买安全帽、脚扣、安全带等安全作业设备,从根上系好安全的第一粒扣子。10月,利用广播电视无线覆盖项目资金39.8万元购置大喇叭配件,及时更换损坏设备。

(供稿人:周文杰)

旅　游

【概况】 2020年,乌什县文旅局推进国家全域旅游示范区创建工作,完善旅游基础设施,提升接待能力和服务水平,创新宣传营销手段,推进旅游产业健康发展。全年累计接待游客89.047万人次,实现旅游消费3.2367亿元。

【旅游规划】 2020年,乌什县文旅局坚持高标准编制规划,重点突出规划的引领作用。在深入挖掘县域历史文化底蕴和有效利用旅游资源的基础上,充分考虑空间布局、建设用地和产业发展需要,广泛征求县自然资源、发改、住建、林草、生态环境等部门的意见,为实现全域化旅游奠定基础。委托中国美术学院风景设计研究总院设计《乌什县全域旅游规划》《乌什县·沙棘林湿地景区整体改造提升概念性规划方案》《乌什县·燕泉山景区整体改造提升工程》等规划方案,并通过政府常务会议、县委常委会议审议。

【旅游项目】 2020年,乌什县文旅局严格按程序做好项目申报,开展申报项目的调研论证,确保申报项目符合县域发展规划和实际、具有可行性和经济带动效应。申报中央预算项目9个,总金额2.44亿元;“十四五”储备项目83个,总金额38.466亿元。落实旅游基础设施建设项目,抢抓项目工期,严把工程质量,确保项目如期完工。泉域星空国际滑雪场·四季旅游度假区(二期)项目克服疫情影响顺利完工,10月1日开业;沙棘林景区基础设施建设、杏花村景区基础设施建设、百里绿色长廊景区基础设施建设等项目有序推进。

【旅游供给】 2020年,乌什县文旅局全力推进国家全域旅游示范区创建工作,调整乌什县国家全域旅游示范区创建工作领导小组,召开推进会,细化分工,明确任务和时限,确保创建工作顺利开展。年内,国家全域旅游示范区创建档案通过地区预审,报自治区初审。依托厚重的历史文化和丰富的旅游资源,打造红色文化游(钟鼓楼)、农业体验游(天南木耳第一村)、冰雪系列游(泉域星空滑雪场)等具有地域特色和自身优势的旅游产品,进一步补齐县域旅游短板。以11个乡村旅游扶贫示范村为支撑,积极开发民俗体验、观光采摘等乡村旅游项目,打造“农业观光+旅游购物”产业链。全年乌什县新增特色民宿2处、床位50张,依麻木镇托万克麦盖提村、奥特贝希乡巴什阿克玛村列入首批自治区乡村旅游重点村名录。发掘推广特色美食,打造“乌什味道”品牌,鼓励具有乌什特色的餐饮企业聚集形成美食街区;支持特色小吃入驻星光美食城,引导和提升“农家乐”餐饮服务健康发展;景区景点举办旅游节庆活动时开展特色美食展示销售,满足游客对美食消费的需求。扶持当地旅游商品生产及研发企业,新开发沙棘叶茶、桑葚酒、景区风景瓷板画、景区风景画茶杯、“丝路泉城·养生乌什”系列核桃工艺制品等旅游商品。

【宣传营销】 2020年,乌什县文旅局通过制作旅游宣传片、旅游画册、宣传折页等,宣传展示县域景区、景点,对精品旅游线路进行重点推介。加强与疆内外自驾、骑行、摄影等专业协会及中青旅、国旅等知名旅行社合作,在疆内和周边客源地推广乌什旅游,吸引客源。利用广播电视、户外广告等传统媒体和互联网新媒体开展宣传营销。举办“五一”消费扶贫展销、“迎中秋·庆国庆”系列主题等活动,县长直播带货“文旅助农”主题活动面向全国推广销售乌什县金勺果业核桃系列产品。加强援乌省市营销,发挥衢州援乌优势,借助浙阿旅游专列吸引浙江游客到乌什旅游。年内,赴疆内外现场推介9场次,举办线上推介活动3场次;举办文旅节庆活动10余场次;通过广播电视(美丽家园栏目、新闻媒体)、乌什零距离、乌什旅游在线等媒体宣传乌什旅游120余次。

【旅游市场管理】 2020年,乌什县文旅局规范旅游市场秩序,规范景区服务管理模式,建立健全现代管理体系,实现经营合法化、管理规范化、服务标准化、从业专业化。健全旅游市场监管机制,严厉打击虚假广告、欺客宰客、恶性竞争、不合理低价游等市场顽疾,加强旅游住宿、餐饮、购物等涉旅行业管理,提升涉旅行业人员素质,塑造乌什旅游良好形象。提升服务质量。结合国家全域旅游示范区创建工作,按照“处处都是旅游环境、人人都是旅游形象”的要求,坚持政府引导、行业推动、全民参与的原则,开展“微笑新疆”工作,全面提升旅游服务质量,优化旅游环境,打响乌什旅游城市名片。加强对出租车、公交车、星级酒店、民宿、景区景点等行业从业人员的旅游城市服务理念培训,规范服务标准,引导微笑服务,提升服务能力和水平。引导和教育当地群众提高文明意识,增强“人人宣传乌什、人人为乌什旅游服务”的主人翁意识。全面提升景区导服人员等旅游从业人员专业化服务能力,对导游等旅游从业人员分级分类开展培训,加强职业道德教育,提高管理人员经营管理能力,提升一线人员业务技能和服务水平。年内,结合“冬季攻势”培训旅游行业人才100余人次、导游讲解员100余人次、星级酒店礼仪服务人员50余人次、乡村旅游作业人员300人以上。

【旅游信息化建设】 2020年,乌什县文旅局完善智慧旅游信息系统,建立旅游导览系统和宣传推广平台,营造轻松的旅游环境,让游客有美好的旅游体验。利用移动互联网,推进景区Wi-Fi全覆盖,管好用好“乌什旅游”App、微信平台，让出行变得更便捷、更自主。结合农村电商建设，通过互联网加速旅游带动农产品、工艺品、旅游商品销售，满足旅游多样化、细分化、专业化、差异化、快捷化需求。

【农特产品进景区】 2020年，乌什县文旅局在游客量集中的旅游集散中心、星级酒店、星级农家乐、A级景区等场所设立农产品展销中心7个，选出质量优、特色强的核桃、沙棘、葡萄酒、鹰嘴豆、羊肉、吊干杏等农副产品进行展销。节假日期间，在客流量集中的景区设立特色农产品展销区，组织贫困户、县域农副产品生产企业入驻，利用网络、现场促销等形式，吸引游客购买当地农副产品，增加农副产品的销售量和销售收入，带动贫困户脱贫致富。

【激励政策】 2020年，乌什县文旅局响应自治区“新疆人游新疆”和地区“阿克苏人游阿克苏”的倡议，加强与旅行社及周边县(市)的合作营销，采取团体优惠或补贴让利等措施，拉动游客、刺激市场。推出当地居民免门票，全国疫情防控一线工作过的医护人员、公安干警、社区工作人员全年免门票等政策;4—9月期间，其他县市游客落实周一至周五半价优惠政策;10月1日起，县域景区全部落实免门票政策。支持景区、景点开展文旅活动，协调志愿者协助景区开展客流管理、体温检测工作，对景区内随意摘除口罩、随地吐痰等不符合疫情防控要求和不文明的行为进行劝诫，提升游客出游体验。

(供稿人:赵鹏飞)

宾馆、饭店选介

【燕山大酒店】 乌什县燕山大酒店是乌什县唯一一家二星级旅游涉外宾馆，位于燕子山脚下。酒店占地面积1公顷，建筑面积0.45公顷，绿地面积0.4公顷以上。拥有固定资产1100万元，注册资金150万元，是乌什县旅游活动的重要机构和窗口。2013年，燕山大酒店投资700余万元，对宾馆进行重新装修，更换客房内设施，2015年8月正式运行。

燕山大酒店是集餐饮、住宿、娱乐、休闲、健身、旅游等为一体的综合性服务酒店，与乌什县游客接待中心、浙江衢州援乌指挥部、乌什县博物馆、燕泉山景区等单位毗邻，素有“闹市静舍”之美称。内设总经理办公室、旅游接待部、计划财务部、安全保卫部、物业管理部等。

酒店可提供飞机、火车、汽车票代购，车辆出租，大型停车场及洗车、洗衣、打字、复印、传真、旅游纪念品、日用小百货、物品寄存等服务项目;设有综合娱乐场所;包括棋牌、茶园、KTV、美容美发等项目。提供24小时热水，拥有标准房70间、床位100余张，可同时接待120人住宿。

【龙泉大酒店】 乌什县龙泉大酒店位于乌什县燕山路1号(燕泉山景区内)，建于2012年，占地面积0.8公顷。2016年7月投资2000多万元重新装修，2017年6月重新营业，打造集住宿、餐饮、会议于一体的温馨、简洁、舒适的客居环境。酒店设施设备齐全，有83间不同功能的客房和 147 个床位(包括单间、标准间、豪华套间、家庭房等),可同时容纳 150 人。客房配有空调、全面覆盖免费 Wi - Fi、卫星频道、液晶电视、沐浴设施及吹风机、一次性洗漱用品、拖鞋等个人卫生用品,提供各种饮料。酒店设有餐厅,可同时容纳 120 人用餐,提供优质的饭菜;设有大型停车场等星级酒店应具备的基础设施和营业设施;拥有先进的消防监控系统、背景音乐、程控电话系统。

【银泉大酒店】 乌什县银泉大酒店位于乌什镇团结北路 42 号,是集住宿、餐饮、娱乐为一体的综合性酒店。酒店含地下一层、地上六层,总建筑面积 0.62 公顷。地下一层是时尚音乐餐吧,地上一层是酒店大厅,二层是可接待约 400 名宾客聚会就餐的大型宴会厅,三层设有各种风格的包厢 11 间,四至六层是各类客房共 51 间,是举办婚礼庆典、亲友聚会、商务宴请的理想场所。

(供稿人:赵鹏飞)

旅游景点选介

【燕泉山景区】 乌什县燕泉山景区位于乌什县城西面,距县城中心仅 0.2 千米,景区占地面积约 64 公顷,集历史文化景观与自然景观于一体。景区内有燕子山、九眼泉、小长城、栈道、一览亭、小游园、小西湖、小岛、湖心石舫等景点,环绕湖周围的绿树林荫和造型别致的亭、台、楼、阁、桥等错落有致,连为一体,是南疆著名的旅游度假胜地,享有“天南第一泉”之誉。

燕子山坐落在乌什县燕泉山景区,垂直高度 90 米左右,是地壳运动形成的石山,南北两个山脊从东向西会集于山顶,中间是一条山谷。有史可查,在清乾隆中后期山上庙宇林立,山上的关帝庙就有乾隆御笔铜字匾联,匾书“灵镇岩疆”、联书“轶轮名炳千秋日、靖边威行万里风”。山顶建有韦陀殿,山中还有众多的神殿、社稷坛城墙等。每年春秋两季和每月朔望日由大臣率领百官致祭和行礼,燕子山盛极一时,后毁于同治三年(1864 年),中华人民共和国成立后,山顶仅存碉堡和城墙、白骨塔。

山上的景点有“燕子石”和“远迈汉唐”“继超追骞”等石刻,均在南山梁上,山的外缘也是悬崖,山脚是城区大道。所谓燕子石,并非燕子,而是一种古贝壳化石,卵形石上布满羽毛状网纹,形似燕羽,古称燕子石,《孚化志略》一书有记载。

燕泉山景区,南临燕子山脚,以园中九孔泉而得名,内有小西湖、湖心岛、泉水鱼庄、“望桥”“九眼泉”和参天古树等景点。

燕泉山景区交通便利,景区含燕子山、水域面、绿地面、燕子山遗址、燕贝化石、观光亭等;自然资源以杏园、苹果园、娱乐场、清雅山庄、江南水域等为主,加之景区气候宜人、冬暖夏凉,素有南疆避暑胜地之称。燕子山风景旅游区基础设施良好,娱乐、游玩项目齐备,休闲、度假设施齐全,管理科学、服务周到,旅游景色丰富。2015 年,乌什县投入 2000 余万元提升改造燕泉山景区,增建瀑布、改建人行道、小西湖步道、迁址改造水车、草坪等,2016 年创建为国家 AAAA 级旅游景区。

【沙棘林湿地公园】 乌什县沙棘林湿地公园景区距乌什县城27千米,位于县城西北方向的奥特贝希乡黑山北麓、托什干河流域南岸河谷地带。景区先后投入建设资金2230万元,主要依托当地3213.33公顷天然沙棘林,人造沙棘林、河滩、山地、农牧民村落等景观资源,建成沙棘典故园、天然沙棘园、沙棘功能园、湿地景观和花镜景观5个功能区。景区占地面积约93.4公顷,园内总体建筑和各功能区风格与景区自然环境高度融合,主要采用木质建材建成,游步道全程采用木栈道铺设,长约3千米。游客沿木栈道前行,沿途可欣赏养生长廊、瞭望塔、清心亭、养心亭、圣柳亭、完美神木、百年胡杨、沁泉湖、通仙桥、大水车等主要景点。2015年创建为国家AAAA级旅游景区。

【泉域星空国际滑雪场·四季旅游度假区】 乌什县泉域星空国际滑雪场·四季旅游度假区位于乌什县奥特贝希乡阿拉萨依村入口处,库木苏木以南1400米,距离乌什县城7公里。总建设面积100余公顷,总投资8000余万元。一期项目投资3400余万元,新建雪具服务大厅1座,350米长、80米宽初级雪道1条,600米长、80米宽中级雪道1条,雪圈道1条、戏雪区10公顷,配套蓄水池、停车场、造雪管线、泵房等设施及10余种戏雪娱乐设施。二期项目投资5000余万元,新建服务大厅1座、气膜结构运动馆1座,内设保龄球馆、大型蹦床、四季冰场等室内运动项目;新建雪圈道1条、高级雪道5条,新增彩虹滑道、玻璃水滑道、网红秋千、网红摇摆桥、旋转自行车、砰砰车、卡丁车、四季雪等14种娱乐项目,配套建设户外拓展训练基地、景区内部道路、旅游厕所、停车场、灌溉管网、市政管网、缆车、压雪车、造雪管线等。每年11月至次年3月开展戏雪主题乐园和滑雪等娱乐项目。

【燕泉河景区】 乌什县燕泉河景观带是一处开放式景区,主要景点有九眼泉广场、历史文化长廊、咏泉廊架、生态湿地、滨水廊桥、亲水平台等。结合现有古树,新增灌木、乔木、花草,建设河两岸城市绿地。采用高杆路灯、庭院灯、射灯,突出主要建筑物、雕塑、景观节点和植物的夜景。

乌什县燕泉河(暨亚瓦格渠)是贯穿乌什县城区的一条重要水系,该河两侧的房屋大多修建于上世纪五六十年代,房屋破旧,无相关配套设施,两侧居民将生活垃圾和污水直接排放到河道中,造成水质重度污染,严重威胁乌什镇、阿克托海乡和亚科瑞克乡沿燕泉河两岸群众及牲畜的饮水安全和农田灌溉。经“两代表一委员”提案,为切实改善沿燕泉河两岸居民居住、生产、生活环境和河道水质,2015年6月,县委、县政府决定对燕泉河实施污染治理并对两侧棚户区进行改造;2017年改造项目开始实施,2018年完工并投付使用。

项目总投资约1.9亿元,建设地点位于亚瓦格渠两侧,西起燕泉山公园西侧的秋格尔总干渠,东至县城入口东山头,全长约2.3千米,规划总面积约35公顷。该项目意在建设集自然风光游赏、休闲、养生与文化体验于一体的城市滨河景观带,以此推动乌什县旅游业发展及城市品位提升。

2017年,乌什县进一步推广"旅游+扶贫"成功经验和做法,推动旅游开发与扶贫工作有机融合,逐步探索建立旅游扶贫长效机制,拓宽扶贫开发领域,加快各族农牧民群众脱贫致富步伐,促进全县贫困群众就地就近实现就业和脱贫致富。购进价值200万元的旅游设备,2018年3月31日正式投入运营,其中12辆观光电瓶车摩托艇、水上自行车、皮划艇等游乐设施运行在燕泉河景观带上,直接带动附近乡(镇)贫困群众就业23人,成为乌什县一道亮丽的风景。2020年创建为国家AAA级旅游景区。

【黑木耳度假区】 乌什县依麻木镇托万克麦盖提村黑木耳度假区,隶属乌什县依麻木镇人民政府,经营管理单位为乌什县燕山情黑木耳种植农民专业合作社。自2017年起,依麻木镇托万克麦盖提村依托上级党委的领导和自治区党委组织部、老干部局驻村工作队的精心帮扶,大力实施乡村振兴战略,加大基础设施建设力度,先后对全村道路进行硬化、集中连片建设富民安居房,建设全寄宿制国家通用语言小学、0.43公顷的停车场、精准产业孵化园、托万克麦盖提村就业市场、精品民宿、果林生态园等,尤其托万克麦盖提村夜市及夜景在乌什县乡村中绝无仅有,每天吸引几百人到夜市游玩。依托黑木耳产业,大力发展黑木耳观光、自主采摘等休闲项目。整个景区建成以后,每年可吸引5万余人次旅游观光,有效带动当地农户依靠旅游增收致富。

【钟鼓楼】 钟鼓楼位于乌什县三衢大厦大院内。钟鼓楼是南疆地区保存最完整、最具中原风格的清代建筑。1942年,共产党人林基路任乌什县县长时在此办公,始建于清代,楼分三层,高14米,底层是石头砌成的基坐,只有上二层的石阶,没有门窗,第二层也是石头砌墙,外面描成砖砌的图案,三层全为木质结构。第二、三层飞檐斗拱,二层楼门是阁子门,窗子是圆形,窗格雕有木花,古朴典雅;三层是阁子门、阁子窗。二层外有12根立柱撑起四周屋檐,檐角都雕刻有口含木珠的木质龙首。钟鼓楼是乌什县爱国主义教育基地,被列入自治区级保护文物、红色旅游景点。

【柳树泉景区】 柳树泉距乌什县城3千米,位于县城正南方的阿克托海乡苏依提喀村,占地面积66.67公顷。柳树泉依山傍水,泉水奔涌而出,古柳与小树相依,垂柳与泉水相伴,环境十分优雅。柳树泉附近有一片绿荫广场,面积约6.67公顷,四周柳树成行,形似围墙,每年春季,赛马、叼羊、马上较力等民族特色的努肉孜节运动都会在这里举行。

柳树泉景区的看点是水和柳树。泉水周围柳树成荫,因此得名"柳树泉"。泉水自然汇集成三个水池,成"品"字形分布。柳树泉最奇的是水,能浮起硬币。当掷出硬币的角度准确时,硬币会浮在水面,否则硬币会飘悠到泉底,但也不会直坠下去。

柳树泉成葫芦状,泉水从葫芦口涌出,能直透水底,可以看到水底倒长的柳根被青苔缠绕,形似株株塔松,构成奇妙的水下森林。泉中古树、断柳依稀可见,古式吊桥于泉中池旁,碧水与蓝天、绿水与远山,相伴相依,相映成趣。

【香妃谷景区】 香妃谷景区位于乌什县亚曼苏乡北天山段,距托什干河5千米,距乌什县城38千米,景区面积2000公顷,海拔2600米,谷内派生出溶岩谷、瀑布谷、蜂鸣谷、钻天谷、浪迹谷、水帘谷、波涛谷、涟漪谷、溪流谷等奇特小谷。香妃谷是历经千万年风剥雨蚀形成的,沙砾岩断面形象千奇百怪,大自然的鬼斧神工将香妃谷雕刻成一幅幅垂直悬挂、图案栩栩如生的画面,耐人回味。香妃谷内空气湿润,谷内生长着骆驼刺、野蔷薇、苔藓植物、党参等植被,常有野生动物出没。香妃谷内遗存有千万年前古人所画的岩画,图像清晰,所画动物逼真、线条优美。香妃谷内还有千年冰川融化所形成的冰川泉水,甘甜芬芳。

【别迭里烽燧】 别迭里烽燧位于乌什县城西北约40千米处,是东汉烽燧、古代军事遗址。烽燧成梯形状,底部东西长12.7米、南北宽9.8米,顶部东西长7.5米、南北宽3.5米,燧体残高7.5米。烽燧分两次修筑,始建于东汉年代。原筑为夯土,层厚15~20厘米,夯土间夹有木头层和柴枝层;木头直径8~12厘米,层与层间距10~15厘米。第二次修筑是在唐代,在原烽燧四周用卵石垒砌、周边用长卵石垒砌,进行加固,卵石间填有小砾石和土。别迭里烽燧整个形状是一个梯形体,西边是别迭里河,烽火台控制着别迭里山口的军事要冲,是丝绸之路的主要通道之一,是古代传递军事信息的建筑。现烽火台上还有木柴与狼粪燃烧留下的痕迹。

留存至今的古时烽火台十分稀少,象别迭里烽烽火台这样完美保留的更是凤毛麟角。中国万里长城学会、中华集邮联合会、北京市邮政局将别迭里烽燧收入万里长城百关纪念封上,作为中国万里长城西端最尾部,也是古代军民保卫边疆的历史见证。

【八卦墩】 八卦墩距乌什县城5千米,在都鲁乌尔山上。八卦墩下部为四方形,用一层树枝一层黏土夯实而成,高15米,周长30米,是汉唐时代的建筑形式,上部八角形是明代的建筑形式。因此,八卦墩的历史可以追溯到汉唐时代。

【开锅泉】 开锅泉又名欢乐泉,距乌什县城4千米,泉底汩汩涌出的泉水,象一锅滚开的水。有人站在泉边,泉底的水“开”得越大;如果再跺一下脚,泉水“开”得更大。据说,可能是泉边压力大小变化所引起的。

【库木布隆沙疗场】 库木布隆沙疗场位于乌什县城西南8千米处、奥特贝希乡阿拉萨依村境内。总面积约3.33公顷,其中沙丘面积0.4公顷左右,沙呈银色,细匀柔软,沙质滑腻如绵,每年6—8月县内外游客络绎不绝。

【托什干河流域风光】 托什干河是中吉国际性河流,发源于吉尔吉斯斯坦境内天山山脉的科克沙勒山。河源由两支源流组成,在吉尔吉斯斯坦境内汇合后称托什干河。

托什干河流向自西向东,沿程接纳多条支流,在国内途径阿合奇县、乌什县、温宿县、阿克苏市四县(市),与库玛力克河汇合后称阿克苏河。托什干河全长 512 千米,在中国境内长 344 千米,流经乌什县境内 129. 5 千米。河流平均高程 3328 米,平均坡降 5. 5‰。

托什干河径流年内分配不均,5—8 月径流量占年径流量的 64. 6% ,7—8 月 2 个月径流量占年径流量的 44. 1% ,多年平均年径流量 26. 3 亿立方米,最大年径流量 37. 36 亿立方米,最小年径流量 17. 8 亿立方米,最大与最小比值为 2. 1,是全疆径流年际变化最小的河流之一。

托什干河谷是地质构造年代的产物,河谷两岸的群山反映出各期构造运动的痕迹,可以说是地质学的活教材。从古生代到新生代的各期构造运动,即形成天山南脉托什干河坳陷的雏形。更早新世气候趋于干旱,天山南脉积雪大量消融,巨大洪流在托什干第三世坳陷内堆积洪积相西域砾石层;中更新世气候转冷,山区积雪,并发生冰川活动,形成由高山到低谷的砾石斜坡。中更新世后期构造运动趋于稳定,气温回升,冰川退缩,洪水下泄,托什干坳陷逐渐形成托什干河及河谷的自然景观。可开发托什干河流域沿岸风光游。

【库马力克河流域风光】 库马力克河发源于吉尔吉斯斯坦国,流入乌什县与温宿县交界处,从河源至国内托什干河汇合口全长 293 千米,在中国境内流程 105 千米。协合拉以上至边境 41 千米全为山地,岸陡谷深,流域平均高程 3830 米,平均坡降 16. 2‰。径流形成主要是高山冰雪融水,岸陡谷深,春夏季多为洪水,含沙量较多,也叫流沙河,盛产黑宝等各类奇石。

流沙河位于乌什县英阿瓦提乡与温宿县天山神木园风景区的中间地段。流沙河与吐鲁番的火焰山、库车的女儿国、温宿城郊的高老庄一起构成丝绸之路上西游记文化丰富的内涵。流沙河河床两侧由雪山、野生林、草地、农田和果园等自然资源组成。河水蜿蜒流入塔里木河,野生胡杨林葱葱郁郁,雪山、绿水、蓝天、草原构成优美的景观背景;良好的环境优势,丰富的文化内涵及优越的区位特点,形成一个融自然生态与社会、人文为一体的生态型综合游乐区和旅游休闲宝地。

【将军树(摇钱树)】 乌什县将军树(摇钱树)位于乌什县城西南 7 千米处奥特贝希乡宫乡村 1 组,是一棵树龄 300 年以上的核桃古树,树冠冠幅 24 米 ×25 米,地径 1. 52 米。相传清乾隆三十年(1765 年),阿桂率大军赴乌什协助明瑞将军平乱,路过此处,用树上的核桃为士兵补给,用乌什沙棘作为马匹草料,将士食用后精力充沛,战马食用后皮毛发亮,一举平定乱军,将军树因此得名。将军树在当地也被称为“摇钱树”,关于“摇钱树”的故事在当地广为流传,教育后人劳动致富的道理。

【杏花村】 乌什县杏花村位于乌什县城西南方向 23 千米处,奥特贝希乡巴什阿克玛村、黑山脚下。村内溪流环绕,泉水潺潺,居住着维吾尔族、柯尔克孜族、哈萨克族等民族。

村里农户的房前屋后、道路两旁、农田里遍布着品种繁多的杏树,每年3月底至4月中旬杏花盛开时节,含苞待放的朵朵艳红,完全绽放的粉中透白,艳态娇姿,繁花丽色,胭脂万点,占尽春风。居家庭院、农田中成列种植,春日里红云朵朵,非常壮观动人。偶有和垂柳混栽者,柳叶吐绿时,杏红柳绿相互辉映,更具鲜明的色彩。村内多有种植十多年以上的老杏树,姿态苍劲,冠大枝垂,静静矗立在溪边,在清澈的溪水中形成古色古香的倒影,趣味无穷。

该村是春季踏青、骑行、摄影、徒步的好去处,2014年承办的乌什县泉城杏花香杏花摄影大赛受到地区内外摄影、徒步、骑行爱好者的青睐。

【核桃王】 核桃王古树位于乌什县亚科瑞克乡托万克喀拉霍加村1组,地径1.65米。

核桃王景点有两组古树组成,一组为子母树,另一组为长寿树。子母树是三棵相连相生的古树,第一棵树的根系发达,裸露出地面,生出两棵核桃树,仿佛是一位母亲庇护着两个孩子,因此得名“子母树”。

(供稿人:赵鹏飞)

卫生健康

卫生管理

【概况】 乌什县卫生健康委员会(以下简称乌什县卫健委)是县人民政府工作部门,核定行政编制24名、事业编制4名。其中,科级领导职数3名,机关工勤事业编制2名。乌什县卫健委辖县人民医院、中医医院(维吾尔医医院)、疾病预防控制中心、妇幼保健院、计划生育生殖保健服务站、卫生监督所(2020年9月更名为乌什县卫生健康综合监督执法局)。

乌什县有医疗卫生机构149个,其中,县级医疗卫生机构6个,分别是,县人民医院、县中医医院(维吾尔医医院)、县妇幼保健院、县疾控中心、县卫生健康综合监督执法局、县计划生育生殖保健服务站;乡(镇)卫生院9个;村卫生室108个;社区卫生服务站11个;营利性医疗机构1个(燕山医院);个体诊所14家。核定医疗卫生工作人员编制636人,实有1037人。其中,本科及以上学历167人,占总人数的16.1%;大专学历577人,占总人数的55.64%;中专及以下学历292人,占总人数的28.15%;副高级以上职称32人,占总人数的3.08%;中级职称56人,占总人数的5.4%;初级职称273人,占总人数的26.32%。执业医师117人,助理医师78人,合计195人;乡村医生214人。全县实有编制床位657张,实际开放床位1096张。

【医药卫生】 2020年,乌什县卫健委坚持目标导向、问题导向,狠抓巩固提升和长效机制建设,全面完成综合医改各项阶段性任务。拓展公立医院综合改革深化,巩固取消药品加成成果,健全公立医院维护公益性、调动积极性、保障可持续的运行新机制和科学合理的补偿机制。建立以基本药物制度为基础的药品供应保障体系,不断完善药品和医用耗材集中采购制度。紧密型县域医共体建设、远程医疗服务、“两个允许”、乡(镇)卫生院和村卫生室标准化建设实现全覆盖,阿合雅镇卫生院、奥特贝希乡卫生院、依麻木镇卫生院完成标准化手术室建设并具备开展手术能力。阿合雅镇卫生院通过自治区优质服务基层行评审,达到“推荐”标准,成为地区首家“推荐级”乡(镇)卫生院。县、乡、村三级医疗机构全部实行药品零差率销售,通过调整医疗服务价格等多渠道补偿机制稳步落实。加快推进基层首诊、双向转诊、急慢分诊、上下联动的就医模式,下转比例不断提高,乡、村两级基本药物使用率100%,县域内就诊率90%以上。“放管服”改革持续深化,梳理卫生领域权责清单168项。人才培养使用和激励评价机制不断完善,招聘全科特岗医师10人,实行“县管乡用”。

【健康扶贫】 2020年,乌什县全面完成9个乡(镇)卫生院、108个行政村卫生室标准化建设。不断优化完善全民健康体检项目,做到“早发现、早诊断、早治疗”。实施“先诊疗、后付费”和“一单式”结算,推进健康扶贫“三个一批”行动计划,贫困人口大病集中救治740人、慢病签约管理6031人、重病兜底保障19人。持续实施优质服务基层行、“万名医师对口支援县级医院”项目,阿合雅镇卫生院优质服务基层行获全国通报表扬,开展健康义诊活动200余场次,义诊19万人次。积极推进“互联网+医疗”建设,县级2家医院接入自治区全民健康信息平台,实现群众通过公众号在网上预约、网上挂号、网上结算和网上查询健康档案等服务。组建家庭医生团队158个,家庭医生签约服务覆盖率60%以上,其中重点人群、建档立卡贫困人口、慢性病患者签约服务覆盖率100%。持续推动中医药事业发展,乡(镇)卫生院全部建成中医馆,全县可提供中医民族医服务的村卫生室80%以上。

【基本公共卫生】 2020年,乌什县14类54项基本公共卫生服务项目提质增效,人民群众从“看得上病”向“少生病”逐步转变。“三位一体”重大疾病防控机制逐步建立,医防服务深度融合,重大传染病发病率持续下降,慢性病防治不断规范,免疫规划覆盖面稳步提升。年内,乌什县确诊活动性肺结核患者875例,发病率为377.62/10万人,较上年下降53.6%。艾滋病病毒感染者及病人抗病毒治疗覆盖率、有效率分别为94.6%和92.6%,高血压、糖尿病规范管理率分别为67.4%和70.18%,免疫规划疫苗接种率90%以上。

【新冠肺炎疫情防控】 2020年,乌什县卫健委坚决贯彻习近平总书记“生命重于泰山,疫情就是命令,防控就是责任”的重要指示精神,坚持“坚定信心、同舟共济、科学防治、精准施策”的总要求和“外防输入、内防反弹”总体防控策略,落实落细“八项监测预警机制”,牢牢掌握疫情防控主动权。常态化开展全民核酸检测,组建69支采样队,2家实验室24小时满负荷运转,工作人员实行“三班四倒”,日检测能力1.2万管以上,累计检测354万人次;组建环境监测采样队伍350支705人,加强全流程规范培训,县、乡、村三级队伍业务水平明显提升;组建发热门诊医疗救治应急梯队3支60人,常态化开展业务培训,不断提升医疗救治能力。持续抓好预检分诊、发热门诊、隔离留观病房能力提升改造,建成发热门诊2个、负压病房8间、留观病房38间。针对季节性特点,抓好疫情防控各项举措,完善重大疫情防控体制机制,稳步实施新冠肺炎疫苗接种工作,确保乌什县疫情“零发生”。

【爱国卫生】 2020年,乌什县广泛开展爱国卫生运动,着力整治城乡环境卫生,加强公共场所清洁工作,创建爱国卫生好单位2个、好乡(镇)1个、好医院3个、好村庄20个、好家庭2380个、好社区2个、好小区2个;完成新建改建户厕8077座,组建农村改厕项目验收组,对历年建成的16142座农村户厕进行“三防两有”(防渗漏、防臭、防蝇,有遮挡、有照明)抽验,确保改厕任务圆满完成。

【老龄工作】 2020年,乌什县严格落实80周岁以上老人生活津贴发放和免费体检工作,累计为860名80岁以上老人发放生活津贴40.79万元。节日期间慰问救助高龄特困老人20人次,发放慰问金0.6万元。做好老年优待证办理工作,维护老年人合法权益,在县行政服务大厅设立窗口,对符合条件的老人当场制证发证,累计办证58个,不断提升老年人幸福感。

【卫生监督执法】 2020年,乌什县按时完成"双随机"监督和检测任务,"双随机"被抽查单位8家,检测任务完成率100%。积极发挥乡(镇)协管员作用,对各分所辖区内367家被监督单位开展巡查586次,监督覆盖率100%;对全县各级医疗机构、私营医院、诊所、公共场所、学校和4家集中式供水单位进行地毯式监督执法,出动执法人员235人次、执法车辆85辆次,检查单位350户次,下发卫生监督意见书500余份。严格执行《诊所、门诊部违法执业行为公示和计分制度》,公示率100%。查处违法案件8件,其中,日常性监督处罚案件4件,结案2件;非法行医案件4件,结案3件,罚没款4.6万元。

(供稿人:徐巍卫)

卫生监督

【概况】 2020年8月,乌什县卫健委卫生监督所更名为乌什县卫生健康综合监督执法局,核定编制10名,其中领导职数2名,实有9人,内设行政办公室、稽查科、传染病卫生监督科、医疗卫生监督科、财务办公室、公共场所卫生监督科、职业病(放射)卫生监督科、中医药监督科8个科室。年内,乌什县卫生健康综合监督执法局加强对全县卫生事业发展和防病工作的统筹规划,强化综合协调和政策引导,加大卫生行业法治建设、行政执法监督和信息服务工作力度,深化基本医疗保险制度改革,强化各级医疗卫生单位的监督管理,全力提升卫生服务质量。

【卫生行政许可】 2020年,乌什县卫生健康综合监督执法局实行"一站式"集中办理,将优质服务延伸到咨询、受理、审核、发证全过程。在卫生行政许可过程中,许可窗口一次性告知审批条件和所需材料,实行告知承诺,减少审批环节,缩短办理时限,简化审批程序。实行告知承诺的公共场所经营者在取得卫生许可证后,按照《公共场所卫生管理条例》要求进行设置,由卫生监督员现场检查,检查中发现经营者实际情况与承诺内容不符的,要求限期整改;整改后仍不符合要求的,依法撤销行政许可决定,实现审批与监管的有效衔接,避免出现监管"真空"。实施公共场所卫生许可告知承诺制改革,促进公共场所卫生监督管理方式创新。年内,受理卫生许可申请68件,审批发放卫生许可证68家,其中,新办卫生许可证31家、延续37家。

【公共场所卫生监督管理】 2020年,乌什县卫生健康综合监督执法局对91家公共场所进行监督和量化分级管理,量化分级覆盖率100%。全县91家公共场所均持有效卫生许可证,其中,住宿场所12家、美容美发场所79家,无游泳场所和沐浴场所。实施量化分级的住宿场所12家,其中B级5家、C级7家;实施量化分级的美容美发场所79家,其中B级16家、C级63家。

【生活饮用水卫生监督管理】 2020年,乌什县卫生健康综合监督执法局开展生活饮用水卫生监督专项检查,出动监督员4人次、监督车辆2台次,对城市集中式供水单位、农村集中式供水单位进行专项监督检查,用DR820光度计分别测定出厂水和管网末梢水的余氯含量,城市集中式供水单位、农村集中式供水单位均持有阿克苏地区食品安全检测中心出具的检测结果合格报告单。

【学校卫生监督】 2020年,乌什县卫生健康综合监督执法局开展学校卫生暨传染病专项监督检查,出动执法人员16人次、车辆8台次,检查各级学校25户次(其中,中学8户次、小学17户次),幼儿园12户次,下达卫生监督意见书37份。重点检查学校教学环境和传染病防治措施落实情况,规范学校疫情报告、传染病防控措施落实、晨午检和因病缺勤、病因追查与登记、新生入学接种证查验登记、学生健康体检等工作。

【传染病卫生监督】 2020年,乌什县卫生健康综合监督执法局监督医疗机构传染病防治155户次,监督覆盖率100%,查处医疗机构传染病案件1起,罚款4900元。在"脊灰"疫苗免疫接种期,深入各接种点对疫苗发放情况进行监督检查,重点检查接种点人员资质、疫苗贮存、运输、接种流程。举办营利性医疗机构传染病防治培训班1期;对28家医疗机构开展传染病防治分类监督综合评价;对1家餐饮具集中消毒单位开展节前监督检查2户次,联合县疾控中心对该单位6套24件餐饮具样品细菌指标进行抽检。集中开展医疗废物、消毒产品专项监督检查2次,出动执法人员16人次、车辆8台次,检查各级医疗机构133家、药店21家、CDC1家,下达卫生监督意见书155份。

【医疗市场监督管理】 2020年,乌什县卫生健康综合监督执法局对县域内133家医疗机构[其中二级医院2家、民营医院1家、乡(镇)卫生院8家、门诊部4家、诊所10家、村卫生室108家]开展全覆盖监督检查,共监督医疗机构133户次,监督覆盖率100%。在监督检查中,严格落实《诊所、门诊部执业违法行为公示和计分制度》,对医疗机构执业人员执业注册、执业资质、执业范围等情况进行监督检查,规范医疗机构执业行为,营造良好的就医环境。年内对3家医疗机构进行立案查处,罚没款48615元。加大打击非法行医力度,查处非法行医案件5起,罚没款5.3万元,有效遏制"黑诊所"和游医的非法行医行为,消除医疗安全隐患。

【卫生监督协管】 2020年5月,乌什县卫生健康综合监督执法局召开卫生监督协管工作例会和法律法规培训会议,人员到位率100%,与各乡(镇)卫生监督协管分所签订目标责任书;各乡(镇)分所卫生监督协管员对村卫生室每季度进行全覆盖监督检查,对发现的问题书写卫生监督意见书,通过检查和日常巡查规范村卫生室的诊疗活动。发挥协管员网底作用,动员村卫生室医务人员积极举报非法行医。年内,卫生监督协管巡查213户次。

【突发事件处理】 2020年,乌什县卫生健康综合监督执法局成立突发事件应急处理领导小组及工作小组,制定突发事件处理预案。在疫情防控指挥部的指导下,迅速全面响应,严格落实各项防控措施和预警机制,加大各级医疗机构疫情防控工作监督频次,确保疫情防控工作稳步推进,切实保障广大群众健康安全。年内监督检查各级医疗机构开展疫情防控工作320户次。

【执法督察与稽查】 2020年,乌什县卫生健康综合监督执法局积极开展卫生监督稽查工作,有效规范卫生行政执法行为。制定和完善稽查制度、监督执法评议考核制度、举报投诉调查处理制度、卫生行政处罚案件处理程序、卫生监督风纪风貌管理工作检查制度等5个稽查配套制度,严格检查落实。各卫生监督业务科室随机抽查许可档案、执法文书、案卷进行稽查评价。针对卫生监督员制作的执法文书内容不全面、语言表达不规范、检查项目不齐全等问题,下达稽查意见书16份。

【卫生法治宣传教育】 2020年,乌什县卫生健康综合监督执法局利用电子屏、横幅、设咨询点、发宣传单等形式,先后开展“3·15”消费者权益日、《中华人民共和国职业病防治法》、饮用水卫生宣传周、防震减灾、《中华人民共和国食品安全法》等专项宣传活动5次,编撰卫生监督信息12期、调研报告1篇。

【监督员队伍培训】 2020年,乌什县卫生健康综合监督执法局加大监督队伍培训工作,安排监督人员参加自治区举办的各类专业培训班,全员参加阿克苏地区举办的相关培训班,落实每名监督员网络培训30个学时。截至年底,全体监督员网络培训均达30个学分以上,线上培训3起,离线培训16个学时,培训任务完成率100%。国家卫生监督信息平台录入处罚案件10起,各专业监督覆盖率均达到100%。

(供稿人:艾克拜尔·吐鲁洪)

妇幼保健

【概况】 2020年,乌什县妇幼保健院核定事业编制17名,其中领导职数3名。实有干部职工18人,其中主治医师2人、医师(士)4人、护师(士)4人。

【预防出生缺陷增补叶酸项目】 2020年,乌什县妇幼保健院强化预防出生缺陷各项工作,预防和减少神经管缺陷的发生。新增应服用人数3896人,新增服用人数3811人,新增服用率97.81%;新增叶酸服用依从人数3286人,依从率86.22%;增补叶酸知识调查人数3872人,知晓人数3766人,知晓率97.26%,无神经管缺陷。

【新生儿疾病筛查】 2020 年，乌什县妇幼保健院加强新生儿疾病筛查工作，做到早发现、早诊断、早治疗。全年活产数 1210 人，新生儿疾病筛查 1216 人，筛查率 100%；听力筛查人数 1208 人，筛查率 99.83%；不合格血片 1 人，补采 1 人，补采率 100%；可疑阳性苯丙酮尿症 3 人，甲状腺低下症 1 人，可疑阳性召回数 4 人，召回率 100%，无阳性患儿。开展儿童营养改善项目，营养包应领取人数 4428 人，实际领取人数 4348 人，领取率 98.19%，有效服用人数 4158 人，有效服用率 95.6%。

【传染性疾病预防】 2020 年，乌什县妇幼保健院检测艾滋病、梅毒和乙肝孕产妇人数 2626 人，检测率 100%；县内孕期接受艾滋病、梅毒和乙肝检测孕妇数 1482 人，检测率 100%。县内分娩产妇 1204 人，孕期接受艾滋病和乙肝检测产妇数 1100 人，孕期接受梅毒检测产妇数 1087 人；仅产时接受艾滋病和乙肝检测产妇数 10 人，仅产时接受梅毒检测产妇数 11 人，梅毒感染产妇数 6 人（仅产时诊断为梅毒感染产妇 2 人）；乙肝表面抗原阳性产妇数 18 人，所生儿童数 17 人，注射乙肝免疫球蛋白儿童数 17 人。

【“两癌”筛查】 2020 年，乌什县妇幼保健院指定专人负责“两癌”工作，按照流程分类管理、逐级上报，所有“两癌”检查工作的个案、报表填写完整、准确。免费进行宫颈癌、乳腺癌筛查 1500 人，完成率 100%，及时对可疑阳性者进行钼靶和阴道镜检查，做到早筛查、早诊断、早治疗。

【婚前检查】 2020 年，乌什县妇幼保健院对 1475 对新婚夫妇进行婚前医学检查，检查率 100 %。对检查出的阳性传染病病人进行健康教育和指导，按照要求将阳性病人家庭住址反馈给所在乡（镇），随时关注早孕情况，进一步提高干预率。

【优生优育】 2020 年，乌什县妇幼保健院对 750 对夫妇进行孕前优生健康检查，完成率 100%。完成早孕随访 120 人，完成妊娠结局随访 96 人，及时上报早孕和妊娠结局人员；发现传染病 99 人，对传染病患者及时进行治疗和干预。

（供稿人：吴海珍）

疾病防控

【概况】 2020 年，乌什县疾病预防控制中心（简称乌什县疾控中心）落实落细常态化疫情防控措施，拓展疫情防控工作成果，全面统筹落实艾滋病、结核病等重点传染病防治和计划免疫等工作，规范提高疾病防控服务能力，强化落实重点传染病防治措施，巩固疫情防控阶段性成果。年内，乌什县疾控中心办公地址整体搬迁至原县残联旧址，初步实现业务办公楼和实验楼分开，有效改善基础设施条件。核定编制 34 人（其中县编 1 人），实有 34 人，其中卫生技术人员 32 人；内设疾控科、结防科、地方病科、检验科、公共卫生科、性艾科、行政办 7 个职能科室。拥有固定资产总值260万元,有血球仪、全自动生化检测仪、CD4检测仪,建立艾滋病初筛实验室和碘盐合格实验室。

【常态化疫情防控】 2020年,乌什县疾控中心坚持关口前移,分析疫情形势,落实落细防控措施。成立疫情防控领导小组,组建流行病学调查组、标本采样检测组、宣传教育组、现场消杀组、后勤保障组5个工作小组,全力做好疫情防控工作,筑牢疫情防护墙。加强疫情防控技术指导,8月开始抽调40余名工作人员开展流行病学调查,累计流调2889人。不定期对复工企业、农贸市场、超市、宾馆、快递物流、社区等人员密集重点场所开展疫情防控技术指导,督促重点场所落实测量体温、消杀等常态化疫情防控措施,不断巩固疫情防控工作成果。积极应对秋冬季疫情,为目标人群接种流感疫苗,开展全县流行病学调查、消杀、核酸采样检测等培训16场次,培训810人次,提升应对疫情防控的实战能力。加强核酸实验室能力建设,6月初投入资金200万元,采购核酸检测仪器设备,按时完成核酸检测实验室改造任务,派出6名专业技术人员参加地区核酸检测技术培训,均取得上岗资格证。全面开展各类重点人群和外环境核酸检测工作,截至9月底,共检测样品6万余份,检测结果均为阴性。

【传染病防控和免疫规划】 2020年,乌什县疾控中心加强传染病防控和网报工作。截至9月30日,共报告传染病13种1538例,无甲类传染病报告,报告发病率659.98/10万人。5—6月实施脊灰补充免疫活动,第一轮摸底儿童数8772名,服苗儿童数8567人,服苗率97.66%;第二轮摸底儿童数8693人,服苗儿童数8492人,服苗率97.69%,两轮脊灰补充免疫均达到自治区评估要求。落实儿童免疫规划接种工作,全县0~6岁儿童22021名(其中2020年1月1日以后出生儿童620名),应种儿童数15896针次,实种儿童数15642针次,全程接种率98.4%,含麻类疫苗接种率99.58%。争取中粮集团定点帮扶资金300万元,6月中旬实施6个数字化预防接种门诊建设项目,规范预防接种服务流程,优化服务环境,全面提升疫苗预防接种质量。

【结核病防治】 截至2020年10月3日,乌什县疾控中心登记肺结核患者924例,登记耐药肺结核患者12例,病原学检查阳性447例、病原学检查阴性462例、单纯结核性胸膜炎11例、无病原学结果4例,报告发病率368.61/10万,较上年同比下降26.6%。全县结核病总体到位率99.06%,耐多药肺结核高危人群耐药筛查率96.94%,新病原学阳性肺结核耐药筛查率99.04%,肺结核患者成功治疗率91.4%,达到自治区标准要求。强化县、乡、村三级结核病防治工作人员业务知识培训,针对各基层医疗卫生机构开展现场技术指导和个性化培训,面对面、小范围、具体化培训结核病采痰方法。充分发挥自治区结核病技术指导组和自治区胸科医院结核病工作站的帮扶作用,落实结核病各项防控措施,组织召开例会13次,建立日调度、周例会制度,构建全社会共同参与结核病防治工作机制。以全民健康体检为契机，提高结核病发现率，完成重点人群结核病筛查任务。规范结核病病人管理，加强结核病患者家庭隔离工作。组织各乡（镇）结核病患者和家属开展专题健康教育，讲清楚家庭隔离和坚持治疗的重要性。落实每位患者“五个措施、三个要求”，通过开展结核病宣传日等活动，提高患者和家属结核病防治和家庭隔离知识水平，争取患者主动配合隔离和治疗，提高治疗成功率。

【艾滋病防治】 2020 年，乌什县疾控中心新发现艾滋病病毒感染者及病人 26 例，较上年同期下降 30.5%。充分利用“6·26”禁毒日、“12·1”世界艾滋病宣传日、卫生下乡等时机，分群体、有针对性开展宣传活动。完善检测体系，开展“三逢必检”及全民体检人群艾滋病大筛查工作，共筛查 101399 人次。落实干预措施，县域内社区药物维持治疗延伸服药点年内无新增及退出人员，在治 1 人。与乌鲁木齐市天山区碱泉二街彩虹梦想男同组织签订委托协议书，计划全年干预男男性行为人群 80 人，检测 40 人。延伸暗娼干预工作至乡（镇）卫生院，范围扩大到村、社区的性乱人群，干预暗娼 264 人次，艾滋病检测 182 人次，未发现阳性病例，发放安全套 3005 只，宣传材料 423 份。规范随访管控工作，组织乡（镇）卫生院艾滋病随访管理工作人员，针对县域内艾滋病病例开展依从性调查及配偶性阻断传播干预工作，加深艾滋病病例对恶意传播艾滋病危害性的认识。提高配偶、性伴间使用安全套重要性的认识，针对摸排中发现的不配合病例、家庭生活存在困难的病例，统一报乡（镇）人民政府协调处理，进一步提高艾滋病治疗成功率。

【地方病防治】 2020 年，乌什县疾控中心加强碘缺乏病防治，做好碘盐监测工作，随机抽取阿恰塔格乡、英阿瓦提乡、乌什镇、亚曼苏乡、阿克托海乡 5 个乡（镇），采取盐样 300 份，无土盐，碘盐检测合格率 97.3 %。1 月 7 日至 15 日，在全县范围内开展目标人群强化补碘工作，摸底 2007 人，投服 1991 人，投服率 99.2%。对以上 5 个乡（镇）目标人群开展尿碘监测工作。8～10 岁儿童 B 超监测 200 人，学生尿碘检测 200 人，孕妇尿碘检测 100 人，按时上报检测数据。做好水质监测工作，丰水期和枯水期采集水样 50 份，每次检测项目 33 项，其中 24 个项目送阿克苏地区疾控中心检测，9 个项目由乌什县疾控中心检验科承担检验任务，检测结果均在合格范围之内，按时上报国家水质监测专报系统。做好疟疾血检工作，完成发热病人血检人数 3600 人。加强包虫病防治工作，年内大疫情网报包虫病病例 7 例，全部进行手术，病人身体恢复正常。包虫病 B 超普查 5500 人，对全县 3500 条犬每月进行驱虫。慰问麻风病人 9 名，为病人送去舒适的防护鞋、大米、清油、溃疡护理包等慰问品；利用麻风病防治宣传日面对面开展宣传教育。开展布病防治项目工作，筛查布病 854 人，确诊病例 11 例，为患者申请办理慢病卡，减轻群众经济负担。

【慢性病和健康教育】 2020 年，乌什县疾控中心建立电子健康档案 205046 人，健康档案使用率 88%；重性精神疾病患者管理率100%。不断提升高血压和糖尿病病人规范管理随访率。协同县卫健委每月下乡,督促乡(镇)卫生院做好慢性病和健康教育工作。

(供稿人:刘子安)

人口和计划生育

【概况】 2020年,乌什县人口和计划生育生殖健康服务站(简称乌什县计生站)核定事业编制12名,其中领导职数2名。实有干部职工11人,内设财务科、技术科、行政办。占地面积0.12公顷,建筑面积0.08公顷,拥有固定资产总值278.5万元。先后获评“地区级卫生红旗单位”“地区级文明单位”“县级七五普法先进集体”。

【计划生育免费技术服务】 2020年,乌什县计生站发放避孕药具183盒,上门咨询2089人,门诊咨询1372人次,随访1152人次。

【“三查一治”工作】 2020年,乌什县计生站落实“全面普查、分类随访、跟踪服务”机制,认真开展“三查”活动,全县应查孕35388人次(每季度均9297人),实际查孕(包括双月查孕)41752人次。开展国家公职人员“三查”工作,收回公职人员检查单2341份,及时统计汇总。

【妇女病普查普治】 2020年,乌什县计生站严格落实“单月访视、季度查环查孕”工作机制。单月访视将产后42天妇女访视纳入工作重点。妇女病普查11721人次,妇女病确诊7761人次,上门咨询423076人次,门诊咨询16866人次,发放避孕药具17918人次,免费服务落实率96%以上。

【避孕药具管理】 2020年,乌什县计生站加快药具信息化建设步伐,启用自治区“乡村级药具通用软件”,数据准确率99%以上。举办药具知识培训班4次,其中药具系统培训2次(村级推广通用软件培训班1次);乡(镇)面对面培训1次。年内增加免费发放点57个,其中全自动刷卡取药具机12台,人工发放点45个。

(供稿人:秦海霞)

医疗保障

【概况】 2020年,乌什县医疗保障局立足保障和改善群众医疗保障水平,扎实推进医保惠民政策落实,全力以赴做好新冠肺炎疫情防控工作,有力推动医疗保障事业新发展。年内,核定编制20人,其中科级职数3名;实有19人,其中,机关核定编制7人,实有6人,内设行政办公室、综合业务科;下属事业单位医疗保障服务中心(副科级建制),核定事业编制13人,实有13人。

【政策宣传】 2020年,乌什县医疗保障局在县域内各级定点医疗机构设置医保政策宣传栏、摆放宣传册、张贴宣传海报,营造宣传氛围。强化医务工作人员医保政策培训,要求各级定点医疗机构开展入院患者医保政策宣教工作。印制城乡居民医疗保障宣传折页1万余份，全部发放到群众手中，不断提高群众医保政策知晓率。年内，全县参加城乡居民医疗保险199952人，参保率99%，实现建档立卡贫困人口63156人应保尽保。

【政策落实】 2020年，乌什县医疗保障局聚焦脱贫攻坚任务，进一步强化健康扶贫成效，切实解决贫困人口看病就医问题，协同县卫健委研讨细化健康扶贫方案，落实地区、县、乡三级定点医疗机构执行“先诊疗、后付费”政策；将建档立卡贫困人口全部纳入基本医保、大病保险、医疗救助“三重”保障范围，不断提高群众医疗保障水平。落实低保对象、农村建档立卡贫困人口补贴50%、特困供养人员(含孤儿)补贴100%的标准，对符合政府补贴政策的82356人进行城乡居民基本医疗保险个人缴费政府补贴，补贴资金1184.433万元。落实建档立卡贫困人口、特困供养人员、低保人员、低收入家庭(含边缘户)常规住院、重特大疾病住院、特殊慢性病门诊救助政策。年内，实施医疗救助664人次，救助资金180.72万元，有效缓解重病家庭、大额自付费用患者因病返贫致贫风险。执行国家组织药品集中带量采购，中选药品平均降幅52%，最高降幅超过96%，有效降低群众就医负担，缓解医保基金压力。全力推进医保电子凭证激活，引导帮助群众激活医保电子凭证并使用结算，不断提高医保电子凭证激活使用率，全县共激活医保电子凭证4万余人，做到“一码在手、医保无忧”。

【内控建设】 2020年，乌什县医疗保障局制定医保经办机构内控制度，进一步规范基金审批、待遇支付、业务办理流程。研究制定基金安全监管制度，通过制度约束医保经办机构、定点医药机构、参保人规范行为，严防经办机构“监守自盗”“内外勾结”，违规办理、支付医保待遇。打击定点医药机构诱导住院、虚构诊疗费、重复收费，严查参保人通过冒名就医、伪造票据等行为套取医保基金。建立约谈、通报、限期整改、暂停、解除等处理机制，不定期对定点医药机构进行督查，发现问题及时处理，防止问题进一步深化扩展，威胁医保基金安全运行。

【基金监管】 2020年，乌什县医疗保障局扎实开展打击欺诈骗保、维护基金安全专项治理工作，持续加强日常巡查和专项检查，不断完善日常督查和违规处理等专项制度。年内，督查定点医药机构12家，调查住院病例1500余份，追回定点医疗机构违规报销费用27万余元；督查定点零售药店19家，个别药店存在大额台账登记不全、串换药品等违规行为，全县通报批评定点零售药店1家，约谈定点零售药店6家，暂停定点零售药店3家。约谈各医疗机构负责人，要求守住底线，严禁以欺诈行为骗取医保基金，对发现欺诈骗保行为的医疗机构“零容忍”，发现一起、严查一起，绝不手软；涉及问题严重的移交县纪委监委，让“打击欺诈骗保维护基金安全”专项治理活动形成常态化高压阵势。年内，各定点医疗机构自查退回医保基金60万余元。

【疫情防控】 2020年，乌什县医疗保障局进一步完善应急机制,将《新型冠状病毒感染的肺炎诊疗方案》覆盖的药品和医疗服务项目,全部纳入医保基金支付范围,做好医保经办服务工作。做好疫情期间医保征缴工作,确保参保人正常享受医保政策。公布医保经办服务热线、微信、钉钉号,24 小时为参保企业服务,大力推行“网上办”、“电话办”等“不见面”办理方式,保障医保待遇不受疫情影响。实施高血压、糖尿病等慢性病“长处方”报销政策,对处方用药量放宽至 3 个月,实现“便民办”。合理延长缴纳基本医疗保险费用时限,逾期不收取滞纳金,不影响参保人员享受待遇,允许“延期办”。做好医疗费用保障工作,提前预付定点医疗机构治疗新冠肺炎医保基金 80 万元。落实定点医疗机构新冠肺炎防治医疗费用直接结算工作,明确确诊、疑似患者的医保基金支出不计入医疗机构总额控制指标,减轻医院垫付负担。抓实阶段性减征工作,根据阶段性减征职工基本医疗保险费工作要求,按照企业在职人员医疗保险费单位部分由原来的 7.5% 降至 3.75%,退休人员医疗保险费由原来的 7% 降至 3.5%,灵活就业人员医疗保险费由原来的 5% 降至 2.5% 的原则执行,执行期限为 2020 年 2 月至 6 月,共减征 5 个月。年内,应减征医疗保险费 1280 万元,实际减征 1536.8 万元。

(供稿人:毕高尚)

乌什县人民医院

【概况】 乌什县人民医院是一所基础设施完备、功能齐全、专业技术人才储备厚实,集医疗、急救、教学、康复和预防保健于一体的二级综合性医院,是新疆医科大学第一附属医院、自治区第一人民医院、自治区肿瘤医院、自治区胸科医院、浙江省衢州市人民医院、浙江省衢州市中医院、阿克苏地区第一人民医院的技术协作医院。年内,医院编制床位 300 张,实际开放床位 550 张;全年收治门诊病人 14.2 万人次、急诊 26310 人次、体检 103068 人次,住院病人 16729 人次,开展各类手术 2562 例,业务总收入 9308 万元。医院员工 585 人,其中正高级职称 12 人、副高级职称 14 人、中级职称 42 人,党员 75 人,团员 123 人。设有心内科(含血透室)、感染科、消化呼吸内科、综合内科、普外科、骨科、妇科、产科、儿科、新生儿科、中医康复科、眼科口腔科、脑胸泌尿外科、急诊科、重症医学科、手术室、门诊部等临床科室;供应室等临床辅助科室;检验科、放射科、输血科、超声医学科(心电、B 超)、病理科等医技科室;办公室、医务科、护理部、财务科、人事科、经管办、药剂科、院感办、预防保健科、医保办、社会公共关系部、总务科、设备科、膳食科、信息科、保卫科、综合卫生科等行政职能科室。

【医疗基础设施设备】 2020 年,乌什县人民医院占地面积 5.07 公顷,建筑面积 5.52 公顷,其中业务用房 4.5 公顷,业务辅助用房 750 平方米。有 64 排 CT、X 光机、电子胃镜、支气管镜、DR、心脏彩超(IE33)、腹腔镜、全自动生化分析仪、全自动五分类血球分析仪、全自动血凝分析仪、尿液分析仪、眼科超声诊断仪、非接触眼压器、红外线偏振光诊疗仪、麻醉机、呼吸机、全数字超声诊断系统、C 型臂、裂隙灯显微镜、手术显微镜、中心监控系统、体外碎石机等医疗仪器和设备,固定资产1.1 亿元。

【专业技术人才引进】 2020 年,乌什县人民医院聘请具有中级职称的资深专家1 名,每周定期到院查房、授课、开展疑难手术、带教骨干医师,形成“外聘专家、内强素质、带动科室、促进发展”的人才队伍建设机制。出台人才引进激励机制,凡是引进的其他省市全日制本科学历医学专业技术人才,统一由地区财政发工资;专门建有一幢单身公寓作为临时住房,配备常用生活用品,打造待遇留人机制。年内,通过网络招聘引进 71 人,其中卫生专业技术人员 68 人,非卫生专业技术人员 3 人。

【医务人员继续医学教育】 2020 年,乌什县人民医院制定年度继续医学教育项目计划,认真组织实施。医务科、护理部、院感办、药剂科组织举办全院性大型业务专题培训 78 场次,举办业务技能操作培训 43 次,开展远程教育培训 17 场次。借助自治区胸科医院、新疆军区总医院、浙江省衢州市、哈密市伊州区、阿克苏地区第一人民医院的援建平台,加强人员培训,为下一步学科建设打好基础。年内,选派 12 名技术骨干到浙江省级医院、浙江省衢州市人民医院、地区第一人民医院等进行为期 1—6 个月的进修学习;选派科主任、护士长及技术骨干 68 人次参加自治区、地区及上级医院举办的短期培训,提高医务人员业务技术水平,增强医疗安全意识。

【优质护理服务】 2020 年,乌什县人民医院组织开展“优质护理服务”活动,成立领导小组,制定实施方案,召开动员大会,在全院临床科室开展优质护理服务,组织护士对生活不能自理的患者实施床边洗头、洗脸、洗脚、剪指甲(趾甲)、翻身、打水、喂饭等生活护理。根据疫情防控要求,帮助病人买饭菜,送饭到病床旁,减少人员流动。通过周到、细心的服务,让患者倍感温馨和舒适,得到住院病人及其家属的一致好评。

【医院交叉感染监测】 2020 年,乌什县人民医院落实疫情防控措施,加强院感消杀和外环境监测。各科室医院感染管理监控小组针对本科室危险因素积极开展监测工作,院感办对各科室每月定期检查,每月进行空气污染、手污染情况监测及高压锅生物监测工作,确保无菌物品安全使用,控制、减少医院感染的发生,保障医疗安全。加强医院感染病例监测工作,每月将监测结果、分析报告反馈给临床科室,有效控制医院感染病例的漏报。

【药事管理】 2020 年,乌什县人民医院建立和完善医院药事管理委员会组织,职责明确、制度健全、记录完整,提高临床合理用药水平,降低患者医疗费用。定期对院内临床用药情况进行监督、评价和公示。认真落实处方点评制度,对处方实施动态监测及超常预警,对不合理用药及时予以干预。落实抗菌药物临床应用相关规定,坚持抗菌药物分级使用,开展合理用药培训教育,定期召开抗菌药物应用专题分析会议,落实“双十”制度,对滥用抗菌药物的医生采取个人谈话、通报批评、经济处罚等措施予以处理。建立有效的药品不良反应事件处理程序,做好数据的收集和上报工作。加强麻醉药品、精神药品、毒性药品和高危药品等特殊种类药物的规范使用和管理,建立健全药品购置、安全保管和使用制度。

【学科建设】 2020年,乌什县人民医院根据疫情防控工作要求,新成立发热门诊和预检分诊,建立PCR实验室。

【医院文化建设】 2020年,乌什县人民医院加强医院文化建设,春节前夕召开退休干部茶话会、人才引进人员团拜会;“5·12”国际护士节开展“致敬护士队伍、携手战胜疫情”宣讲活动、首届OSCE案例交流活动,召开护士节表彰大会,对优秀护理团队、护士进行表彰;国庆节、中秋节对退休干部进行慰问。以爱国卫生运动为抓手,开展环境卫生大整治;每月开展1次卫生检查,实行“爱国卫生流动红旗”评比,彻底清理卫生死角,营造整洁舒适的医疗环境;活跃职工精神文化生活,凝心聚力促进医院发展。

(供稿人:李瑞东)

乌什县中医医院

【概况】 乌什县中医医院(维吾尔医医院)是一所以中医民族医为主,中西医结合,集医疗、教学、科研、康复、预防、保健、培训为一体的公立性二级甲等中医民族医医院。医院占地面积2.47公顷,总建筑面积1.64公顷,其中,急诊内科楼1栋,建筑面积0.52公顷;门诊康复楼1栋,建筑面积0.6公顷;中药煎药房(平房)1座,面积0.06公顷。2020年新建门诊医技楼1栋,建筑面积0.46公顷,11月初竣工验收并投入使用。年内,有编制床位130张,实际开放床位245张;职工230人,其中,专业技术人员178人,外聘专家3人,引进人才25人,专业技术人员占全院总人数77.5%;有高、中级专业技术人员6人,县级专业技术拔尖人才1名。医院有门诊部、住院部;设急诊科、心病脾胃科、肺脑病科、妇科、皮肤科、康复科、骨伤科等7个临床科室,其中(康复科、妇科为地区级重点专科);有药剂科、检验科、放射科、功能科(心电图、B超)等5个医技科室;有党办、院办、医务科、护理部、院感办、财务科、人事科、信息科、医保办、总务科、后勤保障科等11个职能科室。医院拥有彩超、DR、十二道心电图机、心电监护仪、全自动生化分析仪、血球分析仪、尿液分析仪、电解质分析仪、微波综合治疗仪、体外短波治疗仪、中频治疗仪、微电脑多功能腰椎治疗仪、喷雾治疗仪、红外线治疗仪、紫外线治疗仪、熏蒸治疗仪、中药煎药锅、煎药包装机、粉碎机等设备,能较好地满足医疗需求。

【疫情防控】 2020年,乌什县中医医院根据新冠肺炎疫情防控要求,成立发热门诊、预检分诊台,采取强有力的措施防止疫情的蔓延。对发热门诊进行改造,严格落实各项防控措施和预警机制,加强消毒隔离工作，配备足量的专职人员，加大培训学习、监督检查、考试考核力度，确保疫情防控工作稳步进行，保障群众和医务人员的健康安全。新配备负压救护车1辆，基本满足接送患者的需求。严格落实封闭式管理，开展优质护理服务，食堂和商店开展送饭、送物资到病区等服务活动，使患者得到优质服务。组织全体人员开展疫情防控专项培训学习80余次，开展理论及实践考试60余次，远程视频培训90余次，组织开展发热门诊就诊患者诊疗、转运流程和医疗废物处置等应急演练19次，提高医务人员的疫情防控和诊疗技术能力。发挥中医民族医药优势，根据《预防新冠肺炎中药处方》熬制预防型中药汤剂25万余袋，服用12.5万人次，助力新冠肺炎疫情防控战。委派24名急诊和呼吸科的业务骨干到各集中医学观察点参加疫情防控工作。组织医院和4家医共体分院的医务人员分7期开展核酸检测培训，共培养核酸检测人员264名。成立核酸采集队，为住院患者和陪护人员、体检人员、医院干部职工、4家医共体分院工作人员及14天内无疫情重点地区及境外旅居史、接触史的人员进行核酸采样，推行“即来即检”免预约贴心服务，7—11月，先后选派40组核酸采样队，采样40万人次。组织人员对13家企业601名员工进行复工复产体检，对237名返校教师和111名其他省市初中班的学生进行体检。

【PCR核酸实验室建设】 2020年，乌什县中医医院根据自治区、地区疫情防控指挥部“关于边境县5月20日前建成核酸检测实验室”的要求，立即启动项目建设，投入180万余元，利用10余天完成核酸实验室改造及相关设备采购工作，6月28日投入使用，增强医院疫情防控工作能力，为全县疫情防控工作稳步开展提供可靠支撑。实验室7—10月共检测核酸13.27万人次。

【发热门诊建设】 2020年，乌什县中医医院根据疫情防控需求，于8月21日开始筹建发热门诊及附属设施项目。项目投资269万元，建筑面积0.09公顷，采用防火岩棉板钢结构工艺，建设候诊区、检查治疗区、清洁区、缓冲区及10间留观病房并配备污水二级过滤池等附属设施，于10月5日正式投入使用。发热门诊采用闭环式管理，配备医护人员13名，设有3个通道，分别为发热病人专用通道、医护人员通道及污物通道。发热门诊用于发热患者的诊断、留观，实行24小时接诊，确保发热病人第一时间得到收治。

【医疗指标】 2020年，乌什县中医医院总诊疗人数52331人次，比上年同期增加7348人次；住院人数5162人次、出院人数6175人次，同比减少23%；门诊就诊人数46156人次，比上年同期增加8829人次，同比增长19%，自费人数33760人次。非药物治疗29602人次，占医院门诊总人数的80.7%；医院有维药饮片319种，维成药65种，西药189种，基本药175种；煎药室可煎蜜膏、糖浆、露剂、粉剂、软膏等5种品规，全院中成药占比37.16%、草药占比35.2%。床位使用率83.36%，床位周转次数5.9次，平均住院天数7.88

天,治愈好转率90%,危重病人抢救成功率95.2%,初步诊断与确定诊断符合率95%%以上。

【财务收支】 2020年,乌什县中医医院总收入3291.05万元,其中财政拨款收入820.73万元;医疗业务收入2405.58万元,比上年同期增加7.27%,其中,药品收入383.04万元,占医疗总收入的15.92%,同比减少8%;西药收入108.78万元,占药品收入的28.4%,同比增加15.7%;中成药收入145.46万元,占药品收入的37.98%,同比减少3.91%;草药收入(饮片收入)128.8万元,占药品收入的33.62%,同比减少24.62%;医疗服务收入1307.32万元,占医疗总收入的54.34%,同比下降31.6%;医用耗材收入8.38万元,占医疗总收入的0.35%,同比增加2.9%;百元医疗收入的卫生材料费21.07元;检查收入302.9万元,占医疗总收入的12.59%,同比增加7.4%;化验收入403.94万元,占医疗总收入的16.79%,同比增加83.19%。

【传染病管理】 2020年,乌什县中医医院坚持"早发现、早报告、早隔离、早治疗"的原则,有效预防和控制传染病的暴发与流行。截止9月30日,医院发热门诊就诊病人663人次(普通发热病人);艾滋病扩大监测患者8270例,住院患者艾滋病和梅毒扩大检测率100%;免费提供咨询服务患者50例,疟疾检测人数458人次;网报传染病71例,其中,乙类62例(乙肝34例、丙肝28例、痢疾1例),丙类2例(流行性腮腺炎),其他传染病2例(水痘),网络报告及时率100%,无漏报、瞒报、迟报。

【信息化建设】 2020年,乌什县中医医院推进信息化建设,及时解决临床科室和医技科室工作中出现的问题。按期完成PCR实验室综合布线,及时与HIS工程师对接,完成核酸检验条码批量信息录入、条码批量打印、核酸结果查询功能改造。加强医院网络信息安全,完成网络安全等级保护2.0项目招标并按期实施,新增网络安全设备4台,部署企业版杀毒软件1套,通过等级保护测评健全医院信息化管理制度,建立监督机制和管理办法。及时与软件商对接,完成发热门诊监测数据接口部署,定期自动上传数据。开通与新疆医科大学第七附属医院的远程会诊系统,为远程会诊、医护人员教育教学提供便捷方式。完成医院端与自治区卫生厅VPN的连接部署,为贫困人口信息查询、挂号预约等接口功能的正常使用打通数据通道。完成信息系统的软件升级和医保专线的接入使用,完成数据接口开发,11月中旬完成医院银医通自助系统上线运行,进入设备调试及软件测试阶段,满足患者自助服务需求。

(供稿人:吐尔逊阿依·提力瓦力地)

社会生活

民　政

【概况】 乌什县民政局是县人民政府工作部门,与中共乌什县社会组织工作委员会(县委派出机构)合署办公,一个机构、两块牌子。机关设综合办公室、社会保障办公室、社会事务办公室3个内设机构,有直属事业单位10个,分别为乌什县城乡居民最低生活保障办公室(居民家庭经济状况核对中心)、乌什县综合社会福利中心、乌什县老年养护院、乌什县阿合雅镇老年养护楼、乌什县依麻木镇社会福利中心(亚贝希村)、乌什县依麻木镇养老院(托万克麦盖提村)、乌什县依麻木镇困境儿童保护中心、乌什县阿恰塔格乡养老院、乌什县亚科瑞克乡养老院、乌什县奥特贝希乡养老院。核定编制29名,实有29人,其中,机关行政编制7名,工勤事业编制1名;乌什县城乡居民最低生活保障办公室(副科级建制)核定事业编制8名,实有8人;乌什县综合社会福利中心(副科级建制)核定事业编制4名,实有4人;乌什县老年养护院(股级建制)核定事业编制5名,实有5人;乌什县阿合雅镇老年养护楼、乌什县依麻木镇社会福利中心、乌什县依麻木镇养老院、乌什县依麻木镇困境儿童保护中心、乌什县阿恰塔格乡养老院、乌什县亚科瑞克乡养老院、乌什县奥特贝希乡养老院等7个敬老院均为股级建制,核定事业编制4名(其中乌什县阿恰塔格乡养老院、乌什县依麻木镇困境儿童保护中心、乌什县依麻木镇养老院新建未核定编制),实有4人。

【低保工作】 2020年,乌什县民政局推行“一门受理、协同办理”机制,动态管理城市低保。全县有城市低保对象2467人,月发放低保金105.2万元,全年累计发放低保金1332.6万元;有农村低保对象23387人,累计发放低保金8677万元。

【救助救灾和集中供养】 2020年,乌什县民政局为困难群众发放临时救助4948.9万元。县财政设立255万元专项资金作为事前救助资金,采取滚动方式资助无钱看病的特困群众,共救助312人次,发放资金94.7万元。救助临时困难人员2405人,投入救助资金499.3万元;救助贫困家庭大学生25名,发放助学金25万元。做好受灾困难群众基本生活救助工作,支出救灾资金9.25万元。健全流浪乞讨、生活无着人员救助工作机制,救助流浪乞讨、生活无着落人员4人次。落实发放残疾人“两项补贴”资金555.38万元,较好地保障残疾人基本生活。乌什县8所社会福利机构和9所幸福大院集中收养特困人员719人,其中,供养五保老人

495人、孤儿85人、困境儿童104人、重症精神障碍患者36人。

【养老服务】 2020年,乌什县民政局按照“家庭为基础、社区为依托、专业服务为手段、志愿服务为补充”的模式,推进居家养老服务工作,组织开展重大节日期间敬老宣传活动2场次。发放高龄老人生活补贴67.2128万元,保障779名高龄老人基本生活和身心健康。通过新春茶话会、古尔邦节座谈会等形式,慰问高龄老人和特困老人,促进敬老意识的提高。乌什县60岁以上老年人32182人,占全县人口总数的13.9%。建立以县法律援助中心为主体、各乡(镇)法律援助联络工作站为补充的法律援助体系,实现老年人法律援助工作全覆盖。县法律援助中心开展法律服务下乡进村活动,为老年人讲课1场,开展老年维权活动2场次,惠及老人18543人次。为80岁以上老人发放“尊老金”7.8万元,免费开展体检。签订《赡养协议书》783份,发放老年优待证6458本,定期检查老年人优待服务工作落实情况,及时协调解决矛盾。动员老年人参加农村新型合作医疗保险和意外伤害保险;在社区、村组织开展老年健康教育,发放老年保健资料38213份;各乡(镇)、村(社区)举办老年保健知识讲座,惠及老年人4700人次。

【基层政权建设和社团组织管理】 2020年,乌什县民政局规范村务公开民主管理制度,提升村级阳光工程,率先在奥特贝希乡尤喀克奥特贝希村开展村级议事协商创新实验试点工作,为全覆盖开展奠定基础。对17家社会团体、民办非企业单位进行年检;开展国家公职人员在社会组织兼职清理工作,对全县17个社会组织进行全面摸底调查。

【婚姻收养登记】 2020年,乌什县民政局办理结婚登记1542对,离婚404对,补办结婚登记640对。婚姻信息登记系统累计录入信息66932条。对全县138名孤儿分布、生活、寄养、身体、就学等情况进行调查。发放孤儿生活补助费182.1万元,办理收养登记1起。“六一”期间慰问孤儿138名,发放慰问金1.38万元,保障孤儿的基本生活。

【殡葬管理】 2020年,乌什县民政局为解决汉族群众殡葬乱埋、乱葬问题,申请资金950万元,新建占地面积20亩,建筑面积0.38公顷的殡仪馆,预计2021年投入使用。

【区划地名管理】 2020年,乌什县民政局对第二次全国地名普查工作成果,按照业务类、成果类和其他类建立纸质档案和电子档案管理,进一步规范地名档案。推进村改居(撤销行政村建制,建立社区居委会)工作,将乌什镇3个行政村、阿合雅镇2个行政村和依麻木镇2个行政村改为社区居委会。村改居后,全县共有18个社区居委会。

(供稿人:祖丽胡玛尔·图尔逊)

人力资源和社会保障

【概况】 2020年,乌什县人力资源和社会保障局(以下简称乌什县人社局)核定编制33名,其中机关行政编制8名(领导职数3名),机关工勤事业编制1名,内设办公室、事业单位人事管理及工资福利退休办公室(专业技术人员职称办公室、劳动能力鉴定办公室)、社会保险管理及公共就业办公室。所属事业单位4个,分别为乌什县公共就业服务局、乌什县劳动保障监察大队、乌什县劳动人事争议仲裁院、乌什县社会保险管理局,核定全额事业编制25名(其中领导职数2名)。有干部职工52名,其中,在编正式干部34名,"三支一扶"人员11名,借调人员1名,公益性岗位人员6名;中共党员20名。

【就业创业】 2020年,乌什县人社局按照精准培训、精准输送、精准就业的要求,开展基本素质、劳动技能和岗前培训等各类培训,共培训3716人;实现城镇新增就业1494人,实现就业困难人员就业178人;新增创业实体128家,带动就业人员206人;实现富余劳动力转移就业33458人,(其中发展产业就业13913人,转移就业19545人);应届高校毕业生报到登记900人,就业850人,就业率96.15%。拨付就业政策资金4398.26万元,享受政策人数9154人,其中,灵活社保补贴293.22万元,就业见习补贴82.59万元,求职创业补贴195.66万元,自主创业补贴433万元,就业创业服务补助207.99万元,就业援助金432.85万元,公益性岗位(社保)补贴2480.4万元,其他支出272.55万元。发放创业担保贷款26笔349万元,大胆创新房租补贴166家52.18万元;打造新华创业就业示范街1条,挂牌村级就业创业基地18家,鼓励入驻创业实体183户,带动就业360人,激发灵活就业人员创业热情,实现"零就业家庭"动态清零,让有意愿、有能力的城乡富余劳动力能脱贫、能致富。

【人事人才】 2020年,乌什县人社局围绕健全人才队伍、优化人才结构、激发各类人才创新创造活力的要求,辞聘解除聘用合同61人,审批办理岗位变动524人,办理入编手续746人;审核职称343人(其中高级职称32人、中级职称132人、初级职称179人);推荐少数民族特殊培养人才7人、享受国家特殊津贴3人、燕山英才38人;疫情期间为2所公立医院310名工作人员发放一次性绩效工资86.59万元;根据自治区有关文件要求调整乌什县疾病预防控制中心27名工作人员卫生防疫津贴6992元,人均月增资247.86元。

【劳动维权】 2020年,乌什县人社局依法依规深入245家企业、个体用人单位和建设项目工地,对遵守劳动保障法律法规情况进行检查。督促补签劳动合同292份,协调化解劳动保障来电来访投诉82起,涉及劳动者343人,解决并追回拖欠工资239.56万元;办结上年监察余案8件,为261名农民工解决工资752.11万元;监察立案12起,办结9起,为261名劳动者追回拖欠工资128.62万元,法定时限结案率100%。通过深入企业督促指导的方式,完成自治区劳动保障监察年审系统192家用人单位网上劳动用工备案年审;审理完结劳动人事争议仲裁案件10件,网上办案率100%,结案率100%。

受理调查工伤认定申请案49件,送达认定决定书41件;受理调查申领失业金53人,受理失业补助金申请21人;受理因工伤劳动能力鉴定18人,参加鉴定9人;全年收取122个工程项目农民工工资保证金2563.88万元,退还102个项目保证金1335.08万元,为维护农民工合法权益建立防护网。

【就业扶贫】 2020年,乌什县人社局,突出脱贫攻坚主旋律,瞄准就业脱贫总目标,不断完善就业服务体系,精准发力、精准施策,打出"技能培训、转移就业、就业援助、创业帮扶"等一系列就业扶贫组合拳,有力推动就业扶贫向纵深发展,探索出具有乌什特色的就业扶贫好路子,实现全县建档立卡贫困劳动力33458人全部就业,其中,发展产业13913人,转移就业19545人,稳岗率98.93%。

(供稿人:袁志刚)

社会保险

【概况】 2020年,乌什县社会保险服务中心(以下简称乌什县社保服务中心)核定编制23名,其中行政编制16名,参照公务员管理事业编制7名。

【基本养老、失业、工伤保险基金管理】
2020年,乌什县企业养老保险参保人数4514人,完成率105.4%;基金征缴5531.76万元。机关事业单位养老保险参保人数7408人,完成率101%;基金征缴13752.09万元。失业保险参保人数9946人,完成率100.1%;基金征缴624.34万元,完成率100%。工伤保险参保人数10027人,完成率102.3%;基金征缴195.60万元,完成率100%。

【城乡居民基本养老保险基金管理】
2020年,乌什县落实城乡居民基本养老保险待遇享受政策,城乡居民养老保险参保人数110749人,完成率99%,其中,符合城乡居民养老待遇享受条件人数14105人,发放率100%。完成智慧人社App认证工作,认证12748人,认证率100%。做好高龄补贴工作,为年满70岁以上5135名参保人员每月增发5元,年满80岁以上751名参保人员每月增发10元。明确城乡居民基本养老保险200~3500元等14个缴费档次;保留贫困人员100元/人·年缴费档次,统一由县人民政府全额代缴。落实2018年已脱贫建档立卡贫困人员继续享受城乡居民基本养老保险政府代缴政策,符合代缴条件人数15989人,政府代缴补贴15989人,完成率100%。

【社保费用减免】 2020年,乌什县社保服务中心按照自治区人民政府办公厅《印发〈关于应对新冠肺炎疫情支持中小微企业复工复产健康发展的十六条措施〉的通知》要求,结合乌什县企业实际,对大型企业、社会团体、中小微企业进行划分,按照相关政策给予社保费用减免。对大型企业和社会团体养老、失业、工伤保险,给予单位缴费部分减半征收;对中小微企业养老、失业和工伤保险,单位缴费部分免于征收。全年对216家企业减免养老、失业、工伤保险费1535.35万元,其中,大型企业减免37.05万元,社会团体、个体工商户减免8.93万元，中小微企业减免1489.37万元；养老保险减免1439.2万元，失业保险减免54.19万元，工伤保险减免41.67万元。

【机关事业、企业单位养老保险制度改革】 2020年，乌什县社保服务中心落实机关事业、企业单位养老保险制度改革，做好机关事业、企业单位退休人员新增、待遇调整、缴费基数调整、补差工作。完成机关事业单位退休人员待遇重算梳理、每月养老保险待遇发放等工作。年内企业职工退休享受待遇1246人，发放金额3900万元；机关事业单位退休享受待遇2160人，发放金额1.85亿元；企业退休职工满70岁、80岁调资41人，累计增资1.41万元。完成机关事业、企业退休人员基本养老金调资工资，机关事业单位退休人员调资2213人，调资金额49.67万元；企业退休人员调资1259人，调资金额17.41万元。

【企业稳岗补贴政策落实】 2020年，乌什县社保服务中心继续落实失业保险降费政策，对不裁员或少裁员的企业落实失业保险稳岗返还政策，稳岗补贴返还标准为上年度实际缴纳失业保险费的100%。年内，失业保险稳岗补贴企业111家，涉及1198人，返还稳岗补贴77.51万元。

（供稿人：王秀娟）

脱贫攻坚

【概况】 2020年，乌什县扶贫开发办公室（以下简称乌什县扶贫办）核定编制20名（其中科级职数3名），实有34人（其中借调人员19人）。

【压实扶贫责任】 2020年，乌什县紧扣“两不愁三保障”目标任务，加强统筹谋划，落实“四责三实”“三专一访”要求，推动责任落实、政策落实、工作落实。县委、县政府主要领导担任扶贫开发领导小组和深度贫困地区脱贫攻坚工作领导小组“双组长”，下设16个专项组具体推进；坚持“三级书记一起抓”，县四套班子领导抓分管行业脱贫攻坚工作；县、乡、村三级签订责任书，建立“村每周一例会，乡（镇）党委每半月一落实，县委每月一推进”工作机制。完善县扶贫开发领导小组工作议事规则和深度贫困地区脱贫攻坚工作领导小组制度，推进各项工作落实。坚持“县负总责、乡（镇）抓落实、村抓落地”工作机制，发挥行业部门职能优势，完善配套政策，实化细化落实举措，履行精准扶贫职责，指导监督乡村和行业部门履职尽责。健全完善贫困村“五个一”全覆盖包联帮扶工作机制，压实定点帮扶包联责任。深化“访惠聚”驻村工作，全县6946名干部职工结对帮扶15555户贫困群众，1535名干部结对帮扶1681户边缘易致贫户，实现每个贫困户、边缘易致贫户至少有1名党员干部结对帮扶。开展扶贫领域腐败和作风问题专项治理“决战决胜年”行动，坚决反对形式主义、官僚主义，减轻基层负担。落实“三专一访”，县委理论学习中心组集中专题学习贯彻习近平总书记关于扶贫工作重要论述和重要指示批示精神，全县各级党委（党组）

深入系统学、联系实际学。县委定期专题研究脱贫攻坚重大工作,专题研究解决重大问题,推动专项巡视整改工作落实。加强扶贫干部队伍建设,县、乡、村组建工作专班,一定三年不变。县委书记、县长带头遍访贫困村,乡(镇)党委书记、班子成员和村党支部书记遍访贫困户全覆盖。

【落实扶贫政策】 2020年,乌什县制定《乌什县2020年巩固提升脱贫攻坚成果坚决防止致贫返贫实施方案》《乌什县深度贫困地区2020年巩固提升工作方案》,细化脱贫攻坚支持政策,提高政策的针对性和有效性。落实就业、产业、财政、金融等方面政策措施,组织贫困劳动力外出务工和稳岗就业;延长扶贫小额贷款还款期限,支持贫困户发展生产自救;开展消费扶贫行动,解决扶贫农产品销售难问题;推动扶贫项目和扶贫龙头企业、扶贫车间开工复工。落实自治区具体举措,因户因人精准施策,确保已脱贫人口和边缘易致贫户收入不减少。依托脱贫攻坚大数据平台,健全完善防止返贫监测预警和动态帮扶机制,按照收入和"两不愁三保障"指标,对829户3539名脱贫不稳定户、1681户8107人边缘易致贫户,实行四级分类动态监测预警,县财政投入1000万元为边缘易致贫户实施林果业提质增效、畜牧养殖、特色种植等项目16个,做到"一月一摸底、一月一录入、一月一销灯",防止返贫和新的致贫。

【发展扶贫产业】 2020年,乌什县坚持精准扶贫、精准脱贫基本方略,精准落实发展产业、转移就业、综合保障各项攻坚举措,因村因户因人施策,接续推进全面脱贫与乡村振兴有效衔接。发展以核桃为主的特色林果业,持续提质增效,加大物化投入,建设县、乡、村三级示范园160个1866.67公顷;发挥龙头企业、合作社带动效应,推行"企业+合作社+农户"的运营模式,延长"产加销"一体化产业体系,2.09万公顷核桃带动1.2万户贫困户户均增收6000元。推动以牛羊猪鸭鹅养殖为主的畜禽产业,推进畜禽养殖产业化、规模化、集约化发展,延伸精深加工产业链,辐射带动群众发展畜牧养殖业增收致富。3000万只鸭鹅、20万头生猪、20万只湖羊等产业项目直接带动1180人就业;扶持10个"千头牛"、3个"万只羊"养殖合作社做大做强。发展以蔬菜、食用菌种植为主的设施农业,建设温室蔬菜大棚685座,引导贫困户种植蔬菜129.47公顷,带动1762户贫困户稳定增收;实施"万亩亿元"黑木耳种植增收工程,1525户贫困户种植黑木耳30.77公顷305万棒户,均增收6000元。发展以小麦良种繁育和高产栽培为主的种植业,抓住自治区实施"四个百万亩"制种基地建设机遇,推进2万亩小麦良种繁育基地建设。年内,种植小麦2.6万公顷,加工番茄973.33公顷,其中,贫困户种植339.03公顷,实现户均增收1200元以上。发展以沙棘、鹰嘴豆全链条为主的特色产业,依托"中国沙棘之乡""中国鹰嘴豆之乡"地理标志品牌,发挥沙棘研发中心引领作用,建设沙棘育苗基地186.67公顷,沙棘总面积1.07万公顷,推进沙棘产业实现研发、种植、加工、销售全产业链发展;推进666.67公顷鹰嘴豆全国绿色食品原料标准化生产基地创建。发展以纺织服装、农副产品精深加工为主导的劳动密集型产业，支持企业扩产扩能，壮大扶贫产业实力。引进乌什华盛纺织有限公司、新疆天和针织有限公司等18家劳动密集型企业，带动就业3200人，其中贫困户982人。优化产业布局，培育卫星工厂28家，带动就业1229人，其中贫困户818人。发展以生态观光、度假康养为主的旅游业，申报创建“国家全域旅游示范区”；打造乡村旅游示范点11处，发展星级农家乐11家，带动360户贫困户稳定增收。采取电商带动、发展夜间经济、鼓励消费扶贫等措施助力脱贫攻坚，56个乡村商铺带动1920名贫困人口家门口就业。发展乡村服务产业，新改扩建农贸市场6个，建成农村电商综合服务站点113个，带动58名贫困人口创业就业。

【推进转移就业】 2020年，乌什县推动转移就业，优化调整1835名贫困人员担任护边员，选聘1605名贫困人员担任生态护林员、草原管护员；开发沙棘生态保护公益性岗位178个、乡村公益性岗位165个；管好用好土地清理再分配开发的2017个岗位；新增路管员和护路员公益性岗位1725个，全部用于边缘易致贫户、脱贫不稳定户（其中，边缘易致贫人员1188人，脱贫不稳定人员537人）。坚持把转移就业作为稳定脱贫的主渠道，组建专班、完善机制，精准对接、分类施策，采取转移就业、就地就近就业、农业内部就业等方式，确保有劳动能力的33458名贫困人口，全部实现稳岗就业，稳岗率99%，实现有就业能力的贫困户人人有活干、天天有收入。农闲季节向周边县（市）输送拾花工9208人，其中，建档立卡贫困人口2765人。

【综合社会保障兜底】 2020年，乌什县推进农村低保政策和扶贫开发政策的有效衔接，对完全丧失和部分丧失劳动能力、且无法依靠产业就业帮扶脱贫的4031名贫困人口应保尽保、应兜尽兜。把解决农村困难老年人生活照料问题摆在民生建设的突出位置，建设幸福大院9个，实现乡（镇）全覆盖，搬迁入住401人。

【改善农村环境】 2020年，乌什县以农村人居环境整治为载体，以院内院外“六件事”、“百村整治”、“十村示范”工程为抓手开展爱国卫生运动，推进农村厕所革命、生活垃圾污水治理、改善村容村貌等工作。组织开展乡村人居环境整治“比赶超”竞赛，对成效好的乡（镇）各奖励10万元，排在前10名的村各奖励5万元，每个村补助5万元。县财政投入586万元（每户补贴500元）用于人居环境整治，开展农村改厕工作。

【坚持扶志扶智】 2020年，乌什县坚持扶贫同扶志扶智相结合，注重从思想、信心、能力等方面实施“精神扶贫”，激发贫困群众脱贫致富内生动力。组织开展“百名书记讲党课”活动，全县108名村第一书记带头深入乡村和田间地头，开展“理清两笔账、感恩共产党”专项活动，引导广大群众听党话、感党恩、跟党走，让贫困群众从“要我脱贫”转变为“我要脱贫”。倡导睡觉上床、做饭上灶台、吃饭上饭桌、学习上书桌,形成健康文明的现代生活新风尚。

【落实“三保障”】 2020年,乌什县全面落实15年免费教育政策,执行“控辍保学”机制,建立《建档立卡教育人口实名制管理台账》,精准控辍,坚决阻断贫困代际传递。落实贫困人口参加城乡基本医疗保险个人缴费补贴政策,推进基本医疗保险、大病保险全覆盖,落实“先诊疗、后付费”服务模式,提升“一单式”结算信息化水平。全面查漏补缺,做到所有农户安全住房有保障,着力提升安全住房水平。巩固提升饮水安全保障能力,全面解决管网老化、水量不足等突出问题。

【推进消费扶贫】 2020年,乌什县坚持“政府引导、市场主导、社会参与、互利共赢”的原则,采取“六进”“九销”模式,拓宽扶贫产品销售渠道。认定扶贫产品12种133个、带贫益贫企业9家,动员社会力量直接购买和帮助销售农产品价值8609.34万元。全面开展脱贫与乡村振兴战略有效衔接试点工作,研究出台《关于脱贫攻坚巩固提升与推进乡村振兴有机衔接的实施方案》和林果、畜牧业、设施农业高质量发展、文化旅游及转移就业5个配套方案,着力推动思想认识、目标任务、工作举措、政策支持、工作机制有效衔接,为全县实现产业振兴、人才振兴、生态振兴、文化振兴、组织振兴奠定基础。

【严格项目管理】 2020年,乌什县健全扶贫资产管理制度,严格扶贫项目资金常态化监管,制定《乌什县扶贫资产管理细则》,落实扶贫资产管理责任,明确管护主体和责任人,规范扶贫资产收益分配使用。梳理2013年以来实施的634个扶贫项目,涉及资金25.6亿元,合理界定项目类别,落实项目受益群体,开展专项资金全覆盖检查,提高扶贫资产管理效率。加强扶贫资产规范管理,合理界定扶贫资产管理范围,对已形成的扶贫资产做到应纳尽纳、分级分类登记造册,明确扶贫资产信息,将扶贫资产纳入全国扶贫开发信息系统管理,及时采集更新资产基础信息、变动调整、收益分配等情况。完成2013年至2019年585个扶贫资产分级分类登记造册工作,涉及资金18.44亿元。完善带贫益贫联结机制,坚持贫困户和企业利益共赢原则,引导和支持龙头企业转变发展方式,与贫困村、贫困户建立“风险共担、利益均沾”的紧密型利益联结关系,实施扶贫项目资金绩效管理,管好每一分扶贫资金、每一个扶贫项目,确保精准惠及贫困群众。做好易地扶贫搬迁稳增收,补齐520户2260人搬迁安置区域的基础设施和公共服务配套设施建设短板,推进易地扶贫搬迁拆旧复垦复绿工作,落实后续产业发展和转移就业扶持政策,夯实增收致富基础,确保搬迁群众有产业、有就业、基本公共服务有保障、能够融入当地社会,实现搬得出、稳得住、有就业、可脱贫、逐步能致富的目标。

【聚力“冬季攻势”】 2020年,乌什县坚持目标导向、问题导向和实效导向,以“冬季攻势”为统领,聚力抓宣传培训、项目资产、巩固拓展、问题整改,切实提高脱贫攻坚质量,巩固提升脱贫成果。抓宣传培训,按照“缺什么补什么,需要什么培训什么”的原则，分层、分级、分类制定培训计划，设置干部政策理论培训、基层干部业务知识技能培训、群众实用技术培训、群众感恩教育宣讲等4大类23个专题培训班，实现9个乡（镇）、108个行政村、“五类干部”、贫困人口培训全覆盖。开展贫困群众技能技术培训开展837期1.76万人次、贫困群众政策宣讲1398场次3.75万人次，“五类干部”培训527期0.76万人次，切实提升各级干部综合能力和贫困群众内生动力。抓项目资产，坚持“资金跟着项目走、项目跟着规划走、规划跟着需求走”，紧扣“两不愁三保障”脱贫标准，年内脱贫攻坚项目库入库项目105个，涉及资金12.77亿元；择优提取项目实施计划90个，涉及资金7.52亿元，加快做好项目前期工作，确保早启动、早建成、早见效。完成12个项目开工建设、50个项目方案编制、17个项目挂网工作。抓巩固拓展，落实帮扶责任，制定“一户一策”，多措并举不断巩固拓展脱贫成果。聚焦“两不愁三保障”，紧盯因病、因学、因残、重大灾害、突发事件、疫病疫情等易返贫致贫关键因素，重点关注脱贫不稳定户与边缘易致贫户，发挥脱贫攻坚大数据平台作用，及时发现风险、跟进帮扶，做到事前预防与事后救助相统一，实时监测、即时预警、未返即防，把返贫致贫风险降到最低。完善精准扶贫档案管理规章制度，制定《乌什县精准扶贫档案整理工作方案》，对县、乡、村精准扶贫文件材料归档范围和档案保管期限进行梳理、规范、细化，规范档案保管、保密和档案数字化工作。分层次、有针对性地开展精准扶贫档案培训，提高业务水平，确保扶贫档案分类准确、整理规范。

【推进动态管理】 2020年，乌什县强化攻坚举措，统筹推进动态管理、包联督导、脱贫攻坚普查各项重点工作，巩固拓展脱贫成果。推进动态管理，做好全库贫困人口和贫困村信息更新、年度贫困退出标注、贫困户家庭成员自然增减等动态管理工作。对脱贫人口逐户销号、返贫人口重新确认、新发生贫困人口及时录入，做到政策到户、脱贫到人。开展包联督导，坚持“一村一方案、一户一策”的原则，瞄准突出问题和薄弱环节，地区“访惠聚”驻村工作队后方单位15名处级领导、乌什县61名县级领导包联74个贫困村、34个有扶贫任务的非贫困村，实行督导、包联、帮扶“三位一体”推进，做到县级领导落实包村责任，行业部门干部、乡（镇）干部、村第一书记、驻村干部、扶贫干部落实包户责任，实现9个乡（镇）、108个行政村包联督导全覆盖，督进度、督落实、督巩固、督整改、督质量，确保责任落实、政策落实、工作落实。检验脱贫成效，将脱贫攻坚普查列入重要议事日程，县委及时成立以县、乡、村党政主要领导为组长的脱贫攻坚普查工作领导小组，制定专项方案，组建工作专班，选优配强普查办力量。组建9个感恩教育宣讲组432人进村入户开展宣讲，全县108个行政村、15555户建档立卡贫困户感恩教育培训全覆盖，教育引导贫困群众听党话、感党恩、跟党走，争当脱贫攻坚政策明白人。组建综合协调组、文秘会务组、数据处理组、后勤保障组等12个小组，细化工作分工，明确具体责任，做好脱贫攻坚普查全过程服务保障工作,完成脱贫攻坚普查和国家扶贫开发成效第三方评估工作。推进作风转变,落实中央《关于解决形式主义突出问题为基层减负的通知》精神,落实自治区党委加强和改进作风20条具体措施,开展“基层减负年”活动,最大限度减轻基层负担。把脱贫攻坚实绩作为选拔任用干部的重要依据,在脱贫攻坚一线考察识别扶贫干部,激励广大干部在脱贫攻坚中担当作为。

(供稿人:李　江)

乡(镇)建设

阿合雅镇

【概况】 乌什县阿合雅镇位于国道219线和省道306线交汇处,距阿克苏市约55千米,距乌什县约45千米。东与阿克苏市和温宿县阿热勒镇相接,南临卡拉特山与柯坪县相接,西接阿恰塔格乡,北连托什干河流域,有"乌什县东大门"之称。2020年,乌什县阿合雅镇域总面积23.33万公顷,行政区域面积10.56万公顷。居住有维吾尔族、汉族、回族、柯尔克孜族等民族,共9809户41626人(其中,建档立卡贫困户2276户9596人,占全镇总人口的23%)。耕地面积5791.77公顷,人均耕地面积0.14公顷,主要种植林果、小麦、水稻、玉米等作物。全年实现农村经济总收入6.37亿元,农牧民人均纯收入12161.02元。

阿合雅镇辖永宁片区管委会和22个行政村(其中牧业村2个、农场1个),村民小组101个;党支部49个(其中合作社党支部21个),党员1368名。镇机关干部137名,村干部146名;团支部成员115名,共青团员1467名;村民小组长101名,村民小组妇女委员101名,"四老"人员154名。年内,村级储备年轻干部103人,科技副职22人、国家公职人员担任村党支部书记8人。

【农业农村经济】 2020年,阿合雅镇坚持稳中求进工作总基调,按照"稳粮、优果、强畜"的发展思路,统筹推进疫情防控和经济社会发展工作。全年完成农村经济总收入6.37亿元,比上年增长15.5%;农民人均纯收入12161.02元,比上年增长13.53%,全镇经济总体平稳增长。播种粮食面积0.43万公顷,总产3.4万吨;播种冬小麦0.42万公顷;种植冬储蔬菜126.5公顷,总产2920吨。举办果树栽培技术培训22期,培训3200人次,培养农民技术员414名,林果业提质增效0.42万公顷,核桃亩产量226千克,果品总产量1.174万吨,全年林果业总收入32044.43万元,比上年增长10.8%。按照"稳羊增牛扩草、降本提质增效、产业化经营"的思路,持续优化牛羊品种改良,推广"四良一规范"饲养管理模式,牲畜存栏17.43万头(只)、出栏15.94万头(只);家禽存栏15.61万羽、出栏7.88万羽。

【脱贫攻坚】 2020年,阿合雅镇坚持精准扶贫、精准脱贫基本方略,聚焦"两不愁三保障",扎实推进"六个一批""三个加大力度",严格落实"四个不摘""八个不变"要求,集中力量攻克贫困壁垒,顺利完成脱贫攻坚普查,推动脱贫攻坚与乡村振兴稳步实现有效衔接。年内召开脱贫攻坚专题工作会议 20 次、中心组(脱贫攻坚专题)学习 10 次;实施扶贫项目 23 个,投入资金 6808.63 万元。按照“绿、黄、橙、红”四级分类预警,全面落实镇、村两级主体责任,强化对 119 户 499 名脱贫监测户、312 户 1493 名边缘户以及因疫情或其他原因收入骤减或支出骤增户的动态监测,落实 562.44 万元为边缘户实施帮扶项目,解决就业 345 人。年内,所有监测户、边缘户中“橙黄灯”均转为“绿灯”。

【民族团结】 2020 年,阿合雅镇开展民族团结宣传教育和民族团结进步创建活动,深化“三进两联一交友”、“民族团结一家亲”和民族团结联谊活动,创建县级民族团结进步模范村 8 个、示范单位 44 个、模范个人 44 人,打造嵌入式示范点 5 个。

【意识形态工作】 2020 年,阿合雅镇实施文化润疆工程,开展“习近平新时代中国特色社会主义思想进万家”、“脱贫攻坚惠民政策·感恩教育”、第三次中央新疆工作座谈会精神等各类主题宣讲 350 场次,覆盖 2.6 万人次。实施公民道德建设工程,推荐县级“十星级文明户”97 户,成功创建地区级文明村 2 个。加强新时代文明实践所(站)建设,镇级文明实践所和 22 个村级文明实践站挂牌成立,组建志愿服务队 72 支,开展志愿服务活动 700 余场次,服务群众 2 万余人次。

【民生及社会事业】 2020 年,阿合雅镇着力解决好群众最期盼、最关心、最现实的就业、教育、医疗、社保、安居等民生问题。坚持把稳岗就业摆在更加突出的位置,全面落实积极的就业政策,开展技能培训 732 人,农村富余劳动力转移就业 9598 人次。持续改善教育基础设施和办学条件,农村学前适龄儿童“应入尽入”,中小学入学率和国家通用语言教育覆盖率均达 100%。全面落实家庭医生签约服务,做好结核病、艾滋病等重大传染性疾病防治工作,逐步提升公共卫生服务、医疗服务和医疗保障水平。落实计划生育政策,完成第七次全国人口普查工作。发放临时救助金 97.3 万元,大米 112.23 吨、面粉 13.57 吨、清油 1364 桶 6.82 吨,救助 1613 户 9412 人。城乡低保实现“应保尽保”,全面落实医疗救助、临时救助等政策,基本医疗保险、养老保险参保率 100%,残疾人、“五保户”、流浪儿童等弱势群体保障到位,农村幸福大院建成投用。高标准推进各村人居环境整治,开展村庄清洁行动,普及健康卫生教育,引导农牧民养成“睡觉上床、吃饭上桌、学习用课桌”的健康文明生活习惯。实施国土绿化行动和生态建设工程,大力弘扬“柯柯牙精神”,在省道 306 线、国道 219 线及辖区内完成植树造林 521.86 公顷,补植补造 534.86 公顷,营造“天蓝地绿水清”的阿合雅镇新生态。

【基层组织建设】 2020 年,阿合雅镇以新时代党的组织路线为指引,以提升组织力为重点,落实党建主体责任,扎实推进党的组织和工作全覆盖,进一步延伸基层党组织触角。坚持抓班子带队伍,先后选派 9 名国家公职人员担任村党支部书记,推进 13 名其他省市招录大学生和 23 名留疆战士到村任职开展工作,加强村级干部队伍建设,充分发挥基层战斗堡垒作用。深入推进“访惠聚”驻村工作,全面落实“1+2+5”工作目标和“七统一”工作机制,为群众办实事好事3100余件,协调化解矛盾1100余件,治理安全隐患200余项,“访惠聚”驻村工作服务群众和引领基层工作成效凸显。开展“星级化”创建工作,规范“争星保星”责任制,大力推进“星级化”创建工作规范化、制度化发展,全镇22个行政村,创建10星级村2个、9星级村7个、8星级村11个、7星级村2个。全面落实从严治党“两个责任”,常态化用好监督执纪“四种形态”,强化警示教育、深化以案促改,召开党风廉政建设专题会议4次、开展集体约谈和警示教育6次,党员干部作风明显好转。

(供稿人:龙小华)

阿恰塔格乡

【概况】 乌什县阿恰塔格乡位于阿克苏—乌什(省道306线)73千米处,辖13个行政村,59个村民小组,居住有汉族、维吾尔族、回族、柯尔克孜族等民族,共有5078户17017人,其中农业户籍人口16769人。全乡有基层党组织38个,党员826名,其中农牧民党员640名。总面积11.52万公顷,耕地面积5023.03公顷,人均占有耕地0.3公顷,其中小麦面积1042.33公顷(含套种)、林果面积3157.67公顷。牲畜存栏7.15万头(只),出栏5.75万头(只)。农村经济总收入3644.47万元,比上年增长5.9%,农牧民人均纯收入13262.9元,比上年增长11.7%。年内,有在编人员175人,其中在职职工106人(行政编制72人、事业编制34人)。

【种植业发展】 2020年,阿恰塔格乡推进“订单农业”发展,完成加工番茄订单面积34.67公顷,鹰嘴豆订单面积191.27公顷。调整种植业结构,扩大经济作物种植面积,发展小麦良繁和玉米制种业,加快设施农业建设,确保农业增产增效。全乡播种面积4936.78公顷,正播粮食面积3126.96公顷;经济作物播种面积229.17公顷,其中甜菜96.05公顷,油料9.18公顷。强化农业科技推广服务,把发展农民专业合作组织作为激活农村经济、促进农民增收的重要途径,加大扶持力度,促进农民专业合作社快速发展,加快群众增收致富步伐。

【林果业建设】 2020年,阿恰塔格乡狠抓林果示范园建设管理,利用一县一品、森林抚育、造林补贴等项目资金,以创建特色林果示范园为切入点,抓好林果各类示范园建设管理,发挥典型带动、示范引领作用,激发农民的自主性。年内,建成县级核桃示范园1个、乡级核桃示范园9个,面积120公顷。抓好密植园改造、果园提质增效工作,在尊重农民意愿的前提下开展密植园改造,通过政策性扶持,有针对性的调优林果产业结构,推广林果简约化管理技术应用。

【畜牧业养殖】 2020年,阿恰塔格乡坚持抓好重大动物疫情监管工作,按照重大动物疫病防控要求,实施“强制免疫和月月补针”,建立动物流动台账和畜禽出栏、补栏申报登记制度,免疫密度100%。突出抓好社会化服务组织创建和运营,按照“政府引导、市场运作、强化服务、示范带动”的市场化方向,建成动物养殖合作社4个、畜牧兽医技术服务合作社2个,在上级部门的支持下建成2个千头牛养殖合作社,带动周边乡(镇)增加收入,稳固脱贫成果。

【水利设施建设】 2020年,阿恰塔格乡加强水利设施建设,提高水管业务能力,运转规范农民用水合作社7家。开展好防洪工作,夯实防洪减灾基础,加固托什干河和南山防洪区域洪8.7千米。加强农田水利基础设施建设,防渗渠清淤42千米,维修防渗渠180米。

【农机作业与服务】 2020年,阿恰塔格乡发挥农机协会引导作用,以村为单位,建立机耕、机播、机收、机防、机修为一体的农机合作社3个,由农机大户或机耕队队长担任会长,把农机服务体系融入农机协会中,为农牧民提供农机作业和服务工作,年内完成深松作业33.33公顷。改进农机服务方式,在主要农时季节前后,开展“农机技术服务周或服务日”活动,组织农机技术人员进村入户,“点对面”开展农机技术服务和检审验工作,加强对农机手的技术培训,提高农机作业水平。强化农机安全执法工作,常态化落实联合执法、田检路查、隐患排查等各项管控措施,不定期对农机维修网点、经销点和作业场所进行专项检查和全程监管。全年检查各类农机2486台次,其中拖拉机1366台、其他农机1120台。

【科技服务】 2020年,阿恰塔格乡以“科技之冬”、“四下乡”、农村“户户都有科技明白人”培育工程为契机,开展各类科技培训。举办各类技术培训班46期,培训1034人次。按照农村“户户都有科技明白人”的要求,制定《乌什县农村“户户都有科技明白人”培育工程实施方案》,以“相对集中、点面结合、择优推荐、公平公正”的原则,从全乡4883户20602人中选出“科技明白人”4883户13589人,实现全乡6个深度贫困村、6名科技特派员“全覆盖”。做好农业新品种、新技术推广应用工作,促进贫困村产业发展,为贫困村培养懂技术、会经营、善管理的本土人才。

【党的建设】 2020年,阿恰塔格乡抓好学习教育,强化思想政治建设。强化党员干部政治修养,推进“不忘初心、牢记使命”学习教育常态化、制度化,利用中心组学习、干部理论学习和学习强国自学,着重学习习近平总书记重要指示批示和党中央、自治区党委和地委、县委决策部署,统一思想和行动。理顺工作机制,严格落实各项制度,乡党委坚持抓班子、带队伍,强化各级党组织书记抓党建第一责任人职责,建立乡党委书记、村第一书记、村党支部书记“三位一体”工作机制,运用绩效考核完善“管人”“用人”导向机制,提高村党支部书记抓党建工作积极性。健全和完善各项制度,用制度规范基层党建工作;抓好阵地管理,严格落实“三会一课”、规范党组织生活等工作机制;构建形成村“两委”抓村民小组、带“十支队伍”、联系千家万户三级组织架构。强化督查,定期对各支部开展党建工作进行指导;定期召开会议研究部署党建工作,压实分管领导和各级书记抓党建工作责任。抓牢党员教育管理,提升党性观念,严把党员“入口”关,按照“成熟一个、发展一个”的要求,做好党员发展工作。抓好党员群众培训工作,利用村级党校、农牧民夜校等平台,加强村干部、党员和群众的国家通用语言学习。结合每月主题党日活动,组织开展疫情防控、爱国卫生、人居环境、扶贫帮困、植树造林等党团志愿服务活动300余次,增强广大党员模范带头意识。强化基层组织建设,发挥党建示范点引领作用,坚持“抓两头、带中间”,打造地区级示范点托克逊铁提尔村、县级示范点奥依吐尔村和托克玛克和田村。以“星级化”创建为抓手,建设服务型党组织,发挥群众监督作用,转变村党支部班子“等、靠、要、推、脱”的工作状态,激发农村党员内在动力。

【疫情防控】 2020年,阿恰塔格乡成立乡、村疫情防控领导小组,制定下发实施方案和“八项预警机制”,将疫情防控工作与其他工作紧密结合,同安排、同部署。常态化落实疫情防控各项措施,守好自己的门,管好自己的人;按照“八项预警机制”,细化责任分工,压实各级领导责任;加强联防联控,构建群防群治的疫情防控体系,层层压实责任。做好防护、消杀物资调配使用,确保防护、消杀物资按需发放至各村。坚持正确宣传引导,通过张贴宣传画、发放宣传手册、乡村大喇叭等方式宣传疫情防控科普知识、爱国卫生知识和法治知识,引导群众自觉做好个人防护。督促各村常态化开展爱国卫生运动和美丽庭院建设,引导群众不购买野味、勤洗手、讲卫生,传播正能量,形成防控合力。积极化解群众困难诉求,确保群众生产生活有序进行。

【精神文明建设】 2020年,阿恰塔格乡认真落实意识形态领域各项工作,乡党委书记履行第一责任人职责,带头抓意识形态工作,做到各项工作亲自部署、亲自过问、亲自处理。强化宣传队伍建设,建立通讯员队伍,制定通讯员管理制度,做好宣传工作。加强资金保障,落实乡、村两级宣传文化经费、村文化室活动经费。常态化开展宣讲工作,利用干部入户走访、村民大会等时机,宣讲中共十九大精神、惠民政策、法律法规等内容,增强村民的国家意识、公民意识、法治意识和明辩是非的能力。持续开展精神文明创建工作,在地区级文明村(镇)“零基启动”创建工作中,凡符合申报条件的应报尽报,积极争创阿恰塔格乡机关为地区级文明单位,阿恰塔格乡、奥依吐尔吐尤克村、加依塔格村为地区级文明村镇。开展新时代文明实践活动,结合疫情防控、脱贫攻坚、民族团结、爱国卫生等重点工作,常态化开展志愿服务活动339次,惠及群众3090人。发挥文化阵地作用,有乡级图书阅览室1个、村级农家书屋13个。开展“我们的中国梦、文化进万家”百日文体活动,满足群众对美好文化生活的需求。积极挖掘先进典型事迹,共挖掘“十星级”文明户典型事迹9户、贫困户典型事迹15户、典型人物17人。

【脱贫攻坚】 2020年,阿恰塔格乡制定党委中心组专题学习计划,重点对党中央脱贫攻坚重大方针政策、重大决策部署、下发的脱贫攻坚政策性文件进行专题学习。研究制定《阿恰塔格乡领导班子遍访贫困户和边缘户工作方案》,入户走访了解贫困群众实际需求,发现问题,解决问题。坚持精准扶贫、精准脱贫基本方略和"两不愁三保障"脱贫标准,坚持目标导向、问题导向和实效导向,推进"五个一批""三个加大力度";严格落实"四个不摘",保持政策的稳定性和连续性,着力实现贫困户不返贫、一般户不致贫。加强对边缘户、脱贫监测户的动态监测预警,结合实际制定"一村一方案",贫困户、边缘户实行"一户一策",做到精准帮扶。依托"五个一批",推进脱贫攻坚工作有序开展。年内全乡贫困户收入5000~8000元的701户(占38.54%)、8000~10000元的378户(占20.78%)、10000元以上的731户(占40.18%);主要来源为农业收入的964户(占53%)、工资性收入的814户(占44.75%)、非农自主经营收入和政策补贴的41户(占2.25%)。

(供稿人:邱　杰)

依麻木镇

【概况】 乌什县依麻木镇位于天山南麓托什干河南岸,东接阿恰塔格乡,南与亚科瑞克乡接壤,西连阿克托海乡,北隔托什干河与英阿瓦提乡相望,距县城22千米。属暖温带大陆性干旱气候,年均降水量106.4毫米,年均蒸发量2048.7毫米,年均气温7~9.4℃,全年无霜期180~200天。居住有维吾尔族、汉族、回族、柯尔克孜族等民族,有6214户27174人。耕地面积1.31万公顷,林果面积0.39万公顷,草场面积0.33万公顷;种植小麦0.41万公顷、玉米0.57万公顷、番茄0.08万公顷;牲畜存栏5.8万头(只)。

【经济增长】 2020年,依麻木镇经济总收入5863.96万元,总支出5866.97万元,年初余额32.82万元,年末余额29.82万元。非税收入192.48万元,其中行政事业性收入11.47万元,国有资产有偿使用收入181.01万元。

【种植业建设】 2020年,依麻木镇抓好产业结构调整、农业科学技术推广应用和农作物品种改良,提高小麦、水稻、玉米等农作物种植面积,产量大幅提升。全镇各类作物总播种面积1.39万公顷(含承包户种植面积),其中粮食作物1.1万公顷,经济作物0.29万公顷。积极发展设施农业,推广温室与拱棚集中连片种植模式,投入使用的大田拱棚91座2.4公顷。

【林果业建设】 2020年,依麻木镇以"一乡一品"战略为契机,大力发展核桃产业,持续推进林果业提质增效,加大林果业物化投入,完善以农民技术员为主体的林果技术服务体系,提高林果科学管护水平,高标准完成林果标准化管理工作。全镇核桃总面积0.35万公顷,挂果面积0.3

万公顷,规范运作林果业专业合作社12个。持续开展植树造林,春秋两季完成沙棘林及防护林种植38.8公顷、补植补造51.65千米。

【特色种植业发展】 2020年,依麻木镇加大特色农业投入,特色作物种植面积1076.07公顷。其中,种植加工番茄655.99公顷、甜菜241.98公顷、油料76.95公顷、瓜类74.21公顷、亚麻25公顷。种植黑木耳12.73公顷,投入使用黑木耳棚159座,采摘鲜耳264.4吨。积极规范合作社运行,发挥烘干房、冷库作用,助力农业生产发展,确保农牧民增收。

【畜牧业发展】 2020年,依麻木镇推进科学养畜,发挥46户养殖大户的带头作用,建立合作养殖带动增收长效机制。加大标准化养殖小区建设力度,建设千头牛养殖合作社1个。加大宣传培训力度,引导农牧民群众发展畜禽养殖,畜牧业发展势头良好。全镇有畜牧养殖户3897户,养殖牛15610头、羊62894只、骆驼80匹、猪584头、家禽190970羽。年内,牲畜存栏7.9万头(只),出栏6.91万头(只),肉类总产量1.14万吨。发挥村级畜牧兽医技术服务合作社的优势,调动19名村级防疫员和6名配种员力量,完成黄牛冷配3846头,完成率125%;肉羊改良1.05万只。抓好动物防疫工作,全镇应防疫各类牲畜5.8万头(只),实防牲畜5.82万头(只)。

【农机服务体系建设】 2020年,依麻木镇发挥农机合作社作用,强化农机服务体系建设,提升农业机械化水平。加大农机培训力度,开展农机培训60期,培训1800人次,其中,农机大户150人、贫困户281人;培训农机驾驶员111名,全部取得驾驶证。持续抓好农机检验工作,确保农机作业正常开展。全镇有大中型农机1883台、联合收割机129台,全部完成检验工作,合格率100%;做好已检验拖拉机录网工作。

【劳务输出】 2020年,依麻木镇开展建筑领域、美容美发、馕产业等职业技能培训及就业创业、道路养护工、就业观念转变等各类培训工作,共培训427人次。农村富余劳动力转移就业3048人;贫困人口就业2467人次,消除“零就业”家庭。对建档立卡贫困劳动力和高校毕业生自主创业实施补贴6人、发放就业援助金98人,共49万元。帮助农民工就业,为农民提供职业介绍、职业指导、政策咨询、农民工维权等就业服务,维护劳动者合法权益。年内,城乡居民应参加养老保险11918人,完成11799人,参保率99%;应参加城镇居民基本医疗保险25768人,完成25561人,参保率99.2%。

【社会保障】 2020年,依麻木镇新纳入低保家庭485户1397人,因不符合条件取消低保1093户2278人,年末实有城乡低保1884户3683人;按月社会化发放城乡低保救助资金1121.57万元。有分散“五保户”16户,分散供养孤儿11人,按月发放分散供养五保资金和孤儿生活补贴21.96万元。救助大病困难群众、家庭生活困难群众及轻度慢性病困难群众

110户,发放临时救助资金22.89万元。

【环境整治】 2020年,依麻木镇按照“生产发展、生活宽裕、村容整洁、乡村文明、管理民主”的要求,组织群众开展人居环境整治、村庄净化、美化、绿化等工作。开展宣传教育活动256场次,张贴标语56条、悬挂横幅6条;开展培训2期,培训57人;建设安居富民房376套。开展农村改厕培训1期,培训镇分管干部、村委会主任、改厕施工队人员等27人,完成农村改厕任务1673套。

【基层组织建设】 2020年,依麻木镇以党建为抓手,统筹推动各项事业持续发展,落实“三会一课”、“5+X”、民主评议党员等基本制度,建立健全村干部管理机制,加强政策法规、民族宗教知识、国家通用语言等培训,增强党员干部带领群众发展农村经济的能力。增强村级组织民主决策和管理能力,开展村级组织“星级化”创建,落实“四议两公开”,推动村级组织管理规范化、制度化、长效化。镇党委研究选派27名其他省市招录大学生、选调生和留疆干部编入村“两委”班子队伍,增强村“两委”核心领导能力。严把党员发展关,年内发展党员67名,鼓励年轻的优秀人才加入党员队伍。

【纪检监察】 2020年,依麻木镇抓好作风建设,严惩腐败行为,推动全面从严治党纵深发展。年内处置问题线索81条,运用“第一种形态”处理45人,立案查处32件,结案24件;召开扶贫领域、违反中央八项规定精神等违纪违法典型案例警示教育会议6次;上报纪检监察宣传稿件33篇;“走读式”谈话启用谈话室9次。对22名受处分人员开展回访教育,转变回访教育对象错误思想认识,消除自卑心理。

【文明创建】 2020年,依麻木镇持续开展精神文明创建工作,落实“十星级”文明户评选工作。年内,组织协调创建全国文明校园1所、自治区级文明村镇2个、地区级文明单位1个、地区级文明村4个。

【文化旅游】 2020年,依麻木镇以新时代文明实践所为指引、以“百日文体活动”“我们的节日”为契机,举办村级群众性文体活动100余场次,开展各类志愿服务活动600余场次。加大旅游基础设施投入,托万克麦盖提村创建为自治区乡村旅游示范村,全年接待游客1万余人次。

【教育教学】 2020年,依麻木镇有小学、幼儿园31所,其中小学14所,教学班88个,在校学生4285名;幼儿园17所,教学班67个,在园幼儿2060名。依法保障适龄儿童按时接受义务教育,小学生入学率、巩固率均为100%,无辍学学生。贯彻执行党的教育方针,规范办学行为,遵循教育规律,优化教学管理。深化教学制度改革,实施素质教育,提高教育质量,教育教学水平不断提高。

【平安建设】 2020年,依麻木镇开展“平安细胞”创建活动,新增平安家庭197户,复验平安家庭4803户,撤销平安家庭231

户,共5080户家庭命名为“平安家庭”。复验平安村(社区)16个、平安医院1家、平安站所16个、平安科室12个、平安边界1段、平安企业1家、平安学校28所、平安商铺453家。

【民族团结】 2020年,依麻木镇以铸牢中华民族共同体意识为导向,开展民族团结进步创建工作,依麻木镇创建为地区级民族团结进步示范镇,创建民族团结进步示范单位69个,民族团结进步示范村创建率100%。深入开展“民族团结一家亲”活动,发挥政协委员参政议政、建言献策职能作用,撰写提案5个,为经济社会发展出谋划策。落实党的民族宗教政策,依法管理宗教事务,关心关爱宗教人士,推进宗教与社会主义社会相适应。关心关爱侨胞眷属,定期走访慰问。

【脱贫攻坚】 2020年,依麻木镇巩固提升脱贫成效,落实党政“一把手”负总责、党政班子成员、第一书记和村党支部书记遍访贫困户。镇、村两级研究制定脱贫攻坚巩固提升实施方案,制定巩固提升贫困村、贫困户、边缘户“一村一策、一户一策”措施,落实“村每周一例会、镇每半月一落实”工作机制,形成责任到人、合力攻坚的工作格局。采取有效措施,加强对108户482人脱贫“监测户”、202户1092人“边缘户”监测帮扶工作,安排县直单位干部40人、驻村工作队队员71人、镇政府干部91人对边缘户全覆盖帮扶。由驻村工作队、帮扶人员为“两户”制亲可行的帮扶措施,建立“两户”动态监测和跟踪服务机制,加强实名制调度管理,做到“两户”人均纯收入稳定增加,全面消除致贫风险。抽出14名干部专职开展镇、村两级精准扶贫档案规范整理工作。

(供稿人:郭克诚)

英阿瓦提乡

【概况】 2020年,乌什县英阿瓦提乡辖9个行政村(7个农业村、2个牧业村),46个村民小组,共4924户19272人,其中贫困户2067户7821人。生产总值38796.06万元,同比增长12.49%;农民人均收入13696.24元,同比增长12.89%。主要种植小麦、玉米、油菜、甜菜、胡麻、红枣、核桃、葡萄、香梨、苹果、杏子等。境内有自治区重点保护文物单位英艾阿依玛克古城遗址和托库孜沙热依千佛洞遗址。

【种植业发展】 2020年,英阿瓦提乡坚持把粮食安全放在首位,不断优化种植业结构,春播粮食5239.08公顷,其中小麦面积1757.18公顷、玉米面积2325.33公顷、水稻面积291.27公顷。以蔬菜为主的设施农业(包括庭院)种植面积158.29公顷,新建温室大棚50座,利用率100%。加大拱棚新建力度,庭院拱棚种植蔬菜33.54公顷,蔬菜育苗2.19公顷。

【林果业建设】 2020年,英阿瓦提乡坚持壮大林果业,林果面积2346.67公顷,挂果面积1600公顷以上,果品产量1.1万吨,林果收入占农民总收入的34%,林果产值14496.59万元。定期到各村开展林果技术服务和指导,督促果农落实“春促、秋控、冬管”等技术措施,年内林果技术人才到村服务指导1000人次以上。完成核桃疏密32公顷、绿肥沤制15.59万立方米、种植绿肥524.88公顷,核桃树悬挂黄板面积1813.33公顷,果树嫁接359.43公顷。

【畜牧业养殖】 2020年,英阿瓦提乡持续发展畜牧产业,购买能繁母羊330只、能繁母牛6头,新修棚圈34座、青贮窖26座、青贮池1个。年内,牲畜出栏12.32万头(只);建设千头养殖示范合作社1家(特日木村养殖合作社),存栏羊1000只、牛430头。推行科技种植,完成0.42万公顷稳定粮食种植任务。

【脱贫攻坚】 2020年,英阿瓦提乡持续巩固脱贫成果,召开乡级扶贫专题党委会议22次,研究部署工作落实,组织专题学习10次。完成9个贫困村(深度贫困村)、2077户贫困户脱贫普查验收工作。对2077户贫困户(其中监测户129户)和210户边缘户家庭情况进行摸底,掌握贫困家庭人员实际情况。新增扶贫项目18个,涉及扶贫资金5998.74万元。新建钢架结构温室大棚50座,利用率100%。

【新农村建设】 2020年,英阿瓦提乡加快乡村基础设施建设步伐,改善住房、水、电、道路、农田水利、通信等基础设施。新建住房397套,维修防洪坝4.75千米,修建防渗渠46千米、无害化厕所810座、农村公路14.7千米、村级创业园4处,微型三格式粪污区制发酵池2528个、垃圾填埋场4处。成立物业公司,配备垃圾车及吸污车6辆,农村环境面貌明显改善。

【精神文明建设】 2020年,英阿瓦提乡加强政治理论培训,通过“大讲堂”“上党课”“观看红色电影”等方式,广泛开展形势政策教育和党风廉政教育。依托文化惠民工程,开展文化进万家、送电影、送图书下基层、文化作品展示等活动,开展马克思主义“五观”、新疆“四史”、“五个认同”、“三个离不开”等宣传教育活动50场次,开展各类文体活动250余场次,参与群众6万余人次。

【安全生产】 2020年,英阿瓦提乡强化安全生产责任,组建应急救援队伍10支,开展防洪救灾10余场次;进行安全检查67次,排查各类安全隐患182项。利用警务室、横幅、标语、黑板报、大喇叭等开展安全生产及法律法规知识宣传82次,受益群众1.3万余人次。

【兵地融合经济】 2020年,英阿瓦提乡推进兵地共建,坚持互利共赢、融合发展理念,组织开展应急演练50余次,英阿瓦提村群众与第一师四团党员干部职工结亲82对。优化英阿瓦提乡产业结构,试点种植吊干杏13.33公顷、马铃薯6.67公顷。

【党建工作】 2020年,英阿瓦提乡注重强化党建引领,严格落实“三会一课”“5+X”等组织生活制度,常态化开展“两学一做”学习教育、“不忘初心、牢记使命”主题教育,持续推进政治理论学习,定期开展国家通用语言水平和理论知识测试,及时了解干部学习掌握情况。坚持规范党员发展程序,年内发展党员42名。加强村干部队伍建设,增强基层干部队伍活力,调整村"两委"班子成员27名、科技副职4名,选拔任用女性村党支部书记1名,选派19名其他省市招录大学生、留疆干部到村任职,建立40名村级后备干部人才库。疫情防控期间,开展"戴党徽、亮身份、当先锋"活动,全乡300余名党员主动请缨参与疫情防控工作。召开扶贫领域警示教育会议3次、党风廉政警示教育会议2次。

【**社会事业建设**】 2020年,英阿瓦提乡持续推进民生保障工作,为最低生活保障1553户2668人发放补助资金993.4万元,为305名残疾人发放补贴53.17万元。发放临时救助资金74.96万元,发放救助物资肉9.3吨、米19.8吨、口罩10万余个、煤1525吨,救助群众8600人次。全乡适龄儿童学前国家通用语言教学全覆盖。有序推进就业创业工作,应届大中专毕业生就业率95%以上;富裕劳动力转移就业1500余人,高校毕业生就业率100%。组织劳务输出428人,开发公益性岗位54个;全乡4192个建档立卡贫困家庭劳动力和345个边缘户劳动力实现就业全覆盖。

(供稿人:王　军)

亚科瑞克乡

【**概况**】 2020年,乌什县亚科瑞克乡总面积16644.8公顷,辖10个行政村(贫困村8个、深度贫困村5个),53个村民小组,有4629户16698人;有乡党委1个,党总支2个,党支部27个。耕地面积2409.6公顷,人均占有耕地0.15公顷,主要种植小麦、玉米、鹰嘴豆、番茄、核桃等。年内,农民人均纯收入12963.89元,农村经济总产值30401.49万元,富裕劳动力转移就业2174人(贫困户劳动力894人)。

【**种植业发展**】 2020年,亚科瑞克乡优化种植业结构,稳定耕地面积4595.87公顷,粮食总产15280.1吨。发展以土豆、辣子、红萝卜、黑木耳等为主的蔬菜种植产业,蔬菜产量5536.2吨。种植鹰嘴豆等特色农产品,总产量4433.48吨。采取"合作社+农户"订单模式,户均增收2200元以上。

【**畜牧业养殖**】 2020年,亚科瑞克乡深入开展牲畜品种改良、重大动物疫病防治等基础性工作,全年无重大动物疫情发生蔓延,无畜产品质量安全事件。发挥科学养畜"三级"示范引领作用,大力扶持适度标准化规模养殖。年内,牲畜存栏6.76万头(只),出栏5.76万头(只),产肉2642.4吨。

【**林果业建设**】 2020年,亚科瑞克乡核桃面积2100公顷,其中贫困户核桃面积953.33公顷。引导贫困户加大物化投入,强化林果技能培训,加强林果业管理,提高产量和品质。依托县域内林果业加工企业和乡域内10个林果业农民专业合作社,保证销路畅通、价格平稳增收,林果业收入占人均收入的30.8%。年内,完成人工造林12.06公顷,成活面积10.26公顷。

【农田水利基础设施建设】 2020年,亚科瑞克乡完善农村基础设施,加快推进渠系配套、灌区改造等农田水利基础设施建设,加固防洪坝2780米,新建防洪坝4480米,完成清淤66千米,土渠清淤72千米,农田灌溉体系更加健全。

【扶贫惠民工程】 2020年,亚科瑞克乡921名国家公职人员结对帮扶1833户贫困户和180户边缘户全覆盖。以扶志、扶智为重点,每月入户开展走访帮扶工作,帮助贫困户理清增收思路;加强对贫困户、边缘户的政策宣传和感恩教育。紧扣"一超过、两不愁、三保障"标准,多措并举提高"两户"增收渠道门路,全乡有边缘户180户909人、脱贫监测户106户502人,实现边缘户、监测户劳动力全部就业,人均稳定增收5000元以上。发挥"访惠聚"驻村工作队后盾单位帮扶作用,中储粮新疆分公司投入260万元,为多浪村、托库扎克村100户边缘户、脱贫监测户购买生产母牛,发展庭院畜牧养殖;对边缘户、脱贫监测户庭院进行"缺项补项",补齐大门、围墙、地坪等短板。发挥小额信贷作用,落实314户贫困户申请扶贫小额信贷1022.5万元,为贫困户发展提供资金保障。

【医疗惠民工程】 2020年,亚科瑞克乡坚持医疗政策,有序推进全民免费健康体检,体检率100%;推行家庭医生签约服务,签约率96%,重点人群签约率98%,贫困户签约率100%。完成乡、村两级卫生院和卫生室标准化建设,不断提高应对重大公共卫生事件的能力和水平。坚持民政救助,落实社会救助政策,为227户贫困家庭发放临时救助资金37.42万元,建立和完善救助对象"一户一档"。加强动态管理,健全审核机制,清退不符合条件救助对象1028人。建成依力克其墩村幸福大院,使老年人老有所养、老有所乐。

【安居、暖心惠民工程】 2020年,亚科瑞克乡建设安居富民房208套,建设集中示范点2处,发挥良好的示范带动作用。实施易地扶贫搬迁,各族群众特别是低收入人群住房条件明显改善。加强村(组)基础设施建设,推进水、路、邮政工程,完成贫困村自来水入户全覆盖,行政村互联网覆盖率100%,让各项暖心惠民工程实实在在惠及各族群众。

【民族团结】 2020年,亚科瑞克乡持续开展民族团结宣传教育"十进"活动,开展党的民族理论、民族政策、民族团结典型人物事迹宣传教育,让中华民族共同体意识根植于各族群众心灵深处。加快推进民族团结进步创建,强化细胞工程建设,建立常态化、制度化表彰机制,争创自治区民族团结进步示范乡(镇),90%以上的学校、站所创建为县、乡级民族团结进步示范单位。继续开展民族团结进步示范村民小组、家庭、科室、商铺和民族团结之家、民族团结大院等细胞工程创建工作。

【基层组织建设】 2020年,亚科瑞克乡贯彻落实《中国共产党支部工作条例》《中国共产党农村基层组织工作条例》等党内法规,抓好“十个全面”落实落地,持续推进基层组织规范化、标准化建设,夯实基层党组织坚强战斗堡垒。突出政治标准,规范党员发展流程,提升党员发展质量。严格按照基层党建示范点“三个一”标准,打造亚科瑞克村、托库扎克村2个党建示范点,促进整乡提升。全面实施村党组织带头人整体优化提升行动,纵深推进村干部能力素质提升“三大工程”,管好用好到村任职的其他省市高校毕业生、留疆干部和科技副职。加强机关党支部标准化、规范化建设,提升机关党建水平;加强乡村阵地建设,发展壮大村集体经济。开展“访惠聚”驻村工作,统筹用好各支力量,推进驻村工作常态化、长效化、制度化。精心组织,做好乡、村两级换届工作。

(供稿人:付　佐)

阿克托海乡

【概况】 2020年,乌什县阿克托海乡总面积1.76万公顷,耕地面积5210.13公顷,辖15个行政村,61个村民小组,居住着维吾尔族、汉族、柯尔克孜族、回族等民族,有6121户20380人。农村经济总收入41511.61万元,比上年增加5225.24万元,同比增长14.4%;第一产业收入39517.76万元,占总收入的95.2%,比上年增加6028.28万元,同比增长18%;第二产业收入621.18万元,占总收入的1.5%,比上年增加38.18万元,同比增长6.5%;第三产业收入1372.67万元,占总收入的3.31%,比上年增加234.17万元,同比增长20.6%。劳务输出收入5923.02万元,比上年增加1375.52万元,同比增长30.2%。农民人均纯收入12611.9元,比上年增加1324.3元,同比增长11.7%。

【基层组织建设】 2020年,阿克托海乡严肃党内政治生活,坚定党员干部理想信念,不断增强政治自觉、思想自觉、行动自觉。注重后备干部推荐、选拔、培养,稳慎推进公务员职务与职级并行,完善干部关心关爱激励机制。严格落实管党治党主体责任,软弱涣散和易滑坡基层党组织整顿提升成效明显,乡、村两级干部综合素质整体提升,队伍更加趋于稳定,基层基础进一步夯实。逐步优化领导班子整体结构,完成6个党支部换届选举工作。有效落实“两个责任”,持续深化政风肃纪,深入开展纪检监察体制改革,不断健全“不敢腐、不能腐、不想腐”机制,反腐败斗争压倒性胜利成果得到巩固。党委统筹协调各方作用发挥明显,人大主席团、政协联络组履行职责,爱国统一战线不断巩固,党的群团组织建设更加规范。

【种植业发展】 2020年,阿克托海乡小麦种植面积1627.25公顷,平均单产446.8千克,新技术、新品种覆盖率99%以上。利用115个大拱棚种植各类蔬菜,每个大棚平均增收3000元以上。在原有171个黑木耳大棚的基础上扩建157个,共328个黑木耳大棚带动256户贫困户增收,每个大棚平均增收9000元以上。6个温室大棚集中培育蔬菜苗45万株、花苗10万株以上,移栽率100%。

【林果业发展】 2020年,阿克托海乡种植核桃2863.58公顷,挂果面积2636.12公顷,核桃总产量8580.3吨,平均亩产217千克。流转360公顷土地给合作社,解放劳动力,增加农民收入。鼓励农民沤制绿肥17.83万立方米,提升土壤质量。完成核桃疏密337.3公顷,品种改良11.73公顷,核桃防治腐烂病2033.33公顷;绑扎阻虫带3200公顷,林果病虫防治面积3666.67公顷,病虫害监测率99.99%,成灾率控制在1‰以内。精准落实林果业补贴政策,发放245.27公顷退耕还林补贴资金129.68万元。

【畜牧业发展】 2020年,阿克托海乡抓好畜牧业各项工作,促进畜牧养殖业健康发展。年内,牛存栏1.07万头、羊4.69万只、兔子4000只、鸡11.55万羽、鸽子7.48万羽。持续抓好育种和品种改良工作,引进优良品种公绒山羊10只、种公羊34只,肉羊改良8500只,黄牛冷配2002头。完成1.03万头牛、4.49万只羊口蹄疫疫苗注射;完成1.23万只羊小反刍疫苗注射,完成2.8万只羊布病疫苗注射;完成4116头牛炭疽疫苗注射;为22户农户发放优良活体公畜多浪羊和绒山羊补贴2万元;为102名农民发放草原管护补贴51.51万元。

【基础设施建设】 2020年,阿克托海乡清理林带156千米,绿化10.04公顷;清理各种垃圾2000吨;清理乱搭乱建、乱堆乱放510处,有序堆放柴草、杂物2014处;清理残垣断壁1461处;清理畜禽养殖粪污等农业生产废弃物179吨。排查道路垃圾点位2322处,清理河道沟渠118.6千米;改善整体环境,购买20万株爬山虎用于绿化美化;修建1065座卫生厕所;成立物业公司,负责全乡垃圾转运、厕所维修等业务。

【生态环境建设】 2020年,阿克托海乡坚持“绿水青山就是金山银山”的理念,做好绿化美化工作,新造林213.84公顷,补植补造144.41公顷。深化完善河长制、林长制,设置林段长330人、河段长214名,推动河湖系统保护和水生态环境整体改善,促进林木资源不断改善。

【脱贫攻坚】 2020年,阿克托海乡加大产业扶贫力度,突出发展特色产业,做大做强已有产业,发挥合作社作用。精心谋划项目,以项目带动产业,推进脱贫增收,增强“造血”机能,激发脱贫致富内生动力,形成“穷人看能人、能人盯项目、项目贴市场、市场引资本”的良性循环。建立健全稳定脱贫长效机制,持续将80%以上的贫困户稳定聚集在产业链上。注重激发内生动力,推行党员、致富带头人帮带贫困户,开展脱贫家庭星级评定、评选脱贫榜样、发布脱贫光荣榜,用身边人、身边事开展教育引导,让贫困群众学有榜样、干有方向,彻底摆脱思想贫困。巩固提升村综合文化服务中心建设,各村设立文明光荣榜、道德红黑榜等,定期举办道德讲堂、模范事迹报告等活动,宣传脱贫榜样,发挥典型示范带头作用。落实教育扶贫政策,巩固完善贫困家庭学生教育资助体系。

【民生保障】 2020年,阿克托海乡做好养老保险和医疗保险收费工作,养老保险缴费率99.9%,医疗保险缴费率99.9%,做到应保尽报。全年累计发放各类保障资金1672.31万元,其中,发放农村低保17475户次39373人次,农村低保资金1149万余元;发放城市低保525户次1241人次,城市低保资金70.98万元;发放80岁以上老人高龄补贴437户437人,补贴资金6.26万元;“五保户”141户141人,发放资金11.73万元;社会散居孤儿108人次,发放资金15.72万元;残疾人“两项补贴”1616人,发放资金59.71万元。发挥社会救助托底线、救急难作用,开展临时救助133人次,发放临时救助资金23.63万元;县综合社会福利中心集中收养五保户11人,分散供养18人,将684名残疾人纳入“两项补贴”政策,发放残疾人“两项补贴”资金41.2万元。

【精神文明建设】 2020年,阿克托海乡树立大宣传理念,构建大宣传格局。发挥乡、村两级文化阵地作用,每月制定活动计划,确保群众性文化体育活动月月有主题、周周有活动。免费开放村级文化活动中心、阅览室、农家书屋,组织村民开展文化体育活动,学习现代农业知识、惠农惠民政策和相关法律法规知识。农民文艺团在全乡15个行政村开展文艺演出25场次,参加群众6000余人次。加强“东风工程”“农家书屋工程”等文化阵地的使用和管理,及时维护更新书籍、文化活动器材,改善文化基础设施条件,引导农牧民学习科学文化知识。为各村发放“东风工程”图书3000余册、宣传手册2000余册;申请资金8.14万元,建设亚勒古孜玉瑞克村及希玛勒麦盖提村文化大舞台,丰富群众文化生活。

【科教卫生事业】 2020年,阿克托海乡将教育惠民作为利长远的大事,实现适龄学前幼儿和中小学生入园率、入校率100%,落实“两免一补”资金发放工作。持续推进“户户都有科技明白人”培育工程,年内开展各类培训56场次,受益农民6905人次,基本实现“户户都有科技明白人”,群众科学文化素质进一步提升。常态化实施全民免费健康体检,免费体检15381人,完成率99.96%;开展宣传活动3次,培训7902人次。建立重特大疾病保障和救助机制,参合率100%;有序开展疾病预防、妇幼保健、卫生监督、爱国卫生和食品药品监督管理工作。

(供稿人:裴烨辉)

乌什镇

【概况】 乌什镇是乌什县政治、经济、文化中心,总面积2010公顷,东、南与阿克托海乡接壤,西与奥特贝希乡相邻,北以秋格尔总干渠为界,东、南、西三面环山,中间平坦,海拔1400米左右,辖区主要旅游景点有燕泉山公园、燕泉河景观带。2020年,乌什镇辖3个行政村、11个社区、15个村民小组,有农(居)民8586户54426人,居住着维吾尔族、汉族、回族、柯尔克孜族等民族。有贫困村2个(其中深度贫困村1个),建档立卡贫困户223户872人。耕地面积32.48公顷,主要农作物以小麦、玉米为主,林果业以核桃、土桃、杏子为主。年末牲畜存栏1.43万头(只),出栏0.8万头(只)。村集体收入7016.11万元,人均收入12127.4元。镇机关有科级干部25人,一般干部131人;社区有科级干部20人,一般干部286人;村干部18人。党员619人(其中预备党员44人),党员发展对象8人,入党积极分子120人,递交申请书193人;共青团员734人,"四老"人员19人。

【疫情防控】 2020年,乌什镇坚持党建引领,全力打造"疫情+党建"红色资源,成立54个临时党小组、80支党团员志愿服务队,400余名党员干部把党徽党旗飘扬在战"役"最前沿。组织机关站所干部联系居民小区,严格落实小区服务管理措施。建立群众困难诉求销号台账,为群众办实事好事10.5万件次。抓好社区治理能力现代化,依托网格化服务管理,统筹辖区各支红色力量,严格落实疫情防控措施。做好生活物资保障,在62个居民小区设立生活物资保障点76个,协调米、面、油、瓜果、蔬菜等生活必需品1500余吨,搭建人民群众身体健康"生命线"。高度重视复工复产,有序推动3500余个商铺正常经营,组织700余人有序返厂就业、2400人就近就地就业,有效促进群众增收,提升市场经济活力。

【脱贫攻坚】 2020年,乌什镇深入实施精准扶贫、精准脱贫基本方略,强力落实政治责任,"六个精准"落地见效,持续推进"五个一批""三个加大力度"攻坚举措,全面落实产业扶贫、就业扶贫、健康扶贫等十大扶贫政策,积极发挥爱心企业、爱心人士社会帮扶作用。年内实施扶贫项目53个,投入扶贫资金2523万元,稳步实现"两不愁三保障""一降五通七有",贫困发生率由2014年的23.29%降至0,全镇2个贫困村顺利出列,227户贫困户如期脱贫,10户脱贫不稳定户、21户边缘易致贫户返贫致贫风险全面消除,顺利通过国家脱贫攻坚普查验收,绝对贫困问题得到历史性解决。脱贫攻坚先进不断涌现,喀赞村扶贫专干李美玲被推荐为全国脱贫攻坚贡献奖,阿依夏姆古丽·玉山被评为自治区脱贫攻坚奋进奖,喀赞村第一书记张永强、南关村贫困户阿曼古丽·艾山、新疆香雪尔食品有限责任公司彭爱莉等32人被评为脱贫攻坚先进个人。

【农村经济】 2020年,乌什镇稳步实施乡村振兴战略,粮食产量稳定增长,畜牧水平不断提高,农民群众稳步增收。加快农业产业化步伐,改良温室大棚,初步达成土地流转协议,规范运行农村电商服务站点。重点抓好特色农业、林果业、养殖业发展,提高农村电子商务发展水平,着力打造"一乡一业、一村一品"创业品牌,不断拓宽农副产品销售渠道。全民参与爱国卫生运动,稳步实施"厕所革命",强力推进乡村道路硬化、夜间亮化、村庄美化工程,"六清一改一整治"成效明显,城乡面貌焕然一新;院内院外"六件事"提质扩面,睡觉上床、吃饭上桌、学习有课桌等文明行为不断养成,垃圾乱放、污水横流、杂物挡道等不文明行为彻底消除,人居环境大幅改善。年内,完成春季植树造林2.57公顷,完成率128%;春、冬两季各修剪核桃树146.17公顷,完成率100%。果树病虫害防治面积196.84公顷,绑扎阻虫带面积175.17公顷。加强果树田间管理,做好果园管理和技术指导,及时施肥补栽。核桃、杏树防水圈面积175.17公顷,核桃摘心打顶3次,面积146.17公顷。维修防洪堤坝0.14千米;防渗渠清淤5千米,完成率100%;土渠清淤30千米,完成率100%。

【主题教育】 2020年,乌什镇持续巩固深化"不忘初心、牢记使命"主题教育成果,坚持读原著、学原文、悟原理,继续在学懂、弄通、做实上下功夫,牢牢把握"守初心、担使命、找差距、抓落实"总要求,把"学习教育、调查研究、检视问题、整改落实"贯穿全年主题教育全过程,组织党委理论中心组学习18次,纳入党员领导干部政治理论学习。建立群众困难诉求销号台账,为民办实事好事2800余件,有效解决群众关心关注的热点难点问题,深入各族群众满意度、幸福感明显提升。学习贯彻中共十九届二中、三中、四中、五中全会精神和第三次中央新疆工作座谈会精神,自觉对标对表,深化主题教育目标。

【民族团结】 2020年,乌什镇坚持把民族团结作为各族人民的生命线,不断加强民族团结进步宣传教育。民族团结进步创建成效显著,乌什镇获评地区级"民族团结进步示范乡(镇)",燕山社区、虹桥社区、英买力社区等5个社区创建为地区级"民族团结进步示范社区",通衢一区、英买力小区、团结小区等4个居民小区创建为地区级"民族团结嵌入式小区",11人获评模范个人,各族群众共居、共学、共事、共乐氛围更加浓厚。深入开展"民族团结一家亲"和民族团结联谊活动,党员干部与群众家庭结对认亲全覆盖,做实事好事8000余件,开展融情活动500余次。

【社会事业】 2020年,乌什镇坚持以人民为中心的发展思想,大力发展民生事业。新增城镇就业8678人,登记失业率控制在3.9%以内,农村富余劳动力转移就业应转尽转。建成投用喀赞村幼儿园,引进弘乐私立幼儿园,适龄儿童入园入学率100%;义务教育阶段学生408名,全覆盖享受资助151.7万元。高标准建设村(社区)医务室14个,全面实施全民健康体检、家庭医生签约服务,加大地方病预防诊疗宣传力度。完善社会保障体系,城乡居民基本医疗保险参保率逐年上升,全面落实农居民最低生活保障制度,特殊困难群体实现应保尽保。城镇保障性住房入住群众3497户,富民安居房入住群众602户,新修农村公路31.2千米,农村安全饮水问题彻底解决。健全安全生产责任体系,完善管理机制,常态化开展防震减灾演练,储备应急物资,安全生产形势持续稳定。做好低保对象清查核实工作,全镇1472户2598人应保尽保,低保救助对象公示率100%。城乡居民养老保险参保8157人,医疗保险参保21873人,发放各类救助金8300万元。

【党建工作】 2020年,乌什镇坚持把党的政治建设放在首位,开展党委中心组学习18次,常态化开展干部政治理论学习。优先从返乡大学生和致富能手等群体中发展党员43名,下发通报18期。打造团结社区“民有所呼、我有所应、接诉即办”群众工作“六步法”、新城社区积分制管理示范点,南关社区软弱涣散基层党组织通过县委组织部验收。强化大党委共驻共建工作,督促在职党员定期到社区报到并开展活动,每季度组织召开大党委共驻共建联席会议1次;参与社区各项工作的党员1000余名,解决困难诉求2000余件。实现3个村集体经济增收10万元以上,选派镇机关干部、其他省市招录大学生、留疆干部到社区(村)工作8名,社区干部轮岗16名,14名领导干部与各类人才结成帮带对子,开展帮带活动。

(供稿人:郭晓俊)

奥特贝希乡

【概况】 2020年,乌什县奥特贝希乡有6334户21639人,居住有维吾尔族、汉族、回族、柯尔克孜族等民族。总面积36283公顷,耕地面积4401.12公顷,人均占有耕地0.2公顷。乡机关核定行政编制68名,实有84名(其中其他省市招录大学生15名、留疆干部32名);核定事业编制54名,实有47名;核定工勤编制3名,实有4名。有党支部44个,党员863名,其中正式党员795名、预备党员68名。村干部96名,“四老”人员77名。

【农业农村】 2020年,奥特贝希乡不断优化种植业结构,坚守粮食安全底线,实施良种工程,粮食产量稳定增长,种植粮食面积0.36万公顷;发展特色经济作物,种植加工番茄51.69公顷、鹰嘴豆36.16公顷,种植黑木耳20万棒,年产鲜木耳11.15吨、干木耳0.77吨,种植业生产总值1.79亿元。持续推进林果业提质增效,坚持以核桃为主产业,全面落实“春促、夏管、秋控、冬护”精细化管理措施;加大低产果树提质增效力度,林果挂果面积0.3万公顷,林果业生产总值1.06亿元。加快畜牧业转型升级,优化牛羊品种改良,完成库西塔格村千头西门塔尔牛育肥场建设,稳步推进规模化养殖,实现牲畜最高饲养量1.3万头(只),存栏量7.14万头(只),产肉2701吨,畜牧业生产总值1.11亿元。规范合作社管理运营机制,新成立合作社4家,清理注销“空壳社”“僵尸社”9家,统筹38家合作社运营、服务和管理。

【党的建设】 2020年,奥特贝希乡坚持把党建工作与农村经济发展建设工作同安排、同部署、同考核,组织召开党委专题会议3次,研究基层党建工作。乡、村基层每月定期召开党建工作例会,开展月评比,领导班子成员包联到村,压实党建责任落实。建立健全民主议事决策机制,召开乡党委会议61次,研究决策议题215项。加强村级集体经济建设,不断壮大村集体经济。抓好干部队伍建设,加大干部培养力度,选优配强村“两委”班子,优化村干部队伍配置。严把发展党员的程序和标准,新发展党员66名,培养入党积极分子410名。加强干部作风建设,严肃党风党纪,强化纪检监督执纪。持续开展“访惠聚”驻村工作,第一书记统筹七支力量开展走访入户、帮扶解困、宣传教育等活动,驻村工作队队员、帮扶单位干部结对认亲3107户,开展中共十九大精神等宣讲活动160余场次。推进文明单位、文明乡村创建,奥特贝希乡人民政府创建为地区级文明单位,库木布隆村创建为地区级文明村。新时代文明实践所(站)作用凸显,有序开展各类志愿服务活动。年内,挖掘脱贫攻坚典型21人,民族团结先进典型42人,疫情防控典型15人,“十星级文明户”先进典型17户,学习典型、学习先进成为新风尚。

【疫情防控】 2020年,奥特贝希乡做好疫情防控工作,制定《奥特贝希乡新型冠状病毒感染的肺炎疫情防控工作方案》《奥特贝希乡建立新冠肺炎疫情常态化防控八项监测预警机制的实施方案》,成立专项组6个,明确分工、职责、任务,有序抓好疫情防控。聚焦常态化疫情防控要求,坚持“外防输入、内抓规范”,严格落实“防、治、控、保、稳”方针,加强社会面管控,常态化开展测体温、戴口罩、验“双码”、消杀等工作。组建乡、村两级消杀队伍36人,依托工作队、村“两委”组建物资配送车45辆,开展送货上门服务;开通服务热线,为群众解决困难诉求2000余件;全面摸排、分类观察重点疫区返乡、密接及发热人员,有效阻断病源,实现疫情“零发生”。强化问题整改,组建专项监督检查组3支,常态化对13个行政村和辖区各单位、企业疫情防控工作进行专项监督检查。

【脱贫攻坚】 2020年,奥特贝希乡坚持把林果、劳务输出、特色种植、畜牧作为促进农民增收的四大富民支柱产业,提高规范化和精细化管理水平,促进农业增效、农民增收。推进辖区4个卫星工厂就近就地吸纳128名农村富余劳动力就业。大力发展“旅游+扶贫”产业,间接带动100余名贫困人口受益;完善电商运营,激发农村市场经济活力。严抓稳岗就业,通过实施护路员和建设打馕合作社等措施,新增就业岗位223个,土地清理开发岗位就业262人;参加职业技能和实用技术培训231人,农村富余劳动力转移就业6544人。稳步推进项目建设,年内实施项目28个,涉及资金8171.44万元;编制2021年项目11个,预算资金2244.38万元。做好小额信贷服务工作,无逾期现象发生;新增小额信贷458户1438.3万元,其中建档立卡贫困户445户1411.3万元、边缘户13户27万元。做好脱贫攻坚普查工作,开展贫困群众感恩教育。做好乡、村两级精准扶贫档案整理工作,收集2013年至2019年各类档案资料,按照综合类、精准识别类、精准施策类、精准脱贫类、特殊载体类进行整理。

【社会民生】 2020年,奥特贝希乡稳步推进安居惠民,新建安居富民房292套,改建卫生厕所708户,改善群众居住环境。坚持做实安全惠民,开展防灾减灾救灾工作,组织安全隐患排查30余次,排查安全隐患120余条,救助各类受灾群众563人,救助资金4.32万元。严格落实安全生产主体责任和监管责任,常态化开展重点领域、重点行业隐患排查治理,全民安全意识显著增强,安全生产形势持续稳定。全面落实教育惠民,辖区本科、大中专学生享受“雨露计划”等各类教育资助政策175人,资助资金66.9万元,义务教育阶段学生辍学率持续清零。持续深化医疗惠民,结核病患者做到“应治尽治”,全民健康体检如期完成。精准落实健康扶贫政策,家庭医生签约服务率100%。稳步提升计生服务管理水平,开展宣传52场次,参加人数1.24万人次;组织开展计划生育集中培训7次,参加人数39人次。统筹做好社保惠民,低保政策覆盖4667人;为困难群体发放社会救助物资4713件,拨付临时救助资金372人68.19万元,52名鳏寡孤独老人入住幸福大院;城乡居民基本医疗保险参保率95%以上,城乡居民基本养老保险参保率100%。

【民族团结】 2020年,奥特贝希乡持续加强民族团结教育,547名党员干部全覆盖开展结对认亲,组织开展各类民族团结活动41场次。深入推进民族团结创建工作,奥特贝希乡人民政府创建为地区级民族团结进步示范乡,创建县级民族团结示范村13个,覆盖率100%。有序推进民族团结“嵌入式”发展工作,巴什阿克玛村创建为地区级民族团结进步示范村(文化嵌入示范点),色日克阿热勒村创建为县级民族团结进步示范村(生产嵌入示范点),库西塔格村创建为县级民族团结进步示范村(居住嵌入示范点),托斯玛村小学创建为县级民族团结进步示范小学(源头嵌入示范点)。完成好站所、好科室、好邻居等微细胞创建42个。

【法治建设】 2020年,奥特贝希乡全面推进法治建设,坚持依法治理、依法行政,推进社会治理体系和治理能力现代化。严格落实国家安全责任制,着力防范化解重大风险。开展《中华人民共和国民法典》宣传学习60余场次;加强司法所和人民调解员队伍建设,完善法律服务和法律援助体系。巩固平安细胞创建成果,动员和发动群众关心、支持和参与平安创建,平安村、平安站所、平安学校复验率100%,平安家庭复验率95%以上。

【环境保护】 2020年,奥特贝希乡推进环境惠民,严格落实生态环境保护责任制,全面推进“美丽乡村”建设,优化生态环境。开展爱国卫生运动,推荐爱国卫生“好村庄”3个、爱国卫生“好家庭”180户;发放预防传染病科学知识和健康生活方式宣传海报2000余份,张贴爱国卫生温馨提示1.2万张。稳步推进春、秋季植树造林活动,完成人工造林230公顷,补植补造生态林103.07公顷、沙棘林433.33公顷。综合防治农村垃圾、秸秆焚烧等污染源,提升空气质量;加大水源保护力度,巴什阿克玛饮用水水源地环境得到保护;落实“路长制”“河长制”“渠长制”“林长制”,健全村民小组义务监督机制。

(供稿人:周阿敏)

亚曼苏柯尔克孜民族乡

【概况】 2020年,亚曼苏柯尔克孜民族乡(简称亚曼苏乡)地处中吉(吉尔吉斯斯坦)边境线上,东邻英阿瓦提乡,南依托什干河与奥特贝希乡隔河相望,西与阿合奇县虎狼山乡交界,北伸天山山脉与吉尔吉斯斯坦接壤。全乡辖7个行政村、1个农场,总户数2701户,总人口8962人;主要由汉族、柯尔克孜族、维吾尔族、回族组成的民族乡;乡机关辖5室1部、13个直属站所。全乡总面积18.11万公顷,耕地面积2497.93公顷,林地面积890.47公顷,牧草地面积143948.51公顷,水域面积1820公顷。年内农村经济总收入18143.64万元,同比增长17.1%;农民人均纯收入12465.1元;稳定粮食面积1682.27公顷,总产14994.4吨,其中小麦871.84公顷,玉米810.45公顷。

【特色产业发展】 2020年,亚曼苏乡新建黑木耳基地1座,面积1.13公顷,含拱棚62座,总产干木耳4.1吨。牲畜存栏10.8万头(只),出栏10.5万头(只),各类牲畜疫苗防疫31.1万头(只),家禽防疫2.8万羽,全年未发生重大动物疫情。制作青贮饲料2.68万吨、收储秸秆1.35万吨、肉羊改良1.16万只、黄牛冷配1536头,生态畜牧业良性发展。稳定林果面积882.13公顷,完成核桃嫁接改良720公顷,沤制绿肥4.2万立方米,林果基肥得到保障。

【就业工作】 2020年,亚曼苏乡举办就业技能培训班4期,培训45天,培训创业就业人员30人、泥瓦匠49人、馕产业从业人员18人,提高综合素质及国家通用语言水平培训172人,逐步提升富余劳动力就业自信。实现劳动力转移就业3891人次,通过零散就业、外出管地、土地清理、公益性岗位等渠道转移就业1229人。利用当地项目拉动就近就地就业,华能新疆托什干河亚曼苏水电分公司各项目实施标段提供临时就业岗位,为农牧民脱贫增收疏通渠道。扎实推进零就业家庭摸排工作,实现村级劳动保障站标准化建设。

【科教卫生】 2020年,亚曼苏乡691名学前儿童适龄入学,1000余名中小学生接受义务教育,覆盖率100%。稳步壮大师资队伍,66名专任教师投身基层。深入开展科技工作,培育思想上能想明白、政策上能听明白、技术上能讲明白、实践上能干明白的“科技明白人”2319户7648名。推进全民健康体检,开展爱国卫生运动,医疗保障惠及民生,开展宣传培训45场次,培训8960人次。

【社会保障】 2020年,亚曼苏乡全面推进居家养老服务事业,实施新农保、城乡居民基本医疗保险全民参保计划,群众参保率100%。农村低保户581户969人,发放资金407.0337万元;城市低保户13户16人,发放资金97032元。特困供养“五保户”10户,其中集中供养5户,分散供养5户;对分散供养“五保户”按照每人每月500元的标准发放供养补贴。享受临时家庭救助192户,救助金额26.55万元;享受“两项补贴”政策残疾人147人,有孤儿14人(其中福利机构收养13人,外地上学1人)。县民政局牵头建设农村幸福大院1所,入住独居老人、身体残疾行动不便、生活困难等对象45人。

【安居工程建设】 2020年,亚曼苏乡多措并举、统筹推进,阳光操作、强化质量,严格落实建设要求,如期完成105套安居富民工程建设任务,入住率100%,实现贫困户建房全覆盖。大力推动“改厕行动”,新修卫生改厕603座,按照每户600元的标准,发放改厕补贴资金36.18万元。

【公共安全】 2020年,亚曼苏乡落实安全生产责任制,持续开展宣传教育,定期通过广播、大喇叭宣传安全生产、交通法规等知识,发放宣传手册200余册。不断加大公共安全建设投入,设置交通安全劝导站3个,检查车辆1000余辆次,纠正交通违法行为400余起。对重点部位开展安全隐患排查,检查辖区商铺单位800余家次,排查安全隐患100余项,未发生重大事故灾害,群众安全感显著增强。

【旅游产业】 2020年,亚曼苏乡将乡村旅游纳入规划范畴,促进乡村旅游科学发展。年内,地、县相关单位对全乡环境优美、人文风情别具特色的旅游资源进行调研考察,着力构建差异化乡村旅游发展格局,积极保护地形村貌、田园风光,培育发展乡村农家乐、杏花村等独具特色的专业乡村旅游项目。

【脱贫攻坚】 2020年,亚曼苏乡在精准识别上下功夫,在精准施策上出实招,在精准脱贫上见实效。落实“三专一访”工作要求,坚持扶贫、扶志、扶智共同发力,围绕“六个一批”脱贫路径,逐人逐户制定脱贫措施,拓宽收入来源;加强项目建设,提升稳定增收的能力和水平;聚焦“一降五通七有”要求,加强基础设施建设,配齐配强干部队伍。年内,7个贫困村1453户5699人全部脱贫摘帽。实施项目22个,投入资金3856万元,主要用于路、林、渠、桥、防洪坝、高标准农田等基础设施建设;入户类项目4个,投入资金21万余元,主要用于支持建档立卡贫困户发展牛、羊、鸡、核桃等种植和养殖业;资产收益类项目5个,投入资金963.83万元,主要用于温室大棚、卫星工厂、商铺夜市、合作社等项目建设。通过措施保障,结合“防贫保”项目兜底,脱贫成色稳固提升,群众的幸福感、获得感明显增强。

【民族团结】 2020年,亚曼苏乡坚持把筑牢中华民族共同体意识作为新时代民族工作的主线,全面贯彻落实党的民族政策,扎实开展“民族团结一家亲”和民族团结联谊活动,促进各民族交往交流交融。年内,打造教育示范基地1个、嵌入式民族团结示范基地1个、民族团结示范户6户。持续树立示范典型,申创县级民族团结进步示范单位5个、模范个人7人。持续开展微细胞创建工作,创建“好家庭”50户、“好邻居”48户、“好媳妇”18人、“好商铺”37个、“好站所”11个、“好科室”11个。营造民族团结宣传氛围20余处,悬挂宣传标语200余条,党员干部结对认亲全覆盖,干部群众“三个离不开”、“五个认同”、中华民族共同体意识进一步铸牢,群众获得感、幸福感、安全感明显增强。

(供稿人:杜　伟)

新疆生产建设兵团第一师四团

【概况】 2020年,新疆生产建设兵团第一师四团(以下简称第一师四团)辖区面积4.09万公顷,其中耕地面积8691.8公顷,年末实有林地面积7660.54公顷(含国家级公益林),园地面积3733公顷。总人口8769人,其中汉族7003人,占总人口的79.9%;少数民族1766人,占总人口的20.1%。年末就业人数3756人。职工总人数1775人,个体从业者615人。离休人员6人,退休人员2717人。辖区有12个农业连队、1个社区,1个工业单位、8个事业单位。

【经济建设】 2020年,第一师四团实现生产总值5.11亿元,比上年增长12.5%。其中:一产2.85亿元,同比增长7.5%;二产0.96亿元,同比增长20.49%;三产1.3亿元,同比增长10%;三次产业结构比为56:19:25。完成全社会固定资产投资3.3亿元,同比增长100.07%。社会消费品零售总额2.39亿元,年均增长-5.9%。

【社会事业】 2020年,第一师四团有中(小)学校1所,在校学生745人,其中少数民族学生325人,在岗教师52人。有中心幼儿园1所,在编教师6人。医院1所,在编人员38人,病床38张;卫生室13个,卫生防疫站1所。基层文化活动室12个。

【职工生活】 2020年,第一师四团完善社会救助管理体系,充分发挥临时救助制度托底线、救急难作用,对救灾物资进行盘库、清点,完善物资管理和使用制度。年内发放低保金531户705人次81.47万元,发放特困补助资金5人8.07万元,发放临时救助资金574户747人47.33万元;发放80周岁以上老年人基本生活津贴1152人次19.43万元。

(供稿人:康　华)

附　录

组织机构及其负责人名录 (2020 年)

【中共乌什县委员会】

书　记:刘国强

副书记:吐尔洪·阿不拉(维吾尔族)
　　刘　宁(回族)
　　高云波
　　吐尔洪·热合曼(维吾尔族,1 月离任)
　　祝升明(衢州援乌指挥部党委书记、指挥长,1 月离任)
　　艾尔肯·吐拉克(3 月离任)
　　刘世锋(自治区党委组织部挂职)
　　李　昱(衢州援乌指挥部党委书记、指挥长,1 月任职)
　　巴哈尔古丽·艾麦提(女,维吾尔族,11 月任职)

常　委:罗志军
　　郑建林(衢州援乌,1 月离任)
　　汪连江(4 月离任)
　　阿孜古丽·阿不都肉素力(女,维吾尔族,11 月离任)
　　唐好全
　　张林辉
　　牟新页
　　张　君
　　阿迪力·阿布拉(维吾尔族)
　　黄建霖(衢州援乌,1 月任职)

【县委各工作部门负责人名录】

中共乌什县委员会办公室

主　任:刘　玮(6 月兼县档案局局长)

副主任:牛　鑫(1 月离任)
　　杨凤来(1 月任职)
　　丁日金(衢州援乌,4 月离任)
　　刀顺荣(傣族)
　　庞陈明(1 月任职)
　　熊幼民(衢州援乌,8 月任职)

县委信息督查室主任:龙小华(6 月离任)

县委机要局

局　长:庞陈明(1 月离任)
　　刘容艳(女,1 月任职)

副局长:刘容艳(女,1 月离任)
　　王永恒(10 月任职)
　　侯丽芸(女,9 月任职)

县专用通信局

副局长:王永恒(10 月离任)
　　黄争文(10 月任职)

中共乌什县纪律检查委员会

书　记:汪连江(4 月离任)
　　唐好全(4 月任职,11 月离任)
　　巴哈尔古丽·艾麦提(女,维吾尔

族,11 月任职)

副书记:蔡怀利

巴拉提江·艾依提(维吾尔族)

姬海龙

常 委:陈国红

李世虎

拜合提古丽·吐尔孙(女,维吾尔族)

乌什县监察委员会

主 任:汪连江(4 月离任)

唐好全(4 月任职,11 月离任)

巴哈尔古丽·艾麦提(女,维吾尔族,11 月任职)

副主任:蔡怀利

巴拉提江·艾依提(维吾尔族)

姬海龙

委 员:陈国红

马伟新(回族)

李世虎

浙江省衢州市对口支援乌什县指挥部

党委书记、指挥长:李 昱

副书记、副指挥长、纪委书记:冯 俊

党委委员、副指挥长:黄建霖

中共乌什县委员会组织部

部 长:张 君

副部长:韩 涛(6 月离任)

林 洁(女,6 月任职)

张学顺(县人社局局长)

吴忠义(1 月任职)

曹 奕(衢州援乌,4 月任职)

阿不来提·沙吾提(维吾尔族,6 月任职)

阿吉然木·吐尔逊(女,维吾尔族,6 月离任)

毛伟健(衢州援乌,4 月离任)

中共乌什县委员会宣传部

部 长:阿孜古丽·阿不都肉素力(女,维吾尔族,11 月离任)

唐好全(11 月任职)

副部长:郭君珍(女,锡伯族,4 月任职)

古丽米热·坎吉(女,维吾尔族,4 月任职)

熊遇红

刘 莉(女,4 月离任)

佐热古丽·阿卜力孜(女,维吾尔族,4 月离任)

社科联主席:杨金香(女,1 月任职)

王青松(1 月离任)

文联主席:安晓军

宣传文化产品鉴定中心

主 任:阿不都沙拉木·司马义(维吾尔族,6 月任职)

宣传中心主任:张文海(8 月任职)

杨金香(1 月离任)

电影放映中心

主 任:塔依尔·牙库甫(维吾尔族)

中共乌什县委政法委员会

书 记:刘 宁(回族)

常务副书记:王中华

副书记:阿力木江·托胡太木(维吾尔族)

刘建海

中共乌什县委员会统一战线工作部

部 长:阿迪力·阿布拉(维吾尔族)

副部长:何　刚
王明辉
买买提江·木尔提扎(维吾尔族,11月任职)
艾力·拜力克(维吾尔族,11月离任)

中共乌什县直属机关工作委员会

书　记:梁满军(8月任职)
肖良才(1月离任)
张　辉(1月任职,7月离任)
副书记:陈川洲
阿热孜古丽·阿不力孜(女,维吾尔族)

中共乌什县委机构编制委员会办公室

主　任:丁　毅
副主任:热合曼江·买买提(维吾尔族)
黄永胜(4月任职)
郭君珍(女,锡伯族,4月离任)

中共乌什县网络安全和信息化委员会办公室

主　任:李　武(兼宣传部副部长)
专职副主任:王青松(1月任职)
吴忠义(1月离任)
副主任:郭继伟

中共乌什县委党史研究室暨地方志办公室

主　任:汪喜平
副主任:王建梅(女)

乌什县档案馆

馆　长:陈学军
副馆长:周志红(女,8月离任)
郜星淋(9月任职)

中共乌什县委党校

常务副校长:冯治磊(11月任职)
王永伦(6月离任)
副校长:彭浩轩

【县人大常委会及工作部门负责人名录】

乌什县第十五届人大常委会

党组书记:刘　宁(回族)
主　任:托合提·热合木提(维吾尔族)
副主任:阿布拉江·麦麦提(维吾尔族)
阿不来提·托乎提(维吾尔族)
张静梅(女,5月任职)
牛　鑫(5月任职)

乌什县人大办公室

主　任:王　红(女)
副主任:李志玲(女,10月离任)

乌什县人大工作委员会

法制工作委员会主任:
木太力甫·木沙(维吾尔族)
代表人事工作委员会主任:李龙生
科教文卫工作委员会副主任:王光理
财政经济工作委员会主任:许　琦

【乌什县人民政府】

县　长:吐尔洪·阿不拉(维吾尔族)
常务副县长:张林辉
副县长:黄建霖(衢州援乌,1月任职)
高建华
阿不力米提·托乎提(维吾尔族)

何　嘉(中粮屯河挂职)
奴容沙·买买提(女,维吾尔族,3月任职)
尹正护(3月任职)
赵　英(自治区林业厅挂职,女,6月任职)
孙长满(4月离任)

【政府各工作部门负责人名录】

乌什县政府办公室

主任、信访局局长、外事办主任:
冯旺华(6月任职)
周建运(6月离任)
副主任:沙迪尔·买买提(维吾尔族)
丁　伟(8月离任)
机关事务管理办公室
主　任:冉　伟(6月离任)
副主任:阿卜杜赛麦提·图尔荪(维吾尔族)
吕清交
李才合(6月任职)
电子政务办
专职副主任:许迎君(女,8月离任)
侨联
主　席:杨　怡(女,4月任职)
副主席:阿布力克木·阿布都瓦依提(维吾尔族)

乌什县人力资源和社会保障局

党组书记、副局长:
艾力·阿不力孜(维吾尔族)
党组副书记、局长:
张学顺(兼县委组织部副部长)
党组成员、副局长:许大军(4月任职)
陈崇飞(4月离任)
公共就业局局长:吴志武(10月离任)
劳动监察大队大队长:黄永胜(4月离任)

乌什县社会保险服务中心

主　任:王海娟(女,9月任职)
张喜贵(9月离任)
副主任:刘　宇(回族)

乌什县退役军人事务局

党组书记、副局长:阿不来提·吐地(维吾尔族,11月离任)
党组副书记、局长:马战胜
副局长:赵向军

乌什县行政服务中心

专职副主任:张朝香(女,10月离任)

乌什县政务服务和公共资源交易中心

党组书记、副主任:张朝香(女,10月任职)
主　任:张志强

乌什县大数据发展服务中心

党组副书记、主任:郭书振(6月任主任、10月任党组副书记)
党组成员、副主任:许迎君(女,8月任副主任、10月任党组成员)

【政协乌什县委员会及工作部门负责人名录】

政协乌什县第十四届委员会

党组书记:高云波
主　席:阿布都沙拉木·麦木提明(维吾尔族)
副主席:艾尔肯·达吾提(维吾尔族)

樊东海
阿曼吐尔·马木提(柯尔克孜族)
刘维忠(4月任职)

乌什县政协公室

主　任:邹明理(1月任职)
　　　黄　刚(1月离任)
副主任:刘永敦(4月任职)
　　　周江来(1月离任)

专门委员会

社会和法制委员会
主　任:阿卜杜咯迪尔·阿卜拉(柯尔克孜族)
副主任:贾天武
经济环境委员会
主　任:图尔荪·阿卜杜如苏力(维吾尔族)
副主任:荣　荣(女,锡伯族,7月离任)
科教文卫体委员会
主　任:姬根亭
副主任:吐然木·外力(维吾尔族)

【乌什县人民检察院】

党组书记:孟建明
检察长:艾买尔·吐地(维吾尔族)
副检察长:艾科拜尔江·阿卜来提(维吾尔族)

【乌什县人民法院】

党组书记:王锡琳(女)
院　长:阿布来提·亥米提(维吾尔族)
副院长:文伟龙
　　　买买提江·司马义(维吾尔族)
党组成员:乔永强(1月任职)

【群众团体组织负责人名录】

乌什县总工会

党组书记:王生和(1月任职)
　　　　张　辉(1月离任)
主　席:阿不力克木·热合曼(维吾尔族)
副主席:申庆卫

共青团乌什县委员会

书　记:杨　周(4月离任)
副书记:周佩兰(女,4月任职)
　　　杨德吉(女)
　　　白继荣(6月离任)
　　　开萨尔江·吾甫尔(维吾尔族,11月任职)

乌什县妇女联合会

党组书记:周志红(女,8月任职)
　　　　曹　华(女,7月离任)
党组副书记、主席:
　　布尼亚孜汗·依麻木(女,维吾尔族)
党组成员、副主席:万天永(女)

乌什县科学技术协会

党组书记:郭胜辉(6月任职)
　　　　郑　元(6月离任)
主　席:卡哈尔·库尔班(维吾尔族)
副主席:茹库耶姆·阿吾提(女,维吾尔族)

乌什县工商业联合会

党组书记:何　刚
主　席:樊东海
党组成员、专职副主席:张治忠
副会长:牛旭林

乌什县残疾人联合会

党组书记:李贵晴

理事长:布祖然木·赛地(女,维吾尔族)

副理事长:孙　蕾(女,8 月任职)

亚森江·麦麦提(维吾尔族,6 月离任)

乌什县红十字会

专职副会长:彭新军

副会长:梅　芳(女,10 月离任)

【县直各工作部门负责人名录】

乌什县司法局

党组书记:赵有刚

党组副书记、局长:艾尼瓦尔·玉散(维吾尔族,11 月任职)

吐尔洪·牙克甫(维吾尔族,11 月离任)

党组副书记、副局长:张志琪(12 月离任)

党组成员:乌米提·吾满尔江(维吾尔族)

乌什县公安局

党委书记、局长、督察长:高建华

党委副书记、政委:

塔依尔·米吉提(维吾尔族,1 月任职)

托乎提·肉孜(维吾尔族,1 月离任)

党委委员、县纪委监委第六纪检监察组

组长:李德团

党委委员、副局长:

李　武

马文光(回族,地区公安局挂职,6 月离任)

张　磊(自治区公安厅挂职,6 月离任)

郑何静

柴建芳(衢州援乌,4 月离任)

孙玉珑

古吉阿西木·托合提(维吾尔族,1 月任职)

曹扬明(挂职,4 月任职)

党委委员、副政委:韩　增(1 月任职)

党委委员、交警大队大队长:张　飞

乌什县消防救援大队

大队长:牙森·依不拉音(维吾尔族)

政治教导员:付国臣(9 月任职)

副政治教导员:刘俊康(3 月离任)

乌什县农业农村局

党组书记、副局长、农办主任:李金锁

党组副书记、局长:

如斯太木·亚森(维吾尔族,1 月任职)

依力哈尔·阿西木(维吾尔族,1 月离任)

党组成员:李雪凌

依马木·麦麦提(维吾尔族)

庄兴亮(兼县农经局局长、行业党工委书记,11 月任职)

副局长:王小军(1 月任职)

周　伟(东乡族,1 月离任)

农业技术推广站站长:郑冬梅(女)

种子管理站站长:包　平(10 月任职)

农广校校长:殷　武

畜牧兽医站站长:杨　忠

动物监督所所长:

买合木提·尼亚孜(维吾尔族)

农业检测中心主任:

阿不力克木·阿不拉(维吾尔族)

乌什县林业和草原局

党组书记、副局长:牛 鑫(12月任职)
王国良(9月离任)

党组副书记、局长:
阿不来提·阿皮孜(维吾尔族)

副局长:班恩博

草原站

副站长:麦麦提江·阿布来提(维吾尔族)

托什干河国家湿地公园管理站

站 长:解富强

乌什县水利局

党组书记:木合塔尔·牙生(维吾尔族)

局 长:黄 刚(1月任职)
王生和(1月离任)

副局长:王泽涛(2月离任)
赵 纲(4月离任)

党组成员:阿不都热西提·依马木(水资源总站党支部书记,维吾尔族,6月任职)

水资源总站站长:勾正军(5月任职)

乌什县扶贫开发办公室

党组书记:孙国元

主 任:陈利东

副主任:图然妮萨·尼亚孜(女,维吾尔族)

乌什县气象局

局 长:张 杰(5月离任)

副局长:陈华斌(5月任职)

乌什县人工影响天气办公室

党支部书记、副主任:
麦合木提江·麦麦提(维吾尔族)

党支部副书记、主任:焦建武

乌什县发展和改革委员会

党组书记、副主任:
古丽米热·坎吉(女,维吾尔族,4月离任)
丁永利(4月任职)

党组副书记、主任:贺宏坤(4月离任)

主 任:樊东海(4月任职)

党组成员、副主任:
杨凤来(4月离任)
夏灵飞(衢州援乌,4月任职)
刘 军(地区发改委挂职,1月离任)
艾斯卡尔·艾尔肯(维吾尔族,11月任职)

粮食监督稽查大队

队 长:阿布都艾尼·胡达拜尔(维吾尔族)

投资项目服务中心

主 任:马精胡(回族,10月任职)

乌什县商务和工业信息化局

党组书记、副局长:马姗花(女,回族)

党组副书记、局长:冉 伟(6月任职)
冯旺华(6月离任)

党组成员、副局长:丁 朋

乌什县工业园区管理委员会

党工委书记、副主任:段 斌

党工委副书记、主任:朱永福

党工委委员、副主任:李春茂(4月任职)

乌什县财政局

党组书记:吐尼沙克孜·艾力(女,维吾尔族,11月离任)

局 长:徐国强(9月任职)
田三平(9月离任)

副局长:张喜贵(9月任职)
徐国强(9月离任)

国库支付中心
副主任:陈　诚(10 月任职)
　　　韩苏江(10 月离任)
乡(镇)财政服务中心
主　任:唐春明(女)
副主任:艾合麦提江·穆莎(维吾尔族)
国有资产服务中心
党组书记:韩苏江(10 月任职)
副主任:司　虎(6 月任职)
会计核算中心
主　任:牛　娜(女,4 月任职)

国家税务总局乌什县税务局

党委书记、局长:咸　军(藏族)
党委副书记、副局长:王生学(6 月离任)
党委委员、副局长:
　阿不都米吉提·奥斯曼(维吾尔族)
　阿依努尔·克然木(女,维吾尔族)
　刘　钰
党委委员、纪检组组长:
　王　亮(6 月任职)
　方海波(蒙古族,5 月离任)
副局长:王翔民(6 月任职)
　　　李　赓(3 月离任)
　　　杨俊生(5 月离任)

乌什县统计局

党组书记、副局长:
　阿不力米提·艾海提(维吾尔族)
党组副书记、局长:王玉珠(女)
党组成员、副局长:陈瑞强
社会经济调查队
队　长:张　娟(女,1 月离任)
　　　阿依努尔·吾甫尔(女,维吾尔族,1 月任职)

乌什县审计局

党组书记、副局长:木合塔尔·克热木(维吾尔族)
党组副书记、局长:张静梅(女,1 月离任)
　　　陈　蓉(女,1 月任职)
副局长:陈　蓉(女,1 月离任)
　　　王　博(女,4 月任职)
党组成员:柳　斌(4 月离任)
经济责任审计中心
主　任:安广东(4 月离任)

乌什县市场监督管理局

党组书记、副局长:
　吐拉克孜·克依木(女,维吾尔族)
党组副书记、局长:林　洁(女,6 月离任)
　　　周建运(6 月任职)
党组成员、副局长:徐显军
党组成员:张建明(12 月离任)

乌什县应急管理局

党组书记、副局长:吐尔逊江·提力瓦迪(维吾尔族)
党组副书记、局长:王俊峰(8 月任职)
　　　徐国旗(8 月离任)
党组成员、副局长:李启超(4 月离任)
　　　周东亚(4 月任职)

乌什县住房和城乡建设局

党组书记、副局长:麦米提明·热依木(维吾尔族,1 月离任)
　　　依斯热依力·吐尔逊(维吾尔族,1 月任职)
党组副书记、局长:罗　强
党组成员、副局长:黎鸿鹏(1 月离任)

丁永利(4月离任)
李启超(4月任职)
徐建勋(衢州援乌,6月任职)

城乡建设服务中心
主　任:赵顺合(4月任职)
城建监察管理大队
大队长:王　腾(4月任职)
副大队长:杨　涛(10月任职)
园林环卫服务中心
主　任:缪　忠
副主任:麦合木提·麦麦提(维吾尔族,10月任职)
住房保障办公室
主　任:黄增福

乌什县环境保护局

党组书记、副局长:王　锁(7月任职)
郭胜辉(6月离任)
党组副书记、局长:阿不力米提·吾甫尔(维吾尔族,7月任职)
赛依杜拉·赛麦提(维吾尔族,7月离任)
党组成员、副局长:阿不力米提·吾甫尔(维吾尔族,7月离任)
蒋克辉(7月任职)

乌什县自然资源局

党组书记、局长:木合甫力·甫拉提(维吾尔族,7月离任)
郭洪涛(7月任职)
党组成员、副局长:王勇军(6月离任)
刘　东(6月离任)
乔　琦(6月任职)
党组成员、不动产登记中心主任:
图尼亚孜·艾赛提(维吾尔族)
副局长:黄　宇(原自治区煤田地质局挂职干部,4月任职)

乌什县交通运输局

党组书记、副局长:麦麦提·吐拉洪(维吾尔族)
党组副书记、局长:黄孝东
党组成员、副局长:邢　云

乌什县供销社

主　任:程　刚
书　记:勾正军(4月离任)
图尔贡·阿布都克热木(维吾尔族,4月任职)
副主任:丁灯宣
阿不都艾尼·胡达拜尔(维吾尔族)

乌什县教科局

党组书记、副局长:朵　柱
党组副书记、局长:阿米娜·阿不力孜(女,维吾尔族)
党组成员:李新勇
吴媛君(女)

乌什县文化体育广播电视和旅游局

党组书记、副局长:胡旭日(11月离任)
熊成宇(11月任职)
党组副书记、局长:
杨　怡(女,4月离任)
刘　莉(女,4月任职、11月离任)
吐尼沙克孜·艾力(女,维吾尔族,11月任职)

党组成员、副局长:于　亮

任职)

党支部副书记、主任:
阿娜古丽·亚森(女,维吾尔族,2月任职)

副主任:梁新海

乌什县融媒体中心

党支部书记、副主任:
古扎丽努尔·吾麦尔(女,维吾尔族,6月任职)

主　任:申　军(6月任职)

副主任、副书记:王向东(6月离任)

副主任:王雪彤(女,6月任职)
阿不都沙拉木·司马义(维吾尔族,6月离任)

乌什县卫生健康委员会

党组书记、副主任:张　平(女,6月离任)
杨　兰(女,6月任职)

党组副书记、主任:依斯热依力·吐尔逊(维吾尔族,1月离任)
艾海提·卡斯木(维吾尔族,1月任职)

党组成员:王　军
哈斯也提·沙力(女,维吾尔族)

乌什县卫健委卫生监督所

所　长:乔　宁(9月离任)

副所长:麦合木提·努尔(维吾尔族,9月离任)

乌什县卫生健康综合监督执法局

局　长:乔　宁(9月任职)

副局长:麦合木提·努尔(维吾尔族,9月任职)

乌什县疾病预防控制中心

党支部书记、副主任:马自昕(女,2月

乌什县人口和计划生育生殖健康服务站

站　长:王　萍(女)

副站长:排日代·瓦依提(女,维吾尔族)

乌什县医疗保障局

党组书记:吐尔洪·阿不力米提(维吾尔族)

局　长:张　平(女,6月任职)
史晓峰(6月离任)

副局长:王　青

医保中心主任:毕高尚(4月任职)

乌什县民政局

党组书记:唐子龙

局　长:哈里木热提·依斯马依(维吾尔族,6月离任)
阿吉热木·吐尔逊(女,维吾尔族,6月任职)

副局长:赵恒泽
热孜亚·卡斯木(女,维吾尔族,4月离任)

居民家庭经济状况核对中心主任:种绍刚

社会福利中心

主　任:王　博(女,4月离任)
宋钰龙(10月任职)

【驻县各企业负责人名录】

国网新疆乌什县供电公司

书　记:木扎帕·艾则孜(维吾尔族)

经　理:张建强

中国人民银行乌什县支行

党组书记、行长:张　龙(1月离任)
冯云飞(1月任职)
党组成员、副行长:廖晓亮(纪检组组长)
王　寅

中国农业银行乌什县支行

党总支书记、行长:满新春(5月离任)
曾　翔(俄罗斯族,5月任职)
纪检委员:买合木提·买买提(维吾尔族)
副行长:张彩霞(女,2月任职)
曾　翔(俄罗斯族,5月离任)

中国农业发展银行乌什县支行

行　长:毕　虎
副行长:周　涛
邓谊平(7月任职)
郝　伟(7月任职)

新疆乌什农村商业银行

党委书记、董事长:席晓刚
党委委员、行长:赛来江·买买提(维吾尔族)
党委委员、纪委书记、监事长:颜景厚
党委委员、副行长:买买提·热合曼(维吾尔族)
党委委员、副行长:郑明娟(女)

中国邮储银行乌什县支行

行　长:马秀梅(女,回族,5月任职)
副行长:田　磊(1月任职)
马秀梅(女,回族,5月离任)

中国人寿保险乌什县支公司

经　理:王志华

中华联合财产保险乌什县支公司

经　理:周彩涛

中国邮政乌什分公司

党支部书记、总经理:杨国靖(11月离任)
副总经理:刘　坤(11月任职)

中国电信乌什分公司

党支部书记、经理:左剑平
副经理:张　毅(6月任职)
安　亮
辛　云(1月离任)
经理助理:依斯坎地尔·艾海提(维吾尔族)

中国移动通信乌什县分公司

经　理:何　政(4月任职,12月离任)
副经理:何　政(2月离任)
熊坤鹏(9月任职)
经理助理:张圆圆(女)
郑亚丽(女,10月任职)

中国联合网络通信乌什分公司

副总经理:地力夏提·吾布力(维吾尔族)

【县直各学校、医院负责人名录】

乌什县第一中学

书　记:张志海

校　长:库尔班·尼亚孜(维吾尔族)
副校长:买热木尼沙·胡达拜迪(女,维吾尔族)
　　吾拉木·热合曼(维吾尔族,9月离任)
　　阿卜都哈力克·图尔贡(维吾尔族,9月任职)

乌什县第二中学

书　记:吐逊克孜·拜克日(女,维吾尔族,4月离任)
　　汪群锋(衢州援乌,4月任职)
校　长:吐逊克孜·拜克日(女,维吾尔族,4月离任)
　　郑元清(4月任职)
副校长:王生江(9月任职)
　　李寿成

乌什县第三中学

书　记:阿不都沙拉木·阿不力孜(维吾尔族)
校　长:赵金芳(女)
副校长:李福荣
　　吾拉木·热合曼(维吾尔族,10月任职)

乌什县国庆中学

书　记:翟卫宏
校　长:马合木提·瓦依提(维吾尔族,6月离任)
副校长:阿里木·库尔班(维吾尔族,9月离任)
　　阿不力米提·艾力(维吾尔族,9月任职)
　　玛依拉·吐尔逊(女,维吾尔族,9月任职)

乌什县衢州中学

书　记:张　杰(9月任职)
副校长:张　杰(9月离任)
　　阿里木·库尔班(维吾尔族,9月任职)
　　吴海鹏(回族,9月任职)
　　冯宏学(9月任职)
　　徐华辉(9月任职)

乌什县职业技术学校

书　记:郑　勤
校　长:克然木·托胡旦木(维吾尔族)
副校长:阿布都沙拉木·阿不力米提(维吾尔族)

乌什·衢州小学(乌什县第一小学)

书　记:王　娟(女)
校　长:陆瑞敬(衢州援乌)

乌什县第二小学

书　记:余腾娜(女)
校　长:种　飞
副校长:布海里且木·托乎提(女,维吾尔族)

乌什县第三小学

书　记:李宏伟
校　长:周生军
副校长:吾麦尔江·克依木(维吾尔族)

乌什县第四小学

书　记:杨宏伟(6月离任)

熊箐玲(女,6 月任职)
校　长:曹宗兰(女,6 月离任)
外力江·赛麦提(维吾尔族,6 月任职)

乌什县第五小学

书　记:石亚辉(1 月离任)
张葆府(1 月任职)
校　长:吴春花(女)

乌什县第一幼儿园

书　记:常慧臻(女)
园　长:如克艳木·依力牙斯(女,维吾尔族)

乌什县第二幼儿园

书　记:拜合提努尔·艾麦提(女,维吾尔族)
园　长:周晓兰(女,东乡族)

乌什县人民医院

书　记:阿里木·吾斯曼(维吾尔族)
院　长:赵昌谋
副院长:肖秀国
王之成(衢州援乌,5 月任职)
牛忠辉
乃比江·吐尔松(维吾尔族,8 月离任)

乌什县中医医院(维吾尔医医院)

书　记:张　军
院　长:阿依先木·阿尔租(女,维吾尔族)
副院长:赛麦提·卡迪尔(维吾尔族)
马自昕(女,2 月离任)
申壮壮(2 月任职)

乌什县妇幼保健院

党支部副书记、院长:何章义
党支部书记、副院长:吐尔逊阿依·阿尔祖(女,维吾尔族)
副院长:马　娟(女)

【乡(镇)负责人名录】

阿合雅镇负责人名录

党委书记:贺宏坤(4 月任职)
孙长满(4 月离任)
镇　长:图尔迪·苏皮(维吾尔族,11 月任职)
艾尼瓦尔·玉散(维吾尔族,11 月离任)
人大主席:艾海提·达吾提(维吾尔族,1 月任职)
吐尔洪·卡迪尔(维吾尔族,1 月离任)
党委副书记:图尔迪·苏皮(维吾尔族)
艾尼瓦尔·玉散(维吾尔族,11 月离任)
喀迪尔·麦麦提(政法书记,维吾尔族,11 月任职)
刘　峰
富学良(组织干事,6 月任职)
杨志勇(组织干事,6 月离任)
党委委员:
龙小华(宣传干事,6 月任职)
富学良
孙主元(12 月离任)
张　勇
阿不力米提·朱马克(统战干事,维吾尔族,1 月任职)
艾海提·达吾提(维吾尔族)
王　攀(派出所所长)

古丽玛依拉·朱努萨力(纪检书记、监察办主任,女,柯尔克孜族,12月任职)
艾斯卡尔·艾尔肯(纪检书记、监察办主任,维吾尔族,11月离任)
吐尔洪·卡迪尔(维吾尔族,1月离任)
亚库甫江·亚生(维吾尔族,12月任职)
副镇长:玉素甫江·艾麦尔(维吾尔族)
孙主元(12月离任)
黄小馨(女,1月任职)
王　赟(8月任职)
阿依努热姆·如孜(女,维吾尔族,1月离任)
刘　峰(12月任职)
亚库甫江·亚生(维吾尔族,12月任职)
王　建(8月离任)

永宁片区管委会负责人名录

书　记:喀迪尔·麦麦提(维吾尔族,11月任职)
图尔迪·苏皮(维吾尔族,11月离任)
副主任:艾尼·图尔荪(维吾尔族,6月任职)
董金成
努荣古丽·努尔麦麦提(女,维吾尔族)

阿合雅镇站所负责人名录

农经站站长:麦合木提江·毛拉肉孜(维吾尔族,4月离任)
古丽博斯坦·萨吾提(女,维吾尔族,4月任职)
计生办主任:马　龙(回族,5月任职)
文化站站长:吐尔荪·艾力(维吾尔族)
广播站站长:吾买尔·艾沙(维吾尔族)
林管站站长:努尔顿·克尤木(维吾尔族)
农技站站长:阿不力米提·图尔迪(维吾尔族,4月离任)
努荣古丽·努尔麦麦提(女,维吾尔族,4月任职)
农机站站长:艾合麦提·阿巴斯(维吾尔族,10月任职)
兽医站站长:图尔贡·克尤木(维吾尔族)
财政所所长:王宁宁(3月任职)
古力布斯坦·萨吾提(女,维吾尔族,3月离任)
司法所所长:艾力·玉苏普(维吾尔族)
水管所所长:图尔荪·阿西木(维吾尔族,9月离任)
艾山·亚生(维吾尔族,9月任职)
国土所所长:吐尔洪·麻木提(维吾尔族)
供电所所长:阿卜杜热依木·阿伍提(维吾尔族)
供水站站长:扎伊尔·许库尔(维吾尔族)

阿恰塔格乡负责人名录

党委书记:任　锋
乡　长:阿不力米提·托乎提(维吾尔族)
人大主席:居来提·阿不都热合曼(维吾尔族)
副书记:马　翔(回族)
许　辉(组织干事)
巨新贤(政法书记)
马金林(回族,4月离任)
党委委员:
阿不都外力·买买提(统战干事、宣传干事,维吾尔族)
艾山·米吉提(纪检书记、监察办主任,维吾尔族)

居来提·阿不都热合曼(维吾尔族)
王　超(派出所所长)
王　波(8月离任)
王　建(8月任职,10月离任)
姚代军(10月任职)
王友瑞

副乡长:王友瑞
阿不都塞米·米吉提(维吾尔族)
吐松古丽·图尔松(女,维吾尔族)
张　先(1月任职,10月离任)
牟长伟(10月任职)

阿恰塔格乡站所负责人名录

农技站站长:刘　飞
林管站站长:熊铭发
农经站站长:陈军刚(7月任职)
伊敏江·阿不拉(维吾尔族,7月离任)
农机站站长:安外尔·奥斯曼(维吾尔族)
兽医站站长:米　俊
文化站站长:古丽尼格尔·塞尔达(女,维吾尔族)
广播站站长:古丽尼格尔·塞尔达(女,维吾尔族)
财政所所长:伊敏江·阿不拉(维吾尔族,7月离任)
陈军刚(7月任职)
国土所所长:阿不都沙拉木·依麻木(维吾尔族)
水管所所长:艾尔肯·毛尼亚孜(维吾尔族)
教育党总支书记:许　辉
卫生院院长:图尔荪阿依·赛麦提(女,维吾尔族)
计生办主任:茹克艳木·提力瓦尔迪(女,维吾尔族)
民政办主任:麦麦提·穆萨(维吾尔族)
司法所所长:阿力木·艾海提(维吾尔族)

依麻木镇负责人名录

党委书记:李军荣
镇　长:阿孜古丽·阿不来提(女,维吾尔族)
人大主席:依力哈木·朱马(维吾尔族)
党委副书记:王得春
麦麦提·库尔班(兼政法书记,维吾尔族)
邓　欢(苗族)
王登武(11月离任)
党委委员:依力哈木·朱马(维吾尔族)
艾尔肯·尼亚孜(统战干事,维吾尔族)
卡米力江·阿不都沙拉木(组织干事,维吾尔族)
买买提·热合曼(宣传干事,维吾尔族)
买买提江·毛拉吾东(派出所所长)
孙　超(纪检书记、监察办主任,2月任职)
田知仲(4月任职)
关　坤(纪检书记、监察办主任,2月离任)
许大军(4月离任)
副镇长:麦合木提·托合提(维吾尔族)
阿依先木古丽·托合提尼亚孜(女,维吾尔族)
艾力·吾普尔(维吾尔族)
罗　斌(1月任职)

依麻木镇站所负责人名录

计生站站长:徐海娟(女,8月任职)
玉苏普·苏力坦(维吾尔族,

8月离任)
卫生院院长:努尔东·图尔贡(维吾尔族)
司法所所长:吐尔逊·玉苏普(维吾尔族)
财政所所长:麦尔耶姆·托合提尼亚孜(女,维吾尔族)
文化广播站站长:图尔贡·托合提(维吾尔族)
农技站站长:图尔荪·居麦(维吾尔族,9月离任)
图尔荪·麦麦提(维吾尔族,9月任职)
农机站站长:努尔买买提·毛尼亚孜(维吾尔族)
农经站站长:巴哈尔古丽·图尔荪(女,维吾尔族)
水管所所长:阿力木江·阿不力米提(维吾尔族)
林管站站长:吐尔荪·尼亚孜(维吾尔族)
国土所所长:艾克拜尔·尼亚孜(维吾尔族)
兽医站站长:米娜瓦尔·吾甫尔(女,维吾尔族)
供电所所长:阿卜力米提·热合曼(维吾尔族)
文教办主任:李　斌
信用社主任:吐尔逊·麦麦提(维吾尔族)

英阿瓦提乡负责人名录

党委书记:肖俊胜(回族)
乡　长:阿不里克木·米吉提(维吾尔族)
人大主席:阿不都热西提·依马木(维吾尔族,6月离任)
哈丽沙木·阿布拉(女,维吾尔族,6月任职)
副书记:阿不里克木·米吉提(维吾尔族)
王　军(组织干事)
邢吉志
杨　周(政法书记,4月任职)
陶　辉(政法书记,4月离任)
党委委员:孙明智(纪检书记)
杨毅超(宣传干事)
董泽林
库尔班·赛麦提(维吾尔族)
吕文强(4月任职)
哈丽沙木·阿布拉(维吾尔族,6月任职)
阿不都威力·阿不都热依木(维吾尔族,10月任职)
张振威(10月任职)
阿不都扎依尔·买买提(维吾尔族,10月任职)
史　健(4月离任)
阿不都热西提·依麻木(维吾尔族,6月离任)
艾克拜尔·吐拉克(统战干事,维吾尔族,11月离任)
副乡长:库尔班·赛麦提(维吾尔族)
董泽林
肖红梅(女)
艾散·图尼亚孜(维吾尔族)
孙　翼(1月任职)

英阿瓦提乡站所负责人名录

农经站站长:阿不都瓦依提·艾散(维吾尔族,4月离任)
麦尔比艳木·莫合塔尔(女,维吾尔族,4月任职)
农机站站长:阿卜拉·穆萨(维吾尔族)
兽医站站长:艾麦尔·玉素音(维吾尔族,2月离任)
亚森·艾力(维吾尔族,2月任职)

林管站站长:阿不都沙迪克·尕依提(维吾尔族)
农技站站长:帕提古丽·热西提(女,维吾尔族)
文化站站长:萨阿代提·库尔班(女,维吾尔族)
广播站站长:如斯坦木·阿布拉(维吾尔族)
财政所所长:孙中杰
水管所所长:吐尔洪·吐热(维吾尔族)
国土所所长:艾克拜尔·尼亚孜(维吾尔族)
司法所所长:余 波
民政社保服务中心主任:
努尔比耶柯孜·图尔荪(女,维吾尔族)
计生办负责人:阿依加玛丽·吐尔洪(女,维吾尔族,5月离任)
阿依妮萨·热合曼(女,维吾尔族,5月任职)
卫生院院长:买合木提·艾则孜(维吾尔族,6月离任)
阿迪力江·依马木尼亚孜(维吾尔族,6月任职)
劳保所所长:纳吉米丁·木塔力甫(女,维吾尔族)
文教办主任:莫合塔尔·艾沙(维吾尔族)

亚科瑞克乡负责人名录

党委书记:张立群
乡 长:阿布里克木·萨吾提(维吾尔族)
副书记:喀迪尔·麦麦提(政法书记,维吾尔族,11月离任)
陈 冲
王 丹(1月任职)
成 炎(1月离任)
艾克拜尔·吐拉克(维吾尔族,11月任职)
党委委员:艾尔肯·麦麦提(人大主席,维吾尔族,4月任职)
迪丽努尔·阿不都热合曼(纪检书记,女,维吾尔族,11月离任)
吐尔洪·阿不拉(统战干事,维吾尔族,6月任职)
亚力昆·买买提(维吾尔族)
刘旭俭
买合木提·托呼提(维吾尔族,6月离任)
于江伟(宣传干事)
黎东初(1月任职)
艾克拜尔·吐拉克(维吾尔族)
图尔贡·阿布杜热依木(人大主席,维吾尔族,4月离任)
副乡长:亚力坤·麦麦提(维吾尔族)
吐尔洪·阿不拉(维吾尔族,6月离任)
阿不都肉苏力·吾不力(维吾尔族)
张清一
希尔麦麦提·伊马木(维吾尔族,6月任职)
黎东初(1月任职)

亚科瑞克乡站所负责人名录

农技站站长:阿依吐逊·赛买提(女,维吾尔族)
农机站站长:买合木提·斯拉依力(维吾尔族)
林管站站长:阿不都沙拉木·依明(维吾尔族)
兽医站站长:阿娜古丽·加马力(女,维吾尔族)
农经站站长:艾尔肯·普拉提(维吾尔族)
水管所所长:卡哈尔·阿卜力孜(维吾尔族)

财政所所长:麦麦提江·艾力(维吾尔族)
文化站站长:阿依古丽·阿巴斯(女,维吾尔族)
计生办主任:阿地兰·艾热提(女,维吾尔族)

阿克托海乡负责人名录

党委书记:托乎提·肉孜(维吾尔族)
乡　长:宋清刚
人大主席:阿不力孜·阿合尼亚孜(维吾尔族)
副书记:宋清刚
白继荣(组织干事,6月任职)
郭书振(组织干事,6月离任)
艾海提·麦麦提(政法书记,维吾尔族)
马吉祥(回族,1月离任)
党委委员:范永蕾(女,纪检书记)
阿不都瓦依提·木沙(维吾尔族)
李　飞
阿力木江·库尔班(统战干事)
阿不力孜·阿合尼亚孜(维吾尔族)
赵海天
廖善旭
吴幼强(宣传干事,1月任职)
副乡长:阿不都瓦依提·木沙(维吾尔族)
开沙尔江·依不拉音(维吾尔族)
赵海天(1月任职)
王　超(6月任职)
库尔班·亚库普(英苏盖特力克村党支部书记,维吾尔族)
古丽努尔·吐尔逊(女,维吾尔族,6月离任)
马吉祥(回族,1月离任)

阿克托海乡站所负责人名录

财政所所长:祖丽皮耶·吐苏(女,维吾尔族)
农技站站长:古丽克孜·达吾提(女,维吾尔族)
农机站站长:艾力·阿卜杜克热木(维吾尔族)
农经站站长:阿依提拉·达吾提(女,维吾尔族,4月离任)
吐苏艾力·托合提尼亚孜(维吾尔族,4月任职)
林管站站长:买买提艾力·阿不力孜(维吾尔族)
水管站站长:阿布里肯木·阿布杜克然木(维吾尔族)
文化站站长:玉素普·图尔荪(维吾尔族)
广播站站长:吾加木尼亚孜·米吉提(维吾尔族)
兽医站站长:阿依古丽·克热木(女,维吾尔族)
卫生院院长:吐逊阿依·艾买提(女,维吾尔族,7月离任)
玛依拉·托合提尼亚孜(女,维吾尔族,7月任职)
司法所所长:艾合买提·吾斯曼(维吾尔族)
计生办主任:热依拉·麦麦提(女,维吾尔族)

乌什镇负责人名录

党委书记:王　俊
镇　长:库尔班·卡地尔(维吾尔族,4月任职)
奴容沙·买买提(女,维吾尔族,4月离任)
人大主席:艾则孜·马木提(维吾尔族,1

月任职)

艾斯卡尔·玉苏音(柯尔克孜族,12 月离任)

副书记:奴容沙·买买提(女,维吾尔族,4 月离任)

库尔班·卡地尔(维吾尔族,4 月任职)

艾则孜·马木提(政法书记,维吾尔族,1 月离任)

杨　周(2 月任职、4 月离任)

梁顺英

陈　鹏(政法书记,1 月任职)

陈崇飞(4 月任职)

柯增伟(1 月离任)

党委委员:肖克来提·谢依克(维吾尔族)

艾合买提江·玉努斯(维吾尔族)

陈　平

崔久杰

艾则孜·马木提(维吾尔族)

赵伟峰(8 月离任)

王　波(8 月任职)

副镇长:梁顺英

阿吉古丽·克热木(女,维吾尔族)

郭晓洋

冯　晨(4 月任职)

陈　涛(11 月离任)

乌什镇社区负责人名录

九眼泉社区

书　记:李伟柏

主　任:孜牙吾冬·阿吾提(维吾尔族,1 月任职)

阿地力·阿扎提(维吾尔族,1 月离任)

南关社区

书　记:肖长明(1 月任职)

李　刚(1 月离任)

主　任:买买提·托合提(维吾尔族,8 月任职)

阿不来提·阿不都热西提(维吾尔族,8 月离任)

团结社区

书　记:蒋立群

主　任:艾尼·阿不力米提(维吾尔族)

喀什博依社区

书　记:马　帅

主　任:阿孜古丽·吐胡提(女,维吾尔族)

英买力社区

书　记:刘入文(8 月任职)

汤　森(8 月离任)

主　任:皮力孜木·哈地尔(女,维吾尔族,6 月离任)

古丽玛依拉·朱努萨力(女,维吾尔族,6 月任职、12 月离任)

东山头社区

书　记:刘志鸿

主　任:艾合买提江·买买提(维吾尔族,6 月离任)

比丽克孜·吾甫尔(女,维吾尔族,6 月任职)

燕山社区

书　记:伏建明

主　任:库尔班·阿西木(维吾尔族,4 月离任)

热孜亚·卡斯木(女,维吾尔族,4 月任职)

新城社区

书　记:任鹏展

主　任:哈丽沙木·阿布拉(女,维吾尔族,6 月离任)

帕丽坦木·亚森(女,维吾尔族,6月任职)
友谊社区
书 记:冯华亮
主 任:吾麦尔江·热合曼(维吾尔族)
虹桥社区
书 记:邱科鹏
主 任:玉苏甫·麦麦提(维吾尔族)
振兴社区
书 记:姜文璐(女,1月任职)
主 任:艾合麦提·阿吾提(维吾尔族)

乌什镇站所负责人名录

林管站站长:艾尔肯·赫则木(维吾尔族)
农经站站长:库尔班尼沙·居马克(女,维吾尔族)
农机站站长:古丽扎尔·居马克(女,维吾尔族)
农技站站长:努曼古丽·卡地尔(女,维吾尔族)
文化站站长:阿丽亚·买买提(女,维吾尔族)
广播站负责人:艾尔肯·艾买提(维吾尔族)
教育办负责人:吐松·提力瓦力地(维吾尔族)
计生办主任:茹先古丽·托合提(女,维吾尔族)
劳保所所长:凯合热曼·毛利尼亚(女,维吾尔族)
财政所所长:努尔尼沙·司马义(维吾尔族)
水管所所长:约日耶提·艾山(女,维吾尔族)
兽医站站长:米丽凯木·卡米力(女,维吾尔族)
司法所所长:热比古丽·吐尔逊(女,维吾尔族)
社保所所长:艾合买提江·依地日斯(维吾尔族)

奥特贝希乡负责人名录

党委书记:刘维忠(4月任职)
唐好全(4月离任)
乡 长:艾力亚尔·图尔荪(维吾尔族)
人大主席:米吉提·沙吾提(维吾尔族,4月离任)
买买提·木尔提扎(维吾尔族,4月任职、11月离任)
副书记:刘群超(1月任职)
刘维忠(1月任职,4月离任)
青山虎(地区畜牧局挂职,4月任职)
古方元(4月任职)
艾克帕尔·胡西塔尔(政法书记,维吾尔族)
孙 伟(1月离任)
买买提·木尔提扎(政法书记,维吾尔族,4月离任)
曹志强(4月离任)
党委委员:米吉提·沙吾提(维吾尔族,4月离任)
艾尔肯·提力克(统战干事,维吾尔族)
亚森·马木提(维吾尔族)
努尔比亚·阿扎提(宣传干事,女,维吾尔族)
陈东海(纪检书记,1月任职)
蒋鹏飞(4月任职)
樊榜样(6月任职)

陈　鹏(纪检书记,1月离任)
古方元
李才合(6月离任)
副乡长:王鹏程
亚森·马木提(维吾尔族)
蒋鹏飞(4月任职)
古方元(4月离任)
艾尼·胡杜尤木(维吾尔族)

奥特贝希乡站所负责人名录

计生站站长:马依努尔·艾则孜(女,维吾尔族)
林管站站长:麦麦提依明·热扎克(维吾尔族)
兽医站站长:古丽努尔·赛都拉(女,维吾尔族)
农经站站长:再努热木·萨比尔(女,维吾尔族)
农技站站长:阿不拉江·热西提(维吾尔族)
农机站站长:图尔洪·麦麦提(维吾尔族,4月离任)
吐尼牙孜汗·依不拉音(女,维吾尔族,4月任职)
文化站站长:塔吉古丽·阿卜来提(女,维吾尔族)
广播站站长:地力夏提·艾尔肯(维吾尔族)
水管所所长:伊力哈尔·托合提(维吾尔族,6月离任)
阿卜杜尼亚孜·吾普尔(维吾尔族,6月任职)
司法所所长:艾麦提·麦麦提(维吾尔族)
财政所所长:杜　佳(女,7月离任)
李延霞(女,7月任职)
民政办主任:外力·热西提(维吾尔族)
劳保所所长:阿依古丽·阿不都肉苏力(女,维吾尔族)
供电所所长:吾买尔江·要里瓦斯(维吾尔族)
卫生院院长:图尔洪·赛麦提(维吾尔族,8月离任)
吐逊阿依·艾麦提(女,维吾尔族,8月任职)

亚曼苏柯尔克孜民族乡负责人名录

党委书记:郭新宇(11月离任)
刘　莉(女,11月任职)
乡　长:艾斯卡尔·玉苏音(柯尔克孜族)
人大主席:如斯太木·亚森(维吾尔族,1月离任)
阿地力·阿扎提(维吾尔族,1月任职)
副书记:王军强(4月离任)
曹志强(4月任职)
阿卜杜萨拉木·祖农(政法书记,维吾尔族)
艾克拜尔·胡西塔尔(统战干事,维吾尔族,4月离任)
麦合木提·麦麦提明(统战干事,维吾尔族,4月任职)
党委委员:阿地力·阿扎提(维吾尔族,1月任职)
刘　勇
伊马木尼亚孜·艾买提尼亚孜(维吾尔族,10月任职)
余志敏(纪检书记、监察办主任)
张建荣(宣传干事)
庄兴亮(11月离任)
杨　周(2月离任)
副乡长:古丽巴哈尔·吐尔洪(女,柯尔克

孜族)

吐尔洪·卡孜(维吾尔族)

袁 凯

庄兴亮(11 月离任)

亚曼苏柯尔克孜民族乡站所负责人名录

农技站站长:吾布力·热合曼(维吾尔族)

农经站站长:阿依努尔·都先阿力(女,柯尔克孜族)

农机站站长:凯赛尔·吾甫尔(维吾尔族)

林管站站长:阿里木·热合曼(维吾尔族)

水管所所长:赛买提·热合曼(维吾尔族)

兽医站站长:艾海提·阿吾提(维吾尔族)

财政所所长:钟海军(3 月离任)

郑青松(3 月任职)

计生办主任:热艳古丽·阿吾提(女,维吾尔族)

文化站站长:热孜万古丽·瓦日斯(女,维吾尔族)

广播站站长:沙吉旦·克热木(女,维吾尔族,6 月离任)

吐迪古丽·玉素音(女,维吾尔族,6 月任职)

国土所所长:木沙江· 阿卜杜热依木(维吾尔族)

司法所所长:热艳古丽·艾买提(女,维吾尔族)

粮站站长:阿里木·居坎(维吾尔族)

【新疆生产建设兵团第一师四团负责人名录】

党委书记、政委:殷 超

党委副书记、团长:张大鹏

党委副书记、纪委书记、监察办主任、工会主席、妇联主席:林晓琴(女)

党委常委、副政委:

黄志平(衢州援乌,1 月离任)

格帕尔·阿布都卡德尔(维吾尔族)

党委常委、副团长:

冯 俊(衢州援乌,4 月任职)

党委常委:王 伟

荣 誉

中央及国家部委授予的先进集体

乌什县第二中学 2020 年 8 月,被教育部关心下一代工作委员会授予“新时代好少年主题教育读书活动美好生活劳动创造先进集体”称号。

依麻木镇国家通用语言小学 2020 年 11 月,被中央文明委授予“全国文明校园”称号。

乌什县振兴园牧业有限责任公司 2020 年 11 月,被中华全国工商业联合会、国务院扶贫开发领导小组办公室授予“全国‘万企帮万村’先进民营企业”称号。

自治区级先进集体

浙江省衢州市对口支援乌什县干部工作队 2020 年 1 月,被自治区党委、政府授予“第九批省市援疆工作先进集体”称号。

浙江省衢州市对口支援乌什县指挥

部　2020年1月,被自治区扶贫开发领导小组授予“自治区2019年脱贫攻坚奖组织创新奖”称号。

乌什县公安局国保大队　2020年1月,被自治区公安厅记“集体二等功”。

奥特贝希乡　2020年2月,被自治区平安建设领导小组授予“自治区优秀平安乡镇”称号。

乌什县　2020年3月,被自治区党委、政府授予“2019年度自治区脱贫攻坚成效考核中综合评价为‘好’的县市”称号。

乌什县第二小学　2020年5月,被自治区团委授予“自治区五四红旗团支部”称号。

乌什县第二中学　2020年8月,被自治区教育厅关心下一代工作委员会授予“新时代好少年主题教育读书活动美好生活劳动创造先进集体”称号。

英阿瓦提乡人民政府　2020年9月,被自治区人民政府办公厅授予“自治区人民政府基层行政立法联系点”称号。

英阿瓦提乡　2020年9月,被自治区文明委授予“自治区文明乡镇”称号。

乌什镇南关村、阿恰塔格乡奥依吐尔吐尤克村、依麻木镇拜什铁热克村、依麻木镇乌鲁克亚依拉克村、奥特贝希乡尤喀克墩其格村、英阿瓦提乡库齐村、英阿瓦提乡特日木村　2020年9月,被自治区文明委授予“自治区文明村镇”称号。

地区扶贫办驻阿恰塔格乡布干斯马甫其村“访惠聚”驻村工作队　2020年9月,被自治区扶贫开发领导小组授予“自治区2020年脱贫攻坚奖组织创新奖”称号。

乌什县纪委监委、县委办公室、县人大常委会(机关)、县政协办公室、县委组织部、宣传部、政法委、统战部、直属机关工委、编办,县发展和改革委员会、财政局、市场监督管理局、卫生健康委员会、商信局、气象局、国家税务总局乌什税务局、阿克苏公路管理局乌什分局、农村商业银行股份有限公司、燕泉山景区、沙棘林景区　2020年9月,被自治区文明委授予“自治区文明单位”称号。

乌什县第一小学、第二小学、第三小学、第四小学、第一幼儿园、第二幼儿园　2020年9月,被自治区文明委授予“自治区文明校园”称号。

依麻木镇国家通用语言小学　2020月9月,被自治区民族事务委员会授予“自治区民族团结进步示范校”称号。

阿合雅镇托万克库曲麦村党支部　2020年12月,被自治区党委、政府授予“新疆维吾尔自治区抗击新冠肺炎疫情先进基层党组织”称号。

阿恰塔格乡托克玛克和田村村民委员会　2020年12月,被自治区党委、政府授予“新疆维吾尔自治区抗击新冠肺炎疫情先进集体”称号。

地区级先进集体

中共乌什县委员会,中共阿恰塔格乡委员会,乌什县扶贫开发办公室,自治区党委组织部、老干部局驻依麻木镇托万克麦盖提村"访惠聚"工作队,自治区生态环境厅驻阿克托海乡英苏盖特力克村"访惠聚"工作队,地区扶贫开发办公室驻阿恰塔格乡布干斯马甫其村"访惠聚"工作队 2020年3月,被地区扶贫开发领导小组授予"地区2019年脱贫攻坚奖组织创新奖"称号。

乌什县人民政府办公室 2020年6月,被地区民族团结进步创建领导小组授予"地区民族团结进步模范单位"称号。

乌什镇、阿恰塔格乡、乌什·衢州小学(乌什县第一小学) 2020年6月,被地委、行署授予"地区民族团结进步模范集体"称号。

英阿瓦提乡特日木村 2020年6月,被地区民族团结进步创建活动领导小组授予"地区民族团结进步示范单位"称号。

乌什县第一幼儿园 2020年6月,被地区民族团结进步创建活动领导小组授予"地区民族团结进步创建示范学校"称号。

乌什县人民医院 2020年6月,被地区民族团结进步创建活动领导小组授予"地区民族团结进步创建示范窗口单位"称号。

乌什县委办公室、县人民医院 2020年7月,被地委授予"地区先进基层党组织"称号。

阿合雅镇托万克库曲麦村党支部 2020年7月,被地委授予"地区先进基层党组织"称号;2020年9月,被地区妇联授予"地区美丽庭院建设试点村"称号。

乌什县委组织部 2020年11月,被地区民族团结进步创建活动领导小组授予"民族团结进步创建示范单位"称号。

中共亚曼苏柯尔克孜民族乡委员会、中粮屯河糖业股份有限公司驻阿克托海乡阿克托海村"访惠聚"工作队、国家统计局新疆调查总队驻奥特贝希乡苏盖特力克村"访惠聚"工作队、国家能源局新疆监管办公室驻亚科瑞克乡亚科瑞克村"访惠聚"工作队、中国储备粮管理集团有限公司新疆分公司驻亚科瑞克乡托库扎克村"访惠聚"工作队 2020年11月,被地区扶贫开发领导小组授予"地区2020年脱贫攻坚奖组织创新奖"称号。

阿恰塔格乡 2020年12月,被地区文明委授予"地区文明乡镇"称号。

乌什镇喀赞村、阿合雅镇托万克库曲麦村、阿合雅镇尤喀克阿合雅村、阿恰塔格乡加依塔格村、依麻木镇玉斯屯克和田村、依麻木镇亚贝希村、依麻木镇托万克麦盖提村、依麻木镇托万克喀尕吐尔村、英阿瓦提乡英买里村、亚科瑞克乡依力克其墩村、亚科瑞克乡尤喀克喀赞其村、阿克托海乡库木奇吾斯塘村、奥特贝希乡库木布隆村、亚曼苏乡尤喀克亚曼苏村 2020年12月,被地区文明委授予"地区文明村镇"称号。

乌什镇机关、阿恰塔格乡机关、依麻木镇机关、英阿瓦提乡机关、阿克托海乡机关、奥特贝希乡机关、亚曼苏乡机关,县人民检察院、司法局、人武部机关,县委党校、史志办,团县委、县妇联,县人社局、社保局、林草局、人影办、农广校、审计局、统计局、住建局、交通运输局、生态环境局、行政服务中心、教科局、疾控中心、妇幼保健院、计划生育服务站、国家安全局、公安消防大队、供电公司、中国农业银行乌什支行、中国农业发展银行乌什支行、电信乌什分公司、移动乌什营业部、燕山汽车运输公司、自治区塔里木河流域大石峡建管局、新疆葛洲坝大石峡水利枢纽开发有限公司　2020 年 12 月,被地区文明委授予“地区文明单位”称号。

乌什县第二中学、职业中学、第五小学、衢州幼儿园、第三幼儿园、第四幼儿园、新城幼儿园、团结幼儿园　2020 年 12 月,被地区文明委授予“地区文明校园”称号。

中央及国家部委授予的先进个人

郑冬梅(乌什县农业农村局农业技术推广站站长)　2020 年 9 月,被中央文明委授予“中国好人榜—助人为乐好人”称号。

阿不米提·吾甫尔(乌什县生态环境局党组副书记、局长)　2020 年 9 月,被国务院第二次全国污染源普查领导小组办公室授予“第二次全国污染源普查现突出个人”称号。

库尔班·尼亚孜(依麻木镇国家通用语言小学校长)　2020 年 11 月,被中共中央、国务院授予“全国劳动模范”称号。

自治区级先进个人

托乎提·肉孜(阿克托海乡党委书记)　2020 年 1 月,被自治区党委、自治区人民政府授予“自治区人民满意公务员”称号。

郑冬梅(乌什县农业农村局农业技术推广站站长)　2020 年 1 月,被自治区扶贫开发领导小组授予“自治区 2019 年脱贫攻坚奖创新奖”称号。

李娜(乌什县发改委干部)　2020 年 1 月,被自治区扶贫开发领导小组授予“自治区 2019 年脱贫攻坚奖贡献奖”称号。

何国明(乌什华盛纺织有限公司总经理)　2020 年 1 月,被自治区扶贫开发领导小组授予“自治区 2019 年脱贫攻坚奖奉献奖”称号。

阿依夏姆古丽·玉山(乌什镇喀赞村村民)　2020 年 1 月,被自治区扶贫开发领导小组授予“自治区 2019 年脱贫攻坚奖奋进奖”称号。

杨德吉(共青团乌什县委副书记)、王超(阿克托海乡副乡长)　2020 年 5 月,被自治区团委授予“2017—2019 年度自治区优秀共青团干部”称号。

王小亮(乌什县第一中学)　2020 年 5 月,被自治区团委授予“自治区优秀共青团员”称号。

李聪颖(乌什县欣禧源葡萄酒业有限公司董事长)　2020 年 9 月,被自治区扶贫开发领导小组授予“自治区 2020 年脱贫攻坚奖贡献奖”称号。

吐尔逊·库尔班(亚科瑞克乡依力克其墩村村民)　2020 年 9 月,被自治区扶贫开发领导小组授予“自治区 2020 年脱贫攻坚奖奋进奖”称号。

周佩兰(共青团乌什县委副书记)　2020 年 10 月,被自治区团委授予“抗击新冠肺炎疫情青年志愿服务先进个人”称号。

刘国强(乌什县委书记)、库尔班·尼亚孜(依麻木镇国家通用语言小学校长)、兰真玉(乌什镇南关村村民) 2020年12月,被自治区党委、政府授予“自治区民族团结进步模范个人”称号。

王俊(乌什镇党委书记)、胡西旦·克依木(乌什镇友谊社区1片区志愿者) 2020年12月,被自治区党委、政府授予“新疆维吾尔自治区抗击新冠肺炎疫情先进个人”称号。

吴涛、袁建(乌什县生态环境局干部) 2020年12月,被自治区第二次全国污染源普查领导小组办公室授予“自治区第二次全国污染源普查表现突出个人”称号。

地区级先进个人

杨海涛(县委正科级巡察专员)、郭新宇(亚曼苏柯尔克孜民族乡党委原书记)、刑吉志(英阿瓦提乡党委副书记)、李科琮(自治区党委组织部、老干部局驻依麻木镇托万克麦盖提村“访惠聚”工作队原总领队、队长、第一书记)、吾斯曼·塔力甫(地委组织部、老干部局驻阿合雅镇托万克库曲麦村“访惠聚”工作队队长、第一书记)、艾斯卡尔·卡地尔(中国石油西部管道新疆分公司驻阿恰塔格乡托克逊亚阔坦村“访惠聚”工作队原队长、第一书记) 2020年3月,被地区扶贫开发领导小组授予“地区2019年脱贫攻坚奖创新奖”称号。

王晓东(乌什县扶贫办党组成员)、张鑫(自治区党委组织部、老干部局驻依麻木镇亚贝希村原第一书记)、郭小青(自治区工商联驻依麻木镇托万克喀孜吐尔村“访惠聚”工作队总领队、队长、第一书记)、刘早阳(自治区林业和草原局驻英阿瓦提乡英阿特村第一书记)、张可成(地区第二人民医院驻阿合雅镇阿克布村“访惠聚”工作队队长、第一书记)、方山(国家能源局新疆监管办公室驻亚科瑞克乡亚科瑞克村“访惠聚”工作队原队长、第一书记) 2020年3月,被地区扶贫开发领导小组授予“地区2019年脱贫攻坚奖贡献奖”称号。

李强(新疆华孚色纺集团有限公司董事长)、李聪颖(乌什县欣禧源葡萄酒业有限公司董事长)、吾卜力亚森·茹孜(乌什县帅骆驼果业有限公司负责人)、彭爱莉(新疆香雪尔食品有限责任公司总经理)、马友友(阿克苏地区惠鑫服饰专业合作社负责人)、吴蓓(阿大纺织有限公司负责人)、席晓刚(乌什农商银行党委书记、董事长) 2020年3月,被地区扶贫开发领导小组授予“地区2019年脱贫攻坚奖奉献奖”称号。

图尔贡·毛尼亚孜(阿合雅镇巴扎村党支部书记)、热合曼·牙森(英阿瓦提乡英阿特村致富带头人)、吐尔逊·库尔班(亚科瑞克乡依力克其墩村致富带头人)、居尔艾提·如孜(依麻木镇拜什铁热克村贫困户)、穆太力普·艾力(阿克托海乡苏依提喀村贫困户)、如则·阿卜杜热依木(奥特贝希乡色日克阿热勒村贫困户) 2020年3月,被地区扶贫开发领导小组授予“地区2019年脱贫攻坚奖奋进奖”称号。

刘建海(乌什县委政法委副书记、法学会党组成员)、赵昌谋(乌什县人民医院党总支副书记、院长) 2020年5月，被地委、行署授予“地区先进工作者”称号。

孙伟(奥特贝希乡党委原副书记)、哈丽沙木·阿布拉(英阿瓦提乡党委委员、人大主席)、尼加提·麦麦提(乌什县公安局阿合雅派出所副所长)、董韦(乌什县委网信办干部)、杨侠(乌什县林草局原助理工程师)、库尔班·尼亚孜(依麻木镇国家通用语言小学校长)、哈丽沙木·阿布拉(乌什镇新城社区居委会主任)、刘学军(阿恰塔格乡加依塔格村村委会科技副主任)、阿娜尔汗·达吾提(乌什镇南关社区居民)、兰真玉(乌什镇南关村村民)、伊敏·玉散(阿克托海乡亚勒古孜玉瑞克村村民)、马国鸿(亚曼苏乡尤喀克亚曼苏村村民) 2020年6月，被地委、行署授予“地区民族团结进步模范个人”称号。

黄孝东(乌什县交通运输局党组副书记、局长)、陈利东(乌什县扶贫办党组副书记、主任)、古丽扎尔·依布拉音(乌什县住建局干部)、艾克拜尔·克热木(阿恰塔格乡政府四级主任科员)、李珂(乌什县公安局奥特贝希乡派出所副所长)、赵昌谋(乌什县人民医院党总支副书记、院长) 2020年7月，被地委授予“地区优秀共产党员”称号。

阿不力克木·阿不都沙拉木(乌什县委组织部调研室干部) 2020年7月，被地委组织部授予地区组工宣传工作“先进个人”称号。

吴柱柱(乌什县委网信办干部) 2020年7月，被地委网信党工委授予“地区互联网领域优秀共产党员”称号。

热亚提·阿帕尔(自治区党委组织部、老干局驻依麻木镇托普浪吉然村第一书记)、买买江·阿不都(自治区林草局驻英阿瓦提乡亚喀艾日克村第一书记)、史建英(自治区生态环境厅驻阿合雅镇喀孜干村第一书记)、高利军(自治区生态环境厅驻阿克托海乡吉格代力克村第一书记)、米吉提·依不拉音(地区扶贫办驻阿恰塔格乡布干斯马甫其村“访惠聚”工作队队长、第一书记) 2020年11月，被地区扶贫开发领导小组授予“地区2020年脱贫攻坚奖贡献奖”称号。

庄兴亮(亚曼苏乡原党委委员、副乡长)、陈旭(自治区党委组织部、老干局驻依麻木镇库尔干村“访惠聚”工作队队长、第一书记)、杨磊(自治区党委组织部、老干局驻依麻木镇亚贝希村“访惠聚”工作队队员)、徐培志(自治区林业和草原局驻奥特贝希乡亚阔坦村“访惠聚”工作队队长、第一书记)、傅建钢(国家能源局新疆监管办驻亚科瑞克乡尤喀克喀赞其村第一书记)、张永强(中粮屯河糖业股份有限公司驻乌什镇喀赞村第一书记) 2020年11月，被地区扶贫开发领导小组授予“地区2020年脱贫攻坚奖创新奖”称号。

塔依尔·沙迪尔(英阿瓦提乡库齐村扶贫专干)、阿曼古丽·艾山(乌什镇南关村村民)、依力格尔·巴克(阿恰塔格乡托万克和田村村民)、买买提·阿不力米提(亚科瑞克乡亚巴格村村民)、凯塞尔·买合木(亚曼苏乡尤喀克亚曼苏村村民） 2020 年 11 月，被地区扶贫开发领导小组授予“地区 2020 年脱贫攻坚奖奋进奖”称号。

袁圆（新疆振兴园牧业有限责任公司总经理）、闫仁宾（青山农业发展有限公司负责人）、艾力·伊米提（园丁林果种植专业合作社社长）、阿卜力克木·阿卜力米提（迪亚耐提林果种植专业合作社负责人）、艾克帕尔·帕塔（山泉林果专业合作社理事长） 2020 年 11 月，被地区扶贫开发领导小组授予“地区 2020 年脱贫攻坚奖奉献奖”称号。

重要文件

乌什县 2020 年国民经济和社会发展统计公报

2020 年，面对新冠肺炎疫情带来的严峻考验，在县委、政府的坚强领导下，全县上下深入贯彻落实中共十九大和十九届二中、三中、四中、五中全会精神，贯彻落实习近平总书记关于统筹推进疫情防控和经济社会发展工作的重要讲话指示精神，围绕和落实自治区党委“3 + 1”工作部署，扎实做好“六稳”工作、全面落实“六保”任务，努力克服疫情影响，积极应对各种挑战，主动担当作为，奋力拼搏勇进，经济发展稳健向好，“十三五”圆满收官，“十四五”全面擘画，“幸福乌什”正以崭新姿态和全新内涵，迈上新征程、书写新篇章。在统筹推进疫情防控和经济社会发展中取得显著成效，经济运行回升向好，质量效益持续改善，社会事业健康发展，民生福祉保障有力。

一、综合

初步核算，全年实现地区生产总值（GDP）51.48 亿元，按可比价计算，比上年增长 8.9%。其中：第一产业增加值 11 亿元，增长 5.7%；第二产业增加值 9.61 亿元，增长 44.9%；第三产业增加值 30.87 亿元，增长 4.2%。三次产业结构比为 21∶19∶60。

二、农业

农作物播种面积（含复播）71.19 万亩。其中粮食含薯类 56.11 万亩，增长 2.92%；油料 0.56 万亩，下降 85.8%；甜菜 0.6 万亩，增长 20%；蔬菜含工业番茄 3.72 万亩，增长 8.45%。

粮食产量（含薯类）32.76 万吨，增长 3.73%；油料 947.3 吨，下降 84.3%；甜菜 2.57 万吨，下降 21.9%；蔬菜含工业番茄 10.7 万吨，增长 87.7%。

全年林果业总面积 36.942 万亩。其中，挂果面积 36.429 万亩，比上年增长 0.85%。林果产量 14.0324 万吨，比上年增加 0.4439 万吨，增长 3.27%，其中，苹果产量 0.3515 万吨，比上年增加 0.071 万吨，增长 25.45%；香梨产量 0.3512 万吨，比上年下降 0.2091 万吨，下降 37.3%；葡萄产量 3.0982 万吨，比上年增加 0.0173 万吨，增长 0.56%；红枣产量 0.2221 万吨，比上年增加 0.0106 万吨，增长 5.01%；核桃产量 6.3875 万吨，比上年增加 0.6636 万吨，增长 11.59%。

年末牲畜存栏 80.23 万头（只），比上年增长 1.57%。全年牲畜出栏 70.27 万头（只），增长 5.7%。肉类总产量 35899 吨，增长 26.14%。其中：羊肉产量 8188

吨,下降20.64%;牛肉产量9856吨,增长4.98%;猪肉产量10241吨,增长492.31%;禽肉产量6250吨,增长1.02%;禽蛋产量1510吨,增长3.99%;牛奶产量6230吨,增长0.32%。

三、工业和建筑业

2020年末,实现规模以上工业增加值18331.65万元,同比增长12.5%。按经济类型分:重工业累计完成工业增加值12736.9万元,同比增长38.5%,轻工业累计完成工业增加值5594.75万元,同比下降7.2%;按行业类型分:农副食品加工业1379.72万元,同比增长31.3%;食品制造业2081.38万元,同比增长22.7%;酒、饮料和精制茶制造业521.73万元,同比下降71.7%;纺织业1447.57万元,同比增长27.5%;化学原料和化学制品制造业324.24万元,同比下降46.9%;非金属矿物制品业398.41万元,同比增长2.6%;电力热力生产和供应业12014.25万元,同比增长46.9%。

全年规模以上工业企业实现利润5305.2万元,比上年同期增长10.86%。全年规模以上工业企业产销率96.1%。

建筑业实现增加值7.93亿元,同比增长70%。

四、固定资产投资

全年固定资产投资(不含农户)同比增长25.39%。在三次产业中,第一产业投资同比增长83.8 %;第二产业投资同比下降18.9%;第三产业投资同比增长81.2%。三次产业的投资结构比为19.1:21.5:59.4。

房地产开发投资6.57亿元,同比增长359.2%。住宅投资4.25亿元,同比增长381.9%;非住宅完成投资2.32亿元,同比增长322.6%;其中商业营业用房完成投资2.31亿元,同比增长408%。

五、国内贸易

社会消费品零售总额42805.6万元,比上年增长3.29%。按地域划分,城镇消费品零售额37668.93万元,增长2.13%;乡村消费品零售额5136.67万元,增长12.68%。按行业划分,批发和零售业零售额37663.4万元,下降4.2%;住宿和餐饮业零售额5142.2万元,增长4.19%。

在限额以上商贸单位(企业和个体)商品零售额中,粮油、食品类增长446.3%,饮料类增长37.5%,烟酒类增长38.9%,服装、鞋帽、针纺织品类增长31%,化妆品类增长12.4%,日用品类增长60.2%,体育、五金、电料类下降14.2%,娱乐用品类增长58.9%,家用电器和音像器材类下降55.7%,文化办公用品类增长56.8%,其他未列明商品类增长1472.4%。

六、对外经济和招商引资

货物进出口总额1980万美元,增长12.24%。其中:出口1980万美元。

七、服务业和旅游

2020年规模以上服务业完成营业收入2657.3万元,同比增长108.73%。分行业门类来看,租赁和商业服务业完成营业收入2657.3万元,同比增长108.73%。

全年全县境内公路里程数2521.296公里。

全县营运客车和货运车辆拥有量459辆,完成客运量25.6万人次;旅客周转量1596万人/公里;货运总量22.1万吨;货运周转量132.2万吨/公里。

年末电信固定电话用户 7468 户，移动电话用户 12.8 万户（移动 6.2 万户、电信 3.9 万户、联通 2.7 万户），国际互联网宽带用户 1.94 万户。

2020 年末，全县共有旅游星级饭店 2 个，A 级景区 4 个，星级农家乐 11 个。共接待国内游客 85.8043 万人次；旅游收入 2.8292 亿元。

八、财政和金融

年末全口径地方财政收入 43744 万元，增长 40.67%。其中：一般公共预算收入完成 23001 万元，增长 26.81%。政府性基金预算支出增长 47.46%。

2020 年末乌什县全金融机构人民币各项存款余额 530162.71 万元，比上年下降 8.98%。其中：单位存款余额 215511.71 万元，下降 25%；个人存款余额 299879.18 万元，增长 10.92%。

2020 年末乌什县全金融机构人民币各项贷款余额 413381.85 万元，增长 13.91%。其中：短期贷款 143255.44 万元；中长期贷款 179555.71 万元。个人消费贷款 25758.9 万元。

人寿保险公司保费收入 4436.34 万元，赔付支出 282.3 万元；中华联合保险公司保费收入 2115.2 万元，赔付支出 1817.71 万元。

九、教育和科学技术

中等职业教育学校 1 所，全年招生 592 人，在校生 3271 人。

普通中学 6 所。普通高中招生 1187 人，在校生 3184 人，毕业生 1537 人。初中招生 3898 人，在校生 10255 人，毕业生 3071 人。普通中学有教职工 1308 人，其中：专任教师 1266 人。

普通小学 64 所，全年招生 6274 人，在校生 29680 人，毕业生 4188 人。普通小学有教职工 2101 人，其中：专任教师 2066 人。

幼儿园 119 所，在园幼儿 16646 人。幼儿园有教职工 656 人，其中：专任教师 646 人。

小学学龄儿童入学率 100%，小学毕业生升学率 100%，初中毕业生升入普通高中升学率 100%。

十、文化和卫生

2020 年末，全县共有文化馆 1 个、文化站 9 个、图书馆 1 个、文管所 1 个（加挂博物馆牌子）、艺术表演团体 1 个，演出 103 场次，乡（镇）文艺队 9 个，演出 580 场次。广播电视台更名为融媒体中心，由县委宣传部管理。

全县共有卫生机构 134 个，其中：县级医院 2 个，疾病预防控制中心 1 个，卫生监督所 1 个，妇幼保健院 1 个，乡（镇）卫生院 9 个，社区卫生服务站 11 个，村卫生室 108 个；卫生技术人员 1037 人，其中：执业医师和助理医师 195 人，注册护士 336 人，乡（镇）卫生院卫生技术人员 198 人。全县病床数 650 张，其中：乡（镇）卫生院拥有床位 220 张。

十一、居民收入和社会保障

全年城镇居民人均可支配收入 30713 元，增长 0.8%；农村居民人均可支配收入 10387 元，增长 11.5%。

年末全县城镇新增就业 1493 人，城镇登记失业率控制在 3.9% 以内；农村富余劳动力转移就业 31566 人次；就业困难人员实现就业 178 人，零就业家庭继续保持 24 小时动态清零；应届高校毕业生登记报道 900 人,就业 886 人,就业率 98.4%,各类培训 3344 人次。

失业保险参保人数为 9946 人,征缴基金 626.34 万元,支付失业金 71.87 万元。

工伤保险参保人数 10027 人,征缴基金 195.6 万元,支付工伤保险金 352.23 万元。

企业职工基本养老保险参保人数 5784 人(其中离退休人数 1270 人),征缴基金 5531.77 万元,支付养老金 4556.54 万元。

城乡居民基本养老保险参保人数 110749 人(其中领取待遇 14105 人),征缴基金 13752.09 万元,支付养老金 14958.12 万元;

机关事业单位养老保险参保人数 9583 人(其中离退休人数 2175 人),征缴基金 1858.21 万元,支付养老金 2622.54 万元。

年末城镇居民享受最低生活保障人数 2467 人,比上年同期减少 474 人,同比下降 16.1%;累计发放城镇居民最低生活保障金 1332.6 万元,比上年同期减少 555.1431 万元,同比下降 29.4%;农村居民享受最低生活保障人数 23387 人,同比减少 3236 人,下降 12.15%;累计发放农村居民最低生活保障金 8677 万元,比上年同期减少 1016 万元,同比下降 10.48%。

十二、环境和安全生产

2020 年,城市空气质量优良天数比率达到 50% 以上,扣除沙尘天气影响后,城市可吸入颗粒物(PM10)、细颗粒物(PM2.5)年均浓度分别控制在167ug/m^3、56ug/m^3 以下。二氧化硫(SO_2)、二氧化氮(NO_2)、臭氧(O_3)、一氧化碳(CO)年均浓度持续优于《环境空气质量标准》(GB 3095—2012)二级标准;乌什县地表水环境质量总体稳定,托什干河水质优于《地表水环境质量标准》(3838—2002)中Ⅲ类标准,达标率保持在 100%;全县城镇地下水水质保持稳定,集中式饮用水水源地水质优于《地下水质量标准》(GB/T 14848—2017)中Ⅱ类标准,达标率保持在 100%;据农用地土壤各点位监测结果,所有监测点各项检测值均达到或优于《土壤环境质量标准》(GB 15618—1995)中的二级标准,未超过《土壤环境质量农用地土壤污染风险管控标准(试行)》(GB 15618—2018)中的农用地土壤污染风险管控标准值,土壤环境综合污染等级均为清洁。

2020 年,乌什县共发生生产经营性事故 0 起,事故造成 0 人死亡,0 人受伤。相对于 2019 年,有效的控制了事故的发生。2020 年共排查隐患 469 条,完成整改 467 条,整改率 99.57%,约谈警示企业 2 家。成立督查检查组 9 组,累计督导检查 37 次,累计检查单位 149 家,督导发现问题 364 项,已责令整改。共成立检查组 467 个,检查基层单位 2078 次,检查生产经营单位 2839 次,排查各类风险隐患 2901 项,完成整改 2877 项,处罚 47.4977 万元。

注:1. 本公报为初步统计数。部分数据因四舍五入的原因,存在总计与分项合计不等的情况。

2. 公报中,生产总值、各产业增加值及农林牧渔业总产值指标绝对数按现价计算,增长速度按可比价计算。

3. 规模以上工业是年主营业务收入2000万元以上的工业企业。

乌什县脱贫摘帽后继续加大工作力度切实做到“四个不摘”的实施方案

为深入贯彻落实习近平总书记在解决“两不愁三保障”突出问题座谈会和决战决胜脱贫攻坚座谈会上的重要讲话精神，围绕贫困户脱贫“两不愁三保障”突出问题，贯彻落实“摘帽不摘责任，摘帽不摘政策，摘帽不摘帮扶，摘帽不摘监管”要求，持续推进脱贫攻坚，巩固提升脱贫成果，有效防止致贫返贫，根据《关于印发〈乌什县2020年巩固提升脱贫攻坚成果坚决防止致贫返贫实施方案〉的通知》《乌什县脱贫攻坚实施方案（2018—2020年）》《中共乌什县委员会 乌什县人民政府关于打赢脱贫攻坚战三年行动的实施方案》，结合实际，制定本方案。

一、指导思想

以习近平新时代中国特色社会主义思想为指导，深入学习贯彻中共十九大和十九届二中、三中、四中全会精神，认真贯彻落实习近平总书记关于扶贫工作的重要论述和党中央脱贫攻坚决策部署，贯彻落实新时代党的治疆方略、特别是社会稳定和长治久安总目标，贯彻落实自治区党委九届七次、八次、九次全会和地委（扩大）会议精神，坚持精准扶贫精准脱贫基本方略，聚焦影响“两不愁三保障”突出问题，以提高脱贫质量、坚决防止返贫为着眼点，以提高增收能力为重点，进一步深化“六个一批”“三个加大力度”攻坚举措，做到“九清”，按照“四个不摘”总体要求，持续保持决战决胜的攻坚状态，建立防止返贫监测预警和解决相对贫困长效机制，与乡村振兴有机衔接，做到工作力度、资金投入、政策支持、帮扶力度只增不减。

二、基本原则

（一）坚持精准扶贫、精准脱贫。全面落实“六个精准”，扎实推进“六个一批”“三个加大力度”，瞄准退出贫困村和建档立卡贫困户中的脱贫户（简称脱贫户），精准靶向、综合施策、标本兼治，切实提高扶持政策针对性和脱贫成果可持续性，确保真脱贫、脱真贫。

（二）坚持政策不变、力度不减。脱贫攻坚期内实行“摘帽不摘责任、摘帽不摘政策、摘帽不摘帮扶、摘帽不摘监管”，对退出村原有支持政策不变、扶持力度不减，结对帮扶不脱钩，收入监测不间断，重点做好边缘户和监测户的帮扶工作，确保稳定脱贫，不返贫、不致贫。

（三）坚持突出重点、分类指导。围绕巩固提升，着眼补短板、强弱项，以解决富民、安居、乐业、有保障和制约贫困地区经济社会发展突出问题为重点，因地制宜制定巩固提升政策，实行有区别、有差异的扶持政策。

（四）坚持群众主体、激发动力。注重发挥群众能动性，保障脱贫群众平等参与、平等发展权利；坚持扶贫与扶志扶智相结合，充分调动贫困群众的积极性、主动性、创造性，鼓励以奖代补，实行正向激励，增强感恩意识，倡导勤劳致富，激发内生动力，提高自我发展能力。

三、目标任务

对74个已退出村和15555户63156名建档立卡已脱贫人口，严格落实“四个不摘”要求，继续强化帮扶，做到“工作力度、资金投入、政策支持、帮扶力度”只增不减。建立返贫监测预警机制，采取有效措施加强对829户3539名脱贫监测户、1681户8107名边缘户的监测帮扶工作（以下简称“两户”），稳定实现农村贫困人口不愁吃、不愁穿，义务教育、基本医疗和住房安全有保障，打赢打好脱贫攻坚战，确保现行标准下全县农村贫困人口实现高质量脱贫，不致贫、不返贫。

四、坚持“四不摘”，提升脱贫质量

（一）强化责任担当，做到摘帽不摘责任。摘帽后要坚持靶心不偏、焦点不散、标准不变，决不能马上撤摊子、甩包袱、歇歇脚，要始终坚持把脱贫攻坚作为首要政治任务、头等大事和第一民生工程来抓。攻坚期内，严格落实“三专一访”（专题学习、专题研究、工作专班、遍访贫困对象）“四责三实”（四责：主体责任、监督责任、监管责任、帮扶责任；三实：责任落实、政策落实、工作落实），落实专题学习、专题会议、工作专班，落实三级书记遍访贫困对象责任。县乡村三级党组织要履行好主体责任；县纪委监委、县委组织部要履行好监督责任；16个专项组要履行好行业部门的监管责任；区地县定点帮扶单位、各级帮扶干部要履行好帮扶责任。

（二）保持攻坚态势，做到摘帽不摘政策。摘帽后仍然处于滚石上山、逆水行舟的关键时期。攻坚期内，国家既定的扶贫政策、自治区原有的扶贫政策保持不变，扶持力度不减。对已退出贫困村、贫困户，在过渡期内保持现有帮扶政策总体稳定，做到摘帽不摘责任、摘帽不摘政策、摘帽不摘帮扶、摘帽不摘监管。要按照“两不变”要求，保持各级扶贫力量不变、扶贫专干不得随意撤换、贫困村第一书记和“访惠聚”驻村工作队稳定，保持原帮扶关系不变，帮扶单位和结对帮扶干部保持稳定，做到政策不变、机制不换、人员不撤、力度不减。

1. 巩固增收就业成果。继续做好贫困群众特色产业培育、“五小”产业发展、新型经营主体带贫、就业扶贫、公益岗位等工作，政策要进一步加强和完善。通过跨县整建制输出转移、县内就地就近转移、农业内部转移等方式，做到有转移就业愿望、自愿申请、具有一定劳动能力的建档立卡贫困户家庭劳动力应转尽转、能转则转，实现有劳动能力的贫困人口就业，有稳定收入。

2. 巩固教育扶贫成果。加强寄宿制学校和小规模学校建设，强化义务教育控辍保学联保联控责任，实施贫困学生台账化精准控辍，确保贫困家庭义务教育阶段身体正常的适龄儿童、少年都能上学，不因贫困失学辍学。

3. 巩固健康扶贫成果。保持并完善各项健康扶贫政策，高度关注因病致贫、因病返贫家庭。继续实施健康扶贫“三个一批”行动计划，切实减轻贫困群众医疗负担。

4. 巩固综合社会保障兜底成果。继续做好扶贫低保两项政策衔接，对完全丧失劳动能力和部分丧失劳动能力且无法依靠产业就业帮扶脱贫的兜底对象，脱贫后要继续实行政策性兜底并持续提高兜底保障标准，坚决避免出现边脱贫、边返贫的现象。

（三）靠实各方责任，做到摘帽不摘帮扶。摘帽后继续坚持各级领导包乡联村帮扶机制，压实各级帮扶责任，落实属地管理要求，统筹好驻村工作队、村第一书记和村“两委”班子力量。退出贫困村驻村帮扶和结对帮扶工作只能加强，不能削弱。要聚焦提高脱贫质量、巩固脱贫成果、有效防止返贫这一帮扶工作重点，进一步落实脱贫攻坚帮扶工作责任清单，靠实包乡联村各级领导、帮扶单位、驻村帮扶工作队和帮扶责任人的责任，确保每一户已脱贫建档立卡贫困户、边缘户都有人帮扶，加强和完善管理考评问责制度。

（四）加强跟踪问效，做到摘帽不摘监管。摘帽后要重点关注已退出村、已脱贫户巩固脱贫成果情况，要把防止返贫、建立长效机制放在重要位置，对建档立卡贫困户的监管只能加强，不能削弱。对已退出村、已脱贫户和边缘户，实施跟踪预警和动态监测，定期开展“回头看”，看收入来源稳不稳、收入水平增没增，看饮水安全、住房安全、义务教育、基本医疗有保障是否出现“反弹”。要强化政策监管、审计监督和社会监督，进一步发挥群众监督作用，对形式主义、弄虚作假、数字脱贫现象，以及改变扶贫资金用途、扩大使用范围等问题，严肃追责问责。

五、坚持问题导向，防范化解风险

脱贫攻坚越往后越难，越是接近胜利越要保持清醒头脑。不能在最后时刻麻痹大意、草草收场。

（一）防范大面积返贫的风险。摘帽后对因自然灾害、意外变故、产业失败等原因致贫、返贫的农户，要完善“一户一策”帮扶措施，及时落实政策给予扶持；对收入不高不稳、没有实现持续稳定脱贫的脱贫户，要进一步加大产业就业扶持力度；对因灾、因病、因学等原因出现临时性困难的家庭，要及时落实补助救助等政策，帮助群众度过难关；对建档立卡之外有潜在致贫因素，新发生的贫困人口要及时纳入并给予扶持。

（二）防范拔高标准的风险。摘帽后坚持现行扶贫标准，不能因摘帽退出而盲目拔高标准、吊高胃口。要严格执行国务院扶贫开发领导小组《关于解决“两不愁三保障”突出问题的指导意见》中明确的贫困人口退出标准，确保贫困人口不愁吃、不愁穿，义务教育、基本医疗、住房安全和饮水安全有保障。

（三）防范化解工作中的风险。摘帽后要防范易地扶贫搬迁“一搬了之”稳不住、后续帮扶跟不上的风险，防范产业扶贫基础不扎实“一股了之”、简单发钱追求短期速效带来的风险，防范扶贫小额信贷用不好、还不上带来的风险，防范贫困户达到脱贫标准脱贫后被取消低保、取消公益岗位、停止资产收益二次分红等带来的风险；防范政策“养懒汉”引起非贫困户攀比带来的风险等。

（四）防范内生动力不足的风险。摘帽后要更加注重扶贫同扶志扶智相结合，让脱贫具有可持续的内生动力。脱贫质量高不高，不仅是看收入，也不只是“两不愁三保障”，更重要的是看贫困群众的内生动力足不足，有没有充分调动起来，帮扶成效能否持续。要充分调动贫困群众的积极性、主动性和创造性,教育引导贫困群众发扬自立自强精神,依靠自身努力持续改善生产生活条件。

(五)防范资金监管不严的风险。摘帽后要严格管理扶贫资金。在财政专项扶贫资金、统筹整合财政涉农资金等扶贫资金的管理使用上,必须聚焦“两不愁三保障”,使用方向不能变,投向重点不能乱,扶持对象不能换,确保扶贫资金发挥扶贫效益。

(六)防范违反约束机制的风险。摘帽后要厉行勤俭节约,反对铺张浪费。一律不搞摘帽庆祝活动,一律不拍摄摘帽专题片,一律不开展以摘帽为主题的相关活动,要把财力物力用在巩固成果上。攻坚期内实施重大项目,必须进行效益和社会影响评估,坚决反对搞“面子工程”“形象工程”“政绩工程”。

六、强化组织保障,巩固脱贫成果

(一)扎实做好问题整改。围绕中央脱贫攻坚专项巡视“回头看”、2019年脱贫攻坚成效考核、脱贫攻坚“大排查”等反馈或发现的问题,坚持举一反三,建立整改常态化、长效化机制,全面抓好整改落实,把问题整改成果转化为认识成果、实践成果、制度成果。

(二)扎实做好精准扶贫档案建设管理。认真做好精准扶贫各类档案的收集、整理、保管和后续管理利用工作,实现精准扶贫档案工作规范化、标准化,真实全面记录脱贫攻坚历程,做到基础数据、致贫原因、脱贫措施、脱贫成效真实准确,为精准扶贫和全面建成小康社会提供详实的档案凭证。

(三)扎实做好抓党建促脱贫工作。着力提升贫困村党组织在脱贫攻坚中凝聚群众、发展产业、带领群众脱贫致富的能力和水平,切实把党建优势转化为扶贫优势。注重在脱贫攻坚主战场识别检验干部,对脱贫攻坚一线的优秀干部旗帜鲜明予以褒奖和重用,对畏苦畏难、敷衍了事、工作浮于表面、弄虚作假的干部严肃追责问责,对不能胜任的及时调整撤换。

(四)扎实做好脱贫攻坚普查工作。启动脱贫攻坚专项普查,调整充实县普查工作领导小组,制定普查工作方案,开展脱贫攻坚普查,抓好脱贫人口帮扶措施和脱贫结果真实性准确性的核查工作,切实摸清脱贫攻坚存在或面临的主要问题,巩固脱贫攻坚成果、解决重点难点问题,保障全面小康社会目标顺利实现。

(五)扎实做好脱贫攻坚总结宣传。组织县脱贫攻坚领导小组16个专项组及各乡(镇)全面总结脱贫攻坚壮阔实践、伟大成就、成功经验等,提炼弘扬脱贫攻坚精神。开展扶贫日活动,建设扶贫外宣基地,讲好乌什减贫故事,交流分享减贫经验。

(六)扎实做好脱贫攻坚与乡村振兴相衔接。启动“十四五”巩固拓展脱贫成果规划编制工作,准确把握脱贫攻坚与乡村振兴的辩证关系,研究制定2020年后解决相对贫困的总体思路、目标任务、扶贫标准、工作对象和政策举措,研究提出脱贫攻坚与乡村振兴战略衔接的具体意见。

(七)扎实做好扶贫领域作风建设。巩固“不忘初心、牢记使命”主题教育成果,扎实开展扶贫领域腐败和作风问题专项治理“决战决胜年”行动,着力加强对扶贫工作绩效、脱贫政策连续性稳定性以及脱贫摘帽后“不摘责任、不摘政策、不摘帮扶、不摘监管”情况的监督检查，取消一切不必要的填表报数，大幅精减会议和文件，统筹规范督查检查考核事项。

乌什县关于加强和改进新兴组织党的建设工作的意见

为加强和改进党对新兴领域党组织的领导，更好地发挥党组织在新兴组织中的战斗堡垒作用，根据《中国共产党章程》、《关于加强社会组织党的建设工作的意见（试行）》（中办发〔2015〕51 号）、《关于加强和改进非公有制企业党的建设工作的意见（试行）》（中办发〔2012〕11 号）等相关规定及要求，现就加强和改进新兴组织党的建设工作提出如下意见。

一、明确新兴组织党建工作的指导思想和总体要求

1. 指导思想。坚持以习近平新时代中国特色社会主义思想和党的十九大精神为指导，树牢“四个意识”、坚定“四个自信”、做到“两个维护”，贯彻落实新时代党的组织路线，贯彻落实习近平总书记第三次中央新疆工作座谈会上的重要讲话，特别是社会稳定和长治久安总目标，贯彻落实全国和自治区组织工作会议精神，以提升组织力为重点，突出政治功能，健全基层组织、优化组织设置、理顺隶属关系，创新活动方式，稳步推进新兴组织党建工作各项制度规范运行，不断扩大新兴领域党的组织和工作覆盖，有力确保自治区党委、地委、县委的各项决策部署在新兴领域贯彻落实。

2. 总体要求。坚持把党的工作融入新兴组织运行和发展过程，更好地组织、引导、团结新兴组织及其从业人员；坚持从严从实，把握特点规律，严格落实党建工作制度，积极探索符合新兴组织实际的方式方法，防止行政化和形式主义；坚持问题导向，着力破解组织体系不够健全、组织覆盖不够全面、作用发挥不够充分等难题，推动新兴组织党建工作水平全面提升；坚持分类指导，根据不同类型不同规模新兴组织情况开展工作，正确处理一致性和多样性关系，切实提高针对性和实效性，不断增强新兴组织党组织的创造力凝聚力战斗力，充分发挥新兴组织党组织的战斗堡垒作用和党员的先锋模范作用。

二、明确新兴组织党组织功能定位

3. 地位作用。新兴组织党组织是党在新兴组织中的战斗堡垒，发挥政治核心作用。要着眼履行党的政治责任，紧紧围绕党章赋予基层党组织的基本任务开展工作，严肃组织生活，严明政治纪律、政治规矩和组织纪律，充分发挥党组织的政治功能和政治作用。要按照建设基层服务型党组织的要求，创新服务方式，提高服务能力，提升服务水平，服务贴近群众、团结群众、引导群众、赢得群众。

4. 基本职责。（1）保证政治方向。宣传和执行党的路线方针政策，宣传和执行党中央、上级党组织和本组织的决议，组织党员群众认真学习习近平新时代中国特色社会主义思想，深入学习习近平总书记系列重要讲话精神，教育引导党员和职工群众遵守国家法律法规，引导监督新兴组织依法执业、诚信从业。(2)团结凝聚职工群众。做好思想政治工作,教育引导职工群众增强政治认同,关心和维护职工群众的正当权利和利益,汇聚推进改革发展的正能量。(3)推动事业发展。积极反映群众诉求,依法维护职工群众合法权益,激发从业人员工作热情和主人翁意识,帮助新兴组织健全章程和各项管理制度,引导和支持新兴组织有序参与社会治理、提供公共服务、承担社会责任。(4)建设先进文化。坚持用社会主义核心价值观引领文化建设,组织丰富多彩的文化活动,营造积极向上的文化氛围,教育党员群众自觉抵制不良倾向,坚决同各种违法犯罪行为作斗争。(5)服务人才成长。关心关爱人才,主动帮助引导,不断提高从业人员的思想和业务素质,支持和保障各类人才干事创业。(6)加强自身建设。完善组织设置,健全工作机制,推进学习型、创新性、服务性党组织建设,严格执行党的组织生活各项制度,做好发展党员和党员教育管理服务工作。维护和执行党的纪律,监督党员切实履行义务,做好党风廉政建设工作。领导本单位工会、共青团、妇联等群团基层组织工作,支持和带动群众组织发挥作用,进一步增强党组织的创造力、凝聚力、战斗力。

三、完善新兴组织党建工作管理体制和工作机制

5. 理顺管理体系。依托业务主管部门成立行业党工委牵头归口管理,在民政局、市场监督管理局、工商联等部门成立行业党工委,属县委派出机构,分行业部门党组织归口负责县级层面新兴组织党建工作。商务和工业信息化局党组、司法局党组、住房和城乡建设局党组、农业农村局党组、水利局党组、林业和草原局党组、文化体育广播电视和旅游局党组分别设立行业工作委员会,负责本行业主管、审核的社会组织和非公企业党建工作。县委卫健委党工委具体负责卫生和健康委员会主管、审核的社会组织和非公企业党建工作。县委网信工委具体负责县级层面主要新闻网站、各局委办行业系统国有性质网站、有影响力的互联网企业和网信领域社会组织党建工作。县委教育工委具体负责教育和科技局主管、审核的社会组织和非公企业党建工作。县委工业园区工委具体负责所辖区域内新兴组织党建工作。乡(镇)、村(社区)党组织兜底管理,除县委行业党工委直接管理的新兴组织外,其他社会组织、小微企业、个体工商户、专业市场等新兴组织党建工作由乡(镇)、村(社区)党组织实行区域化、网格化兜底管理。

6. 完善工作机制。领导小组定期召开新兴组织党建工作例会,贯彻落实中央、自治区 党委、地委和县委关于新兴组织党建工作的重要部署,研究分析新兴组织党建工作形势,明确重点工作任务,研究制定具体政策和规划;发挥牵头抓总、组织指导和协调议事作用,听取领导小组各成员单位工作汇报,专题研究新兴组织党建工作重点难点问题,向县委提出意见建议;研究讨论拟提交县委审议的新兴组织党建工作重要事项;完成县委交办的其他任务。领导小组办公室定期召开新兴组织党建工作协调推进会,督促落实领导小组安排部署的重点工作任务,了解掌握进展情况和存在问题,提出改进措施;研究需提交领导小组审议的议题、事项及相关工作意见建议;协调领导小组各成员单位向领导小组报告新兴组织党建工作重点任务开展情况;协调有关单位对新兴组织党建工作重点难点问题进行调研;完成领导小组交办的其他任务。各行业工委每年至少向领导小组报告1次抓新兴组织党建工作情况,对本部门(单位)涉及新兴组织党建方面的重要问题,研究提出解决办法,抓好整改落实;常态开展新兴组织党建工作重点课题调研;指导所属新兴组织党组织建设、党员队伍建设、思想政治工作、党的群众工作和党风廉政建设;督促指导所属新兴组织党组织按期换届,审批选出的书记、副书记;指导做好党的建设的其他工作。

四、努力推进新兴组织党的组织和工作覆盖

7. 明确目标要求。加大工作力度,努力实现职工50人以上的非公有制企业有党员,100人以上有党组织,30人以上的社会组织要有党组织;具备建立党组织条件的新兴组织,实现党的组织覆盖;因条件暂不具备尚未建立党组织的新兴组织,实现党的工作覆盖。

8. 扩大组织覆盖。按照保持党员队伍先进性和纯洁性的要求,严格把关,注重质量,加大在新兴组织生产一线职工、专业技术骨干及经营管理人员中发展党员的工作力度,重视在农民工中发展党员,注意培养发展符合条件的企业出资人、社会组织负责人入党。对于有3名以上党员,必须单独建立党组织。对党员不足3名的新兴组织,由党建工作指导员在企业引导党员亮明身份,督促和帮助流动党员及时转接组织关系等方式使新兴组织党员人数达到3名以上,及时建立党组织。对党员人数不足3名,暂不具备单独建立党组织的新兴组织,可按行业相近、地域相邻、便于活动的原则帮助新兴组织建立联合党支部,联合组建单位不能超过5个。联合党组织中具备单独组建条件的,要及时单独建立党组织。对企业党员出资人暂不能转接组织关系的,要结合实际,积极引导其招聘党员职工,条件成熟后,及时成立党支部。各行业党工委要发挥党员服务中心、党建工作站"孵化器"作用,为建立党组织创造条件。新兴组织变更、撤并或注销,党组织应及时向上级党组织报告,并做好党员组织关系转接等相关工作;上级党组织应及时对新兴组织党组织变更或撤销作出决定。

9. 扩大工作覆盖。对未建立党组织的新兴组织,可通过选派党建工作指导员、确定党建工作联络员、建立工会和共青团组织等方式,积极开展党的工作,推动新兴组织建立党组织。对兼并重组的新兴组织,注意保持党的工作连续性,妥善做好职工群众的分流安置和思想稳定工作。

五、探索党组织和党员发挥作用的有效途径

10. 围绕新兴组织健康发展开展党组织活动。新兴组织党组织活动应与新兴组织发展紧密结合,积极探索开展主题活动等有效载体,与新兴组织执业活动、日常管理、文化建设等相互促进。推行新兴组织党员管理层人员和党组织班子成员双向进入、交叉任职。党组织书记应参加或列席管理层有关会议,党组织开展的有关活动可邀请非党员新兴组织负责人参加。

11. 贴近职工群众需求开展党组织活动。新兴组织党组织要深入了解、密切关注职工群众思想状况和实际需求,创新思想政治教育方式,组织开展群众欢迎的活动,提供群众期盼的服务,加强人文关怀和心理疏导,积极为群众排忧解难,寓教育于服务之中,切实增强党组织的吸引力和影响力。坚持党建带群建、群建促党建,注重发挥工会、共青团、妇联等群团组织作用,形成做好群众工作合力。

12. 紧扣党员实际创新教育管理服务。着力保障和落实党员知情权、参与权、选举权、监督权,积极推进党务公开,提高党员对党内事务的参与度,发挥党员在党内政治生活中的主体作用。以党性教育为重点,加强党员教育培训,不断提高党员素质。通过设立党员先锋岗、党员责任区、党员服务窗口等形式,积极开展党员公开承诺践诺活动,充分发挥示范带动作用。按照"一方隶属、参加多重组织生活"原则,组织暂未转移组织关系的党员积极参加新兴组织党组织的活动。加大发展党员工作力度,始终把政治标准放在首位,加强对入党积极分子的教育培养,优先从出资人(负责人)中发展,在聘用和招录从业人员时,优先招聘党员。注重把符合条件的新兴组织负责人和业务骨干发展为党员,注重在没有党员或只有个别党员的新兴组织中发展党员。强化党员管理监督,严格组织关系管理,及时处置不合格党员,保持党员队伍的先进性、纯洁性。

13. 贯彻从严要求提高组织生活质量。紧密联系党员思想工作实际,严格落实"三会一课"、民主评议党员、党员党性定期分析等制度。经常听取职工群众对党组织和党员的意见,对存在的问题及时进行整改。按照规定召开党员领导干部民主生活会,定期召开党员组织生活会,积极开展批评和自我批评,教育引导党员守纪律、讲规矩,坚决防止组织生活随意化、平淡化、娱乐化、庸俗化。

六、加强以党组织书记为重点的党务工作者队伍建设

14. 选优配强党组织书记。按照守信念、讲奉献、有本领、重品行的要求,选优配强新兴组织党组织书记。党组织书记一般从新兴组织织内部产生,提倡党员新兴组织负责人担任党组织书记,新兴组织负责人不是党员的,可从管理层中选拔党组织书记。新兴组织中没有合适人选的,可提请上级党组织选派,再按党内有关规定任职。

15. 充实壮大党务工作者队伍。适应加强新兴组织党建工作需要,建设一支素质优良、结构合理、数量充足的党务工作者队伍。各行业党工委设党建工作办公室或党建工作站,配备专职组织员,至少配备2名党务工作者专门负责新兴组织党建工作。规模大、党员数量多的新兴组织党组织,应配备专职副书记。加大党建工作指导员选派力度,充分发挥其组织宣传、联系服务、协调指导作用。

16. 提升能力素质。将新兴组织党组织书记、业务骨干和各行业党工委党务工作者作为党员干部教育培训总体规划,依托县委党校开展培训工作。党务工作者的培训主要由组织部门负责,党组织书记每年至少参加1次集中培训。各行业工委对新任党组织书记要进行任职培训。重点加强党的路线方针政策、党务知识、群众工作、企业生产经营管理等方面的培训，提高做好群众工作本领和服务新兴组织发展能力。

17. 加强党务工作者教育培训。把新兴组织党务工作者纳入基层党务干部培训范围，依托县委党校、各行业党工委会议室开展培训。培训工作由组织部门、各行业党工委等有关部门组织实施。重点加强党的理论和路线方针政策、党内法规和国家法律法规、党务知识、新兴组织管理等方面的教育培训，提高做好群众工作、服务新兴组织发展的能力。

18. 强化管理和激励。坚持严格管理和关心激励相结合，建立健全符合新兴组织特点的管理考核和激励约束制度，使新兴组织党务工作者干事有平台、待遇有保障、发展有空间。新兴组织党组织书记要认真落实党建工作责任制，每年应向上级党组织和本单位党员报告工作并接受评议。根据实际给予党组织书记和专职党务工作者适当工作津贴。注重推荐优秀党组织书记作为各级党代会代表、人大代表、政协委员人选，作为劳动模范等各类先进人物人选，推荐新兴组织负责人作为上述人选时，要征求新兴组织党组织意见。建立党务工作者职务变动报告制度，党组织书记因坚持原则遭受不公正待遇时，上级党组织应及时了解情况，给予帮助和支持。

七、加强对新兴组织党建工作的组织领导

19. 落实领导责任。坚持县委统一领导、总揽全局，新兴组织党建工作领导小组整体谋划、议事决策，领导小组办公室牵头抓总、协调推进，行业党工委归口管理、具体负责，纪委监委等相关部门积极配合，形成上下联动、齐抓共管的新兴组织党建工作格局，推进全县新兴领域党的组织和党的工作有形有效覆盖。除园区统一管理外的其余新兴组织，按照谁业务主管谁负责、谁资质审核谁负责、谁注册登记谁负责的要求，由业务主管、资质审核和注册登记的行业党工委负责本行业新兴领域党建工作，履行党建工作主体责任。组织部门对新兴组织党建工作机构进行指导，行业党工委对所属新兴组织党组织党建工作进行指导。

20. 强化基础保障。建立多渠道筹措、多元化投入的党建工作经费保障机制。新兴组织应将党建工作经费纳入管理费用列支，可按照有关规定据实在企业所得税前扣除。新兴组织党员上交的党费全额下拨，组织部门可用留存党费给予支持。县委组织部争取每年从留存党费中为每个行业党工委申请新兴组织党建工作专项经费不少于5000元，为开展党建工作提供经费保障。

21. 强化工作指导。各行业工委要加强分类指导，不断研究新情况，探索解决新问题。采取多种形式，大力宣传新兴组织党建工作典型，定期评选表彰先进，形成全社会关注、支持新兴组织党建工作的良好氛围。同时各行业工委班子成员，深入所包联的新兴组织指导各项工作，至少每半年对本行业全面指导调研一次，找弱项、补短板、促提升。党工委书记牵头抓总，班子成员分工负责，将党性强、懂业务、责任心强的党员干部，选派到本行业

担任新兴组织党建指导员、联络员,每周至少到所联系的新兴组织指导1次党建工作。

乌什县关于加强和改进城市党建工作的指导意见

为进一步加强和改进城市党建工作,确保各项工作有序推进,根据《自治区党委办公厅印发〈关于紧紧围绕社会稳定和长治久安总目标加强城市基层党建工作的意见〉的通知》(新党发〔2019〕37号)、《关于印发〈乌什县关于进一步规范和加强社区工作的实施意见〉的通知》(乌党发〔2016〕4号)文件精神,现结合乌什县实际,制定本意见。

一、总体要求

(一)指导思想。坚持以习近平新时代中国特色社会主义思想为指导,深入贯彻落实中共十九大和十九届二中、三中、四中、五中全会精神,认真贯彻落实新时代党的建设总要求和新时代党的组织路线,贯彻落实习近平总书记关于第三次中央新疆工作座谈会重要讲话精神,贯彻落实新时代党的治疆方略、特别是社会稳定和长治久安总目标,按照自治区党委、地委、县委对城市基层党建的各项决策部署,突出政治功能和组织力,严密组织体系,强化系统建设和整体建设,充分发挥社区党组织领导作用,以服务居民群众为宗旨,进一步规范社区管理职能,提高党建工作质量和服务群众的能力,努力把社区打造成为维护社会稳定、服务基层群众的坚强战斗堡垒。

(二)目标任务。通过进一步规范和加强社区工作,使社区设置更加合理、布局更加科学,职能定位更加清晰,管理服务全面有效覆盖;以社区党组织为核心的社区组织体系更加完善、作用有效发挥,队伍结构更加优化,社区工作者综合素质和管理服务能力显著增强。同时,以社区减负增效、解决问题为重点,以“四化”建设为抓手,深化和完善社区党组织领导的居民自治与多元主体参与有机结合的社区共建共享机制,健全居民自我服务与政府公共服务、社会公益服务有效衔接的综合服务管理机制,切实增强社区居民的归属感,提高居民群众的“幸福指数”。

二、工作举措

(一)充分发挥社区党组织的领导核心作用

1. 突出社区党组织的领导核心作用。社区党组织作为社区全部工作和战斗力的基础,全面领导社区居民委员会、居务监督委员会、工会、共青团、妇联等群团组织和各类群众组织,支持他们依照国家法律法规和各自章程履行职责。要进一步完善社区党组织统领社区各项工作的相关制度,确保党的路线方针政策和各项工作得到贯彻落实,要规范组织设置,健全组织体系,形成以社区党组织为核心、社区居民委员会为主体、社会各方广泛参与的管理格局。

2. 增强社区党组织的政治功能和战斗力。坚持把学习贯彻习近平新时代中国特色社会主义思想作为首要政治任务,深入推进“两学一做”学习教育常态化制度化,扎实开展“不忘初心、牢记使命”主题教育。严格按照《自治区发展党员工作流程》，科学制定和运用年度发展党员指导性计划，认真落实发展党员政治审查要求，加大重点群体和薄弱领域发展党员力度，不断优化党员队伍结构，注重从产业工人、网格骨干、优秀返乡青年、新兴组织优秀分子中发展党员，聚拢爱组织、懂政策、有理想的党员队伍。落实党支部“三会一课”年报季审制度，推进党支部“三会一课”规范化、制度化、常态化。坚持组织生活会制度，通过会前广泛听取意见，深入谈心交心，会上认真查摆问题、深刻剖析根源、明确整改方向、开展批评和自我批评，会后整改落实，不断提升领导干部干事创业、攻坚克难的担当意识和进取精神。

（二）加强社区“两委”班子和干部队伍建设

3. 选优配强社区班子队伍。贯彻好干部标准和“三个特别”的要求，注重选拔政治坚定、实践经验丰富，执行力强善于做社会治理和群众工作的干部进入社区班子。明确“两委”班子职数，原则上为5至9人，社区党支部一般设委员3至5名，社区居民委员会由主任、副主任、委员共5至9人组成；明确“两委”班子成员责任分工，充分发挥班子成员作用，加强班子团结建设，提高班子凝聚力战斗力。理顺党支部与居民委员会关系，党组织班子成员与社区居民委员会成员交叉任职，全面推进社区党务居务财务公开；理顺党组织书记统领社区各支队伍关系，原则上由党组织书记兼任社区第一书记，统筹辖区内各支力量，确保责任压实、工作落实，工作队队长、警务室民警兼任社区党组织副书记或居委会副主任，可不占职数。

4. 优化社区工作人员配置。社区工作人员根据编制规定设岗招聘，纳入镇管理，社区统筹使用，实行专编专用，不得挤占挪用。按照“每100户居民配备1名社区工作人员”规定，一般社区配备10名左右国家公职人员，重点复杂社区配备15名左右国家公职人员，建设一支国家公职人员为骨干、聘用人员和公益性岗位人员为补充的社区工作者队伍。完善招聘培训、薪酬待遇、正常晋升、考核激励等机制，树立正确选人用人导向，起到提拔1人，激励一片的效果，社区工作人员考核优秀比例按照30%确定，做好每年从优秀社区工作者推荐考录乡（镇）公务员工作。

5. 提升社区干部能力素质。坚持常态化培训与轮岗交流相结合。将新时代党的理论、党的路线方针政策、党内法规、群众工作和基层治理作为培训重点，县委每2年对社区工作人员轮训一遍，突出抓好专业技能培训，依托县委党校，由民政、计生、司法等部门归口组织实施。镇党委每年组织实施社区优秀干部在镇与社区、社区与社区轮岗交流机制，轮岗交流人员由镇党委根据社区干部年度考评情况确定。社区有针对性突出干部国家通用语言学习和计算机实操培训，压实“访惠聚”驻社区工作队帮带责任。

6. 加强干部队伍作风建设。完善社区干部工作制度和工作督查机制，强化干部队伍的管理，明确分工，压实责任，加强日常监督，端正社区工作人员服务态度，文明用语，规范行为。提升干部队伍理想信念，持之以恒坚决纠正“四风”“四气”和损害群众利益行为，运用好执纪监督的第三种形态,严厉整治群众身边的腐败问题,及时调整清退不胜任的社区干部。

(三)提高社区服务质量和水平

7. 探索建立党建服务管理机制。坚持以党建工作为引领,按照社区“一办一室四中心”建设要求,规范设置,优化社区服务,整合各类为民服务平台,依托群众服务中心,拓展服务领域和功能,为群众提供“一站式”服务,统一外观标识、优化功能布局,明确服务内容和工作要求,加强管理使用,提高综合服务效用。健全联系群众各项制度,确保社区工作人员每年三分之二的工作时间用于走访和服务群众。探索完善居民服务管理议事决策、执行监督、沟通协调机制,建立社区党组织(居委会)、业主委员会、物业等多位一体联席会议制度,每季度至少召开1次会议,就社区宣传、教育、医疗、文化、治安、绿化、环境卫生等各项服务进行研究,制定服务管理措施;加强服务监督,社区居委会设立意见投诉箱和投诉电话,受理业主和居民投诉,抓好干部队伍教育管理,监督物业等社会类服务企业,督促做好整改;强化沟通协调,党组织积极协调各方,化解矛盾纠纷,把问题解决在基层。

8. 推动资源服务向基层下沉。健全完善区域化党建工作联席会议、双向评价承诺机制,全面落实机关、企事业单位在职党员到社区报到服务,调动各级部门单位的力量和资源,为社区提供人、财、物等方面的支持,充实和巩固社区工作基础,形成联建单位党组织和党员共同参与建设、共商区域发展、共抓基层党建、共建美好家园的区域互动、共建共享模式,积极落实利民、惠民政策,协调解决群众关心的民生问题,加强对困难群体的服务救助。健全激励约束机制,推行上级考核共驻共建单位听取属地社区党组织和居委会意见。

9. 加强志愿者服务队伍建设。推进志愿服务文化建设,用好志愿服务这一载体,强化居民参与社区建设及服务,加强志愿服务宣传报道,将志愿服务纳入居民公约,每户居民参与志愿服务每年不少于1次,让志愿服务理念成为全民意识。社区要建立健全志愿者招募、培训、服务长效机制,建立志愿服队和服务中心,搭建志愿需求与服务对接互动平台,强化志愿者的保障和激励,尝试志愿服务积分兑换体系建设,推进志愿服务动力。培育志愿服务组织发展,发挥志愿骨干示范带动作用,引导、鼓励、支持社会组织参与志愿服务活动。

(四)深化党组织引领基层治理水平提升

10. 完善党组织引领的治理机制。充分发挥党组织的领导作用,以社区居民委员会和居务监督委员会为基础,完善协同联动的社区治理架构,认真落实“四议两公开”、民情议事会、民情恳谈等民主管理制度,完善居民公约,促进法治、德治、自治有机融合。坚持党建带群建,领导工会、共青团、妇联参与基层治理,健全社会组织参与基层治理。完善网格化管理,织密横向到边、纵向到底的网格体系,根据地域、居民、驻区单位党组织和党员等情况,调整优化网格设置,不留盲区、不交叉重叠,整合社区各支力量,建强网格员队伍,优化网格资源配置,把公共服务、社会服务、市场服务、志愿服务下沉网格,为群众提供优质服务。

11. 强化社区应急能力建设。加强社区应急管理体系建设,按照“统一领导、分级负责”原则,形成指挥统一、反应灵敏、协调有序、运转高效的应急管理机制。加强社区各类组织应急管理能力建设,加强干部在基础卫生防疫、防灾减灾知识等方面的能力培养,制定针对性、实战性强的应急预案,定期开展社区应对突发事件应急演练,提高对自然灾害、公共卫生事件、事故灾难、社会安全事件预防和处置能力。广泛开展应急知识宣传教育工作,为群众普及预防、避险、自救、互救等知识技能,提高广大群众自我防护能力。

12. 重点推进信息化治理建设。整合现有党建、民生服务、卫生计生、综合治理等信息资源,加快建立综合性、智能化信息平台,形成区域互动、数据共享、信息互联,推动“互联网+党建”,综合运用党建信息平台和微信、App 等,创新党建工作方式方法,做好党员在线学习教育、党员组织关系网上转接等工作。

(五)聚焦社区内部管理效能提升

13. 推动社区工作者减负。严格落实工作准入制度,县直职能部门不得随意把自己职责内的工作转嫁社区,确需延伸到镇、社区的工作,需经县委、政府严格审核把关,并提供必要的经费和工作条件,不得将社区协助责任变成兜底责任,执法事项不得转交社区执行,针对社区的考核均以社区居民评价意见为主,不单纯以查阅档案资料为依据,不得把奖牌、台账等作为考评指标,严禁各部门对社区工作单独考核检查,严禁对社区开展除年度考核以外的月考、季考。建立健全社区减负长效机制,精简各类台账、会议、文件和报表统计,提倡在社区推行半小时会议制,让基层干部腾出时间开展社区服务工作,对有令不行、有禁不止、违规增加社区负担的,要严肃查处,督促整改。

14. 强化社区内部管理。社区只悬挂社区党组织、社区居民委员会两块牌子及社区名称标识,除机构编制法律法规明确规定外,严禁任何部门单位要求社区增设机构或加挂牌子。清理社区不应承担的工作事项,制定社区党组织和居民委员会印章使用管理办法,严格规范印章使用管理,对法律法规有明确规定且社区有能力提供证明的,方可使用社区印章。各类涉法涉诉、各部门、企事业单位、社会组织职责范围内的证明核实事项不得要求社区出具证明。

三、工作要求

(一)健全领导机制。乌什镇党委要把规范和加强社区工作纳入重要议事日程,切实加强对社区工作的领导。坚持“书记抓、抓书记”,层层建立社区建设工作责任制,推动领导到位、责任落实、工作落地。进一步建立健全社区建设工作领导小组,形成完善的社区工作组织体系。完善“社区大党委—网格党支部——楼栋党小组”三级网络体系,把在职党员、非公有制企业和社会组织党员、群众党员等各支力量整合到社区管理服务队伍中来,在社区形成以社区党组织为核心,各类组织配套、功能健全、运转有序的社区组织体系。

(二)加强研究指导。社区党支部要统筹好各类资源,每季度至少研究 1 次社区党建重点工作,聚焦热点难点问题,制定可行的细化量化措施,形成上级党委有针对性的指导,社区党组织具体落实的良性运行机制。

(三)完善经费保障。统筹上级部门支持社区的政策,整合资金、资源、项目等,以社区党组织为主渠道落实到位。按照每个社区不低于15万元、10万元标准落实运转经费和服务群众专项经费,不低于5万元标准落实党建工作经费,党建工作经费参照《中共中央组织部办公厅关于进一步规范党费工作通知》(组电明字〔2017〕5号)和党费使用五项基本用途要求使用,确保专项经费专项使用。积极争取国家和援乌省市支持,推动社区综合服务设施建设。建立组织满意、群众认可的服务评价机制。

调整乌什县农业供水价格的方案

为促进节约用水、提升农业用水效率、保障水资源有序开发、增强农民节水意识、降低灌溉定额,确保乌什县农业水价综合改革稳步有序进行,按照《乌什县农业水价综合改革实施方案》(乌政发〔2019〕43号),乌什县水利局起草上报《关于调整乌什县农业供水价格的报告》。根据《乌什县十五届人民政府第32次常务会议纪要》(乌政纪〔2020〕04号)文件精神,对乌什县农业供水价格进行调整,调整后收费标准从2020年1月1日起执行。现将具体水价调整方案如下:

一、农业灌溉水费征收标准

(一)2020年30年承包地执行水价为2015年全县终端水价的70%,即0.1元/m^3;非30年承包地执行水价为2015年全县终端水价,即0.1429元/m^3。

(二)2023年30年承包地执行水价为2015年全县终端水价的80%,即0.1143元/m^3;非30年承包地执行水价为2015年全县终端水价的1.25倍,即0.1786元/m^3。

(三)2025年30年承包地执行水价为2015年全县终端水价的100%,即0.1429元/m^3;非30年承包地执行水价为2015年全县终端水价的1.5倍,即0.2143元/m^3。

(四)乌什县托什干河生态治理地位调节水池灌区内执行水价为0.19元/m^3,待调节水池运行后再进行调整。

(五)执行超定额累进加价制度,即超过定额50%(含50%)的,超过部分按规定价格的1.5倍执行;超过定额50%不足1倍(含1倍)的部分,按规定价格的2倍执行;超过定额1倍以上的部分,按规定价格的2.5倍执行。水资源费按照自治区发改委《关于调整我区水资源费征收标准有关问题的通知》(新发改农〔2015〕1724号)执行。

二、水费征收依据

依据《中华人民共和国水法》第七十条,《中华人民共和国取水许可和水资源费征收管理办法》第三十三条、第三十四条、第三十六条、第三十七条收取。

三、水费征收工作要求

各乡(镇)要严格落实新调整的水费征收相关政策规定,不得随意调整水费征收标准,随意减免应缴水费,保证水费足额征收。